水野博士論集

水野錬太郎著

大正十一年三版

水野博士論集

日本立法資料全集　別巻

1244

信山社

法學博士　水野錬太郎著

水野博士論集

東京　清水書店刊行

水野博士論集 目次

第一編 論文集

一　市長制一斑……一
緒言……(一)選任……(二)資格……(三)任期……(四)給與……(五)權限
一　市長論……一五
一　市制論……二一
一　道路制度……二七
一、現行道路法規の不備と道路法の制定……二、道路の性質……三、道路の種別……四、道路の開設……五、道路の構成分……六、道路の費用……七、道路の管理と道路警察……八、餘論
一　都市集中と農村の荒廢……五七
一　屎尿と法律問題……七三

目次

一公の企業の買收と私權……七八
一國寶の保存に關する伊太利の新法律……八六
一自治行政の眞義……九〇
一歐米に於ける自治行政と我か國の現狀……一〇三
一立法の濫用……一一一
一行政裁判所の權限に關する疑義……一一八
一公用物に關する判例を評し故穗積八束博士を懷ふ……一二五
一地方警察に就て……一三三
一警察俗話……一三八
一守札に關する取締に就て……一四四
一警察令と所有權の制限……一四七

一警察自衞權……一五二
一著作權法と出版警察……一五八
一上院論……一六一
緒言……一、上院の組織……二、上院議員の數……三、上院對下院の關係……四、上院の任務と二院制の效用……五、英國に於ける上院改革論
一上院對下院……二一三
一政黨政治に關する英國名士の評論……二二八
一緊急勅令の廢止及ひ提出に關する實例と學說……二三一
一歐洲戰後の教育問題……二四六

第二編　講　演　集

一都市行政論……二五三
一泰西に於ける地方經營……二七九

目

一歐米視察所感……三〇九
一歐米巡遊中の所感……三三五
一大都市と市長選任問題……三四九
一歐洲の警察官と日本の警察官……三五五
一警察官吏に對する希望……三七四
一警察と助長行政……三七九
一所謂高等警察に就て……三九七
一地方青年と講演……四〇一
一獨逸官公吏の訓練……四〇六
一選擧と青年……四一三
一大戰後に於ける國民の覺悟……四一七

一　獨逸思想の世界的傾向……四三一
一　地方開發論……四四一
一　都市警察に就て……四四八

水野博士論集　目次（終）

第一編　論文集

市長制一斑

緒言……(一)選任……(二)資格……(三)任期……(四)給與……(五)權限

緒言

我邦の市に於て市長に適任者を得るに苦しむことは實際の事實にして特に大都市に於て然りとなす。是れ制度の缺點に基くか、將た市民の市長を遇するの薄きに因るか。若し其の原因にして前者なりとすれは、制度の改正をなささる可からす。若し後者なりとすれは、市民の覺醒を促かささる可からす。市民の覺醒を促かすことは一朝一夕にして能くすへきにあらさるも、制度の改正は法令の變更によりて容易に之をなすことを得へし。制度の改正のみによりて直ちに良市長を得るの難きことは、余の固より之を認むる所なりと雖、制度其のものに缺點ありとすれは其の缺點を補正することも、亦市政革新の一方法たらすんはあらす。我現行制度に如何なる缺點あり、如何なる改正を要すへきかは、今茲に之を硏究論議せんとするの論題にあらすと雖、我都市に於て市長を得ることの難きに稽へ、茲に歐米諸國に於ける市長制の一斑を紹介し、我現行制度の比較硏究を試み、以て市政講究者の參考に供せんと欲す。

我邦の市長は英米の Mayor 佛國の Maire 獨逸の Bürgermeister 伊太利の Siudaco 西班牙の Alcid"

に該當するものなり。今其の選任、任期、給與、權限に關する各國の制度を略述せん。

一　選任

市長の選任方法に關して二の主義あり。(一)任命主義(二)選擧主義是れなり。任命主義とは市長の選任は市民の選擧に依らす國家の任命する主義を云ふ。此の主義を採用する國は白耳義、和蘭、丁抹、那威、瑞典、伊太利に於ける人口一萬以下の市、西班牙に於ける人口六千以上の市是れなり、但し任命と云ふも官吏の任命とは異り、國家の任意に任命するものにあらすして、多くは市會の明示又は默示の意思に基きて之を任命するを常とす。白耳義及伊太利に於ては市會議員の中より之を任命し瑞典に於ては市會に於て定めたる三人の候補者の中より之を任命するものとす。

選擧主義と云ふは直接選擧たると間接選擧たるとを問はす、市民の選擧に依るの主義なり。歐洲諸國に於ては間接選擧主義を採るもの多きに居る。即ち市會に於て選擧するを通例とす。英國、佛國(巴里を除く、巴里の市長は官吏にして全然特例に屬す)獨逸、伊太利の大市、西班牙の小市の如き此の主義を採る。米國の諸都市は直接選擧主義を採るもの多し。即ち市會に於て選擧するにあらすして市民の直接投票に依りて之を選擧するものとす。只例外としてテッネッシーに於ては間接選擧主義を採用す。

我邦に於ては、市長の選任は選擧主義にして而も間接選擧主義なり。即ち市會に於て三人の候補者を選擧し、上奏裁可を仰く。裁可は任命にあらすして監督の方法たるに過きす。嘗て東京京都大阪の三市に關しては、佛國巴里の制に倣ひ特別市制を施行し、府知事を以て市長たらしむるの特例を設けたることありしか、明治三十年に廢止せられ、爾來普通市制に據ることとせり。其の後議會に都制法案なるもの提出せられ、東京市を東京都とし、都長官を置き、官吏を以て之に充つることを以て其の法案の根本骨子としたるも、議會の協贊を得るに至らす、以て今日に及へり。

市長の選任に任命主義を採り之を官選とするは、自治の本義に反するものと認むるを以て、余は之を贊せす。我都市に於て適任の市長を得るに苦しむことは、單に選擧主義に依るの制度の罪にあらすして、市民の市政に對する熱誠の未た至らさるものあるに歸すへしと思ふ。此の點に就ては余別に說あり、他日を待つて之を論せん。

二　資格

市長たる資格に關して住民主義と非住民主義とあり。住民主義と云ふは市內に住所を有することを市長の被選資格となすものにして、非住民主義と云ふのは住所の如何を問はす、廣く人材を求むるの主義なり。米國の諸都市に於ては住民主義を採り、其の市內に住所を有することを以て市長の被選資格となす。故に假令其の市に於て多數の市稅を納付するも、若くは市內に於て營業其の他の事業をなすも、又如何に市政に精通する適任者あるも市內に住所を有せさる者は市長たる被選資格を有せす。英國に於ても往時此の主義を採り市內に住所を有するものに限り市長として選擧せらるるを得るの制限を設けたりしか、此の制限は不便少からす、且適任者を得るの障害となるを以て、近時此の制限を擴張して、市より十五哩以內に住居する者には、被選資格を與ふることとせり。佛國に於ては市長は市會議員中より之を選擧するものとす。而して市會議員の被選資格は住民たることを要せす、住民にあらすと雖、一定の租稅を納むる者は市會議員たることを得。獨逸に於ては何等の資格要件なく、獨逸の國籍を有する男子は何處の住民たりとも、市長として選擧せらるることを得。

以上は市長たるの法律上の資格要件なるか、實際に於て市長に選擧せらるるものの狀況を見るに、各國其の趣を異にす。英國の市長は名望あり資產ある者の選擧せらるるを例とす。所謂富豪にして品位ある貴族（A wealthy and respectable peer）か英國人の理想市長たり。卽ち英國の市長は手腕あり力量ある事務的專務職にあらすして、品位あり德望ある代表的名譽職なり。市の平常の事務は書記長以下の吏員に於て之を司掌し、市長は單に外部に對して市を代表する名譽職外文官たるに過きす。故に市政上の知識と經驗とは市長たるの資格要件にあらす。獨逸の市長は之に反して市政上の知識と經驗あるものの選擧せらるるを常とす。卽ち獨逸の市長は實際市の事務を處理する專務職吏員たり。隨て市長を選擧するにも常に此の點に著眼し、此の資格あるものを物色す。故に多くは市參事會員とし、若くは市吏員とし、或は他の市に於て市長として手腕あり、令名あり、且多年市政に經驗あり熟達したるものの中より之れを選擧す。例へは伯林の前市長 Kirschner はブレスラウの市長より伯林の第二市長（助役に相當す）に選擧され、數年勤務の後第一市長に選擧せられ。ライプチッヒの市長 Tröndlin は二十三年間同市の第二市長として勤續したる經歴あり。ブレスラウの市長 Dr. Bender は數年間トルンの市長より轉して選擧せられたるものなり。其の他獨逸の各市長は多くは多年市政に經驗あり知識あるものの中より選擧せられ、而かも小都市より順次大都市に轉輾するの風あり。選擧に依るものにして而かも官吏の轉任と同しく、小縣の知事より大縣の知事に榮轉すると同一の事實あるは、實に興味ある現象にして、獨逸市政の一特色と云ふへし。其の土地に何等の緣故なく、單に市政の專門家にして手腕あり令名ありとの理由の下に、廣く人材を格致する獨逸市民の熱誠と公平とは、大に味ふへき所なりと思ふ。佛國の市長は市會議員中より選擧するものなるを以て、必すしも市政に經驗ある事務家にあらす、多くは市會の多數を占むる黨派の牛耳を握る有力者の選擧せらるるを常とす。

我邦の制度に於ては市長の被選資格は獨逸に於けると同しく何等の制限なし。市の住民たると否とを問はす。何れの地方のものよりも選擧することを得。乍併實際に於ては其の土地に緣故あるものを物色せんとするの傾向あり。或は其の土地の出身者なるか、若くは嘗て其の土地に關係ありたる官吏其の他のものを選擧せんとする實況なり。現に東京其の他大都市の市長を見るに其の土地の出身者なるか、若くは其の土地に關係ありたるものの選擧せられ居るか如し。獨逸の都市の如く何等の緣故なく、單に市政の專門家たり市政に經驗手腕ありとの理由を以て小都市の市長より大都市の市長に轉任せしむるか如きは、我邦に於ては絕えて見さる現象なり。又我邦の市長は英國の市長の如く單に名望家門閥家にして市の事務に從事せさる外交官的のものにあらす、寧ろ單純の事務家たるもの多きか如し。現に東京其の他の大都市の市長は行政官吏たりし經驗を有し其の實力手腕ありたるものか、其の選に膺るの實況なり。英國主義の市長と獨逸主義の市長とは各長短得失あるも我邦の現狀に於ては獨逸主義の方、寧ろ實際に可なるか如く思はる。

三　任期

市長の任期は英國は一年、佛國は四年、和蘭は六年、白耳義は無任期なり。獨逸は十二年を以て原則とするも、場合により又市長の人物手腕如何によりては、市會の決議によりて之を無任期となすことあり。ミユンヘン、ライプチッヒ、ドレスデン、ハンノーバー、スツットガルトの如きは無任期なり。米國に於ては往時は槪して其の任期長かりしも、近時は之を短期とするの趨勢を生するに至れり。ニウイングランド其の他小都市に於ては一年を以て原則とし、紐育、シカゴ、ボストン、デトロイト、桑港、バルチモア、クリーヴランド、オマハ、ミネアポリス、デンバー、ミルオーキー、インデイアナポリス、リッチモンド、ソルトレーキ、シアートル、アトランタ、ニウヘヴン、の大都市に於ては二年、シンシンナチーは三年、フヒラデルフヒア、セントルイス、バッファロー、ニウオレアンス、ルイスヴヰルに於ては四年、ゼルシーは五年なり。

我邦の市長の任期は四年なり。任期の長短は各利弊の存する所なるも、大都市に於ては諸般の事業多く將來に渉りて計畫經營すへき事項少からさるを以て四年にては短きに過くるの感あり。獨逸の如く十年以上の任期を與へ、又は場合によりては、市會の決議によりて無任期となすか如きは或は必要ならんかと思はる。但し是れは市長を專務職となすか、將た英國の如く單に名譽職となすかの主義の如何によりて異るへきものにして、一概に論結するを得すと雖、余は我邦の現狀に於ては獨逸の制度の如く專務職長期制を以て優れりと信す。

佛獨米等に於ては市長は多くは再選せられ又は三選せらるること決して珍しからすと雖、我邦の市長、殊に大都市の市長の再選せられ三選せらるゝことは極めて稀なり。否な一任期すら完全に勤了するもの甚た少きの實況なり。甚しきは僅かに一年未滿にして退任するの實例すらあり。是れ市長に選擧せられたるものか長く其の地位にあることを欲せさるに因るか、將た市會若くは市民か市長を信頼せさるに因るか、將た他に制度上の缺點あるに因るか。何れにしても市長の更迭の屢なることは、市政上決して喜ふへき現象にあらす。此の點は市政關係者の深く考慮研究すへきことなりと思ふ。

四　給與

市長に對しては無給主義と有給主義とあり。無給主義と云ふは市長を以て純然たる名譽職とし、一定の俸給を與へさるの主義なり。有給主義と云ふは市長を以て有給職とし、一定の俸給を與ふるの主義なり。國によりては極めて高額の俸給を與へ、國務大臣其の他國家の官吏に比して、共れ以上の多額の俸給を與ふることあり英佛は前者の主義を採り、米獨は後者の主義を採る。英國の市長は定額の俸給なく只市會の決議によりて報酬を與ふることあるも、其の報酬たる單に實費辨償に過きす。而かも大都市にありては其の實費辨償すら僅かに名義のみにして、外賓の接待、各種の饗宴、寄贈、寄附に要する費用の如きは、全く市長の自辨たるを常とす、倫敦市長の如きは市長一年間の在職中に、少くも十萬圓近くの金額を自己の「ポケット」より支出すると云ふ。故に英國に於ては市長たることは實に富豪貴族の道樂にして、Lord mayor の稱號を得ることと、市會議事堂に一片の記念肖像を掲けらるるの榮を荷ふに過きす。而して之か爲に數萬金の負擔をなささる可からさる事實あり。佛國の市長も亦名譽職にして一定の俸給を受けさるも、其の報酬は多額にして、英國市長の如く自己の負擔に於て多額の費用を支出するか如きことは稀なり。米國市長は有給たるのみならす、世界に於ける最高額の俸給を受くるものなり。卽ち紐育市長は三萬圓（州知事の俸給より多し）フヒラデルフヒア市長は二萬四千圓、ボストン市長は二萬圓、シカボ市長は一萬四千圓、ニウオレアンス市長は一萬二千圓、セントルイス、バルチモア、デンヴァー、デトロイト市長は一萬圓、桑港市長は八千四百圓なり。其の他交際費宅舍料の給與を受くるは勿論なり。獨逸市長も米國に次ての高額俸給を受く。卽ち伯林市長は一萬八千圓、フランクフルト、ケルン、ブレスラウ、ライプチッヒ市長は一萬二千五百圓、ドレスデン市長は一萬圓、ハンノーバー市長は八千五百圓にして、此の外に宅舍料交際費を受くるは米國と同し。

我邦の市長は有給職にして一定の俸給を受く殊に近時に至り大都市に於ては高額の俸給を給するの趨勢あり。卽ち東京市は一萬圓（奥田現市長は自ら減額して七千圓とせり）大阪市は一萬二千圓、名古屋市は一萬圓、京都市は八千圓、横濱神戸市は六千圓（横濱市は先きに一萬二千圓なりしか後に六千圓に減せり）なり。此の外に交際費宅舍料を給する市もあり。國家の官吏に比して決して少額なりと云ふ可からす。殊に我國現時の市財政狀態に比して割合に多額なるか如き感なきにしもあらす。高額の給與を與へ、以て良市長を迎へんとすること、必らすしも不可なるにあらすと雖、給與のみか必らすしも良市長を招致するの途にあらす。余は寧ろ市長は名譽職となし。市長たるか爲めに實際に要する費用は市費を以て支辨し、市長の待遇としては官吏に對すると同しく、他の方法を以て優待するの途を開く方、寧ろ良市長を迎ふるの途ならんかと思ふ。

五　權限

市長の權限に關しては二の主義あり。一は市會中心主義にして、一は市長中心主義なり。英國に於ては市會中心主義にして、市會か全權を有し、議決機關たると同時に執行機關たり。市長は市會の一員にして、其の議長たるに過きす。而かも議長として市會を開閉するの權あるに止り、其の議決に參與するの權なし。又市吏員の任命の如き全然市會に屬し市長は之に對し何等容喙することを得す。佛國の市長も英國の市長と同しく、市會の一員にして、又之か議長たるも、其の權限は英國市長の如く狹少ならす。執行事務は全然市長の權限に屬す。卽ち豫算を編成し、發案し、市財產を管理處分し、警察規則を發布し、助役を除くの外他の市吏員を任命し、其の職務分掌を定むる等、全然市長の權内にあり、獨逸の市長は市會の一員にあらす、全然市會と對立する機關なり。卽ち執行機關たる市參事會の一員にして、其の議長たり。市參事會の一員として市の行政事務の全部を擔任し、又市吏員の任命も其の權内にあり。

米國に於ては州によりて、其の制度を異にするも、往時は市會中心主義にして、市長の權限は極めて微々たりしも、近時に至りて市長の權限を增し、市長に市政上の全責任を集中せんとするの傾向を生せり。多數の市にかては市會を以つて單純の議決機關となし、行政事務は全然市長の權限に移し、殊に市吏員任命の如き我邦收入役に該當する市財政局長を除くの外（此の吏員は市民の選擧に依る）は、凡て市長の任命に一任することとなれり。最近に於てシカゴ、クリーヴランド、デトロイト市に於ては財政局長も亦市長の任命に委することとなれり。往時に於ては市長の吏員任命權は制限せられ、市會の承認を受くへきこととしたるも、斯くては吏員任命に對する責任の所在不明なりとの理由の下に、近時市會承認の制を廢し市長に全然一任するに至れり。初めブルークリン市に於て、此の制度を採用したるか、爾後紐育、シカゴ、ボストン、バッファロー、クリーヴランド其の他の大都市に於て之に傚ふに至れり。

又米國の市長は市會の決議に對し之を否認するの權を有す。而して此の否認權は單に市會の不法決議に對してのみならす、市長の任意に之を行ふことを得。但し市會は特定の多數（普通は三分の二なるも、バルチモアに於ては四分の三、紐育市に於ては六分の五）の決議によりて之を飜へすことを得。

市長の權限に關して特記すへきことは市長の有する警察權のことなり。伯林、巴里等の如き大都市に於ては別に國の警察官廳ありて、警察權を行使するも、其の他の都市に於ては多くは市長が警察權を有し、警察令を發し、警察吏員を任命す。但し警察權の行使に關しては國家の監督を受くるは勿論なり。英米に於ては市長は大なる警察上の權限を有し、市內に於ける安寧秩序の維持は勿論、消防、衛生、營業の許可、道路交通の警備、其の他一般の警察上の行政は全然市長に一任す。

我邦の市制に於ては市長は議決機關たる市會に對し執行機關となり、執行事務は全然市長の權限に屬す。有給市吏員は助役、參與、收入役を除くの外、市長之を任免し、其の他一般行政事務は市長之を管掌す。故に我邦の制度は寧ろ市長中心主義と云ふも不可なきか如し。舊制に於ては市參事會を以て市の執行機關となし、市長は其の一員たるに過きさりしか、現制に於ては市參事會を議決機關となし、市長を單獨執行機關となしたるを以て、今日にては佛國の如く市長中心主義に變したり。其の何れの制度か可なるやは深く研究を要すへきことなりと雖、市長中心主義か事務執行の簡易と敏捷を期する上に於ては、便利なりと思ふ。殊に近時米國に於て市長の權限を增加し、之に全責任を負はしむるの趨勢の如き大に參考とすへきことならんかと考ふ。

次に我邦に於て市長の警察權を有せさることは實際に於て不便少からす。或る程度の警察權は市長に與ふる方便利ならん。舊市制に於ては市長の權限の中に『地方警察の管掌』なる文字ありたり。是れ獨逸の制度に據りたることなるへきか、當時我邦に於ては自治體の吏員に警察權を與ふることは、危險なりとの理由の下に此の法文を適用施行せす。後改正市制に於ては之を削除したり。乍併自治體も漸次進步し。且市長に相當立派なる人物を得る今日に於ては、獨佛に於ける程度に於て市長に警察權を與ふること實際に於て便利なるへし。是等のことは市政上の硏究問題として深く考慮を要することと思ふ。

――（大正六、七）――

市長論

近時我邦數多の都市に市長を缺き、而かも適當なる後任者を得るに苦むか如き事實あり。大阪市横濱市の如き漸く近く名市尹を得たりと雖其の玆に至るに、數閲月を要したることは人の皆知る所なり此の如く市長に人を得るの難き、其の所因何れにありや。人或は之を制度の罪に歸するものあり、曰く我市政に於ては市參事會を以て市の執行機關となし、市長は其の一員たるに過きす、故に市長は常に市參事會に掣肘せられ其の手腕を奮ふの餘地なく、市參事會員の意を迎へ、之に苟合することを努むるか、然らされは之と衝突し、任期中其の職を去るの外なし。是れ品位あり實力ある人の市長たることを欲せさる所以なりと。又或は之を黨爭の弊に歸するものあり、曰く今日の自治體殊に市に在ては黨爭の弊甚しく、市參事會の如き市會の如き、甲黨乙派（必らすしも政黨と云はす）互に相轢る。市長として其の間に立て事を行ふ決して容易のことにあらす、黨爭渦中に投して相爭ふか、或は木偶の如く單に位に備はるかの外なし。是れ公正誠實なる人の市長たることを肯せさる所以なりと。或は之を市民の市政に冷淡なるに歸するものあり、曰く市民の大半は市政に冷淡にして、市會にあれ、市參事會にあれ、第一流の名士か之に當ることを欲せす單に一部政客の左右する所に任せ、歐洲諸國に於ける如く學者や資產家や名望家か市の公職に就くか如きことなく、是等の人士は市政に對して何等痛痒を感せす、之を對岸の火災視す。是れ市長に學識あり德望ある人を得る能はさる所以なりと、或は又國家の市長を遇するの酷薄なるに歸するものあり、曰く市長は直接に國家の事務を行ふものにあらすと雖、或る意味に於ては自治體の事務も亦國家の事務たるを以て、市長も亦間接に國政事務を行ふものと云はさる可からす。然るに國家の之に對する待遇の極めて酷薄なるものあり、位階勳章の其功に報ゆるなく、宮中饗宴に陪するの光榮もなく、公會席次の如き一小官吏の下位に立たさる可からさるの狀態なり。獨逸諸國に於ける如く功勞ありたる市長に對して國家の榮典を授與し、永く其の功勞を表彰するか如きことあるなし、是れ有爲なる官僚か去て市長たることを欲せさる所以なりと。

以上の諸說は或は我邦都市に市長を得難き原因の一たらん。余は凡ての點に於て必すしも首肯するものにあらすと雖、亦眞理の一面の玆に存することあるを疑はす。若し果して其の何れかの一か原因する所ありとせは、市政の刷新と發展とを圖るか爲に、朝野內外共に協力して之を除去するの途を講せさる可からす。其の第一說たる市參事會の制肘の如きは法の改正を以て容易に之を除去することを得へし。然れとも余は之を以て必すしも市長難の一と考へさるなり。市の事務を執行するに於て獨任制たると合議制たると何れを可とするや。余は必らすしも獨任制を以て合議制に優れりと信せす。憲政政治自治政治に於て合議の制あるは止むを得さるなり。假令市參事會を廢し、市長を以て獨任執行機關となすも、尙ほ市會其の他の委員制度は之を如何ともすることを得す。若し斯かる合議制をもうるさしとし凡て之を廢せんとするならは、是れ獨裁專制政治の復舊なり、自治制の根本本義を破るものなり。合議の制に依り、民意を容れ其の他地方團體の公共の利益を謀ること是れ自治制妙味の存する所なり。若し市長にして英國バーミングハムのチャムバーレンの如く、又墺國維納のドクトル、ルユーゲルの如きものたらしめば、市會市參事會の信頼を得、市長の全力を發揮することの何の難きことか之れあらん。執行機關の合議の制、何の障碍か之れあらん。又之を獨逸諸市に見よ、市參事會の制度は市長を得るに何等困難を來さゝるにあらすや。又市政を運用するに何等故障を見さるにあらすや。加之獨逸諸市の市長は市長獨任制の佛國の市長に比して、必らすしも其の人格と伎倆とに於て遜色あるを見す。是に由て之を觀れは市參事會なる制度か市長に適任者を得難き一因なりと云ふは余は之を信せさるなり。然れとも我邦現時の狀態に於て此の制度か市長難の一原因なりとせは法の改正を以て之を除去する亦決して不可なりとせす。

其の他の原因として唱ふるものゝ如きは法令を以て之を矯正し得へきものにあらすして、市民各自の覺醒と決心とに待たさる可からす。中央の黨爭を地方政治に及ほすの害あることは今特に之を論するの必要なく、歐洲地方政治の實際の證明する所、英佛兩國の自治政治の得失を論するもの皆筆を此の論題に染めさるはなし。若し果して說者の唱ふるか如く我か自治體に斯かる事實ありとすれは、余は世の識者と共に之か打破を望まさるを得す。市民の大半か市政に冷淡なりとの評は余は其の事實なることを認めさる得さるを遺憾とす。近來大都市に於ては漸次識者か之に著眼し、名士か自ら奮て市の公職に就き、市政の刷新に努むるの傾向を生したるか如きも、尙ほ未た以て足れりとす可からす。余は嘗て『我邦都市行政の頽廢に對する責任の一半は市政に冷淡なる第一流の名士か負はさる可からさること』を絶叫したることあるか（拙著『自治の精髓』）今日尙ほ此事實の實現しあることを悲まさるを得す。而して是れ實に都市に良市長を得る能はさるの大原因なりと思ふ。若し夫れ國家か市長に對する待遇如何の問題の如き必らすしも重大なる事由にあらすと信すと雖、而かも此の說たる亦一應の理由なきにあらす。抑も都市殊に三都大開港場の都市の如き、人口の點より云ふも、財政の點より見るも、將又事務繁劇の上より考ふるも、優に小縣の上にあり。殊に其の大なるものに在ては歲計四百萬を算し全國府縣に於ても多く其の比を見す、加之港灣の如き。道路の如き、上水下水の如き、其の他諸種公共事業の市に於て經營すへきもの少からす。隨て之を統轄し主宰する市長は府縣知事以上の手腕と人格あるを要するや言を待たす。而かも之を遇するに相當の途なくして有爲の名士を招徠せんとする豈に難からすや。是に於て近來大都市に於ては競うて俸給を高くし、其の市財政狀態に照し殆んと權衡を失するか如き俸給制を定め、名士を迎ふるに汲々たるか如し。然れとも是れ決しに單に金錢上の問題にあらす。若し其の人にして品位あり實力あり、而して市政に功勞ある場合に於ては國家も亦相當の待遇を與へて可なり。南滿鐵道會社又は東洋拓殖會社の重役に在官在職者に關する規定を適用する必要あり且理由ありとするならは、余は少くも大都市の市長に對して同一の特典を與ふることの一層必要にして且より以上の理由あることを信して疑はす。

前述したるか如く余は以上諸種の事由か必らすしも良市長を得る能はさるの原因なりと思考せさるも、苟も其の一にたも尚ほ多少の障碍をなすことありとせは、之を除去するの手段を考ふることを要す。余の玆に私見を提供し、其解決の一端を開陳するは世の識者と研究を共にせんとするの微意に出つ。

市長に關し尚ほ玆に一の講究を要する問題は、英國流の市長を可とするや、將た獨逸流の市長を採るへきやの問題是れなり。英國流の市長とは純然たる名譽職にして、財産家か或は貴族か之に當り、市の實務に多く關係せす單に市を飾る交際官たるに過きさるものを云ひ。獨逸流の市長は之に反し全く專務職にして、市の事務を擔任する事務官たり、隨つて其の任期も長く場合によりては無任期のものもありて、全く國の官吏と異らす。自治制の理想より云へは、英國流の名譽職市長か其の本旨に合ふものなるへきも、我邦今日の實況に於て、斯かる市長を得んことは甚困難なりとす。何等の職業を有せさる華族、或は其の土地の富豪の如き斯かる理想の市長たるへきも、我邦に於て殊に大都市に於て此の如き人を得ること殆んと望む可からす。又市政刷新の上よりしても市長を以て單に市を飾る交際官となすの英國流の主義は必らすしも可ならすと信す。特種の歴史ある英國の自治體に於て又富有にして餘裕ある貴族の多き英國に於てこそ、道樂半分に喜んて斯かる義務を負擔するものあるも、他國に於ては決して之に倣ふとを得す。殊に市の如き事務の繁き、事業の多き團體に於ては專務職の市長を置くを以て最も適當なりと信す。我自治制度に於て町村長は名譽職たるを原則とするも市長は有給職たるへしとせるは全く此の主旨に外ならす。是れ卽ち獨逸流の主義にして此の主義に依る市長には學識あり經驗ある事務官的性格を具備するものたるとを要するや勿論なり。近來我邦の諸市に於ける市長選任の實例に見るに多く此の主義に出つるやの觀あり。卽ち知事或は郡長若くは助役等の經驗ある者を市長に詮衡するか如し。是れ我邦の如き新進の自治體に於て最も適當なる詮衡方法ならんか。而して此の主義を採用する以上は余は各市に於て市長候補者を養成するの方法を計畫すること最も肝要なりと考ふ。官吏に試補見習の制ありて、一定資格ある者に行政事務を修習せしめ、漸次に事務官局長知事に昇任せしむるか如く、市吏員に付ても此の方法により、一定の資格あるものを養成し、書記助役市長と順次に昇進するの途を開き、永く市政に關係せしむること必要なりと信す、又同時に各市を通して市長以下市吏員を交互轉輾せしむるの途を開くことも必要なるへし、是れ實に獨逸の諸市に於て實行せる所にして、米國市政學者の『世界に於て最も有力なる最も成功したる行政機關なり』と賞揚する所なり。斯かる方法にして成功するときは必らすしも官僚中より市長候補者を物色し、又其官僚の所屬長官に依賴して之か勸誘を試むるか如き無益の手數を掛くるの必要なきに至らん。

近時市長の缺員と候補者選任の實況に鑑み玆に市長論を草し、大方識者の研究に待つ。（明治四三、一〇）

市制論

邦に於ける市の制度は明治二十二年に發布せられたる市制を以て支配せらる、而して我市制は所謂統一主義に則れるものにして東京市の如き百五十萬乃至二百萬に近き人口を有する大都市も亦僅々二三萬内外の人口に過ぎさる小都市も共に同一法規の下に支配せらるる制度なり、從つて制度上其の間に多少の不備を認めさるを得す、例へは之を監督の上より見るも小都市に對する監督に大都市に對する監督とを同一規定を以て律するは理論上實際上共に甚た困難なる事情あり、人口三四萬の小都市は經濟上より見るも又事業上より見るも町村の少しく發達したる位の程度なるか故に之に對する國家の監督は甚た容易なりと雖も、百萬乃至二百萬の人口を有する大都市に至りては決して然らす、現に東京、京都、大阪の如き大都市に對しては事實上國家の監督は殆んと行はれ難き狀態にあり、又之を地位の上より見るも例へは地方に於て時々開催すへき郡、市長會議等に於て市長は郡長と對等の地位を以て出席し同しく府縣知事より訓示其他の命令を受くるか如きは、小都市の市長としては勿論當然の事柄にして敢て怪しむに足らすと雖も、大都市の市長に至りては既に一度國務大臣の職にありし者、若しくは現に之に匹敵すへき人物にして就職せる以上は、之等をして地方の郡長と同等の地位に置き等しく府縣知事の訓示を受けしむると云ふか如きは事實上甚た困難なる事に屬す、更に又之を事業上より見るも東京、京都、大阪等の各大都市に於ける事業は何れも皆其府縣以上の規模を有し水道事業の如き電車、電燈事業の如き又築港事業の如き其他諸種の社會政策的の施設を行ひつゝあるを以て、之を府縣以下なる郡と同一程度に置くと云ふか如きは、偶々以て我現行市制の不備を表はす所の一端なりと云ふを得へきなりと信す。斯の如く大小の都市を同一制度によりて支配せんとする所謂統一主義の市制に啻に理論上不備の點あるのみならす實際上の運用に於ても種々の困難なる事情の存在するは略ほ之を以て其の一班を推知するに足るへし。

今外國に於ける市制の一班を見るに必す大都市と小都市とは其制度を異にし決して我國の如く同一の規定を以て其兩者を支配するものにあらす、例へは佛蘭西の巴里は啻に「セイヌ」縣の都なるのみならす佛蘭西全國の首都なるの故を以て特に他の小都市と異なりたる特別制度を設け、其市長には「セイヌ」縣の知事をして之れを兼任せしむ、而して其知事は全國府縣知事中の最有力者にして國家の任命に依る純粹の官吏なり、又警察方面に於ても別に我邦に於ける警視廳の如き制度を設く、之に反し獨逸の首都伯林は巴里と異り、其市長は國家の任命する官吏にあらすして全く市民の選擧に係るものとす、從つて其組織も亦自ら他の制度と異る所多し。

抑も獨逸の地方制度は上に州ありて縣は其次きに位し更に縣の下に市郡在り、而して普通の市は何れも縣の下に在りて直接縣知事の指揮監督を受け、更に其上級監督官廳たる內務大臣の下に各隷屬するの順序なるか、特に首都たる伯林のみは此の階級に依らす直接州に隷屬して、縣知事の監督を受けさるなり、從つて伯林は獨逸の他の都市に比し其組織上全然特殊の制度を有するものなり、次に英吉利の倫敦に就ては其發達上に特殊の沿革を有するを以て他と同一に比較するを許さすと雖も、國内に於ける他の小都市と同一の規定に支配せられすして全然別箇の組織を有するの一點に至りては巴里及伯林と異らさるなり。

斯の如く人口二百萬以上を有する大都市は何れの國に於ても普通の市と其制度を異にするに至りし所以のものは、啻に理論上のみならす實際の必要上より來れるものなりと信す、我國に於ても東京市に對し特別の制度を設くへしとの議あるは市町村制以來常に起る所の問題にして、曩に地方制度を施行せるの際東京、大阪、京都の三市を限りて特別市制を施行し、民選の市長を置かすして府知事を以て市長の職務を兼ね行はしめたるとあり、然しなから苟くも自治制を施行する以上は官吏を以て自治體を支配せしむるの不適當なるは言を俟たさる所なるを以て、遂に明治三十年に至り此の特別市制を廢止し他の小都市と同しく民選の市長を以て之に充つることとなりしか、我國有識者間には未た之に滿足せす種々研究調査を行ひたる結果所謂都制法案を議會に提出するに至り、東京市を東京都となし府縣と同一の制度に改め恰も獨逸に於ける伯林の制度に倣はんと欲し、都長官は府縣知事と同しく官吏を以て任命せんとするの議あり、一時政府も其の主張に同意を表し議會に於ても亦多數の賛成ありしものの如かりしも、議會は終に同法案を協賛する能はすして不成立に終はり爾來今日に及へるものなり。

上來叙述せるか如く之を外國の例に觀るも亦我邦の沿革に觀るも、現行市制の不完備なる點ありて之か改正の必要ありとなすの議は、今尚ほ我國識者の間に唱へられつゝあるも、自治の本義より見れは如何に大都市の市長と雖も之を官選の役人を以て任命するは如何かと思考せらる、唯大都市と小都市とを支配するに同一の制度を以てするの適不適に至りては自ら大に議論の岐るゝ所にして、現に都市行政の局に當れるものは等しく其の不適當なるを感しつゝあるものゝ如し、此の點に就ては最も愼重なる研究を重ね以て適當なる解決を行ふの必要あるを確信す。

余の一私見を以てせは東京市に對する行政の如きは、今少しく其權限を廣め又其事務の如きも今少しく簡捷なる方法を講するの必要ありと信す、例へは彼の電車値上問題に就て見るも之か決定に至る迄には實に幾多の各種機關を經過し多大なる日時を要す、先つ第一に市參事會の議を經次に市會の議を經、更に東京府に廻附して種々調査を行ひたるの後漸く之を内務省に進達し、内務省は更に之を鐵道院其他と會議すると云ふか如き幾多の機關と多大の時間とを經過せさるへからさるを以て、其手續の煩雜を招き場合に依りては非常なる損失を受くること無きを保し難し、斯の如き複雜なる行政手續を省略して事務の簡捷を圖らんか爲めには、或は東京市の如きは寧ろ第一次の監督廳を廢し、直接第二次の監督即ち内務省の監督に直屬せしむるも亦其一方法たるを失はさるへし、是れ伯林、巴里等に於ける監督上の制度即ち之にして何れも國家の監督を第一次のみに限定せるものなり。

次に我國の市長に對する權限は甚た狹少に失するの嫌あり、例へは警察權の如きは市長は全然之を有せす、之か爲め若し傳染病流行の際の如きは其費用は之を決議するも、其處置方法は悉く警察の所業なるか故に之に對する指揮命令の權能を有せす、從て其の間に種々の不便あるを免れさるなり、外國の例に依れは英吉利、佛蘭西の如きは何れも其都市に於ける或種の警察權を其自治體の首長たる市長自ら之を保存するもの多し、從て其市政運用に際し非常なる便宜を受くるものなり、素より其利害得失に就ては多少の議論なきにあらすと雖も、予は大體に於て多數の市民を支配すへき大都市の市長に對し、或種の警察權を附與するを以て寧ろ適當なる措置なりと信す、又起債方法の如きも現行市制に於ては町村と同一の取扱を受けつゝありて一々煩雜なる手續を要す、之等に就ても市長に對し或程度を限り其權限を擴大せしむるか如きは市政運用の實際に鑑み多大の便宜ありと信す。

近時歐米各國に於て都市行政に關して種々の方面より研究を行ひ、或は制度の變更を企て或は又實際上の執務方法等の改善を圖らんとするの傾向ありて、各所に都市會議等を開催しつゝありしか、最近に及んて亞米利加に於ては終に一の新制度を樹つるに至れり。

由來都市行政に關しては二箇の主義あり、曰く市會中心主義、曰く市長中心主義即ち是れなり、而して市會中心主義とは都市行政の全般に關し主として市會を中心として執行するものにして、市長は單に市會の決議を執行するに止まりて左程重要なる地位を有せす、之れ卽ち英吉利に於て行はる所の主義にして英國には素より議決機關と執行機關の區別を有せす、市會は都市行政一切に關する事項を自ら議決して又自ら之を執行す、市長は單に何等か特別なる儀式等の場合に市を代表するに過きす、之に反し市長中心主義と云ふは市長か全く其都市に關する行政の全權を保有するものにして、佛蘭西に於ける制度は卽ち是れ也、佛國に於ては市會はあれとも唯單に市長の提案したるものを決議するに止まり、之れか執行は總て市長に一任するものなり、吏員の任命の如きも英國は市會之れを任命するも佛國は市長か之れを選任すると云ふか如き有樣にして、殆んと市長全能と云ふへきなり、而して獨逸は此の兩者を折衷せるものにして我國の現行制度も亦此の折衷主義に相當するものなり。

斯の如く大體に於て都市行政に關する主義を各國の制度に依り大別して之れを二つとなすことを得而して亞米利加に於ては州に依りて種々の制度を設け或は市會中心主義を採り、或は又市長中心主義に則るものあるも、或る州に於ては千九百一年頃より一の新制度を設け市會を置かす市長を設け僅かに五人乃至七人の委員を選定して、之に市の行政一切を擧けて其の執行を一任するの制度にして、之れを亞米利加の委員政治と稱ふ、此の委員政治の起源は商事會社に於ける取締役其他の重役を選任するの方法より生したるものにして、市會議員及ひ市長を選擧するの煩を避け市會議員の黨派的弊害を芟除せんとするの趣旨より起れるものなるか、之れか實施以來著々として好成績を示し、當初亞米利加に於て「アイワ」州先つ率先して之れを實施せるも、他の州に於ても漸次之を模倣して現在に於ては既に二百有餘市の之か實施を見るに至り、從つて又他の各國に於ても此の委員政治を以て都市經營上の研究問題となすに至れり、予は素より此の委員政治を目して必すしも之を最善の方法なりと信せす又之れを我國の現狀に照し此の制度を以て果して適當なりと爲すや否やに就ては自ら別問題なるを以て玆に之を論せす。

尙ほ一般に市行政の町村の行政に比較して成績の擧からさる原因、及ひ之れか振興策に關する卑見、竝に都市の財政問題に對する意見を有するも、他日稿を改めて之を論述する所あるへし。(大正六、八)

道路制度

一、現行道路法規の不備と道路法の制定……二、道路の性質……三、道路の種別……四、道路の開設
五、道路の構成分……六、道路の費用……七、道路の管理と道路警察……八、餘論

一　現行道路法規の不備と道路法の制定

道路に關しては我邦に於ては未た組織的法制なく、只僅かに明治初年に發布せられたる斷片的規定

に依りて律せらるゝに過きす。從來政府に於ては道路に關する法律を制定するの議ありて、十數年來之か調査に從事し、屢之か案を起草し、或は地方長官の意見を徵し、或は土木關係者に諮問したることありしか、明治二十九年に至り遂に一の成案を得て、第十回帝國議會（衆議院）に『公共道路法案』の名稱を以て之を提出したり。然るに衆議院に於ては其の內容に關し種々の議議ありて遂に否決せられたり。其の後更に調査の上、明治三十二年第十四回帝國議會（貴族院）に『道路法案』と改稱し、再ひ之を提出したり。貴族院に於ては之を特別委員に附託し愼重審査を遂けたるに、國道の費用の點に關し政府と意見を異にし本會の議に上るに至らすして止みたり。爾來此の法案は議會に提出せらるゝの運ひに至らす、以て今日に及へり。然るに近年交通の進步と經濟の發展とに伴ひ、地方に於ては道路に關する施設頻りに起るに至り、益々道路に關する法規制定の必要なるを感するに至れり。現制の下に於て道路の制度を系統約に說明するは極めて難事なりと雖、余は玆に現行法令を綜合し其の法制の概要を說述し以て研究家の參考に供せんとす。

二　道路の性質

道路の定義及性質に關しては歐洲法學者間に諸種の說を爲すものありと雖、今一々之か評論を爲すことを避くへし。道路の何なりやとの問に對しては、道路とは一般交通の用に供せらるゝ設備なりと云ふを以て足れと爲すへし。是れ常識上の觀念たると同時に法律上の說明となすを妨けす。而して玆に道路と云ふは固より公共道路を意味し、法學上に所謂營造物と稱せらるゝものにして私法の範圍に屬せさる觀念なり道路は之を物質的に見れは、固より土地の一部たるを以て其の點より之を觀察すれは所有權の目的たり得るものなるを以て、私法の支配を受くるか如きも、是れ土地として見たる觀念なり。道路としては公衆交通の用に供せらるゝ設備なれは、道路と云へは公法上の見地よりする觀念たらさるへからす。學者によりて道路を定義して道路は公共の使用に供せらるゝものにして私權の爲めに其の使用を妨けらるゝものにあらすと說き(Brawchitsch)、或は一般交通の爲めにすへき目的か私法的處分の方法を以て廢罷せらるゝことなきものは道路なりと云ひ(Reitzenstein)、或は公衆の自由交通に定められ一般の使用に供せられ且私權の爲めに其使用を剝奪することを得さるものは道路なりと論す(Ackermann)、又獨逸諸州の道路法中にも此の種の定義を規定するものあり。例へは索遜の道路法には一般の使用に供せられ且其の使用か私權の爲めに剝奪せらるることなきものを道路と云ふと規定し。又普國道路法には公道とは公共の使用に供せられ私權の行使に因りて其の使用を妨けられさるものを云ふと定義す。然れとも余は道路なるものは公衆の交通に供せらるる設備にして所謂營造物の名稱なり、決して私法的觀念に非るを以て土地其の他の物件か道路と認定せられ、公衆交通の用に供せらるる以上は、其の用を妨くるか如き私權の行使は當然制限せらるへきものなりと信す。故に道路の說明中に特に之を明言するの必要なしと考ふ。道路を物質的に觀察すれは道路と之を組成する地盤とを區別するを要す。道路を組成する土地の一部即ち敷地は固より所有權の目的たり得るものなるも、是れ全く道路なる公共の用に供せらるる營造物の觀念とは別物なり。故に道路の主體と敷地の主體とは必すしも同一人格者にあらす。例へは國道にして其の敷地の民有たることあり、縣道里道にして其の敷地の國有たることあり。而して其の敷地か道路に供用せらるる間は其の敷地の所有者は其の所有權行使を制限せらるるなり。嘗て議會に提出したる道路法案にも此の主旨を明にするか爲めに『道路の敷地に關しては私權を行使することを得す但し讓渡を爲し又は擔保に供するは此の限に在らす』との規定を設けたることあり。是れ固より道路の性質上當然のことなり。然るに茲に尙ほ一歩を進めて道路竝に其の敷地は私權の目的と爲すことを得すとの立法を爲さんとするの論者あり(『公共道路法案』には此の規定を設けたり)。即ち現行河川法の如く河川竝に其の敷地は私權の目的と爲すことを得すとの規定(河川法第三條)を設けんとするもの是れなり。然れとも余は是れ不必要の規定なりと信す。元來道路及河川の如きは公共の使用に供せらるるものなれは其の用を妨くる程度に於て及其の期間中私權を行使することを得せしめさるを必要とするも、其の敷地をも全然私權の目的と爲さしめさるの必要なし其の敷地は土地の一部にして一個の物體なるを以て之を私權の目的と爲すは當然なり。只道路なり河川なりか公共の用に供せらるる間其の用を妨けさらしむるを以て足れりとすへく、必すしも私權を剝存するの必要なし。余は理論としても又立法論としても河川法又は『公共道路法案』の如き規定を以て無意味なりと斷定するものなり。

二　道路の種別

道路は公衆交通の用に供する營造物なるを以て道路の種別を爲すへきものに非るか如しと雖、交通の狀態と國家の利害に關する程度に應し、之か種別を設くるを常とす。我邦現行の制度に於ては明治九年六月八日太政官達第六十號を以て此の種別の標準と爲し居れり。其の明文左の如し。

『國道』

一等　東京より各開港場に達するもの

二等　東京より伊勢の宗廟及各府各鎭臺に達するもの

三等　東京より各縣廳に達するもの及各市各鎭臺を拘聯するもの

縣道

一等　各縣を接續し各鎭臺より各分營に達するもの

二等　各府縣本廳より其支廳に達するもの

三等　著名の區より都府に達し或は其區に往還すへき便宜の開港等に達するもの

里道
一等　彼此の數區を貫通し或は甲區より乙區に達するもの
二等　用水堤防牧畜坑山製造所等のため該區人民の協議に依て別段に設くるもの
三等　神社佛閣及田畑耕耘の爲に設くるもの
右の內一道にして各種を兼ぬるものは其類の重きものに從ふ國道竝縣道の道幅は其土地の景況に據各地各殊なるものなれは今遽に之を一定し實地に施行すへからすと雖も一般の法則なき時は道路より生する百般の事件共準據を失ふの患あり仍て左の定を以て一般の法則と爲し且將來新設する所の道路は其土地の便宜により此道幅を保たしむへし
國道
一等　道幅七間
二等　同　六間
三等　同　五間
縣道　同四間乃至五間
里道に至ては要するに該區の利便を達するに在て其關係する所隨て小なれは必す之を一定するを要せす橋梁は即ち路線を互續するものなるを以て道路の種類に隨ふを至當とす然れとも其幅の如きは必

すしも道幅に隨ふを要せす』

其の後明治十八年一月六日太政官布達第一號を以て國道の等級を廢し其の幅員を一定せり左の如し

『今般國道の等級を廢し其幅員は道敷四間以上並木敷濕拔敷を合せて三間以上總て七間より狹少ならさるものとす但國道線路は內務卿より告示すへし』

又其の後海軍に鎭守府を設けたるを以て前記明治九年太政官達に之を追加するの必要生したるを以て明治二十年七月一日勅令第二十八號を以て左の規定を設けたり

『東京市より鎭守府に達する道路及鎭守府と鎭臺と拘聯する道路は自今國道に編入す』

現行法に於て道路に關する規定は前記の規則あるに過きす。而して其の當時は尙ほ地方制度の制定なき時代なるを以て道路と地方公共團體との關係明瞭を缺き、到底今日の他の制度と均衡を得さるものあり。然れとも前記の諸法令を綜合し我邦の道路の種別を爲すときは、道路を分て（一）國道(二)縣道(三)里道と爲すことを得。而して是等各種の道路の定義及性質も固より明確にあらす。只單に道路の路線に依りて種類等級を分ちたるものと解するの外なし。前記太政官達の主旨は國道は首府東京を基點とし夫より

一、各開港場に達するもの

二、各師團に達するもの

三、伊勢神宮に達するもの
四、各府縣廳に達するもの
五、各鎭守府に達するもの
六、各府各師團を拘聯するもの

を國道と爲すものの如し。即ち國道は全國の幹線にして最主要道路なり。

縣道は太政官達の定むる所に依れは

一、各縣を接續し及各師團より各分營に達するもの
二、各府縣本廳より其の支廳に達するもの
三、著名の區より都府に達し或は其區に往還すへき便宜の海港に達するもの

なり。即ち大體に於いて府縣内の幹線と稱すへきものにして、其の府縣全般の利害に關係を有する路線と解せさる可からす。然れとも其の文字不明にして今日の制度に於ては解し得さるものなきにあらす。殊に近年鐵道其の他の交通機關發達し、停車場其の他樞要の地區發生したるを以て、前記達の明文に依りて縣道の資格を定むること極めて困難なり。各地方に於て縣道の編入に關し種々の疑義紛爭の生する故なしとせす。

里道は太政官達の明文に依れは

一、彼此の數區を貫通し甲區より乙區に達するもの

二、用水堤防牧畜坑山製造所等の爲該區人民の協議に於て別段に設くるもの

三、神社佛閣及田畑耕耘の爲に設くるもの

とあり。此の規定は一層曖昧なり、今日の市町村道を以て玆に所謂里道とする必らすしも當らさるか如し、市町村の中にも現に非常なる發達を爲し其の相互團體を拘聯する道路にして極めて樞要なるものあり。故に今日の市町村道を凡て里道として取扱ふは時世の趨勢に伴はさるものと云はさる可からす。蓋し明治九年の頃に於ける里道は極めて樞要ならさる枝線にして、單に一部落又は耕作用水坑山水防等の便に供し、又は神社佛閣に通する道路を指稱するに過きすして、寧ろ今日の私設公道位のものなりしなり。然るに爾後制定せられたる地方制度に於ては市町村を以て下級自治體なりとするの主義を採りたるに依り、府縣なる自治團體內の道路を縣道とする以上は、市町村內の道路は逹に所謂里道とするを以て適當なりと爲し、强て今日の市町村を里に相當するとの解釋を採り道路の種別をも之に相應せしめたるなり。然れとも其の文字の實際に適せさるは之を一讀して明なり。今日各地方に於て里道と縣道との分界に關し議論の生するは全く之か爲なり。要するに交通狀態其の他四圍の狀況か凡て變化せる今日の時代に於て、四十年前の昔公布されたる太政官達を以て之を支配せんとするは抑無理なりと云ふへく、其の適用宜しきを得さるときは紛爭の原因と爲る亦止むを得さるなり。

此如く現行制度に於ては道路の種別は國道縣道里道の三種に過きさるか、此の區別は道路と國又は地方團體との關係を規定したるにあらすして、單に道路路線の種類を區分し其の幅員を定めたるものと見るの外なし。要するに一等道路二等道路三等道路と云ふか如き道路の等級を定めたるものと解するを至當とす。然るに其の名稱に拘泥し之を以て道路なる營造物の所屬を定めたるか如く解するものあり。卽ち國道は國の營造物、縣道は府縣の營造物、里道は市町村の營造物なりと論するものあり。余は此の解釋に全く誤れるものなりと信す。法の明文上に於ては此の解釋を維持すへき根據なきを以て、明文論として此の說を是認すへき理由なきのみならす、道路の性質上より之を見るも此の說を維持すへき理由を見出すこと能はす。抑も營造物の所屬を定むる理論に就ては種々の說ありと雖、余は營造物の用途の性質に依りて之を定むるを以て至當なりと信す。而して道路なるものは其の種類の何たるを問はす、公衆交通の用に供するものなれは國の事業に屬すへきものなり。元來道路は幹線と枝線とを問はす互に脉絡貫通し、全國を一貫して其の用を爲すへきものにして、其の種別の如きは單に費用負擔若くは管理者を定むる爲めの便宜に出てたるに過きす。公共交通の用に供する道路としては一にして二ある可からす。恰も敎育行政に於て學校の種類を分て大學中學小學と爲すも、國家敎育の用に供する營造物たるに於て其の性質を異にすることなきか如し。而して敎育の國家行政たる關係より大學校は勿論中學校小學校も亦國の營造物なりと論定すると同しく（余は此の說を採る）道路も亦國縣道たると里道たるとを問はす、公衆交通の機關たる見地よりせは之を國の營造物なりと論定するを至當なりと信す。（大正二年十二月奥羽電氣株式會社對山形縣參事會行政裁判所判決に於て里道は市の營造物なりとの見解の下に判決を下したるも、余は此の說を以て誤れりと信す。詳細は他日之を論せん。）

要するに現制の下に於ける道路の種別は單に道路の等級を定め之を以て費用負擔と其の管理者を定むるの標準と爲すに過ぎさるものと考ふるを以て、余は立法論として國道縣道里道なる名稱を廢し、寧ろ第一種道路第二種道路等と爲すを以て適當なりと信す。

之を外國の例に見るに

英國に於ては道路を分て（一）Main roads（二）District roads の二種とし、

（一）の道路は幹線道路にして主として都市を連絡し又は鐵道停車場に達する主要道路として縣行政廳に於て認定したるもの、及千八百七十年以來路錢徵收を廢したる道路を云ふ。（英國に於ては昔は路錢を徵收したる道路多かりしか、千八百七十年以來主要道路には路錢を徵收することを廢したり。）

（二）の道路は（一）の道路に非さる公共道路を云ひ、主として各地方々々の便宜に基き開設したる道路にして District council に於て其の費用を負擔するものなり。

佛國に於ては道路を大別して（一）Routes nationales（二）Routes départementales（三）Routes vicinaux とし

（一）を更に細別して三等とす

一等道路は巴里より外國又は軍港に達するもの

二等道路は巴里より國境諸港に通する中等の道路

三等道路は巴里より國內の都市に至り又は大都市間の連絡するもの

（二）の道路を分て左の二種とす

一、從來 Routes nationales なりしも政府より其の保存を縣に命したるもの、又は縣費を以て開設したるもの

二、縣に於て其の敷地を買入れ開設費を支辨するもの

（三）を細別して左の三種とす

一、數町村又は數區を連絡し隣縣の道路に通するもの（町村の大道）

二、數町村に亘る道路（町村の中道）

三、一町村より他町村に達する道路を小路と稱す（町村の小道）

獨逸に於ては各聯邦に於て其の分類を異にするも千九百〇五年の普國の道路法にては道路を分て

（一）Provinzialwege（二）Kreiswege（三）Gemeindewege とし此の區別に依りて費用の負擔と管理者を定む。其他の諸邦に於て或は Statswege, Districtwege 又は Landswege, Kreiswege, Gemmeindswege と分つものあり。要するに地方公共團體と道路の關係を明にするの名稱たり。

道路を分て公道と私道と爲すものあり。其の說く所に依れは公道は公法上の關係に立つて所謂公の營造物に屬するものにして、私道は私法上の名義に於て交通の用に供するものを云ふと說明す。余は道路と云へは行政法上の範圍に屬すへきものと考ふるか故に私道なるものは道路中に包含せしめさるを至當と考ふ。從て公道私道の區別を認めて。自己の所有地の一部を開放して交通の用に供するは是れ全く私權の作用にして私人間の關係に過きす。是れ寧ろ土地の使用を以て論すへきものにして稱して道路と云ふ可きものにあらす。

只玆に問題として研究を要すへきは私設公道なり。私設公道と云ふは私人か自己の所有地を提供し公共の用に供する道路を開設し、自ら管理者と爲りて維持修繕の義務を負擔するものを云ふ。例へは自己所有地の開拓を目的として邸內の一部を公共道路に供するか如き、或は鑛山山林製造所等に通する便宜の爲めに自己の土地を公共道路に供するが如き是れなり。現に東京內に於ても斯かる道路あり例へは本鄕西片町の阿部伯爵邸內の道路の如き又は牛込矢來町の酒井邸內の道路の如き是れなり。是等の道路を私道の例として說明するものあるも、余は之を以て私道と云はす、公共道路なりと認む、若し是等の道路にして國家の認許なく、單に私的關係に於て自己の土地の一部を開放し、公衆を通行せしむるに過ぎさるものなれは、是れ私道なり。私法上の名義に依りて之を使用せしむるものにして之か開閉の權は一の所有者の權内にあるも、前記例示したる道路は決して私的關係に於て設定したる道路にあらすして、國家の認許を經たるものなり。(明治三十三年東京府令第六十七條に依り府知事の許可を受く)。故に公共道路にして私道にあらす。只普通の公共道路と異る所は其の敷地か私人に屬し且維持修繕の義務か私人に在るのみ。斯かる道路は通常之を私設公道と稱す。私設公道は我現行法には何等規定なしと雖地方廳の命令を以て之を定むるを常とす。例へは私有地內に公衆交通の用に供する道路を開設し又は廢止せんとする者は府縣知事の許可を受くへしとの規定(前記東京府令の如し其の他の府縣にもあり)ありて私人か之に依りて許可を受けたるときは私人の所有地の一部は公共道路と爲り、將來維持修繕の義務を負ひ、且官廳の許可を受くるに非れは隨意に之を廢止變更することを得す。而して其の報償としては其の土地に對する租稅を免除せらるるものとす(地租條例第四條、同施行規則第十三條)。

私設公道なるものは立法論として之を認むへきや否やに關しては議論の存する所にして、第十回帝國議會に提出したる『公共道路法案』には私設公道に關する規定ありたるも、第十四回帝國議會に提出したる『道路法案』には之を削除せり。私道を否認する論者は抑も道路なるものは所謂公の營造物なるを以て、其の主體は國又は公共團體ならさる可からす。公衆交通上必要の道路ならは之を町村道以上のものとし、公共團體をして地方行政上公共事務として之を管理經營せしむるを至當とす。且道路の管理は警察の作用と離る可からさる關係を有するを以て、私設公道を認めて私人を管理者と爲すは警察權の施行上種々の困難ありと云ふにあり。

之に反し私設公道を認む可しと云ふ說は私人か自己竝に公衆の便宜の爲めに自己の土地を開放し之を公共道路と爲し、且將來の管理維持も自ら之を負擔せんとする場合に於て、國家は之を拒否せさる理由なし。私人か管理者と爲り適當の經營管理を爲し得るものなる以上は、之を認許することか至當にして、必らすしも之を國又は公共團體に移ささる可からさるの必要なし。私設公道は之を認むるに利ありて何等の害なしと云ふにあり。此の兩說各理由あり。然れとも法理上の問題として決すへきよりは寧ろ實際の便否を硏究し立法すへき事項なりと信するを以て、余は玆に之か斷定を下すことを避けんとす。

四　道路の開設

抑も道路なるものは前述するか如く公衆交通の用に供する國家の營造物なるを以て、國家の認許なくして道路は創設せらるるものにあらす。事實に於ては土地の所有者か土地の一部を開放し公衆交通の用に供する場合もあらん。然れとも是れ未た以て法律上に所謂公共道路たるものにあらす。私人若くは地方公共團體か自己の所有地を開放して公衆交通の用に供するは是れ單に私權の行使に過きす、其の關係は私法的關係なり。公法上に所謂公共道路となるには國家の認許を受くることを要す。而して國家の一たひ公共道路と認定する以上は茲に國家と其の開設者との間に公法上の關係發生す。其の私人若くは地方公共團體は道路に關し管理者として權利を得ると同時に義務を負擔す。卽ち一旦公共道路と認定せられたる後は其の敷地は租稅を免除せらるる（地租條例）と共に將來維持保存の義務を負ひ、且道路警察の支配を受け、又私權の行使を制限せらる。換言すれは公共道路の認定と同時に私法關係を脫し公法關係に入るを以て、將來其の道路の廢止變更も自由に之を爲すことを得す。必らす國家の認許を經さる可からす。此の法的關係は現行法の規定に於ては明瞭を缺くと雖、左の規定に依りて之を推論するを得るのみならす事實に於て全く此の手續に從ひ居るなり。

『大正元年十一月內務省訓令第二十五號

（前略）

第二條　道路に關する事項にして左に掲くるものは本大臣の認可を受け處分すへし

一　國道及縣道の編入、組替、廢止及其の路線の變更但し些少の變更は此の限に在らす

二　府縣費支辨道路の指定

（以下略）』

卽ち現在に於ては國道縣道の編入（開設を含む）、變更、廢止は府縣知事か內務大臣の認可を經て之を定め里道の編入（開設を含む亦同し）、變更、廢止は市町村長か府縣知事の認可を經て之を定む。而して府縣知事市町村長の此の處分に依りて公共道路は玆に設定せられ公の營造物たる性質を生するものとす。

五　道路の構成分

道路を物質的に觀察し道路の構成分は何なりやと云へは道路は土地と之に加へたる人工的施設より成ると云ふを正當なりと信す。自然の狀態に於ける原野を人馬か通行して交通の用を爲すものを國家か道路と認定したるときは是れ亦道路たるには相違なしと雖、都市の街路共の他進步したる國の道路に於ては土地に種々の加工裝飾を爲し交通上の便宜を加ふるを常とす。或は路面に木石を舖敷し、或は「アスファルト」を以て之を築造し、或は路傍に並木を植ゑ一面に於ては通行者の便に供し、一面に於ては市街の美觀を添ふ。殊に都市の道路に於て然りとなす。歐米諸都市の道路は皆斯かる加工を以て計畫築造せらるることは人の皆知る所なり故に歐米人は我邦の道路を評して日本の道路は天然の土地にして道路にあらすと云ひたることあるを聞く。卽ち彼等の眼中には人工的設備を加へたるものを以て道路と爲すものの如し。歐米都市の道路の實況より云へは此の評必すしも不當にはあらさるも、道路の法律上の性質より見るときは加工したると否とは問ふところにあらす。歐洲諸國の道路法には歩道車道、騎道、自動車道等に關し詳細の規定を設けたるものあるも、我邦の現狀に於ては固より法律を以て斯かる規定を爲すの必要なし。然れとも道路として交通の用に供する營造物と爲すには此の目的を達するに必要なる設備を爲さしむることを要するや勿論なり。故に道路の開設築造に關し一定の標準なかる可からさるを以て明治十九年八月內務省訓令を以て道路築造標準を設け、國縣道の新設又は變改を爲す場合に、之か築造に關し準據法を定めたり。是れ主として道路築造の技術的規定なりと雖、國縣道に關しては路面の築造、勾配及屈曲、橋梁、暗渠、隧道等に關する事項を定め道路として利用を完全ならしめんことを期せり。

道路は主として土地の上に設備を爲すを普通となすも、必らすしも然らさることあり。場合に依りては水面上又は空間に設備を爲し、交通の用に供することあり。例へは河川に架したる橋梁にして道路を接續するものの如き、又は棧道の如き是れなり。而して是等は道路として交通の用に供するものなれは道路の規定に從ふへきは固よりなり。其の他性質上道路として見る可きものにあらすと雖、道路と等しく交通の用に供し又は道路の利用を助くるものの如きは、道路の一部として、又は道路の附屬物とし、道路の規定に據らしむることを必要とすることあり。普國道路法には左の規定あり（第五條）

『道路の設備の完整、保護、安全を期するに必要なる營造物竝に施設例へは橋梁、渡船場、徒渉場、道路、溝渠、排水設備、斜面、並木、欄干、道路標、警告板等竝に道路設備の保全又は防禦に必要なる凡ての施設は凡て之を道路の附屬物とす』

又曩きに議會に提出したる我道路法案中にも左の規定を設けたり（第七條）

『左に掲くるものは道路の一部とす

一　道路を接續する橋梁及渡船場

二　道路に附屬する溝、並木、支壁、柵、里程標及道標

三　前各號の外內務大臣か道路の一部と定めたるもの』

六　費用の負擔

道路に關する費用の負擔に付ては現行法上明確なる規定なし。只明治十一年太政官達土木費負擔所屬區分に關し左の規定あるのみ。

『地方稅を以て支辨すへき事件と町村又は區限りの協議費を以て支辨すへき事件との區分は凡そ地方一般の利害に關すへきものは地方稅支辨の部に屬し其町村限り區限り又は數町村共同の利害に係るものは其町村又は區內限り協議費の支辨に屬すへし』

此の規定を解釋すれは縣道は地方一般の利害に關すへき道路なれは府縣費を以て支辨し、里道は一市區町村限りの利害に係るものなれは市町村費の支辨と爲すへきものの如く、實際に於ても大體此の如き取扱を爲し居るなり。然れとも是れ只大體の原則を定めたるに止り其の細目に關する費用負擔の區分は府縣知事の定むる所に一任す。府縣知事は地方の情況に依りて府縣郡市町村に費用を分擔せしむ。縣道は固より府縣費支辨なるも、里道の支辨方法は地方に依りて、其の趣を異にし。全然市町村費の支辨に屬せしむるものあり。或は縣費又は郡費の支辨に屬せしむるあり。或は市町村費支辨を原則とし、郡費又は府縣費を以て之を補助するあり。要するに現行制度は道路の費用負擔は地方長官の定むる所に一任し、何等統一したる規定なし。故に今日の實際に於て地方に諸種の問題を惹起し、紛爭の原因と爲るものは道路問題に多しとす。道路は人生上經濟上最も必要なる機關なれは、地方人民に於て之か開設を希望するは勿論なるも、其の費用は上級團體に負擔せしめ、又は之か補助を受くることを望む者多し。隨て道路問題は或は理事者と議會との衝突の原因と爲り、或は黨爭の種子と爲る。故に道路に關する法制を明にして之れか弊害と紛爭とを除去するは今日に於て最も急務なりと信す。

道路の費用に關しては道路の種類等級と國家又は地方團體との關係を基礎として、之に依りて其の負擔區分を定むることを要す。純理より之を云へは國道は國費、縣道は府縣費、里道は郡費又は市町村費より之を支出するを至當とするも、國道の費用を國費支辨と爲すときは國庫に少からさる負擔を與ふることとなるを以て、國家財政の多端なる今日に於て之を實行することは極めて難事たり。現に先年帝國議會に提出したる道路法案に於ても此の點に關し政府と議會と意見を異にし、其の結果遂に法案の通過を見る能はさりしなり。故に國道を國費支辨と爲すの原則は到底近く之を實行すること能はさることとなりと信す。今日現制の下に於ては國道の維持修繕は府縣費を以て之を支辨し、其の新設又は擴築に付ては國庫財政の許す場合に國庫より其の費用の幾部を補助したるの實例あるのみ。

立法論としては道路の種類を第一種第二種第三種等に分ち、國家の利害に直接關係する道路は國費を以て之を支辨し、府縣以下各地方團體の利害に關する程度に應し、其各團體の費用を以て支辨せしむるの主義を採るを以て至當なりと信す。

七　道路の管理と道路警察

玆に道路の管理と云ふは道路の維持保存を云ふ。維持保存と云ふは極めて廣意義を有し、設定せられたる營造物の利用を保護し、之か支障を除却するに必要なる凡ての行爲を包含す。卽ち營造物の修理保存は勿論、其の使用、使用の方法形式、使用者の資格制限、使用料を定むることも凡て其の中に包含するものとす。營造物の主體か同時に管理者たることあるも、場合によりては其の人格者を異にすることあり。卽ち營造物の主體が他の團體若くは其の團體の機關又は私人をして之を管理せしむることあり。又營造物の管理者と其の費用負擔者は必らすしも同一人格者にあらす。例へは河川に就て之を見るに河川は府縣知事に於て其の管内に係る部分を管理し（河川法第六條）、其の費用は府縣の負擔とするも（同第二十四條）、河川は國の營造物にして單に其の管理と費用を他に命したるに過きす。人或は此の規定を解釋して河川は府縣の營造物なりと論するもあるも、余は河川の性質上又河川法全體の規定より之を見て河川は決して府縣なる地方公共團體の營造物にあらすと信す。道路に關しては現行法に明確なる規定なしと雖、前述したる諸法令と現在實際の取扱例とによりて之を見るに、道路の中國縣道の管理者は府縣知事、里道の管理者は郡長又は市町村長なるか如し。而して是等の機關は國の事務として之を管理するものなりや將た又府縣郡市町村なる地方公共團體の事務として之を管理するものなるや不明なりと雖、余は前者卽ち國の事務として之を管理するものなりと信す。先きに議會に提出せられたる道路法案も此の主旨を以て立案せられたるか如し。只其の費用の各地方公共團體に於て負擔することは前述したるか如し。

道路の新設改築は普通の意義に於ける管理の中に包含せられさるか如しと雖、工事の施行は管理者の行ふ所たり。國道の指定は內務大臣之を爲し、縣道里道は其の管理者か上級監督官廳の認可を受けて之を行ふ。而して其の工事は國縣道に在ては府縣知事、里道に在ては市町村長之を行ふ。故に道路の新築改築も亦管理の中に包含せらるるものと解せられさるにあらす。而して其費用は管理者の屬する公共團體の負擔たることは實際取扱例の認むる所なり。只國道の新築改築に關しては國庫より其の費用の一部を補助し、里道に關しては府縣費より之を補助するの實例あり。

自道路の使用に關しては他の營造物の使用と同しく自由使用と特別使用の二に分つことを得へし。自由使用とは道路を道路として使用するものにして、即ち公衆か交通の目的の爲めに使用するものなり此の場合には特に許可を要せす、何人も自由に之を使用し得るものなり。此の場合に於ける使用か一の權利なりや否やに關しては學者間に種々の說あり。或は之を以て法の禁せさる自由にして所謂法の反射なりと說くものあり。或は之を以て一の權利なりとし、而かも或は物權なりと云ひ又或は人格權なりと論するものあり。玆に是等の諸說に對して論評をなすは本論の目的とする所にあらさるを以て之を省略するも、余は非權利說を主張するものなり。特別使用とは道路を交通の用として主張するものにあらすして、交通を妨けさる範圍に於て之を使用するものなり。例へは道路に軌道を布設し、電柱を建て、露店茶店を設くるか如し。斯かる使用は特に官廳の許可を經るを要するものにして、自由使用に於けるか如く公衆か自由に使用し得るものにあらす。故に自由使用に對して之を特別使用と稱す。特別使用にも二種あり。一は一時的使用の場合なり。例へは道路に露店を出し、緣日に見世物小屋を作るか如し。一は永續的占用の事實ある場合なり。例へは道路に電柱を建て、軌道を布設するか如し。此の兩樣の使用共に許可を要するも、一は警察官廳の權限に屬し、一は道路管理者の權限に屬す此の兩樣の使用の性質を理論的に區分し、精確に其の分界の標準を設くることは極めて困難なり。然れとも之を要言すれは交通警察の範圍に屬し、道路取締に關することは警察官廳の主管する所なり。隨て之か爲めに要する許可は警察許可なり。之に反し營造物管理の作用として營造物の使用を許可することは管理者の職權に屬するものなり。是れ理論上の分界なりと雖、實際に於ては管理權と警察權との區分は甚た明瞭ならす。殊に我邦に於ては道路に關し府縣知事は管理權と警察權とを併有するも、郡長及市町村長は管理權を有するも警察權を有せす。又東京府に在ては府知事は管理權を有し警視總監は警察權を有するを以て、道路の管理と道路警察との間に往々疑問の生することあるを免れす。現制の下に於ては道路の特別使用に關しては其の使用の時期の長短を以て之か分界の標準と爲すものの如し。例へは東京府に於ては家屋建築修繕の爲め板圍を道路上に設くるか如き場合に、其の日數六十日以內のものは警察官廳の許可を受くへく、六十日以上なるときは別に道路管理者たる市役所の許可を要すと爲し、又道路に露店を出し緣日に興行物の小屋を出すか如き場合には、警察許可を以て足れりとなすか如し。然れとも是れ只便宜的、器械的區分の標準に過きすして、何等理論的根據あるにあらす。使用時期の長短を以て道路に關する管理と警察との權限を定めんとするか如き法理問題としては之か說明に苦しまさるを得す。殊に道路を使用する荷車の車輪の幅員を定め荷物の重量を制限するか如き、今日實際に於ては警察官廳の權限に屬せしむるも、是れ大に疑問たるを免かれす。抑も道路の使用にして道路の管理に屬すへきものは管理者の處分によりて之か許否を決すへく、決して警察の範圍に入るへきにあらす。道路警察の任務は道路及交通に對する障害を除去し公衆の危險を防止するにあり。其の以外の交通機關としての道路の利用及保護は當然管理の範圍に屬すへきものなり。故に理論的に之を論すれは前記例示の道路の使用の如き、荷車の重量及幅員の制限の如き、管理者の權限に屬すへき事項なりと云はさる可からす。只我邦現行の制度に於て東京府知事、郡長、市町村長は凡て警察權を有せす又管理者は管理に伴ふ警察權（換言すれは强制權）を有せさるを以て多くの場合に於て道路使用に關することは警察官廳の權限に委することの便利なることあり。故に是れ理論の問題にあらすして實際の便宜問題なりと論定するの外なし。然れとも將來法制立法上の問題としては一考を要すへきことと思ふ。

道路の使用に二種ある結果として其の使用料にも二種あり。一は自由使用に對する使用料にして、一は特別使用に對する使用料なり。自由使用に對しては使用料を徴收せさるを原則となすも、場合によりては之を徴收することあり。今日に於ては路錢を徴收することは極めて稀なるも、道路の一部たる橋梁に付き橋錢を徴收することは往々之れあり。是れ蓋し道路の費用を負擔する地方公共團體の經費極めて多端なるか爲め、財政上道路橋梁の新設改築を行ふことの困難なるが爲めなり。斯かる場合には其の團體の財政上の窮乏を補ふか爲めに、道路橋梁の新設費、改築費を償却する爲めに路錢橋錢の徵收を許すものとす。又私人をして道路橋梁（道路は極めて稀なり）を新設せしめ、之に路錢橋錢の徵收を許し、其の費用を償却せしむることあり。交通政策上の見地より之を論せは路錢橋錢を徵收することは決して喜ふへきことにあらすと雖、地方公共團體の財政上一時止むを得さることあり。然れとも是れ固より營利を目的と爲すにあらす、全く公共の利益の爲めになすものなれは、其の使用料の徵收は元資償却を限度とせさる可からす。而して道路は前述したる如く國の營造物にして地方公共團體の營造物にあらさるを以て、其の使用料の設定徵收は府縣制市町村制の規定に據るを要せす。隨て府縣會市町村會の議決を要せさるは勿論、內務大臣大藏大臣の許可をも要せす。卽ち現制に於ては明治四年十二月太政官布告の支配する所たり。其の明文左の如し

『治水修路の儀は地方の要務にして物產蕃盛庶民殷富の基本に付府縣管下に於て有志の者共自費或は會社を結ひ水行を疏し或は險路を開き橋梁を架する等諸般運輸の便を興し候者は落成の上功費の多寡に應し年限を定め稅金取立方被差許候間地方官に於て此旨相心得右等の儀願出者有之候節は其地の民情を詳察し利害得失を考へ入費稅金の制限等篤と取調大藏省へ可申出事』

今日の法律語を以て之を解說すれは道路を開き橋梁を架する者は原資償却を目途とし一定の年限間使用料を徵收することを得との意なり。自由使用に對する道路橋梁の使用料は今日此の規定に依りて取扱ひ居るものなり。

以上は自由使用に對する使用料徴收の規定なるも、特別使用に對しては現行法に於て明確なる規定なし。特別使用の場合に於ける使用料に關しては諸種の説あり。或は之を以て營造物の使用料にあらすとなすものあり。或は之を以て私法上の關係に於ける賃料なりとするものあり。或は之を以て公法上の使用料となすものあり。是等の諸説に對しては今一々之を詳説せす、只余の論結を述ふるに止めん。余は營造物の使用は必すしも自由使用のみならす、營造物の用途を妨けさる範圍に於ける使用も亦營造物の使用なりと斷定す。又營造物の特別使用は私法名義を以て之を爲すも、將た公法關係に於て之を認むるも敢て不可なく、一に管理者の意思に在りと論するものあるも、余は私法名義を以てする場合は所有權の作用として之を爲すへく、營造物としての使用は私法名義を以て爲すへきにあらす。而して營造物としての用を廢止せさる間は所有權の作用の發生せさるものなれは、營造物の使用と云ふ以上は當然公法關係に立つへきものなりと信す。隨て其の料金は公法的性質を有する使用料なりと論定するを以て至當なりと思考す。

特別使用は公衆の自由使用以外の使用なるを以て、特に管理者の許可を要すへきことは前述せしか如し。又其の使用料も管理者の定むる所に依るへきや固よりなり。只現行法に於て明瞭なる法の根據なきを以て疑義の生することあるを免かれす。或は縣道に付ては府縣制の規定によりて府縣知事か内務大臣の許可を受けて之を定むへく（府縣制第百三十三條）、里道に付ては市町村長か内務大臣大藏大臣の許可を受けて之を定むへし（市制第百六十六條、町村制第百四十六條）と論するものあり。然れとも余は道路は國の營造物にして地方公共團體の營造物にあらすと信するか故に、其の使用に關しては府縣制市制町村制の適用を受くへきものにあらすと信す。特に現行制度の下に於て據るへき規定を求むれは明治二十四年五月內務省訓令第四六二號なり同令には

『地盤の官有に屬する堤塘道路並木敷の使用は自今其費用を負擔する府縣及市町村に於て處分すへし但市町村の處分に係るものは府縣廳の認可を請はしむへし』

とあり。然れとも其の意義甚不明なり。且其の形式は一の訓令にして、而かも地盤の官有に屬するもののみを規定するを以て、此の訓令は地盤の關係より見たる規定にして營造物としての使用を見たるものにあらさるやの疑なき能はす。地盤の所有權と營造物の利用とは全く別個の觀念なれは、地盤所有者の如何によりて營造物使用の處分者を定むへきことにあらす。故に前記訓令は殆んと無意味の規定なりと云はさる可からす。然れとも之を推論するときは堤塘道路等は國の營造物にして其の特別使用の處分は其の費用を負擔する地方公共團體に委任したるものとも解せられさるにあらす。但し特種の事業に關し他に特別法の存するときは其の規定に從ふへきは勿論なり。例へは電線を道路に布敷する場合には電氣事業法（同法第九條）に依るへく、軌道を道路上に布敷する場合には軌道條例、同取扱方心得に依るへきか如し。

八　餘論

道路の交通機關として最も必要なることは今更ら云ふ迄もなし。道路一たひ開通すれは物資の供給搬出を容易にし、產業の發展を助け、人文の進步を促かし、延て國家の富力を增進するの結果を生す。道路の開鑿竝に改良は我國今日の現勢に於て實に緊要なりと云はさる可からす。今全國道路の里程を調査するに國道は二千百四十九里、縣道は九千十三里里道は九萬四千三百三十一里、合計十萬五千四百八十三里なり（大正二年六月調）。我邦全體の面積に比例し未た以て充分なりと云ふ可からす。全國の幹線たる國道にして尙ほ未た完全に改修し得られさる個所少からす。殊に甚しきは國道筋に橋梁の架せられす、僅かに渡船によりて通行を助くるものあり。爲めに軍事上必要なる砲車通せす、文明の利器たる自動車行かす。全國を貫通すへき國道として殆んと用を爲ささるの狀況なり。又縣道里道にして樞要なる地區の連絡なく、加ふるに幅員狹く、勾配急に、人車の通行すら極めて困難なる個所頗る多し。爲めに出つへき物資は空しく地中に埋沒せられ、物價は低廉なる能はす、富源爲めに開拓せられす、國民生活費の高きに泣くの狀態なり。豈に遺憾なりと云はさる可けんや。然れとも又一面より之を見るに道路に要する費用決して尠少にあらす。國縣里道に費す所の工費は明治三十二年以降十ヶ年度の平均に依れは一ヶ年一千七百二十七萬五千二百八十五圓を算す（橋梁費を含む）。其の割合は國道は九分九厘、縣道は二割六分一厘、里道は六割二分なり。而して地方共團體の經費に於て土木費其の多額を占め、他の費用に比して其の割合の多きことは人の皆知る所なり。國民負擔の輕からさる今日に於て道路の改修開鑿の完成せさるは亦止むを得さるなり。然れとも道路事業は所謂生産的事業にして道路の開通に依りて國の生産を興し、國民の活動力を增すは爭ふ可からさることなるを以て、余は中央地方共に此の點に意を致し、財政の調節を謀り、以て道路の開發に大に力を盡さんことを望まさるを得す。只地方情弊の爲め、又は黨爭の結果、不要の道路を開修し不急の土木を起すか如きことは最も愼まさる可からさるは固よりなり。

國道に關する費用は國庫の支辨たるへしとの議は多年の問題なるも、國費多端の今日到底之か實行を見ること能はさるは實に遺憾なり。尤も從前は國道中必要なる道線を選ひ國費を以て改修したることあり。例へは淸水越新道、山形宮城新道、岩手秋田新道、長崎縣對馬國嚴原道路の如き是れなり。又有要なる道路に對しては國庫より補助金を下付して改良工事を行はしめたることあり。然れとも是れ眞に僅少の部分にして、其の費額の如きも明治十四年度乃至同四十二年度に於て總額僅かに三百五十萬八千三百十四圓餘にして、之を全國國道の延長二千百四十九里に割當つれは實に九牛の一毛たるに過きす。而して政府は明治四十三年度に於て國縣道を改良せしむる爲めに之か工事を助成するの必要を認め、新に道路改良費補助金三十萬圓を豫算に計上し、議會の協賛を經たるも、昨年行政整理の結果、是れ亦削除せらるるの止むなきに至れり。故に今日に於ては國道に關して國庫より之か費用を支辨するの途は殆んと絶えたるの狀勢なり。然れとも道路は到底今日の現狀を以て滿足すへきにあらす。道路法制を制定すると同時に之か費用に關しても相當の計畫を立つること實に現時の狀勢に於て必要なりと信す。

道路の種別は鐵道、輕便鐵道、電車等の發達と交通の變遷に伴ひ、自ら變更すへきものなるを以て余は全國の道路の種別等級に關し根本的調査を行ひ、現行の種別等級にして變更改廢すへきものは之を變更改廢し、國道の改修に關しては國庫より年々一定の金額（二百萬圓乃至三百萬圓）を支出し、一定繼續年限の下に之を完成し、縣道以下の道路に關しては府縣市町村に於て之か整理を行ひ、必要なる路線に付ては著々改修を爲し、以て道路政策の根本を確立せられんことを望む。是れ實に國富を增し國運の發展を期する所以なりと信す。

——（大正三、九）——

都市集中と農村の荒廢

都市集中は近代に於ける世界各國を通しての現象なり。惟ふに商工業發達し都市の事業殷賑を加ふるに連れ全ての知識全ての資本か漸次都市に集中するは蓋し自然の勢なり。此の故に所謂一攫千金の富をなし高位大官の榮譽を夢想する者は相競ふて都市に集り來るなり。一方郡村に於ける農業、牧畜、植林等の事業は其の利益極めて微く、永き年月を經るにあらされは其の收穫を見ることを得さるを以て、運命を刹那に賭せんとする者は相引いて都市に集中し以て其の運命を開拓せんとするなり。又都市には各種の娛樂機關多く、人生の欲望を滿足せしむる設備完全にして、青年血氣の者は田園に在りて單調にして且つ變化無き生活を營むことを欲せす、都會に趨りて其の近代的快樂を享受し虛榮心を滿足せしめんとし之か爲め都市は非常なる勢を以て人口を吸收し、半面之れか反動として田園は荒蕪し、地方は衰微す。恰も人體に於て腦充血の四肢冷却して貧血症を病むか如き狀況を呈し居れり。是れ國の大勢より觀察すれは實に寒心すへき現象にして、我か國の現在は歐洲の各國に比し未た此の症狀其の甚しきに至らされとも今日に於て豫め識者の警告を促かし、之れか對應の策を樹立し置かされは前途頗る憂慮に堪へさるものありと信す。

余、近時佛國に於て發行の雜誌 Revue de droit d'administration を繙きたるに、ジエール、ドゥアック氏の『國家と都市』と題する論文に於て都市集中殊に巴里市の人口增加と地方衰頽の狀況を評論して、大に佛國將來の爲めに警告したるものあり、其の說く所は事實に基き、統計に據り、眞に肯綮に値するものありと信す。佛國に於ける此の都市集中田園衰頽の趨勢は決して外國の事例とし對岸の火災視す可きものに非らす吾人の深く考慮を要す可きことなり。故に今其の一節を玆に摘譯して經世家の參考に資せんと欲す。

巴里か佛國全土の勢力を吸收する其の必然の結果として佛國の地方は漸次衰頽しつつあり。換言すれは佛國の首府巴里は佛國の地方を疲弊せしめつつあり。王朝復興時代に於ては巴里所在地の縣たるセイヌ縣は僅に八十萬六千二百八十一人の人口を有するに過ぎさりしか一千九百〇六年の調査によれは三百八十四萬八千六百十八人に遞したり。然るに此の期間に於ける佛國の全土の人口は二千九百二十六萬二千四百六十七人より三千九百二十五萬二千二百四十五人に達したるに過きす。卽ち一千八百十五年頃に於ては巴里及其の周圍の人口は僅に全國人口の三十分の一に過きさりしものか九十年を經過したる一千九百〇六年に於ては其の割合十分の一に增加したり。實に巴里の人口は僅か九十年間に於て三百萬人の增加を示し之を細分すれは實に三十年間に各百萬人宛を增加したる割合なり。此の割合を以てすれは、今より百年後には巴里の人口は七百萬人となり二百年後には一千萬となり四百年後にには於ては更に佛國人口の過半は巴里に住居することとなる有様なり。何となれは佛國全土の人口は漸次に減少の趨勢を示し居れるを以て此の期間に佛國の全人口は三千二百萬に達すること難かるへきも巴里市の人口は約二千萬近くに達するに至るへきを以てなり。

佛國の人口は一千九百〇七年以來漸次減少の傾向を示し來れり。是れ實に世界に於て他に例を見さる現象にして甚た憂慮に堪へさることとなり。今日佛國の人口は三千九百萬を算するも將來に於て恐らく四千萬の人口を有するの期は萬々無かるへきことと信す。佛國の人口は其の隣國たる伊太利の人口に比しては多きを算するも其の國土の面積に比較すれは決して多しと云ふを得す。伊太利の面積は我か佛國の面積の二分の一に過きす、卽ち五十三萬六千萬キロメートルに對し伊太利の面積は二十八萬六千萬キロメートルなり、然かも伊太利は三千二百萬の人口を有し加之に海外に多數の移民を出し居れるに反し佛國には殆んと海外の移民を有せすして僅かに三千九百萬の人口を有するに過きさるを以てなり。此の趨勢を以て將來を推せは歐洲の第一等國たる佛蘭西は將來歐洲の最下等國たる運命を有するものと云はさるへからす。我か國民は今日まて此の事に關し心を勞したることなけれとも斯は實に我か國運の上に緊切なる關係を有することにして一日も忽にすへからさることに屬す。一千九百年の佛國の統計を見るに其の死亡率は出産率に超過したる事實の存し、而して斯は實に深重なる注意を要すへき重大事件なり。

從來吾々佛國人は佛國の財政の年々に膨脹の趨勢に在るを見たり、地方に於ても其の附加税の税額年々增加の傾向を呈しつつあるを見て頗る歡喜に堪へさるものありしか、若し將來に於て納税者の數次第に減するに至りなは地方の産業は漸次衰頽に傾くを以て財政上の收入も亦減少するは其の必然の結果なり。吾人の鐵腕は勤勞を示し産業の基礎をなすものなれは人口は卽ち富の源泉なり然るに此の富の源泉たる人口にして減少せんか蓋し其の結果は想像に難からす。西班牙か今日の衰境に陷りたるは實に此の無視したるより生したるものにして卽ち同國に在住のユダヤ人、モール人を放逐して人口の減少を省みす世界を征服し世界に殖民せんとする無謀なる企をなしたるか爲なり。斯くの如きは自己の身體より精良なる血液を絞り出し身體を養ふへき營養分の缺乏を來しなから一方過激なる勞働をなしたると同一現象なり。

佛國現在の狀態も亦之れと等し、巴里市は實に佛國全土の財源を枯渇せしめんか爲に國民を威嚇しつつあり。佛國人殊に巴里人は巴里市の人口増加を歡迎し喜悅しなから一方地方產業の衰頹を省みさるものなり。是れ恰も自己の有らん限りの資產を傾けて其の妻の歡心を買ひ其の身邊を飾りなから子供に對し衣食をたに與へさる男子と相似たるものと云はさるへからす。實に巴里市は佛國の地方を殺戮しつつあるものなり。佛國全土の人口を減少せしめ生存競爭をして日一日激甚ならしめ、佛國內の社會問題をして益々複雜多岐ならしむるものは、實に巴里市其のものなり。

佛國に於ける地方人の巴里に走る趨勢を見るに、一千八百九十六年より一千九百〇一年に至る五ヶ年間に於ける佛國の地方は其の住民の都市移住に依つて二十五萬の人口を失ひたり、卽ち之を一年に分ては年々五萬の地方民は都市の灯影を追つて田園を去るものなり。然るに巴里に於ては此五ヶ年間に於て一平方キロメートルの土地に住居する人口は一萬一千より三萬二千に增加せり。而して之れを地方住民の密度と比較せは巴里市の密度は地方の三百四十倍に相當す。若し今假りに佛國全土か悉く此人口の密度を有するものと假定せは佛國の人口は實に百七十億の多數に上ることとなる卽ち全世界の人口の十倍以上を算することとなるなり。巴里市に於ける人口の約四分の三更に詳言すれは其の人口の百分の七十四コンマ二は實に地方民を以て滿さるるものなり。而して此の多數の地方移住民は巴里の市街に於て果して如何なる運命を有しつゝあるかと云ふに彼等は人口過多なる巴里の陋屋に住み心身を害せられ、之に中毒し、遂に自滅するの悲慘なる狀態に在り。經濟學者シェーソン氏は此の悲慘なる光景を形容して『大都市殊に巴里は人間を喰ふ所なり、地方を去りて巴里に移住する人民は自ら大溶爐の中に熔解せらる鑛石の如くならんか爲に都市に來る者なり』との痛語を放ち居れり。又メリー、ダルツク博士は『佛國人種の巴里に於ける恐慌』と題する書中に下の如く云へり『本書の意義に於ける巴里人卽ち巴里と巴里人なるものは最早存在せす、生粹の巴里人は僅々巴里人の三分の一に過きす、然かも其の四分の一は私生兒なり、然しなから巴里の富豪の一族は何代となく永續す、之れ彼等は毎年長時間の間別莊に住居して田園生活を送り且つ地方人若くは外國人と結婚するを以てなり。然るに巴里に於ける勞働者及中等社會は二代と續くもの尠し。實に巴里に於ける勞働者は慈惠病院に生れ慈惠病院に成長し果ては慈惠病院に於て死し其の遺骸は無料にて共同墓地に合葬せらるる運命を有す。人或は巴里に於ける小兒の死亡率の尠きを說くもの有るも、之れ小兒の死亡數か少きに非すして小兒の少きに因るものなり。巴里に於ける小兒の出產數少なきは勿論なるも其の出產したる小兒の三分の一は大抵地方の田園に於て養育さる、而して巴里に殘れる小兒の死亡率は佛國全體の死亡率に比して甚た多し。此の點より見るも巴里は實に佛國人の投身し溺死する深淵なり』と云へり。言甚しく奇矯に失するも巴里に於ける都市生活の慘狀を述へて餘蘊なきものと云ふへし。

今佛國の地方に於ける人口減少の有様を見るに Eure et Loire 縣の如きは二百五十年後に於ては全く一人の住民をも殘ささる無人の境となるへき運命に遭遇し居れり。而して此の危險を有するものは單り此の縣のみならす其の他の縣に於ても全く無人境となるへき運命を有するもの甚た多し、現に或縣の如きは今日既に其の一部に於て之を實現しつつあり。即ち既往百年間に於て Basses-Alps 縣は十四萬六千九百九十四人の人口か十一萬三千百二十六人に減し Hautes-Alps 縣は十二萬四千七百六十三か十人萬七千四百九十八人に減し又 Lozère 縣は十四萬三千二百四十七人か十二萬八千十六人に減少せり。之れを土地の面積に比例し見るに五十五萬三千エクタールの面積を有する縣か十萬の人口を有することとなるを以て五エクタールに一人の割合なり。之れを以て見れは佛國地方は西比利亞の荒原と殆と同一の狀態に在りと云ふも決して過言に非す。

一千八百〇八年に於てモントーバン、モアサック、カステラサンの三都は隣縣より分離して一縣となり新に Tarne et Garrone 縣を新設し一千九百〇八年に其の百年記念祭を盛大に擧行せるか、此の縣の如きも此の百年間に四萬以上の人口を減失せり。即ち一千九百〇八年より百年前新縣創立當時に於ては二十三萬五千十四人の人口を有したるものか、百年後に於ては十八萬八千五百五十三人に減したり。故に今日に於ては特別の一縣として縣廳を設け知事を任命して縣の財政を維持することは非常なる困難を感しつつある狀態なり。最近百年間に於て人口減少の最も著しき縣は Orne 及 Colvados の二縣にして、此の二縣に於ける人口減少は實に驚くへき數字を示し、Orne 縣は一千八百二十年に於て四十二萬五千九百二十人の住民を有したるか一千九百〇一年には三十二萬三千七百八十三人に減少し一千九百〇六年には三十一萬三千九百七十二人に減したり。即ち九十年間に於て十萬九千九百七十二人の人口を減したり之を一年に割當れは實に一年毎に千二百二十二人宛の住民減少せる割合となる。而して一千九百〇六年のみに就て之れを見るも死亡數の出産數を超過すること實に一千九百四十九人なり。之れ全く此の縣の青年か多く巴里に走りて老人のみ田園に殘留せる爲なり。

又 Calvodos 縣は一千八百二十年に於て五十萬五千四百二十人の人口を有したるか、一千九百〇一年に至りては四十一萬〇百七十八人に減し一千九百〇六年には四十萬三千四百三十一人に減したり。故に此の縣に於ても亦一年毎に二千人宛の住民を減少したる割合なり。

一千九百〇六年の調査に據れは、全國八十六縣中五十四縣は前調査の時より人口減少の傾向を示し唯た大都市を有する縣か、或は其の他特別なる原因を有する縣に於てのみ人口の増加を見るのみなり人口増加の結果を見たる縣は左の三十二縣として其の原因と見做すへきもの左の如し。

Alps. Maritime	二九三、二一三人より三三四、〇〇七人増	(原因コース市所在)
Ardennce	三一五、五八九人より三一七、五〇五人増	(産業)
Bouches du Phone	七三四、三四七人より七六五、〇九一人増	(マルセーユ市所在)

Charente	三五〇、三〇五人より三五一、七三三人増	（コニニャ及工業）
Charente Inférieure	四五二、一四九人より四五三、七九三人増	（工業）
Côte du Nord	六〇九、三四九人より六一一、五〇六人増	（此縣は移住者多きに拘らす出生數の多き爲め人口增加の異例縣也）
Finsstere	七七三、〇一四人より七九五、一〇三人増	（同）
Gard	四二〇、八四六人より四二一、一六六人増	（產業）
Gironde	八二一、一三一人より八二三、九二五人増	（ボルドー）
Indre	二八八、七八八人より二九〇、二一六人増	（產業）
Indre et Loire	三三五、五五四人より三三七、九一六人増	（ツール）
Landes	二九一、五八六人より二九七、三九七人増	（コードヂエ、ノール）縣及フチニステール縣と同しく異例）
Loir-et-cher	二七五、五三八人より二七六、〇一九人増	（ブロア）
Houte Loire	三一四、〇五八人より三一四、七七〇人増	（格別理由なし）
Loire-Inferieure	六六四、九七一人より六六六、七四八人増	（サン、ナゼール）
Marne	四三二、八八二人より四三四、一五七人増	（レーム）

Meursh-et-Moselle	四八四、七二二人より五一七、五〇八人増	（ナンシー）
Morbihan	五六三、四六八人より五七三、一五二人増	（異例）
Nord	一、八六六、九九四人より一、八九五、八六一人増	（リール及外廓）
Oise	四〇七、八九八人より四一〇、〇四九人増	（産業）
Pas-de Calais	九五五、三九一人より一、〇一二、四六六人増	（同）
Basses-Pyrésnnes	四二六、三四七人ョリ四二六、八一七人増	（最小増加なり）
Pyrennes-Onentales	二一二、一二一人より二一三、一一七人増	（同）
Roone	八四三、一七九人より八五八、九〇七人増	（リヨン）
Seine	三、六六九、九三一人より三、八四八、六一八人増	（巴里）
Seine-Inféréure	八五三、八八三人より八六三、八七九人増	（ルーアル及アーブル）
Seine-et- Marnes	三五八、三二五人より三六一、九三九人増	（巴里外廓）
Seine-et-Oise	九〇七、三二五人より七四九、七五三人増	（同）
Vaucluse	二三六、九四九人より二三九、一七八人増	（ブルターニュ地方に同し）
Vendée	四四一、三一一人より四四二、七七七人増	（ブルターニュ地方に續く）
Hautes Viennes	三八一、七五三人より三八五、七三二人増	（産業）

Vegges　四二一、一〇八人より四二九、八一二人增（ブルターニュ地方に同し）

斯くの如くブルダーニュ地方及其の他住民か都市の味を解せさる山間の數縣を除きては國內到る所地方住民の人口を減少しつゝあり。是れ田舍の住民は田園に在りて農業に從事するよりは工業勞働者として都市に移住することを希望するに起因するものなり。而して之れ實に古代羅馬の人民か悉く首都羅馬に集中したると同一の現象にして其等の國家の末路を知るへきなり。此の說明は單り私人の獨斷に非らさることは內閣議長か一千九百〇六年の國勢調査報告書を大統領に提出し左の如き報告を以て吾人と同一の觀察を爲し居れるに徵しても明なり。即ち『多數の縣に於ける人口減少の主なる原因は大中心點の吸引力なり。一年間に於ける全國人口の增加は僅かに二十九萬〇三百三十三人に過きさるに人口三萬以上の都市の總人口は此の間に二十二萬六千七百三十一人を增加せり。人口の減少しつゝある縣に於ける中央都市は漸次發達膨脹の趨勢に在り、特に巴里市の所在地たるセーヌ縣の如きは人口の密度絕へす昇騰しつゝあり』

元來佛國は小町村の多き國にして今日尙ほ小町村の數益々增加の傾向に在り人口四百以下の小町村の數は一千九百〇一年には一萬三百六十なりしか一千九百〇六年には三百七十三を增加せり。然るに此の間に於ける全國の町村數は僅かに三十を增したるに過きさるを以て、小町村の分裂は即地方人口の稀薄減少を證する證據なり。此の勢を以てせは年を經るに從ひ大都市と人口減少の趨勢を有する地方との人口密度の不平均は益々増大するのみならす、縣と縣との間に於ける人口密度の差違も亦益増大することとなる。現にセーヌ縣は四百萬の人口を有し居れるに反しオート、アルプ縣の如きは僅かに十萬の人口を有するに過きす、然るに前世紀の初に當りては斯かる差違なかりしなり。當時人口の最も多き縣はノール縣にして八十三萬九千三十三人を有しセーヌ縣之に次き八十萬六千二百八十一人なり次にセーヌ、アンフエリヤール縣に於ては六十四萬二千九百四十八人なり、漸次下りて人口最も少なきオート、アルプ縣に於ても尚ほ十二萬四千七百六十三人を算したり。

之れに依つて之れを觀れは當時劣等の縣と雖も今日よりは多くの人口を有し居たることを看取すへし。是れ全く都市集中地方拋棄の事實なかりしか爲なり、卽ち當時に於ては佛國は恰も四肢の力平均せる健全なる身體の如き狀態に在りしなり。然るに今日の狀態は果して如何メルシユー氏は當時に在りても尙ほ巴里の過大なることを指摘して『是れ國家に取つて重大なる事件なり』と痛論したり。氏をして今日の狀態を見せしむれは果して如何なる感か之れあらん。

此の如く巴里は全國より其の人口の十分の一を奪取せるなり。而して實に驚くへき速度を以て此の趨勢を增長し、一代二代の中には全く國民を絶無に歸せしめんとしつつあり。巴里は地方より人口を奪取し之に對して何等の反對給付を爲さす地方をして無人の境たらしめされは已まざる勢を示せり。其の原因は第一一旦巴里に移住したるものは新舊何れを問はす地方に復歸せしめさるに依る。第二は巴里人は將來の繼承者たる子孫を有せさる爲なり、蓋し巴里は出產の地にあらず、巴里に於ては家族團體を作ること困難にして偶々之れを作らんとするも家族的住家を見出すこと能はす、何となれは巴里の住家は多數の家族を豫想して建てられたるものに非らすして、多くは二室若くは三室を有するに過きす、偶々四室を有する住家有るも家賃高くして富者に占有され爲めに中流以下のものは巴里に於て家族的團體を作らんと欲するも之を作る能はさるなり、故に巴里人は繁殖すること能はさる運命を有し居れり。一千九百〇八年の新聞に一に悲慘なる記事揭けられたり。其は五人の子供を有する父か一家を巴里に作らんと欲し家を尋ねたるも見當らさるのみか『斯くの如く多くの子女を有して一家を作らんとするは何たる不心得そ』と家主の怒に觸れ遂に其の目的を達し得さりしと云ふことなり。然しなから家主は決して惡意を以て斯の言をなせしにあらす、其は斯く多人數の住むへき家は家賃高く、さりとて空氣の流通惡しき陰濕なる地下室に於て子女を養育することは寧ろ子供を死せしむるか爲なり。巴里は四百七十九萬平方キロメートルの地積に四百萬の人口を有するを以て所謂立錐の地もなく隨て出產の少きことは當然の結果にして偶々出產するも完全に發育すること能はさる悲慘なる狀況を呈するも蓋し止むを得さることなり。斯くの如くにして巴里の人口は年々歲々增加するも其の出產率は益々減少しつゝあり。是れ一見不條理の如くなれとも決して否認し能はさる事なり。

一千九百〇七年『ジユールナル』新聞社の調査に依れは巴里に於ける出產率減少の趨勢は卽ち左の

如し。

一八九八年	四、九五六人
一八九九年	五、〇一七人
一九〇〇年	四、八四〇人
一九〇一年	五、一三六人
一九〇二年	四、九三四人
一九〇三年	四、七九〇人
一九〇四年	四、七〇二人
一九〇六年	四、四八三人
一九〇七年	四、六〇七人

他の歐米諸國の例を見るに各國は何れも巴里の如き大都市を有す。例へは米國の紐育市俄古の如き英國の倫敦の如き、獨逸の伯林の如き是れなり、是等の大都市に於ても亦人口集中の傾向を有すれとも是等の諸國に於ては之と同時に地方の人口も亦增加しつゝあり。即ち是等の諸國に於ては大都市か地方より人口を奪取するに非らすして、地方と共に人口を競ひつゝあるなり。然るに佛國は之れと異り都市は凡てのものを地方より吸集するのみにて恰も寄生植物か其の親木より營養分を吸取するか如

く都會は地方を食物として生活し地方をして全く枯死せしむるに至る。往年西班牙か多くの殖民地を失ひたるか爲め殖民省を廢したるか如く、佛蘭西も亦地方田園か無人の境となる結果是等の地方か佛國の地圖より削除せらるゝ時機は決して遠き將來に非らす。

又佛國の地方は遂に農業を有せさるに至ることを信す。何となれは地方か都市殊に巴里の爲めに荒廢せらるゝに伴ひ、第一に打擊を蒙るものは農業なり。農民の減少に伴ひ、田地は最早耕作することを得さる荒蕪地となり農產物の植付に適せさるに至るを以てなり。之れに關し悲慘なる一例話ありCote de Nord 縣に老農夫婦ありしか其の家は數代打續きたる家柄なりしも遂に祖先傳來の土地を賣拂ひ他に移住せさる可からさる境遇に立ち至れり。其の原因を調査したるに、此の老農夫妻には二人の息子と二人の娘とを有したるが、二人の息子は田園に在りて農業に從事することを厭ひて遠く巴里に出て給仕學校に入り、一人の娘も亦兄の後を追ひて巴里に出てたるより、此の老夫歸は止むなく一人の殘れる娘を相手とし農業に從事し居たるか、其殘れる一人の娘も亦都會生活に憧憬して寄る邊なき老父母を棄てゝ巴里に走りたるなり。老夫婦は今は爲すへき術もなく先祖傳來住み慣れし故鄉を棄てゝ他の都市に移住せさるへからさる運命に立ち至りたりとのことなり。

元來佛國は歐洲に於て肥沃なる土地と稱せられ最も農業に適したる土地なるか今日に於ては全國の百分の二十九は不毛の土地を有すと稱せらるゝ彼西班牙と殆と同一の境遇に陷りつゝあり。又森林の事業も樵夫なき爲め森林經營者は農民より樵夫を傭はさるへからさるも既に農夫も缺乏を告け居れること故之に應するものなき有樣なり。或る縣に於ては林業は遂に放棄するの外なきに至れり。又工業者も外國勞働者を招致せさるへからさるに狀態にしてノール、パート、カレー、ソムム、オアーズの如き北部の諸縣は白耳義人、南部諸縣は西班人及伊太利人に依りて經營せらるゝ狀況なり。

斯くして佛國の農業は日に衰退しつゝあり。而して地方に於て衰頽するものは啻に農業のみに限らす商業も亦同樣なり地方の小都市は大都市の爲めに大都市は巴里の爲めに併合されつゝあり。地方の商業は巴里の大商店の爲めに大なる打擊を受け巴里人の衣服、帽子、靴其の他の裝飾は流行の先驅となり巴里は實に流行の中心點なるを以て、地方の商業は巴里の爲めに厭倒せられ殆と存在することを得さる狀況なり。

* * * * * * * * * * * * * * * *

以上はジュール、ドリアック氏の論文の一部を抄譯したるものなるか實に都會生活の活畫を示し又都市集中の如何に國家の進運を阻害するかを見ることを得へし、我か邦に於ては、今日は尙ほ未た悲觀を爲す必要を見さるも社會の進步と文明の發展とに伴ひ都會集中の狀勢を來すは勢免れ得さることなり。故に今日に於て政治家學者地方先覺者等は深く此の點に意を致し未た雨降らさるに雨戶を綢繆するの計を爲ささるへからさることを切に感するものなり。

余か玆に此の論文の一節を世に紹介し識者と共に大に研究せんとするは、蓋し此の微意に外ならす世人は之を外國のことに屬すとなし對岸の火災視せす深く思を致さんことを望む。（大正三、一〇）

屎尿と法律問題

屎尿と云へは人體の排泄物にして鼻を掩ふて紳士淑女の口にするを厭ふものなるも之を經濟上法律上の問題とするは興味ある問題となるへし頃日新聞紙上に散見する如く東京市にては所謂屎尿問題なるもの起り種々の議論百出し或は政治上社會上の問題となるか如き觀を呈せり屎尿は今日我國の狀態に於ては重要なる肥料にして農家の重大なる資産なり故に東京市名古屋市佐世保市等の大都市に於ては之を以て市の財源となし之に由りて下水道を施設せんとの議ありと聞く當局者の調査する所に依れは全國國民の屎尿は之を換價すれは一ヶ年凡そ五千三百萬圓に達し東京市のみにても尙ほ二百萬圓以上の多額を占め優に市財政の財源となり之を利用すれは下水道其の他の公共事業の施設に資することを得るか如し然れとも屎尿を市の財源とするに付ては種々の法律問題を生す實に鼻を掩ふて口にするを厭ふへき臭問題も學問上の問題としては極めて興味深き問題なるを以て玆に研究資料として之を提出し同學者の一粲に供せん

一、屎尿は所有權の目的物となるや

屎尿は前述したる如く我國現時の狀態に於ては交換的價格を有し極めて重要なる財源たるを以て所有權の目的物となり得るや勿論なり唯吾人の排泄したる屎尿は何人の所有に屬するやは事實に依りて判定せさる可からす屎尿を利用するの目的を以て一定の容器に之を排泄し之を占有するときは其の屎尿は固より其の人の所有物にして普通の物件と少しも異る所なし然るに之を道路其の他の場所に排泄したる場合には之を自己の占有に置くの意思なきものなれは之を遺棄したるものと見るの外なし從て此の場合には民法第二百三十九條に所謂無主の動產となり所有の意思を以て之を占有する者之か所有權を取得することを得へし唯如何なる場合に遺棄したるものと見、如何なる場合に之を所有せんとするの意思あるものと見るへきや事實の問題なりと雖も之を決定すること甚た困難なり例へは自己の便所に排泄したるときは如何。他人の便所に排泄したる場合は如何蓋し前述したる如く屎尿は有價物にして普通の物件と異ることなきを以て之を遺棄したりと推定するは例外の場合と認むるを妥當なりとするを以て余は前者の場合には便所所有者の所有物と見るへく從て他人か來りて所有者の承諾を得す之を汲み去りたるときは所有權の侵害となるへく或は場合に依り刑法上の窃盜罪となるへし後者の場合には特に自己所有の意思を表示せさる以上は之を遺棄したるものと見るへく其從ての所有權は便所所有者に歸するものと解するを至當なりと信す

一、市は無償にて市民の屎尿を處分することを得るや

前述したる如く屎尿は所有權の目的物となり且便所所有者の所有物と認むへきか故に法に特別の明文なき以上は所有者以外の者は何人も自由に之を處分することを得さるものと信す市か其の財源として市民の屎尿汲み取りを市營として之を處分せんとするを私權侵害なりと論するものは之か爲めならん然るに明治三十三年法律第三十一號汚物掃除法には屎尿の處分に關し左の規定あり

第一條　市内の土地の所有者使用者又は占有者は命令の定むる所に依り其の地域內の汚物を掃除し清潔を保持するの義務を負ふ

第三條　市は義務者に於て蒐集したる汚物を處分するの義務を負ふ但し命令を以て別段の規定を設くることを得

第四條　市に於て前條の處分を爲したる爲生する收入は市の所得とす

而して屎尿は同法の汚物中に包含することは同法施行規則(明治三十三年内務省令第五號)第一條の明言する所なり論者或は曰く此の法律の規定は市內の屎尿を處分するの權を市に與へたるものにして市は之によりて無償にて市內の屎尿を汲み取り之を市の收入に組入るゝことを得るなりと之を反駁する論者は曰く同法は市內汚物掃除の方法を定めたるに過きすして私權の目的物たる屎尿の徵收法を定めたるものにあらす同法第一條は一の土地地域內の汚物を掃除し清潔を保持するの義務は其の土地所

有者使用者又は占有者にあることを定め第三條は其の私人義務者の蒐集したる汚物を處分するの義務を市に負はしめたるものにして市は之に由りて其汚物を所得するの權利を得たるものにあらす固より私人の遺棄したるものならは市は隨意に之を處分することを得と雖とも未た私人の拋棄せさるものならは市に於て之を處分することを得す故に問題は自己の便所に排泄したる屎尿は遺棄したるものなりや否やなり而して此の問題は各人の意思に依りて決定せさる可からさるを以て一概に之を論定することを得すと雖とも從來の慣例に依れは屎尿の汲み取りに對し報酬若は對價を受くる事實あるを以て屎尿は必らすしも凡て遺棄したるものと云ふことを得す故に所有者の承諾なき以上は他人か隨意に之を處分することを得す從て特別の規定なき以上は强制徵收を行ふことを得さるものとす而して汚物掃除法第三條の規定は單に汚物處分の義務を市に負はしめたるに過きすして權利を與へたるものにあらすと以上兩派の議論各理由あり容易に其の可否を論定するを得すと雖とも文理解釋としては後者の說其の當を得たるものゝ如し蓋し汚物掃除法の精神は衞生行政の目的に出てたるものにして其の目的を達せん爲め一地域內の汚物掃除淸潔保持の義務を其の土地の所有者、使用者又は占有者に負はしめ而して各私人の蒐集したる汚物を處分するは私人に於て之を爲すことは困難なるを以て其の蒐集したるものに汚物を處分するは市の義務に屬せしめたるなり故に法の規定は決して私人に汚物處分を禁したるものにあらすして單に其の義務を免かれたるに過きす從て私人に於て適當に之を處分せんとするならは必らすしも之を拒否するを得さるものとす之を要するに屎尿を以て所有權の目的物たりとし各戸の屎尿は其の所有者の所有物たりとする以上は市か無償にて之を處分し其の收入を謀らんとするには更らに特別の規定を要するもの丶如し現行法規の解釋としては少くも疑問たるを免かれす

想ふに汚物掃除法は屎尿を塵芥汚泥汚水と等しく財産的價格を有せさる排泄物と認め所有權の目的物たらさるものとなし之を掃除することを私人並に公共團體の義務と爲したるならん然るに何そ圖らん我國に於ける屎尿は重要なる有價物にして之を遺棄するよりは寧ろ之を利用し財政上の目的物と爲さんとするの狀態にして歐米諸國と大に趣を異にする所あり此の如く法律の主旨か實際の狀態と合はさるか爲め法の解釋に困難を來たすならんか之を要するに同法は單に衞生行政の方面のみより之を規定し私權の關係に注意せさりし不備あるを免かれす否な注意せさるにあらす屎尿を財産的價格を有する有價物と見さりし不備あるなり若し之を他の有價物件と等しく見たりしならは之か處分に關しては傳染病豫防法に於ける如く私權關係を豫見して規定したるならん

屎尿問題は通俗談としては士人の口にするを耻つる臭問題なり然れとも法律問題としては一面に於ては私人の權利に關し一面に於ては都市の衞生並に經濟に關する重大問題なり單に糞問題として之を一笑に附することなく公法私法の問題として眞面目に研究せられたきなり（明治四〇、七）

公の企業の買收と私權

近時國家經濟の關係より又は公益の必要と云ふ理由の下に私人的施設の公共企業を國家若くは公共團體に收取するの傾向を生し、先きに鐵道國有法によりて私設鐵道を國家に買收し、今又東京市內の電氣鐵道を市有に移さんとするの議あり、其の利害得失は國家經濟問題又は社會政策問題に屬し別に專攻學者の論議する所あらん、余は茲に其の法律關係を論し同攻者の研究資料に供せん

前期の議會を通過し今日現に實行しつゝある鐵道國有法は强制して私の鐵道營業を國家に移轉せしむる法律にして一種の公用徵收法なり、普通に公用徵收と云ふは公益の爲め必要ある場合に於て國家の命令により特定の物の所有權又は其の他の物權を國家若くは第三者に移轉する處分にして我現行法にては土地收用法の支配する所なり、然るに鐵道營業其のものを包括的に徵收するか如きは固より土地收用法の關する所にあらさるを以て別に鐵道國有法なる一種の徵收法を以て之を徵收せるなり、而して二者共に臣民より其の財產權を奪ふものにして其の法理に於て敢て異る所あらす、世人或は之を以て私權の蹂躪なりとし之を非難攻擊するものあるも政治論としては或は然らん、法律論としては法律に基き私人の財產權を徵收するは決して私權の蹂躪にあらす、或る學者の如く鐵道特許を以て國家と企業者との間の私法上の契約なりとし、此の契約によりて立法權をも拘束せんと論する者は（例へ

は Rüttiman, Rechtsgutachten über die Frage, inwieweit durch die Eisenbahnkonzssionen der scaweizerischen Kantone und die Beschlüsse der schweizereschen Bundesversammlung für die beteiligten Gesellachften Privatrechte begründet werden; Haberer (Österr. Eisenbahn-Q. R. 24 の如き）特許期間中に鐵道營業を强制徵收するは（法律を以てしても）私權の蹂躙なりと云はんも、此の如き說は法律論として殆んと價値なきの說にして余輩亦之を駁論するの必要を認めす、元來私權なるものは私人と私人との間に存する權利にして國家か公益の爲之を徵收せんとするときは私權を以て之に對抗することを得す、固より所有權の不可侵は憲法の保障する所にして國家と雖濫りに之を侵すことを得すと雖、公益の爲め必要なる場合は法律を以て之を處分し得ることは是れ亦憲法の認むる所なり、故に法律を以て所有者又は其の他の財產權を徵收するは法律論としては私權の蹂躙にあらさるや勿論なり、

鐵道國有は公用徵收の理論を以て之を說明し得へきも、電氣鐵道の買收は之と同一に論することを得す、電氣鐵道は軌道條例によりて內務大臣か私人に特許したる企業にして、私人は一定の年限間此の特許に基き軌道を布設し運輸の業を營むものなり、而して法律には之を國又は公共團體に買收するの規定なし、唯內務大臣か軌道布設を特許するに當り命令書を以て特定の場合に電氣鐵道事業か國又は公共團體に歸し、又は國又は公共團體か之を買收せんとするときは被特許者は之を拒むことを得すとの條件を付したるに過きす、此條件に基き東京市は市內の電氣鐵道を買收せんとするものにして鐵

道國有の如く法律の規定によりて鐵道營業を國家に徵收するものとは異れり、此の特許の條件に基き國又は公共團體か私設企業を買收するは法律上如何なる性質を有するものなりや、公用徵收なりや、將た普通の賣買なりや、是れ法律問題として攻究すへき問題なり、公の企業を私人に特許するに當り特許狀（Verleshungsurkunde）を以て國家と被特許者との法律關係を定め、法律の根據に代ふるに被特許者の自由意思に基く受諾の下に法律の規定を要すへき事項を特許狀を以て定むることは獨り我國に於てのみならす、歐洲諸國の實例に於て往々見る所なり、而して一定の期間の後又は特定の場合に於て國家か其の營業を買收することを特許狀に規定せることも亦歐洲の鐵道特許に於て屢々見る所の實例なり、故に玆に是等外國の例と之に對する學者の說を照し特許條件に基き公共團體か私人の公共企業を買收する法律關係の如何なるものなるやを說述すへし、

今玆に便利の爲め內務大臣か東京鐵道會社に與へたる特許命令書を引用し、我國に於て軌道事業か如何なる場合に於て國又は公共團體に移るへきかを說明せん、

命令書の規定する所によれは其の場合左の如し

（一）公益の爲め買收する場合　命令書第三十八條に曰く國又は公共團體に於て公益の爲め軌道其の他營業上必要なる物件の全部若くは一部の……買收を爲さんとするときは會社は之を拒むことを得す但し之に對し相當の補償を求むることを得

此の場合の特許者か所謂 Rückkaufsrecht（買戻權）を留保したる場合にして Rückkaufsrecht とは特許者の欲する時は何時にても又は一定の時期以後に於て特許を取消し其企業を繼續するか爲めに被特許者に賠償を支拂ひ其設備《アンラーゲン》又は手段《ベトリープスミツトリ》を取得するの權利なり、（O. Maper, Deutsches Verwaltungsrecht IIB. S. 317）買戻權は私人に特許したる營業を特許期間內に徵收するものなれは私權の侵害なり、故に特許の前又は其の以後被特許者か之を受諾するか又は法規の根據存するにあらされは之を行ふことを得さるなり、買戻權に關しては我軌道條例に於ては何等の規定なく只內務大臣か特許を與ふるに當り特許に付したる條件の一として之あるのみ、抑も特許條件なるものは特許に對する附加の命令にして企業者は出願により特許を受け特許を受くる際其の條件を承諾したるものなれは、特許に對する條件は企業者の受諾に基くものと云はさるへからす、故に特許の條件に基き買戻權を實行するは當事者の受諾に依るものにして從て私權の侵害にあらさるや勿論なり、買戻權の性質に關して學者の說く所一ならす、オー、マイヤーは普通の公用徵收にもあらす、又法學上の意義に於ける賣買にもあらすと云ひラバンドは此の買戻權を以て賣渡契約（ein hactum de vendendo）なりとし、政府か之を利用せんとすることを宣言し及ひ必要なる價格の評定を爲したるときは民法上の賣買契約《カウフフユルトラーグ》となるへきものなりと爲し、ゲー、マイヤーは之を以て公用徵收なりと主張せり、余はラバンドと同しく賣買說を採るものなり、余は特許を以て國家と企業者との契約なりと云ふものにあらすと雖特許に付したる條件に基き公共團體か企業の買收を爲すは賣買なりと云ふものなり、蓋しオー、マイヤーか之を以て法學上の意義に於ける賣買にあらすと云ふの理由は普通の賣買は賣主買主の合意に成り買主の申込と賣主の承諾とによりて成立するものなり然るに此の場合に於ける買收は國又は公共團體の意思の表示によりて直ちに權利剝奪の效果生し何等協議の餘地なきを以てならん、(Die Geltendmachung geschieht durch einen Ausspruch der Behörde; an diesen knüpft sich unmittelbar die rechtentziehende Wirkung. Ein Kauf im juristischen Sinne ist das nicht) 蓋し論者は買戻權は國又は公共團體の意思のみによりて成立し賣主に諾否の自由なしと云ふにあるも余は然らすと信す、蓋し企業者は特許を受くるに際し買收を承諾し買收の申込あれは之を拒まさることを豫め受諾したるなり、申込の際に之を受諾するも申込以前に豫め受諾するも受諾は一なり、共に自由意思に基きたるなり、例へは普通の賣買に付きて之を見るをも買主の申込ありて之を受諾する場合もあらん、又豫め買取らんと欲する者あらは幾許の價にて賣渡すへしと約する場合もあるへし、是れ等しく當事者の自由意思に基きたる取引にして一方は賣買なるも他方は然らすと云ひ能はさるへし、特許條件に基き公共團體と企業者との間に於ける法律關係も亦之と同一にして企業者に意思の自由なしと云ふは非なり、故に余は之を以て賣買なりとするの說に贊成するに躊躇せさるなり、

(二)期間經過の場合　命令書第四十條に曰く市內線に在ては明治六十五年七月一日より三ヶ月內又は其の日より五ヶ年を經過する每に三ヶ月內に東京市に於て軌道其他營業上必要なる物件の全部又は一部を買收せんとするときは會社は最近の財產目錄に記載したる物件の價格を以て之を市に賣渡すへし、

此の場合は一定の期間經過の後は公益の理由に基くを要せす、當然東京市に於て買收を爲し得るものにして會社は市の要求あるときは之を賣渡ささる可らさるものにして、此の場合にも會社には何等協定の餘地なきなり、故に(一)を賣買にあらすとせは此の場合も亦賣買にあらすと云はさる可らす、此の場合と(一)の場合とは法律上何等異る所なく、只(一)の場合は期間の經過前に於て公益の爲め必要なりとの理由の下に生し、(二)の場合は期間の經過によりて買收權の生するものにして、其の原因は異れりと雖會社に對する關係に至ては二者異る所なきなり、民法の語を以て之を云へは(一)は條件の發生にして(二)は期間の到來なり、卽ち會社は條件の發生と期間の到來とによりて賣渡義務を承諾したるものと云はさるへからす、而して余は二者共に賣買なりと云ふの說を至當なりと信するなり、

(三)特許の效力を失ふとき　命令書第四十四條に曰く左の場合に於ては會社は內務大臣の命する所に從ひ無償にて市內線の營業に必要なる一切の物件を國又は東京市に引渡すへし、

一、營業滿期のとき
二、不可抗力に因らすして市內線全部の營業を廢止したるとき
三、破產以外の事由に因りて會社解散したるとき
四、第三十六條の納付金を其期限內に納付せさるとき

是等の場合には特許の效力を失ふものにして會社事業の廢止に歸する場合なり此場合は之を稱して企業の復歸（Heimfall）と云ふオーー、マイヤーは特許の消滅したる場合に於て何等の定めなきときは特許者は或は從來の企業者をして自由に殘存の手段を處分せしむへきか或は賠償を支拂ひて企業の繼續を自己に收取すへきかの選擇權を有すと云へり（前揭317）我私設鐵道法に於ても期間經過の場合に於ては賠償を與へて之を國に買收するの規定あり（同法第七十二條、第七十三條）然るに軌道の特許の條件には無償にて市に引渡すへしと定め何等賠償の規定なし、蓋し前記の條項は會社の命令書違反に對する制裁として斯る規定を設けたるか如き觀あるも營業滿期の場合にも無償にて引渡さしむるは多少苛酷の嫌なきにあらす、

要するに以上の場合に於ける買戾權又は復歸權の實行は民事上の行爲にして被特許者は特許を受くるに際し如上の場合に於て斯る民事上の行爲を爲すことを受諾したるものなりと解するを至當なりと信す、

此の如く以上の行爲は民事上の法律行爲なりと雖も市若くは公共團體は被特許者に對し直接に買受け又は讓受けの權利を取得したるものにあらす、元來特許は國家か公共事業の企業者に與へたるものにして特許に附したる條件は被特許者に對する命令なり、被特許者と國家との間に存する關係にして第三者に對しては何等の權義を發生せしむるものにあらす、被特許者か市又は公共團體に對して營業を賣渡し又は引渡すは市に對する義務を履行するにあらすして國家に對して命令を遵奉するなり、故に被特許者か義務を履行せさるも市又は公共團體は被特許者に對して之を强制するの途なく、民事訴訟を以て之を强制するを得さるや固よりなり、只此場合には行政官廳か被特許者に對し特許條件の履行を命し而して之を遵奉せさるときは特許を取消すの途あるのみ、以上は公の企業の特許並に其特許より生する企業者と公共團體との間の法律關係に關する卑見なり、由來行政處分の一現象たる特許に關しては公法私法に關する諸種の問題を包含し、學問上極めて興味ある研究問題なり、而して余は單に學問上の問題として之を研究したるに過きすして敢て現時の事實問題に付て意見を開陳したるにあらす、若し夫れ事實問題の解說に付きては乾燥なる法律問題よりも寧ろ經濟問題、社會政策問題として深く其の利害得失を攻究するを要す、歐洲諸國に於ける先例學說の徵すへきもの多々あらん、敢て專攻學者の論究を俟つ、（明治四〇、一）

國寳の保存に關する伊太利の新法律

我邦に於ては社寺の建造物及寳物類にして歴史の證徵又は美術の模範となるへき者は古社寺保存會に諮詢し、內務大臣に於て特別保護建造物又は國寳の資格あるものと定め、其の維持修理に關しては國費を以て之を補助保存し、且特別保護建造物及國寳と指定せられたるものは之を處分し又は差押ふることを得さるものなることは明治三十年に制定せられたる古社寺保存法の規定する所なり、是れ歴史の證徵又は美術の模範となるへき文書建築美術品の散佚し又は外國に濫出するを防くの主旨に出てたるものにして、由緒あり又は優秀なる寳物美術を保存し、歴史を尊重するに於て固より適當の政策たるを信するなり。歐洲の美術國と稱せられ又歴史上の遺物に富めるを以て有名なる伊太利に於ても從來古美術品、建築、文書等に就き鋭意之か維持保存に努めつつあるも、法規の不備なるか爲め、往々外國に散出し優秀なる逸品か英米諸國の富豪の手に落つることは同國識者の常に慨嘆する所なり。然るに昨年（千九百九年）六月二十日に發布せられたる法律は此の必要に應せんか爲めに、極めて精密なる規定を設け、以て同國古寳物の外國に輸出せらるることを防かんとせり。此の法律は我邦に於ける國寳保存に關して參考となるへき點あるを以て玆に其の主要なる條項を摘譯し、識者の一粲に供せん。

一、此の法律を適用すへき物件は歴史上考古學上又は美術上の動産不動産を包含す、但し建造物及現代美術家の製作品及五十年を經過せさる製作品を除く
動産なる語の中には古文書、珍稀貴重なる印刷物及貨幣を包含す。
二、前條の物件にして國、府縣、市町村、寺院、其の他の公共團體の所有に係るときは之を賣買讓與することを得す。
文部大臣は公益上必要なりと認むるときは其の物件の交換を許可することを得。

市町村長、知事、寺院管長其の他の公共團體の管理者は其の所有に係る物件の明細書を文部大臣に提出することを要す、文部大臣は專門家の意見を聞き其の保存維持を命し、且之に要する費用を其の公共團體に課するの權利を有す。

前項の物件は公共團體の所有に係るときは絶對に不融通物（res extra commercium）なりとす。
三、其の物件にして私人の所有に係るときは王國内に於ては自由に賣買讓與することを妨けすと雖政府は其の所有者に對し其の所有に係る物件を「貴重品」（of important interest）と定めたることを宣言するの權利を有す。此の場合に於ては其の物件の賣買讓與は文部大臣に屆出つることを要す（第五條）。
四、歴史上、考古學上、美術上重要の物件にして其の輸出か歴史考古學又は美術に重大なる損害を

與ふるか如き性質のものなるときは假令前項に記載したる宣言なきときと雖、地方官廳の許可なくして輸出することを得す（第八條）。

五、國に於て保存するの必要ありと認むる物件に對しては國は先買の權を有す。

六、本法の物件を讓渡せんとするときは官廳に屆出つることを要す。國は二ヶ月內に賣主の要求する代價を以て其の物件を買上くる權利を有す。同時に多數の賣拂ある場合に於て國庫か其の買受に應する資金を有せさるときは此の期間は四ヶ月間延長することを得。

七、私人か賣拂はんとする物件にして國か之を買ふことを欲するも、其の代價か高價なりと認むるときは所有者又は輸出者の同意を以て鑑定人の評價に付することを得。其の評價の基礎は王國內に於て賣買する代價なることを要す。

鑑定人は其の半數は文部大臣、他の半數は輸出者の指名するものとす。

鑑定人の意見相半するときは別に仲裁人を指定す仲裁人の代價に對する決定は終局のものとす。

仲裁人の選定に付き協議整はさるときは控訴院長之を選定す。

八、所有者又は輸出者か評價に異議あり又は鑑定人の評價を承認せす、且國か其の物件を買受けさるときは政府は其の輸出を差止め、法律の規定に從ひ之を保存すへきことを命す。

九、輸出を許可せられたる美術上歷史上の物件は從價稅を課す。其の課稅は輸出者の宣言したる代價を標準とし、地方官廳の評價に從ふ。此の評價に異議あるときは前條の方法によりて定めたる鑑定人の決定に依る。鑑定人の決定は終局にして政府及輸出者を拘束す。
輸出税は五千「リール」に對し五「パーセント」にして二十「パーセント」を最上限とす。
十、外國より輸入せられたる物件にして五年内に再ひ輸出する場合には輸出税を課せす、但し其の輸入に關し官廳の證明書あることを要す。
其の他政府の買上資金に關する規定、地方官廳、展覽場、博物館、物件の維持保存に關する規定あり。

此の法律は主として伊太利古美術品の國外輸出を防止するにあるを以て、從來伊太利美術品の最も多く流出したる英米二國に取ては大なる打擊にして、從來是等二國の公私博物館に於て見たる羅馬帝國以來の寶物美術品は將來其跡を絕つに至るへしと評するものあり。而して此の法律案の議會に提出せられ、討議せられつつある間に、貴重なる古美術品は盛んに賣買せられ、此の法律の實施期日の瞬間に至るまて古物商は其の物品を荷拵へするに極めて多忙なる狀況なりしと云ふ。以て如何に伊太利の古寶物か國外に輸出せらるるの盛なるやを想像し得へきなり。幸に此の法律の發布によりて將來同國の歷史的寶物の保存を全ふすることを得るに至らんと思はる。東洋の美術國と稱せらるる我邦に於ても宜しく之に鑑みて國寶の維持保存に努むへきなり。（明治四三、七）

自治行政の眞義

一

吾國に於て地方改良に關する企をなしたるは今を去る約十年前にして、明治四十一二年頃平田子爵内相の時始めて之に關する豫算を定めたり。云ふ迄も無く國家の發展を圖るは獨り中央行政の進歩のみに待つ可きものにあらす亦同時に地方行政――主として地方自治の根底を固くし地方行政の發達に待たさる可からさるもの多し。

我國に於て地方自治制なるものは明治二十二年に發布せられ同二十三年より施行せられたるものなれとも、今日猶ほ未た完全なる發達を遂けす地方に依りては未た自治の何たるかを解せさるものすらあり。之れ今日猶所謂自治不振の聲を聞く所以にして、斯の如き狀態を以てしては決して國家の完全なる發達を期する事態はさるは勿論なり。實に國家の完全なる發達を遂けんとすれは地方の進歩を圖り、直接地方行政の局に當る者、若くは地方自治監督の任に當る人々に於て、或は精神的に、或は物質的に地方自治體の進歩發達を圖り、中央當局者と互に相協力一致して地方行政の發達を圖らさる可からす。所謂地方行政改良は實に斯の如き趣旨の下に於て唱へらるるものなり。

地方改良を爲すには固より種々の方法あり、單に法律制度の制定若くは改廢のみを以て滿足す可きに非す、之か施行の任に膺る者か法令の趣旨を體し、此の法令の施行に際しては深く注意を拂はさる可からさるは勿論なり。而して此の法律制度の趣旨を充分に徹底せしめんと欲すれは先つ第一着手として地方自治監督の任に當る人々の智識を增進せさる可からさるなり、中央政府に於て所謂地方改良講習會を開催するは實に此の趣旨にして一方に地方自治監督の任に在るものより親しく意見を聽取し、一方に於て法令其他制度の施行に關する中央政府の意の存する所を明らかにして以て兩々相俟つて地方開發の實を期せんと欲するものなり。近來各地方に於て縣郡市町村の事業として各種の地方改良講演會を開催さるるは此の見地より觀察すれは誠に喜はしき現象にして之れ地方改善の實を擧くる第一階梯なり。次に又地方行政の實情を調査し各地方互に其の施設實狀を報告して、惡を矯正し、善を進め切瑳琢磨相提携して共に地方行政の進歩を圖る可きなり此の方法を貫徹せしむる爲には所謂視察の必要を生し、事情調査の歩を進めさる可からす之れ第二の方法なり。又更に一市町村の善事を奬勵表彰するも一方法なり、一市町村の善事表彰は他の市町村を奬勵鼓舞して未た其の事業の發達せさる所も其の優良の町村の其れに倣つて漸次進歩の域に達する事を得へし。

始め中央政府に於て地方改良に關する豫算を計上せるは實に之等の方法を以て地方自治改善を圖らんとしたるものにして當初以來今猶繼續して此等の事業を奬勵しつつあり。併しなから之等のものか必すしも地方改良唯一の方法に非すして、是等の事を實行し、實際に之を適應せしめて始めて其の實效を奏するものなり。而して之か實行の任に當るものは地方當局の諸氏にして地方行政監督の任に膺るものは深く此の意を體せさる可からす。

然らは過去十年間の地方改良は如何なる實蹟を收め得たるか。素より之等の效果は道路の改造、河川の改修、港灣の修築等の如く直に其の效果を有形的に現はすものに非らす。然しなから既往十年間の實蹟に徵して、其の相當の效果を收め得たる事は吾人の信して疑はさる所なり、或は世人言を爲して地方自治は未た何地の進步無し、自治制度實施以來三十年に垂んとするも、自治の實蹟は依然として舊態を改めさるものありと稱する者あれとも、吾人は斯の如き言は餘りに今日の實狀を惡方面より觀察し悲觀的結論に陷る者なりと云ふを憚らす。素より吾人と雖も七十有餘市、一萬二千有餘の町村總て必すしも悉く其の實蹟を收め得たりとは斷言する者に非らす、中に或は自治の本義を悟らすして未た自治改善の實を擧け得さる幾多の町村有る事も事實なり、又更に歐米の町村に比して多少の遜色あるも亦事實なり、併なから此の三十年間に於ける我國地方自治の發達は決して看過す可からさる偉大なる進步をなしたる事も亦同時に事實なり。故に吾人は一種の悲觀論者の如く日本の自治制は實施以來未た何等の進步なしとは認むる能はさるものなり。大體より云へは今日我國の地方自治は寧ろ順調に進みつゝある狀態にして決して悲觀す可きに非らす。併なから今日の狀況を以て必すしも滿足す可きものにあらす、現在猶幾多の缺點あり、幾多の缺陷ありて、今日以後相當に又熱心に之を改善し、之れか發達を計らさる可からさるは事實なり。而して此の點に關しては現在直接地方行政の任に努力しつゝある者か、今後も更に一層其の努力を要す可きものあるは勿論なり。

今日の世界の狀勢は實に日進日歩の狀勢にして所謂「日々に新にして又日に新なる」狀勢なり。現在地方改良當局の任に當る者は此の世界の進運社會の進歩に伴はされは決して其の任務を十二分に盡す事能はさるは明かなり。若し地方自治の指導者にして身偏輙にあり一局に跼蹐して廣く社會と交渉する事なかりせは其の人は社會の進運に遲るゝ事は勿論にして、其の指導者の一人の退歩は單に其の人一人に止らすして其の町村の退歩を意味するものなり。余嘗て命を受けて歐羅巴を視察し或る地方の一郡役所を訪し事あり。其郡長のテーブル上には硝子張りの下に世界地圖を擴け楣間に統計表を掛け居れる郡吏を見受けたり。余その何故なるやを問ひしに彼は答へて曰く「余田園の一小郡市に在つて實務に携はるを以て世界の進運に遲るゝ事甚たし故に日夕世界地圖を按して世界の大勢に遲れさらん事を期し更に統計を比較して吾か監督せる地方と他とを檢覈して以て世の進運に遲れさらん事を期するなり」と余此の時始めて自己の今日迄の不用意と不心掛とを恥ちたり。將に登つて國家の官吏たるものは常に此の心掛けを必要とするものなり。地方監督の任に膺る者にして之等の用意を以てすれは必す自己か監督する地方自治の實效を收め得可きは信して疑はさる所なり。

獨逸の勅任大學教授にして貴族院議員たるドクトル・リーベレルは嘗て戰後獨逸國民の爲ささる可

からさる幾多の事を陳へたる事あるか其の最後に「吾人の能率を高め、又能率の大なる人物を養成する事」と云ふ言葉を使ひたり。此の「能率」なる語は近來日本に於ても頻に用ひらるるに至りたり。此の言葉は英國の「エフエシエンシー」なる言葉にして約言すれは短時間に短費用、短努力を以て最大の效果を得んとする意味に外ならす。此の「能率」の增進は個人にも必要すると同時に一國民としても必要なる事にして各々國民の實力を計るに屢々此の能力の比較を以てする事あり。實に此の「能率」は個人の强弱國家の盛衰を計る唯一の尺度にして「能率」多き人、「能率」高き國は榮へ「能率」なき人「能率」低さ國民は衰亡する自然淘汰の上より當然の事なり。故に吾人は此の「能率」の增進に意を用ひて一層其の「能率」を高からしむる事に努めさるへからす。

此の「能率」の增進を圖る事は特に國家の事務をなす時に於て最も必要なる事にして從來の官憲の事務か稍もすれは怠慢遲延の謗あるは實に此「能率」の尠きに依るものと云はさる可からす、例へは一つの許可命令を發するにしても此の許可命令の遲速は直ちに國民の經濟上財政上の多大の影響を來すものにして國民の幸不幸は此の點に於て分たるるものなり。治者は常に權力を有するものなり。而して此の權力使用の當否は直ちに一國の盛衰一地の興亡に關するものにして治者の一擧一動は依つて以て國民の幸不幸の生する所なり。故に身國家の機關となり治者の地位の在る者は此の權力使用の點に十分の注意を拂ひて其の「能率」增進に努力爲さざる可からす。

二

所謂自治行政は之を學術的に論すれは種々なる議論の存する所なるも簡單に之を云へは自治と云ふ言葉自體の示す如く被治自ら治むる事なり。即ち自己の選擧せし人に依つて、自己の納めたる租税に依つて、其の團體の政治をなす事なり所謂自治行政の眞意は玆に存するものにして被治者の地位と治者の地位とを接近聯絡せしめ、被治者自ら治者となつて自己の利害を調査して自ら其の團體を治むる所に自治行政の妙味存在するなり。

凡そ一國の政治、行政の歴史を考ふるに往時に在りては總て官治を以て、國家の任命したる官吏か國家の費用を以て總ての政治を行ひたり。今日に於ても未た進歩せさる國に於ては總ての行政組織か今尚官治なり現に北海道に於ても二級町村の中には未た官治行政を執るものあり。斯くの如く未た社會の進歩せさる時に於ける、國民の知識の未た進歩せさる國に於ける政治組織は常に官治なり。今日の言葉にて云へは即ち「官僚政治」にして、總て國家の任命に依る國家の役人か政治を行ひたるものなり。然るに漸次社會の進歩に伴ひ、國民の知識の増進するに伴ひ、官治組織は以て國家の目的を十分に達する能はす又、國民の福利を増進する所以にあらさる事を知りて玆に始めて自治制と云ふものの發現を見たるなり。歐羅巴に於ては夙に此の自治制の發達を見たるも我國に於ては實に近年の發達に屬す。而して今日に於ては苟も文明國と稱せらるる國は皆自治制を採用し歐米の進歩したる國は勿論近くは露西亞、支那等に至るまて自治制を施行するに至れり。卽ち官吏任命に依る若くは專務的の吏員を以てせす選擧に依り、又名譽職たる人々を以て其の一鄕一團を治めしむるに至れり、然らは何故に斯る形式の行政か必要なりやと云へは前述の如く所謂治者と被治者の關係を一層聯絡融和せしめて以て國民の福利を一層十分に發達せしめんと欲する故なり、官治行政卽ち官吏を以て組織したる行政のみには國民全體の事情に通せす又其の土地の事情にも通せさるの故を以て其の土地若くは其の一團の人より選擧したる者を以て、組織せる行政機關を組織せしめ以て其の土地に適應する所の政治を行はしめんか爲なり或る意味に於ては自治政治は國民をして國家の政務に參與せしむる一の方法とも見らるるものなり、換言すれは被治者の地位に在る者の中より何人かか出て來つて其の土地其地方の政治をなす事は其の土地の人情風俗に通し又自己の受く可き利害得失を熟知するの故を以て、能く其土地其地方に適應したる政治を行ひ得る故なり。民をして依らしめて不平の聲を無からしめ以て完全なる政治を行ひ得可きを以てなり。故に地方自治の局に當る者よく此の意を享け此の趣旨を徹底せしむる樣心掛けさる可からす。又自治政治は擧國一致の政治なりと云ふ事を得、卽ち農夫、工業家、官吏、學者、總ての者か一團となり其の土地の利益幸福を計る爲に起りたる一の政治組織なり。此の意味より云へは自治政治は擧國一致の政治なり。素より學問上の定義に非さるも此の說明も亦自治政治の運用上の一議論なりと云ふを得へし

三

以上陳へたる所は所謂自治の本義にして吾人は之等自治の妙諦を充分發揮せしむると同時に亦之等の意味を誤解したる不正なる自治の觀念を正さゝる可からす。世上往々自治なる語を曲解して自治體吏員は萬能なり、自治體は自己本位にして國家を離れて何事にても何し得るものなりと思惟する者あり。今日に於ては斯くの如き思想を有する者無からんも斯くの如く考へられたる時代も過去に於ては存在したるなり。此の點に關しても自治監督の任に當る者は特に深き注意を要し其の曲解を正さゝる可からす。

素と自治の發達に就ては二方面あり。卽ち前に陳へたる原因は其の一にして權力に反抗して自治制の生したる事は其の二なり、中央政府の專制壓迫を排除し地方の自由を認め地方民の利益幸福を圖る爲め自治制の起りたる事は自治制發達の第二原因なり歐羅巴中世に於ける都市の發達は實に第二の原因より出發したるものにして中央集權の壓迫專制に虐けられたる地方都市は其の文化の發達と共に中央政府に反抗して國稅を納めす官吏に依る政治を欲せすして、自己の醵出した金によりて自己の政治を行ふに至りたるなり。此の思想は一時行はれたる時代も有りたれとも全く誤れる思想にして近時之等の沿革を有する國の自治體は全く其の非を悟り、自治體は決して其の國家を離れて存在するものに非さる事を自覺するに至れり。卽ち佛蘭西の自治體は佛國の自治體たらさる可からす、佛國に反抗し若くは佛國より獨立したる自治體に非さるなり。卽ち自治體は各其の國家の一部分、一團體、一分子にして決して獨立したる一個體にあらさるなり、市町村集合して國家を爲すものとすれは國家を離れたる自治體は存在す可きものに非す。故に自治體夫れ自體の政治も國家の政治の範圍內に於てのみ行はるる一の國家政治の方法にして決して國家より獨立にしたものにあらす。此の國家觀より見れは從來の思想は全く誤れるものにして日本の市町村制に於ても「市町村は官廳の監督を受け其の部內の公共事務を處理す可きものなり」との意味を明記し居れり。既に自治體の政治は國家の監督を要し、國家の政務の範圍內に於てのみ存在するものなるか故に國家の主義方針と背反する所の市町村の存在ある可からす、若し國家の主義方針に背反したる市町村存在すとすれは之れ國家より分離するものにして既に國家內の一分子に非す。斯くの如きは以て國家の統一を圖り、國家の隆盛を計る可き所以にあるさるは勿論なり。之に於て自治體に關する國家監督の必要を生するなり。卽ち地方自治體は國家の主義方針に背反せすして國家の一分子たる所の義務を果さゝる可からす。之れ卽ち自治の本義なり。

自治行政も國家政務の一部分なり。獨逸の學者中には「自治は市町村等の地方自治團體か國家の政務の委任を受けて行ふ所の一つの國家政務なり」と解する者あり。故に國家か市町村の政治を監督するは當然の事にして、若し市町村か國家より獨立せる團體なりとせは國家に於て監督をなすの必要も無く又監督の必要も認めさるなり。而して既に監督の必要なる以上其の監督の任に當るものか此の意味を充分理解して監督をなすにあらされは決して其の效果を收め得可きものに非さる事は明かなり。又監督者は監督と干渉との意味を混同す可からす、地方行政監督の任に當る者の中に監督を廣く不當に解釋して市町村の行政に干渉する者あり然れとも市町村は人格を有する一個の行政上の團體にして彼の下級官廳と上級官廳との關係とは自ら異なるものなり。即ち上級官廳は下級官廳に對し法律の範圍内に非すと雖も各種の命令を發し得るも人格ある市町村團體に對して監督官廳たるものは法律の範圍內に非されは何事をも命する事を得す、若し法律の規定無きに拘らす或る事を命することあらは之れは監督に非すして干渉なり。然れとも地方行政の監督は又一片の法律論を以て律す可からす難解なる法律論を以てせんよりは寧ろ溫かき指導誘掖に依りて多大の效果を擧くる事有るを忘る可からす。更に地方行政監督の任に有るものか總て自治の眞義を解し以て其の監督する市町村をして能く指導誘掖して其の地方々々の利益幸福の增進を期せさる可からす。然らは指導誘掖とは如何と云へは平常より其町村の教育、產業、土木其他各種の事情を調査して其の町村民の爲す可き所を說示し其方針に伴つて地方政治を行はしむる事是なり。現今我國地方自治の狀態を見るに自治の本義を解し表彰に値す可き自治體も存在する一方又未た何等地方自治の本義を解せすして誤れる地方行政を施しつゝある町村の存在するは寔に遺憾の極みなり。

更に今一つ注意す可き事は諸般の法令を十分自治團體及地方民に徹底せしむる事是なり、法の徹底せさる事は一方より見れは國家の威力の及はさる事とも解し得るなり故に法令の趣旨を十分市町村民に徹底せしめ以て法の眞意を示し國家意志の存する所を指示せさる可からす、今日は所謂法令雨の如くにして其の法令規則の發布素より複雑雑多なり、此等法令の全てを周知せしむる事は素より難事中の難事に屬すと雖も尠くとも地方自治に關係有る法令のみは地方民をしてよく徹底理會しめさる可からす。

頃日所謂善政なる語を聞く事屡々なり、何人か善政を欲せさるものあらんや、然しなから善政の眞の意味は國家の法令を充分國民に徹底せしめて國民の知識を開發し以て國民の利益幸福を計る事之れ即ち善政にして別に他事あるに非す。善政は常に平凡の善政ならさる可からす。卽ち國家の行政機關か鋭敏に活動して國民に法の眞意を理解せしめ協力一致して國利民福を增進するを以て善政の極致とす之れ卽ち地方自治に對する監督指導の唯一の方法たり所謂地方自治の效果を完うする第一要諦なり。

四

今回の歐洲大戰亂は實に有史以來空前の大戰爭なり。英米佛獨國を擧けての戰亂なり。嘗て戰亂開始の當時或る者は戰爭は半年にして終熄す可しと稱へたる者ありしも彼の英國のキチナー將軍は「今回の戰亂は少くとも三箇年を繼續す」と主張して世人を驚かしたるか、今日に於て之を見れは旣に此の大戰亂は開戰以來四年を經過して尙未た何時終熄するや睹睨す可からさる狀態なり、今更事新しく論する迄も無く各國は之か爲に多大の戰費と多數の人命とを犧牲に供し居れり、各國は一日の戰費平均二億萬圓宛を出し英國一國にして一日七千萬圓乃至八千萬圓を出す。之れを我國一年の豫算六億に比すれは僅か三日の戰費を以て足れり、然かも斯くの如き狀態は既に四年を繼續し居れり其の戰費の莫大なる事蓋し想像するに難からす日本も今日交戰國の一員とし此の大戰爭に參加す然れとも土地歐洲大陸を離れて存在するを以て稍もすれは我か國民は交戰國民だる事を忘れて眼前の小康を夢みんとするは甚た遺憾なり、改めて云ふ日本は現に交戰國なり、吾人は靜かに此の戰爭の影響を考察して其の經過と推移に深き注意を拂はさる可からす。

今回の戰亂は實に多大の敎訓を與へたり、其の敎訓は素より一にして足らすと雖も吾人の最も深かき注意を要す可き點は交戰各國の地方自治體の活動と戰爭に現はれたる自治制の效果は其の最も大なるものたらすんはある可からす、戰爭は單に軍人のみの戰爭に非す軍人の背後には常に之を援く可き國民の有力なる援護なかる可からす、而して此の援護たるや實に地方自治體の活動に俟つて始めて達し得可きものなり。交戰國にして若し地方自治體の活動なかりせは今回の戰爭は決して斯くの如き長年月を繼續し得可からさるは明らかなる事なり。試みに今日歐羅巴各國に於ける自治體の活動を見よ、食物制限、禁酒制度、軍人慰問、遺族慰問、廢兵救助等全て之れ地方自治體の活動に俟たすと云ふものなし。過きし日清日露の戰爭に際して我か國地方自治體は、空前の大活動を爲したるか歐洲今日の自治體は實に之れ以上の大活動をなしつゝあり。國家の命令は國內至る所に普く徹底し國家の單位たる市町村自治體は驚く可き活動を繼續しつゝあり。英獨二國の如き自治體政治の發達せる地方自治體の活動狀態を見れは蓋し思ひ半に過ぎるものあらん。

最後に一言す可き事は此の戰爭の終熄と共に來る可き平和の戰爭に對する吾人の覺悟是れなり。戰後の戰爭は敎育及產業の戰爭なり、今日より吾人か之に備ふる準備をなさゝれは吾人は武力の戰爭に勝つも平和の戰爭に敗るゝの狀態に陷らさる可からす戰後の問題は一にして足らす、吾人今囘の戰亂より得たる敎訓も亦一にして足らす。

國民の能率を高める事も其の一なり、自然界と世界とに對する無智なる國民を救ふ事も其の一なり病的のものを一切排除する事も其の一なり國家の生活問題を外國より獨立す可き事も其の一なり卽ち國民の能率を高めると共に國民の科學的智識の增進を計り國民を自然界及ひ世界の無智より救濟して自然力天然物を利用する方法を發見せしめ道義心の缺乏共同心の缺乏愛國心の衰亡より國民を救濟し之等の病的思想を排除し物質的には國民を物質生活に於て外國の援助より獨立せしめ以て公共心を高め公共事業を奬勵し國產を奬勵し國民の最高能率を發揮せしめ天然物を利用し以て此の第二の平和戰爭に臨まさる可からす。

而して之等の充分なる活動は實に國家の單位たる市町村の活動を期せされは達する能はさる所のも

のにして地方自治監督の任に當る者は特に深かく此の點に留意し以て地方自治體の隆盛發達を計らさる可からす、是れ實に其の當局者一人の事業たるのみならす、又國家隆盛の基をなすものにして國家に對する貢獻之より大なるは無きなり。（大正七、四）

歐米に於ける自治行政の趨勢と我が國の現狀

一

回顧すれは今を去る八九年前余官命を帶ひて歐米に漫遊し足獨逸に入りし時恰も獨逸市政施行百年祭の祝典に遇ひ余も亦伯林に在りて親しく其の實況を觀るの機を得たり。獨逸市制は西暦千八百〇八年に始めて施行せられたるものにして余の獨逸に遊ひたるは實に千九百〇七年なりき。當時獨逸皇帝は親しく伯林市役所に行幸し、市民に一場の演説を試みて曰く「今日世界に於て覇を稱するものは實に我か獨逸にして、獨逸今日の强大を極めたる基礎は固より百般の事情の然らしめたるものとは云へ其の主要なる原因は實に完全なる自治制か施行されたる結果にして獨逸の世界に覇を稱する基礎は自治制施行の賜なりと稱するも敢て過言に非す、併しなから益々國運の進展を圖らんと欲すれは更に此の自治制の發達を企圖せさるへからす、卿等夫れ努力せよ」と。蓋し一國の皇帝自ら市廳に親臨して斯くの如き勅語を賜りたることは各國を通して其の比を見さる所にして、獨逸今日の强大は實に獨帝カイザーの勅語の如く其の自治制の完備に俟つこと大なるものあり。皇帝にして既に然り、當時此の祝典に列したるものは各國務大臣を始め朝野の學者名士等は云ふまてもなく此の祝典に列して獨逸自治制の完備を祝福したり。當時余は親しく其の實狀を見聞し我か國の自治制の夫れと比較して實に感慨無量のものあり。

言ふまてもなく我か國の自治制は範を獨逸――特に普魯西の夫れに採りたるものにして、明治二十二年始めて市町村制の實施を見たるものなり。爾來年を閲すること三十年、獨逸の夫れに比して未た其の年月の短きは云ふまてもなきも其の自治制の實蹟未た舉らさるの所以のものは、獨帝の言を借りて云はは實に『國民の努力未た足らさる』ものの有りて存するなり。我か國の市町村其の數を算すれは市に於て六十餘、町村に於て一萬二千有餘を算するも模範市町村として自治の本能を發揮し居れるものは實に僅々七十有餘に過きさるは誠に遺憾の極みなり。

斯くの如く我國に於ける自治制の未た充分に發達せさる其の第一原因は實に我か國民の自治制に對する智識の缺乏に基くものなり國民か自治制に關する觀念思想乏しくして如何てか自治制の美果を收め得へき故に自治制の完備を期せんとすれは、先す國民の智識を進め國民の品位の向上を計り以て自治制に關する智識の普及を圖るを以て第一要義となす、若し國民の智識にして淺く品位にして低からんか自治の制度は寧ろ害あるものにして其の巧妙なる制度の運用により自治の善美を期することの難きは明かなることなり。此の意味に於て市町村の行政を進むるには先つ第一に市町村民の教育を必要とするものなり。謂ふ所の教育は單に學校教育のみを指すものに非すしてより廣き意味の所謂公民教育にして、市町村民か自治體の一員としては如何なる心掛けを有せさる可からさるか如何にして自治制の運用をなすやと云ふことを教ふるに在り而して此の公民教育の根本をなすものは實に公共心の養成に在りて自治の第一要素は公民に對する公共心養成を以て最先となす。

公共心とは公共の利益の爲め自己の私利を捨つることにして、國家及自治體の事業をなさんとするものは先つ國家若しくは自治體の利益と云ふことを觀念して決して私利を先にす可からさるは勿論なり、否寧ろ國家又は自治體の利益の爲には自己の私利を擲たさるへからす、自治體の事業か圓滿に行はるるは全く公共心を有する人々か自己の利益を捨てて國家及自治體の事業に携はり其の局に當り國家及自治體の利益を圖らんとするによるものなり。

英國に於て市長となる者は多くは其の土地の貴族富豪にして德望あり名望ある者のみなり、而して市長の職は名譽職にして一文半錢の報酬を受くることなし。現に倫敦に長たらんとする者は常に學識德望ある一代の名流にして市長たらんか爲に多額の費用を投し就任の曉は外國の名士を招きて披露の宴を開き而して其の俸給として受くるものは一錢もあることなし、倫敦市長の費す一年の平均支出は二十萬圓にして僅かに十圓の交際費を受くるのみなり、實に倫敦市長たる者は俸給を受けんか爲に市長たるにあらすして自己の住居する市の公利公益を圖らんか爲に自ら費用を支出して市長たる者なり。又市會議員の如きも何れも地位あり名望あり品格ある人のみにして中には多忙なる實業家の如きも所謂一刻千金の時を削き劇務の餘暇を愛割して市の事業に從事する者あり斯くの如きは全く私利私欲を捨てされは爲し能はさる所にして斯の如き人々か市の公共事業を擔任してこそ始めて能く市の行政を圓滿に運用し自治の成果を擧くることを得るものなり。

彼の英國の首相ローズベリー卿も嘗て一度は倫敦市會議員たりしことあり、又殖民大臣として錚々の聞ありたるチャンバーレーン氏の如きも曾てはバーミンガム市の市長となり紊亂したる同市の行政財政を整理し今日の模範とならしめたることあり又彼の世界の偉人たるグラッドストン氏の如きは野に在る間は自ら進んて自己の郷里に歸り自治體の事務に鞅掌したり、獨逸の鐵血宰相ビスマーク、モルトケ將軍も曾ては一度伯林市の行政に參與したるの人なり。

斯くの如く一國の名士偉人か自ら進んて自治體の行政事務に從事し玆に始めて完全なる自治の發達を見ることを得へし。飜て我國の狀態を見るに名望地位ある人々は自治體の事務に衝る事を避くるの傾向あり、是れ我か國自治制發達の爲吾人の特に遺憾とする所なり。英人常に曰く「朝に在りては國政を料理し野に在りては鄕貫の公共事務に從ふを國士の本分となす」と。蓋し思ふに人生の至樂之より甚しきものなかるへし。若し一代の名士偉人にして德望あり才識ある有能の士か自ら進んて自治體の行政に參與せんか自治制の實期せすして見るへきものあらん。然るに我國に於ては偉人名士の人々市政の當局に立つことを避くるのみならす、選擧の際に於ても亦棄權して投票すらもなさゝるもの多きを見る、之れ等の人々は市町村の行政に關して何等利害痛痒を感せさるか如く少しも鄕土に對する愛著心の存するなし。嘗て英國の某大學敎授は自己の居住地の市會議員選擧行はれたる時、恰も夏期にして彼は遠く瑞西の湖畔に暑を避け居れり、選擧前數日前に至りて始めて選擧の事を氣附き匇々行李を改めて多額の金と時とを費して鄕里に歸り自己の有する一票を投したりと。之に反し我か國の所謂名士の地方政治に冷淡にして其の甚しきに至りては市會議員選擧の投票を棄權するを以て一種の誇の如く感し居れる者すら之れある有樣なり、若し我か國に於て土地の舊藩主等地位もあり有望もある貴族名士か率先して熱心に地方自治の改善を圖るならは其の事業の進捗や蓋し驚く可きものあらん然るに我か國の名士は總して地方自治に冷淡にして其の藩主の如きも多くは東京に在住して地方の問題を顧ること稀なり、時には松平侯爵の福井に於ける農事經營の如く一宮舊藩主加納子の一宮町長たるか如く華冑の身にして、地方自治の爲に盡瘁する者悉無には非さるも殆と曉天の星の如く稀なり。其の他國務大臣又は貴衆兩院議員等にして或は地方公共の事業に從事し或は市長村長となる者に至りては更に極めて稀なり。斯くの如く地位あり名望ある人にして自己直接其の局に當らさるまても若し地方自治體の事業を指導誘掖する樣努めたらんには自治の發展は期せすして其の實を擧くへきなり。

我か國に於て自治制を施きてより三十年を經過する今日尙其の實の未た完全に達し能はさる所以のものは歐米の夫れに比し其の日子の尠きにも因るものとは云へ實に國民に鄕土を愛するの心なく鄕土の幸福を圖るの熱誠なく德望あり名聲ある第一流の名士にして獨り市の隱に潛みて爾後の小人物か自治體の局に當ることに起因するものたらすんはあらす。思ふて玆に至れは我か國に完全なる自治制を行はれさる蓋し故なきに非さるを知る。

二

今日我國何れの所に至るも自治制の行はれさる所無く、何所の住民と雖も自治制下の民ならさるは無し。而して自治の美果を收めんとすれは市町村民に對して完全なる公民敎育を施し、自治の眞義を十二分に諒解せしめさる可からす、借問す二百萬餘の東京市民中敎育あり學識ある者にして東京市の豫算又は東京市民の負擔の狀況を知悉する者果して幾人ありや、相當の智識あり學識ある者にして尙夫れ且つ然り斯の如き有樣を以て自治制の完備を期さんとすることは木によりて魚を求めんとするよりは至難なる事に屬す。

此の故に外國に在りては夙に此の公民敎育に志し、現に米國の如きは年々多額の費用を投して此の觀念の養成に努めつゝあり、紐育市に於ては年々「紐育市豫算展覽會」を催して紐育市一年の收入支出事業等を統計實物にて示し以て市民の公共觀念の養成に資し居れり、例へは衛生館にては水道の現況及水道と傳染病との關係水源の有樣使用料と給水費用との比較等を示し教育館にては紐育市中の教育現狀を一目の下に集めて教育狀態の智識の普及を計り居れり更に又勸業、土木、交通等市政一切の現狀を實物にて示し以て市民の智識を進め自治行政に關する趣味を涵養し市民の公共心の發揮に努めつゝあり。

又獨逸米國に於ては市民町村民をして其の市町村に對する所謂愛市愛町村の觀念を發達せしむる爲に各市町村に各種の倶樂部を設置して晝間は兒童を教育し夜間は兒童の父兄の爲自治教育を施し、又時には講演會を開き、或は印刷物を配布する等有らゆる方法を以て市に對する思想觀念の皷吹に努めつつあることは寔に吾人の驚嘆に値するものあり、故に之等諸外國の市町村に在りて地方行政の實擧り市町村の各種の事業の着々として其の緒に就きつゝあるは蓋し偶然にあらさることを知る可し。

然れとも其の玆に至れるは決して一朝一夕の事に非す種々なる惡戰苦鬪をなしたる結果今日の實を擧くるに至れるものなり。今日世界に於て最も自治制の發達せるは英獨二國にして特に英國今日の自治制は世界の模範自治國と稱せらるるたけありて最も完備し居れるも其の昔に在りては英國に於ても市町村の事務に關し腐敗醜惡の存せし事決して一二に止らす、現に英國に於て Rotten Bourgh（腐敗市）なる言葉の存するに徵しても當時の事情を察知するに餘あるものなり、或る町村の如き町村當局か學校基金の全部を私に消費して教員の俸給支拂に窮したることすらありたるなり、然れとも朝野の有識者の發奮により之か改良を企て漸くにして今日の狀況となりたるなり。亞米利加の自治市制は現今世界に於て極めて不振なりとの評あり地方自治制の惡標本は識者等しく米國に指を屈する有様なれとも近來に至り稍改善の曙光を認むるに至り「市政の改革」と云ふ聲は非常なる勢を以て全米に漲りつゝあり、現に各種の方面に於て市政廓清會を設け或は市政調査の爲め人を英吉利に送り獨逸に遣はして以て其の長所を研究せしめ自國の地方自治制の改善に資しつゝあり、近來米國に於て市政に關する各種の書籍刊行せられ各大學に於ても亦市制論の講座の新設され居れるは明かに之れか表徵たらすんはあらす、世人の知れる如く米國人は長所短所共に存する國民なるも一度眼覺めて其の事に當るや非常なる熱心と努力と費用とを用ひ其の完成を期する國民なるを以て、世界に於ける自治制不振の米國か數十年を俟たすして完全なる自治制を實現し得ることは何人と雖も決して疑はさる所なり。

思ふに地方自治は國家組織の要素なり。隣保團結良風を尊重し益々之を擴張して以て玆に地方共同の福祉を增進し得へし、而して斯の如くにして始めて市町村制發布の當時先帝陛下の國民に下し賜へる御勅語の御趣旨に添ひ奉る所以なれは國民は此の御勅語の本旨を奉戴し我か國の自治制の濟美を期する樣心掛けさる可からさるは勿論此の第一前提として公民敎育の普及を計り自治制施行の根本的基礎の確立を期せさる可からす。（大正七、四）

立法の濫用

男を女と爲し女を男と爲すの外何事を爲し能はさることなしとは英國國會を評したるの言にして英國國會の萬能の權を有することは英國憲法を研究するものゝ皆認むる所なり立法權は萬能にして法律を以てするときは何事をも定むることを得とは我國に於ても往々吾人の耳にする所の說なり然れとも是れ立法の範圍を不當に擴張したるの說にして立法の範圍にも法理上の制限あり法理の原則を無視し法理の統一を缺きたる立法は立法の濫用なり惡法亦法なり吾人は固より之に服從せさる可からさるも惡法は實に國民の幸福利益を害するものなれは立法に參與する議會並に政府は愼重に意を用ひ立法を濫用せさることを要す、議會は萬能なり多數の同意を得れは如何なる規則をも製造し得へし所謂男女兩性の如き自然の創作物を變更することを得さるも驚を烏となし馬を鹿となすか如き爲し得られさるにあらす況んや法理の矛盾と理論の牴觸の如き敢て意とする所にあらす嗚呼多數決の弊も是に至て極まれりと云ふへし。

本年二月廿八日議會の最終日に突嗟の間に兩院を通過し三月十五日を以て公布せられたる法律第六十五號東京市區改正土地建物處分規則改正の如きは此類にあさるか此の法律は法理の原則を無視し行政と司法との範圍を混亂したる不當の立法にして實に立法の濫用を以て目せさる可からさるの法律な

り同法に曰く
第二項の協議調ひたる後又は内務大臣に於て決定したる後建物植物等の所有者に於て所定の期間内に其所有物件の移轉若は引渡を爲さゝるときは東京市參事會は之を强制することを得此場合に於ては行政執行法第五條及第六條の規定を準用す。
此の規定に關し余の議せんと欲する所は協議の調ひたる場合に市事參會か行政執行法に據り物件の移轉若は引渡を强制するは法理の統一を紊るものに非さるやにあり。
土地建物處分規則は東京市區改正事業の爲めに土地建物を收用する規則にして一種の公用徵收法なり（土地收用法第八十七條）從て規則を解釋するには公用徵收法の原理を以て之を解釋するを要す公用徵收とは國家の命令に依り公益上必要ある場合に所有權又は他の物權を國家又は第三者に移す處分なり而して此の處分は公益の認定を以て第一段とし公用徵收の裁決を以て第二段とす我土地收用法に於ては公益事業の認定は內閣に於て之を爲し（土地收用法第十二條）內閣か認定を爲したるときは起業者及事業者及事業の種類竝に起業地を公告し（同第十四條）此の公告の後起業者の申請に依り地方長官は收用又は使用すへき土地の細目を公告し又は之を土地所有者及關係人に通知す（同第十九條）起業者は地方長官の公告又は通知の後其の土地に關する權利を取得する爲め土地所有者又は關係人に協議を爲し協議調はさるとき又は協議を爲すこと能はさるとき起業者は收用審査會の裁決を求むるこ

とを得（同第二十二條）收用審査會は（一）收用又は使用すへき土地の區域（二）損失の補償（三）收用の時期、又は使用の時期、期間に關し裁決を爲すものとす（同第三十五條）而して收用審査會の裁決により初めて公用徵收の處分確定す前述したる如く公用徵收は國家命令に依る處分なるを以て國家の機關たる收用審査會の裁決あるに非れは未た公用徵收の處分あることなし收用審査會の裁決ありて徵收の處分確定し玆に初めて所有權移轉の效果の生するものとす土地所有者と起業者との間の協議の如き全く準備手續たるに過きすして徵收處分と何等關係なし故に其の協議に依り起業者か土地を取得するは普通民法上の賣買にして民法上の支配を受くへきものとす公用徵收の裁決前に於ては徵收せられへき物件は未た決定せられさるを以て所有者の意思に反して土地を徵收したるものなりと云ふことを得す所有者は內閣の認定によりて公用徵收の決行せらるへきことを豫定して協議に應するも是れ毫も賣買たるの性質を害するものにあらす何となれは內閣の認定は單に事業の認定たるに止り土地所有者に對する處分にあらす土地所有者は其の所有物件並に價額に關し隨意に起業者と協商し意思の合致を爲し得へけれはなり故に公用徵收の裁決前協議に依て起業者か土地を取得するは合意に基く普通の賣買なりと云はさる可からす

東京市區改正土物建物處分規則は明治二十二年の制定に係るものにして其の規定極めて不備なり其の規則中公用徵收に關する規定は左の一條あるに過きす

第一條（第一項略す）

民有地及其地に屬する民有の建物植物又は官有地に在る民有の建物植物等は東京市參事會其所有者と協議の上相當の代價又は移轉料を償却すへし

若し協議調はさるときは雙方より評價人各一人を出し評價せしめ東京府知事之に意見を付し內務大臣の決を請ひ之を定むへし

此の如く其の規定は極めて簡單なるを以て解釋上疑義の生するは止むを得さることにして單に文字的解釋を以てすれは同條は單に土地建物の代價及移轉料に關する規定にして從て內務大臣の裁決も亦代價及移轉料にのみ關するものゝ如し然れとも前述したる如く此の規則たる一種の公用徵收法たること固より疑なきを以て公用徵收法の原則に基き之を解釋せさる可からす而して同規則は東京市區改正事業の爲めに市內の土地建物を徵收するの規定なれは東京市區改正條例を對比するを要す東京市區改正條例に依れは東京市區改正の設計は東京市區改正委員會に於て之を議定し其の議決を內務大臣に具申し內務大臣は內閣の認可を受け東京府知事に付し之を公告せしむへきものとす（東京市區改正條例第二條）此の公告ありたる後東京市參事會は前述の規定に據り土地建物の所有者と協議し代價及移轉料を定め協議調はさるときは內務大臣の裁決を請ふものとす故に土地建物處分規則第一條に所謂協議は土地收用法に於ける起業者と土地所有者との間の協議と敢て異る所なく從て前述したる如く協議調

ひて東京市か土地建物を取得する場合は普通賣買によりて所有權を取得したるものと云はさる可からす故に其法律行爲は民法の支配を受くへく其執行は民事の强制執行に依るへきものなり然るに改正法律によれは協議の調ひたる場合にも東京市參事會は行政執行法に依り土地建物の移轉引渡を强制することを得ることとせり是れ豈に法理を無視したる規定にあらすや土地建物處分規則には土地收用法の如き精密なる規定なしと雖東京市區改正事業の設計に關する內閣の認可は土地收用法に於ける公益の認定に該當し此の認定に基き東京府知事か公告するは土地收用法第十九條の地方長官の公告と同し此の公告ありたる後起業者（東京市）と所有者と協議を爲し協議調はさるとき內務大臣の決定を仰き玆に初めて公用徵收の處分あるなり然るに改正法律は協議の調ふたる場合にも尙ほ公用徵收の處分ありたる場合と同しく行政上の執行方法を以て土地建物の移轉引渡を强制せんとするものにして卽ち私法上の法律行爲を行政上の執行方法を以て之を强制せんとするものなり私法上の法律行爲は民法の支配する所にして之か救正は司法裁判所に之を求むへく而して司法上の執行方法としては民事訴訟法の强制執行あり私法上の法律行爲に對し行政上の執行方法を以て之を强制せんとするは法理の統一を缺くものにして實に不當の甚しきものなり今普通の賣買其の他民法上の契約履行に關し行政執行法に依て之を强制せんとせは誰か之か不當を唱へさるものあらん土地建物處分規則に依る市と土地建物所有者との間に於ける協議は普通の賣買と異るか如き觀あるを以て斯る法律を制定するも敢て怪まさるか如

きも是れ俗人を欺くへくして識者を欺く可からす六百有餘の兩院の議員中法律家もあり學者もあるに之に對し一人の異議を挿むものなかりしは豈に怪事と云はさるんや其の法律案か唐突の提出なしを以て深く研究するの暇なかりしに由るか將た異議を唱ふるも多數に壓せらるゝを豫知して緘默を守りしか果して然らは不注意にあらされは不親切なり立法に參與するものゝ職責を全ふすると云ふ可からす或は曰はん法の解釋論としては不當と云ふこともあらん違法と云ふこともあらん法律を以てするときは不當もなく違法もなし法律を以て定むれは私法上の行爲を行政處分を以て執行するも可なるへく行政事項を司法上の救正に求むるも敢て不可なるなし要は實際の便否にあるのみと余も亦違法の法律なきことは之を認む所謂惡法も亦法なり鷺を烏となし馬を鹿となす法も亦法なり敢て違法なりと云はす唯不當の立法なり立法の濫用なりと云ふのみ法律を以てすれは何事を定むるも不可なるなしとは立法全能論者の口にする所の說なるも法理の統一を紊り司法行政の權域を紛亂する法律は立法の濫用なり抑も法律行爲に公私の別ありて法律關係の上に一定の效力を生せしむる意思表示の如何によりて此の分界生し所謂權力關係と平等關係の意思表示によりて法律行爲を公私に分ち法の秩序の一系統之に由て相分る從て之に適用する法の原則を異にし之を執行する國家機關を異にす是れ法理の要求する原則にして司法行政の分るゝ所茲に在て存す之を立憲法制の美點と爲す私法律行爲に關しては民法其の他の私法之を支配し其の執行に關しては民事の强制執行法あり而して司法裁判所之を主管す公法律行爲

に間しては行政の法規之を支配し其の執行に關しては行政執行法其の他の行政規定あり而して行政廳行政裁判所之を主管す此の如く法の秩序系統井然相立ち法律行爲の性質如何によりて其の據るへき法を異にし其の機關を異にす此の分界ありて初めて法理の統一を保ち權限の秩序を維持することを得へし若し私法律行爲に關して行政廳之を審判し之を執行することを得となさは何そ司法と行政とを分ち相犯さゝるを憲政の要素と爲すの必要あらん何そ法律行爲を公私に分つを要せん法理の統一は法の秩序の要求なり法の秩序は臣民權利と幸福との保障なり法理の統一を蔑視するは臣民の權利と幸福とを蔑視するものなり若し單に行政の便宜を口實とするならは何そ公益の爲めには凡て私權を沒收すとの單純なる法律を制定せさる斯る蠻勇的の法律を設けす公益の必要の爲めに私人の所有權を徵收する場合に之に相當の補償を與へ負擔を均一ならしむるは國家及臣民の幸福を增進すると同時に個人の權利を保護するの主旨に出てたるにあらさるか是れ實に公用徵收の法理なり根本原則たり既に此の法理を尊重するならは何故に私法律行爲に關しては普通私法の規定に委ね之か執行に求むるの法理を守らさるや法理の要求は臣民の權利保護と國家制度の維持にあり法理の統一なき立法は實に立憲法治の汚點たり單に理論と實際とは並行せすとの慣用語を以て之を排斥することを止めよ政治家實業家も時に迂儒の學說に顧みて可なり。

東京市區改正土地建物處分規則　明治二十二年一月二十八日、勅令第五號

第一條　市區改正ニ要スル官有地ハ無料ニテ供用セシメ其他ニ屬スル官有ノ建物植物等ハ無料ニテ交付スヘシ但地方税ノ經濟ニ屬スルモノハ民有ニ準ス
民有地及其他ニ屬スル民有ノ建物植物又ハ官有地ニ在ル民有ノ建物植物等ハ東京市參事會其所有者ト協議ノ上相當ノ代價又ハ移轉料ヲ償却スヘシ
若シ協議調ハサルトキハ雙方ヨリ評價人各一人ヲ出シ評價セシメ東京府知事之ニ意見ヲ付シ内務大臣ノ決ヲ請ヒ之ヲ定ムヘシ

法律第六十五條　明治三十八年三月十五日

東京市區改正土地建物處分規則中左ノ通改正ス
第一條第三項ノ次ニ左ノ一項ヲ加フ
第二項ノ協議調ヒタル後又ハ内務大臣ニ於テ決定シタル後建物植物等ノ所有者ニ於テ所定ノ期間内ニ其所有物件ノ移轉若ハ引渡ヲ爲ササルトキハ東京市參事會ハ之ヲ强制スルコトヲ得此場合ニ於テハ行政執行法第五條及第六條ノ規定ヲ準用ス

（明治三八、四）

行政裁判所の權限に關する疑義

行政訴訟は行政官廳の違法處分に由り權利を毀損せられたる場合に提起する救濟手段なり、故に行政裁判所は行政官廳の違法處分を審理すへく裁量處分を審理すへきにあらす。我か法律中には往々行政官廳の裁量處分に對しても行政訴訟を許したるか如き規定あるも是れ決して憲法の行政訴訟を認めたる本旨にあらすと信す、明治二十三年法律第百六號に於ては明に行政官廳の違法處分によりて權利を毀損せられたる者云々とあるにより、少くも同法に依る事件に關しては違法處分たる事を要するや勿論なり、然るに此の場合に於ても行政裁判所は往々其の範圍を超え行政官廳の裁量處分に對し訴訟を受理するか如き實例あるを見る。最近の判決に於ける名古屋電燈會社對長野縣知事訴訟事件の如き其の適例なり其の判決理由に曰く（明治四十一年二月二十七日官報掲載）

被告に於ては明治三十八年長野縣令第一號河川取締規則には河水引用の許否に付出願の先後に由り之を決すへき規定なく從て先願に由り當然許可を得へき權利を生せす出願を許可すると否とは被告の職權に屬する裁量處分なるを以て本件原告の出願を許可せさる處分は違法のものにあらす又原告の權利を毀損したる者にあらす從て本件は行政訟訴を許すへからさるものなりと云ふと雖河川取締規則に依れは公益に關する場合其他特殊の事情ある場合の外一般に行政廳の許可を得て河水を引用することを許されたること明かなり而して該取締規則には先願權を認めたる明文なきも之を否認したる明文も亦なきにより同一箇所に二者兩立すへからさる競願者あり其事業の目的之を遂行する資力等全く同等にして其間に撰擇を加ふへき何等の事情なき以上は先願者に許可すへき當然なり本件

原告の主張する所は被告は先願後願の見解を誤まり先願者たる原告に許可すへきを却て後願者たる關清英外二名に許可したるは違法なりと云ふに在りて若果して原告主張の如しとせは是明かに違法處分に依り權利を毀損するものなること前說明に依り明かなり然らは本件は明治二十三年法律第百六號第四に該當し之を受理すへきものなれは被告の抗辯は採用するを得す又被告は原告か出願書類を整備し適法に之を西筑摩郡役所に提出したる明治三十九年十一月二十二日にして其書類の被告廳に到達せしは同年十一月二十四日なり其以前の出願は書類不完備のもの若くは經由の途を誤まりたる者にして適法の出願と認むるを得す之に反し關清英外二名か同郡役所に願書を提出したは明治三十九年十月二十三日にして被告廳は同年十一月五日之を受理したり而して其書類の如きも被告廳所定の規定に依りたる者にして原告云ふか如き不完備の者に非す故に之に許可を與へ原告の出願を許可せさりしは相當なりと云ふも原告か被告知事に宛て木曾川河水使用竝新水路開設願を關係地たる讀書及田立兩村長に提出したるは明治三十九年九月二十二日なることは被告の爭なき所なり而して被告か之を不完備なりと稱するは該出願に水路縱斷面圖潰地調書地主承諾書の添付なきに因るものなれとも原告に於て後日之を補足し出願を追完したる以上は之を有效なりと謂はるさを得す被告は明治三十八年長野縣告示第百四十號を援用し前顯原告の出願を無效なりと論すれとも告示第百四十號は願書に添付すへき書類を示したるに止まり之を缺けは出願を無效とする趣意なりと認むるを得

す又被告は原告の出願を被告廳に於て受理したるは明治三十九年十一月二十四日にして關清英外二名の出願より後なりと云ふも本件出願は明治三十一年長野縣令第五十一號第一條に依り關係地方村長を經由すへきものたる以上は其村長に提出したる日を以て出願ありたるものとなすへきは當然なり而して原告か木曾川河水使用竝新水路開設願を讀書田立兩村長に提出したは明治三十九年九月二十二日なれは原告の出願は關清英外二名の出願より後なりと云ふを得す要するに被告か關清英外二名の出願を許可し原告の出願を許可せさる理由は一も其當を得たるものなし仍て主文の如く判決す

此の判決は行政官廳の違法處分と裁量處分とを混同したるものの如し、本件長野縣知事の處分は或は不當處分たらん然れとも決して違法處分にあらす、明治三十八年長野縣令第一號には單に左の規定あるに過きす

第二條　左ニ掲クル行爲ヲ爲サントスル者ハ當廳（特ニ委任シタルモノハ郡長）ノ許可ヲ受クヘシ

一　河水ヲ停滯セシメ又ハ河水ノ害ヲ豫防スル爲メニ施設スル工作物ノ新築改築又ハ除却

二　河川ノ敷地ニ固着シテ施設スル工作物又ハ河川ニ沿ヒ若クハ河川ヲ横過シ若クハ其床下ニ於テ施設スル工作物ノ新築改築除却

三　河川ノ改修

四　河川ノ引用

五　河川ノ浚渫又ハ河川內若クハ河岸ニ於ケル岩石ノ破碎又ハ除却
六　堤防兼用道路ノ盛立其他變更
七　縣費支辨河川ニ對スル自營工事
八　縣費支辨河川堤防（副堤ヲ除ク）ノ使用
九　縣費支辨河川ニ於ケル堤外地又ハ沿岸地（河岸ヨリ水平距離三十間以內ノ土地）ニ土石等ヲ堆積シ又ハ土地ヲ掘鑿シ其他土地ノ形狀ヲ變更セントスルトキ
十　河川內ニ水車船ヲ繫留セントスルトキ

即ち同縣令には如何なる場合若は如何なる人に許可を與ふへきかを規定せす單に云々の行爲を爲さんとする者は行政官廳の許可を受くへき旨を明言するに止る、從て如何なる人に許可するも官廳の自由なり即ち此の場合に於ける官廳の處分は所謂違法處分にあらすして裁量處分なり先願者に許すと後願者に許すとは敢て問ふ所にあらず、法は必すしも先願者に許すへきことを明言せす、從て先願者に許可せさるも決して違法にはあらす、夫の鑛業法に於ける如く先願者の權利を認め必らす先願者に許可すへきを定めたる場合に後願者に許したるときは明に違法處分たらん本件の場合は全く之と異る然るに行政裁判所は此の場合に於ても先願權を認めたるものの如し、是れ全く法の解釋を誤るものにあらさるか判決文中『該取締規則には先願權を認めたる明文なきも之を否認したる明文も亦なきにより同一個所に二者兩立すへからさる競願者ありて其の事業の目的之を遂行する資力等全く同等にして其の間に撰擇を加ふへき何等の事情なき以上は先願者に許可すへきは當然なり本件原告の主張する所は被告は先願後願の見解を誤り先願者たる原告に許可すへきを却て後願者たる關淸英外二名に許可したるは違法なりと云ふに在りて若果して原告主張の如しとせは是れ明に違法の處分に依り權利を毀損したる者なる事前說明に依り明なり』云々とあり、此判決文に依れは裁判所は同一個所に對し同一事情の下に競願者ある場合には先願者に許すへき事か法の認むる所にして後願者に許したるは違法なりと云ふにあるか如し然れとも請ふ本件の基本法たる長野縣令を見よ、同縣令には單に左に揭くる行爲を爲さんとする者は官廳の許可を受くへしと云ふに止り許可に關しては何等の條件なし、故に後願者に許すも先願者に許すも何等違法たるへきことあるなし、同一事情の下に於ては先願者に許すか或は適當ならん然れとも適當と云ふことと適法と云ふことは法律上其の意義を異にす行政上不適當のことにして而かも適法なることあるへく、適當のことにして違法なることもあらん、適法と違法とは法規に違反するや否やに依りて決せらるれへく適當と不適當とは利害便否の問題なり本件の如きは許可に關し法に何等の規定なく從て行政官は出願者の資力信用土地の狀況其の他各種の事情を酌量し許可を決するを得へく、必らすも先願者たるか故に許可を與へさる可からさるにあらす、換言すれは許可に關しては法に依りて何等の拘束を受くることなきなり從て後願者に許したりとて決して違法にあらす、判決書に先願者に許可すへきは當然なりと云へり「當然」と云ふは法律上の語にあらす、法律上許可せさる可らすとの謂にあらさるへし、然るに直く後段に至り「後願者たる……に許可したるは違法なりと云ふに在りて……是れ明かに違法處分にして權利を毀損したるものなり」云々と云へり是れ豈に「當然」と云ふこと「違法」とを混同せるにあらすや換言すれは處分の當否と適法不法とを同一視せるにあらさるか蓋し長野縣令は先願後願に依りて許否を定むへきことを規定したるものにあらさることは同縣令を一讀したるものの首肯する所ならん卽ち許可は行政官廳の認定に依りて定むるものにして行政官廳は如何なる事情に依りて之れを認定するも隨意なり若し其の認定の正當ならさる場合には或は不當處分として訴願の目的たることあらん決して違法處分として行政訴訟の目的たるものに非す元來認定處分と違法處分との間の限界は極めて困難なる問題にして普國等に於ても議論の存する所なるも本件の如き許可の認定に關し何等の規定なき場合に其の認定の當否か違法處分なりとは如何にしても斷定することを得す、若し此の場合をも違法處分なりとして行政裁判所の權限に屬するものとせんか行政裁判所は裁量處分に關しても容喙することを得法に依り裁判を爲すに非すして事の便否得失を酌て訴訟を判定することとなり終局行政裁判所は最高の行政官廳たるに至らん、行政官廳の違法處分を救濟するか爲めに設けられたる行政裁判所か行政官廳の處分の當否に關し裁判を下すときは行政官廳の專橫に代ふるに行政裁判所の專橫を以てするに至り而かも其の裁判は確定の效力を有し其の裁判官は獨の保障ある身分を保有し、之を監督するに何等の手段方法なく、遂に臣民の自由權利の保障を失はしむるに終らん、是た豈に憲法の主旨ならんや、想ふに行政裁判所には學識豐富なる明法官多し希くは能く法理の系統に稽へ法の適用に專にし行政廳の裁量の當否に干渉せさらんことを。（明治四一、四）

公用物に關する判例を評し故穂積八束博士を懷ふ

想起す、往年民法々典の實施に際し我邦公法學者の泰斗たる故穂積八束博士は博士獨得の精鋭雄渾の筆を以て「民法の制定は欣ふへし、民法の濫用は戒めさるへからす」と論し「公用物の上に此の所「民法入る可からす」との標札を揭けて新法典の實施を迎へんとす」と力說せられたることを。（法學協會雜誌第十五卷第九號「公用物及民法」）當時余は此の文字を以て博士一流の奇拔なる警句と解し、深く意に止めさりしか、何そ料らん、爾來約二十星霜を經過したる今日に於て、博士の揭けたる標札を破壞し、公用物の上に民法の侵入し來らんとは、近時公用物に關する司法裁判所の判決を見るに、博士の所謂民法の濫用にあらさるやの感なき能はす。是に於てか余の見て警句と解したる文字の必すしも一片の警句に止まらさるを知り、當時博士の卓說を閱讀したる余としては、玆に一編の感想を語らさるを得さるなり。

近時德島市に起りたる小學校の運動器械腐朽に因る兒童の傷害事件（東京市に於ても同一の事件あり）に關する司法裁判所の判決は正に公用物の上に民法の侵入せる適例なり。其の判決の要旨は（一）小學校は國の營造物にあらすして市の營造物なること。（二）小學校の管理は行政の發動たるも其の管理權中に包含せらるる小學校々舍其の他設備に對する占有權は純然たる私法人の占權にして、全く私人か占有すると同樣の地位に於て之を占有するものなれは、之に因りて兒童に損害を蒙らしめたる場合には民法第七百十七條を適用し、市に損害賠償を命すへきものなりと云ふにあり（大審院判決本旨七月十四日東京朝日新聞所揭）。此の判決に就ては法學協會會雜誌五月號に於て、美濃博士の詳細なる批評あり、而して博士は其の判決を是認するものの如し、否寧ろ司法裁判所の判決は全然博士の說に據りたるものの如し。余は不幸にして博士と意見を異にするを以て、茲に判決竝に博士の批評に對する批評を論述せんとす。

判決要旨の第一點たる小學校は市の營造物なりとする說に對しても、余は判決竝に美濃部博士と意見を異にし、小學校は國の營造物なりと信するも、是れは茲に之を論評することを避け、假りに市の營造物なりとするも、民法の規定を適用して市に賠償義務ありとするの非なることを述へん。

元來小學校は道路河川公園病院等と同しく法律上所謂營造物（余は平素營造物なる晦澁なる文字を用ふることを避くるか茲には普通の用例に從ひ之を用ゆ）又は公用物と稱する種類に屬するものにし

て國又は公法人か公共の目的の爲めに供する設備たり。其の設立管理は公益を支持する行政作用たり。行政作用たる以上は其の法律關係の公法的たるや言を待たす。此の點は恐らく何人も異議なき所たるへく、司法裁判所の判決文中にも小學校管理の行政の發動たることを明言せるによるも疑なき所なり。而して小學校を組成する校舎其の他の設備は教育行政の目的に供するものにして、國家又は公法人の行政作用を全ふする爲めに外ならず。私人か利益關係に於て土地工作物を所有し占有するときは全然法律上の性質を異にす。公用物と私用物との異る點之に在て存す。故に學者によりては私所有權に對して公用物の上に存する權利を公所有權（öffentliche Eigenthum）と唱ふるものあり。（例へはオツトー、マイヤーの如き）而して私所有權に對しては民法之を支配し、公所有權に對しては公法の規定之を律すへきなり。私的關係に於て工作物を設置したる場合に、其の保存維持に缺陷瑕疵あるに因りて、他人に損害を生せしめたるときは、民法の規定によりて其の占有者は賠償の責に任すへきは固より當然なりと雖も、私的關係に基くにあらす、行政作用の手段として、之を設置し管理する場合には、民法の支配を受くへきにあらす。然るに此の兩者の場合を區別せすして、等しく民法を適用せんとするは法の系統を紊るものにして、法理の許ささる所なり。司法裁判所の判決か小學校の管理の行政の發動たることを認めたるに拘らす、其の管理權に包含せらるる小學校校舎其の他設備に對する占有權は、純然たる私法上の占有權たりとし、私人か占有すると同樣の地位に於て、其の占有を爲すものなれは、民法の規定を適用すへしとせるは、其の間に論理の矛盾あるにあらさるか。既に小學校の管理を行政の發動と認むる以上は、其の法律關係は公法關係と論定せさるへからす。随て其の行政の爲めにする校舎其他の設備の所有又占有は、是れ亦公法的關係なりと云はさる可からす。前記學者の言を藉りて之を云へは、所謂公所有權又は公占有權とも云ふへきなり、公法的關係又は公的權利なる以上は、私法上の占有を以て之を見るへからす。随て民法の適用を受くへきにあらすとするは、當然の論結ならすや、若し此の判決を以て正當なりとせは、小學校々舎の所有占有と、收益の目的を以てする學校基本財産の所有占有との間に、何等の區別を爲す能はさるに至らん、前者は所謂公用物若くは行政財産（Verwaltungsvermögen）にして後者は收益財産（Finanzvermögen）たるなり。後者に對しては民法の適用を爲すの至當なると同時に、前者に對して民法を以て之れを律するの不當なることを認めさる可からす。是れ行政法上に所謂公用物と私用物、行政財産と收益財産の區別ある所以なり。

國家又は公法人の行爲にも公法行爲と私法行爲とあるは勿論にして、後者の場合には私人と同しく私法關係に立つへきは言を待たす。例へは收益の目的を以て物を所有し工作し又は賣買契約を爲すか如きは純然たる私法行爲なり。斯かる行爲に關しては民法の所有權、債權、不法行爲に關する規定の適用を受くへきは當然なり。然るに學校道路河川公園病院等の如き所謂公用物の設立管理の如きは私法行爲にあらすして公法行爲なり。是等公用行政の用に供する物を所有し占有し工作するは是れ行政作用の目的を達するの手段にして、決して私的法律關係を以て之を見るへきはあらす。故に單に所有占有の事實のみより判定して純然たる私法上の行爲なりと論定し、民法の適用を爲さんとするは、法の正當なる見解にあらす。

美濃部博士は「公の行動に付ても必すしも民法の適用を排斥するものといふことを得す。若し其行爲の性質に於て私人の行爲と法律上の取扱を區別すへき理由なきものなるときは等しく民法の適用を受くへきものと認むへきなり」（法學協會雜誌第三十四卷第五號八一三頁）と說かるるも博士の此の說明には意義の不明なる點あるを遺憾とす。博士の所謂公の行動と云ふは、國家又は公法人の法律行爲の意なるか、將其の公法的法律行爲の意なるか。若し前者なりとすれは其の結論は正當なり。何となれは國家又は公法人の法律行爲中にも純然たる私法行爲あるへく、斯かる場合には民法の適用を排斥すへきにあらされはなり。若し後者なりとすれは、其の論結は不當なり、何となれは公法的法律行爲に關しては民法の適用を許さす、公法の規定之を律すへけれはなり、想ふに博士の意は同しく公的行爲なるも權力的行爲、換言すれは命令强制の權力作用に就てのみ、私法を排斥すへく、其の他の場合に於ては假令其の目的とする所、公益支持にあるも、第三者の權利を毀損するときは私的關係と見るへく、隨て民法の適用を排斥す可からすと云ふにあるならん。司法裁判所の判決も亦此の點に重きを置くものの如く其の判決文中に「小學校々其の他設備に對する占有權は公法上の權力關係に屬するものにあらす」と云ひ、又「其の占有を爲すことも私人と不平等關係に於て之を爲すに非す」とあるに徵するも明なり。然れとも國家又は公法人の公法行爲は單に强制命令の權力作用のみならす、是等權力的作用の外に營造物行政の目的を以てする公用物の設置管理等、所謂助長行政の範圍に屬する公法作用極めて多し。而して此の兩者共に國家又は公法人の公法行爲たることを失はす。後者の作用は前者の作用の如く直接に命令强制の權力にあらすとするも、さりとて又之れを以て私人と同權の地位に於て爲せる私法行爲と見ることを得す。私人か單に土地を所有し工作物を設置すると、國家又は公法人か學校々舍を經營維持し、道路公園を開設せるとは全然其の目的と性質を異にす。此の兩者の關係を混同し、等しく私法行爲なりとし、民法の規定を以て之に臨まんとするは誤れるの甚しきものなり余は寧ろ公用物の設置管理の如きも、廣義に於ける公權力の作用と見るを以て至當なりと思惟す。

博士は又其の行爲の性質か私人の行爲と法律の上取扱を區別すへき理由なきときは、等しく民法の適用を受くへきものなりと論せられたるか、此の論旨夫れ自身に於ては敢て異議なきも、其の結論として公用物を組織せる工作物の占有者にも民法の規定を適用すへしと云ふにあるならは（博士は直接に此く論結し居られす、故に余は（あるならは）と云ふ假設語を用ゆ）余の首肯し能はさる所なり。國家又は公法人の公用物の設置管理は決して私人の行爲と法律上の取扱を同一にすへきにあらす。私人か私益の爲めに土地工作物を占有する狀態目的と國家又は公法人か學校其の他の公用物を占有する狀態目的とは全然其の性質を異にす。故に博士の前段の前提よりは決して後段の結論を生するものにあらす隨て博士の意見は學校々舍其の他設備の占有は私人か占有すると同様の地位に於て其の占有を爲すものなれは、民法の規定を適用すへしと云ふ司法裁判所の判決論旨とは其の論理を一にするものと認むることを得さるか如し。

國家又は公法人の公用物の設立管理と私人の爲す土地工作物の設置保管と同一に論す可からさることを論定すへき尙ほ他の理由あり。私人の工作物の設置及保管に關しては單に其の所有者若くは占有者個人の任意によるの外、他に之を監督警戒すへき方法なく、隨て其の法意の缺陷の結果として、保存に瑕疵ありたるか爲め、他人に損害を生せしめたるときは、之を賠償するの民法上の責任の生するは固より至當なりと雖も、公用物の設立管理は國家又は公法人の行政作用に基くものなるか故に、公法上の規定若くは處分によりて、之を監督し之を警戒するの途あり。例へは上級官廳の監督の如き、其の管理者の任免懲戒の如き、以て事前事後に於て其の非違を矯正し其の設備の完整を期することを得へし。單に私人一個の注意力に一任することは全く其の趣を異にす。故に若し其の管理に不注意あり或は缺陷ありと認むるときは、行政上の處分として其の管理者を懲戒し、其の設立者を監督處分することを得へし、是れ行政上の公用物管理の普通私用物の設立保管と異る所にして、私人の工作物の設置保存に關して、公法上の處分を容れさると同しく、公用物に關して民法排斥せさる可からなる理由茲にあり。之を是れ思はすして、單に工作物占有の事實より之を見て、私人か占有すると同樣の地位に於て之を占有するものとし民法の適用を敢てせんとする實は法の系統を紊る不當の見解なりと言はさる可からす。

唯此の如く解するときは世人の所謂損害を受けて、而かも賠償せられる無告の民を生し、人權保護の爲め遺憾に堪へさるの結果を生するの感なしとせす余も亦此の點に就ては全然世人と同憂を抱くものなり。然れとも是れ立法論若くは政治論にして、法の解釋論にあらす。故に余は將來是等の場合に應するか爲めに、立法の手段を以て、公用物管理に關する法規を制定し、管理者の過失又は不注意より生したる損害に對する賠償法を制定せんことを希望するものなり。斯くして始めて獨り學校に關してのみならす、道路河川橋梁公園病院等の管理者又は設立者の注意と責任を明にし、併せて其の被害者に對して損害賠償の途を開き、且つ同時に法律上の疑義を全然解決することを得るなり。

之を要するに法の系統に於て公私法各其の領域あり、公法には公法の本領あり。私法には私法の境界あり。此の兩者各其畛域を明にし、茲に始めて法の權威を維持することを得へし。英國法の如く公私法其の界域を分たす、兩者相混同するに於て、却て法の妙用を發揮すること、亦之なきにあらすと雖も近時法學の進步に伴ひ、此の兩者の系統明確と爲り、一は以て國家並に公法人の權と其の行政作用を規律し、一は以て臣民相互の法律關係を支配し、兩者相待て國家竝に臣民の安寧幸福を完ふすることを得んか。

故穗積博士の公用物上に此の所「民法入る可からす」との文字は、一見奇矯の警語たるか如く見ゆらも、其の意味深長極めて味ふへき眞理の含蓄せるものあり。若し博士をして今日にあらしめは、必るすや博士の潑溂氣魄ある一大論文の法學協會雜誌々上に活躍せるものあらん。博士逝て玆に五年、吾人後進の再ひ博士の眼光透紙背、寸鐵殺人的の雄編に接す能はさることは、深く痛嘆に堪へす。往事を囘想し轉た感慨の禁する能はさるものあり。今日に於て故博士を惜むの情特に深甚なるを覺ゆるなり。（大正五、八）

地方警察に就て

警察を分類して國家警察（又は普通警察）及ひ地方警察と爲す學者あり。又我國現行制度に於ても訴願法第一條に地方警察なる文字あり。又市制第七十四條町村制第六十九條に地方警察事務なる文字あり、抑も地方警察とは如何なる警察を指稱するやの問題は學者間に議論ある所にして又我現行法の解釋としても其意義を決定すること極めて困難なり。

我現行法に於ては前記の法律に明文あるの外他に地方警察の何たるやを定めたる法規なきを以て我

現行法上地方警察の性質を論定すること甚た難しとす、從て警察處分の實際問題に遭遇する毎に常に疑義生し之か決定に苦むは誠に止むを得さるなり。而して市制町村制の規定は今日於て殆んと其適用を見ることなしと雖も訴願法の規定は屢々其適用を見ることあるを以て玆に地方警察に關する諸種の說を揭け讀者の參考に供せん。

國家警察と地方警察との區分に關する標準に付ては從來諸種の說あり。

第一、國家警察は國家全體又は國民全體の利益を保持するか爲めに存する警察にして地方警察とは市町村の如き一地方の公共利害に關する警察なりと、此說は警察作用の目的か國家全體の利害に存するか一地方の區域に限定せらるるかに標準を採り極めて穩當なるか如きも、實際に於ては甚困難なる區別なり。抑も或は公共利害か國家的なるか地方的なるかは實際に於て之を判定すること極めて難く、國家的一般的利害か同時に地方的利害なることあるへく、又地方的危害か同時に國家的危害と爲ることあるへし。例へは街路の取締に關する警察作用は一市町村の利益を關する如きも一般交通警察の上より見れは國家警察とも見らるへく、又飮料水の制限に關する警察作用の如き公衆衛生警察の上より云へは國家警察の如きも、一地方の利害の上より見れは地方警察とも見らるるか如く其危害の地方的なるや一般的なるやは容易に之を判定することを得す、此區別は事實に付き之を斷定せんとするものなるも其事實の認定に困難を生するは恰も中央行政と地方行政とを區分するの困難なるか如し歐洲の行政法の敎科書に中央行政と地方行政とを分つ標準を事物の性質に採り行政事務の上より區分を爲し、例へは事實は中央行政なり、敎育濟貧の事務は地方行政なりと說くものあるも、是れ唯獨斷的の認定に過きすして人によりて共區別を異にするなり、國家警察と地方警察の別も前述の標準により之を定めんとするときは精確なる斷定を下すことを得す。

第二、國家警察は中央官廳の管掌する警察にして地方警察は地方官廳の管掌する警察なりと、此區分は學理上の說明としては何等の價値なし先つ第一に中央官廳と地方官廳とは何によりて區分するやの問題を決するを要す、普通學者の說く所によれは中央官廳とは全國に涉りて管轄權を有する官廳にして、例へは各大省臣の如き是なり、地力官廳とは一定の區域に限りて命令權を行使する官廳にして、例へは府縣知事、警視總監の如き是れなりと、故に此區分に從へは內務大臣の行ふ警察は國家警察にして府縣知事の行ふ警察は地方警察なり、從て例へは同一の衞生警察又は出版警察にして內務大臣之を行ふときは國家警察となり。府縣知事之を行ふときは地方警察となるの結果を生す、然れとも內務大臣の行ふ警察も府縣知事の行ふ警察も等しく國の行政にして其間に性質上差違のあるへきにあらす、唯單に其範圍に廣狹さるに過きす、之を以て國家警察と地方警察とを區別せんとするは正當の見解にあらす。

第三、國家警察とは國家か直接に國の機關に命して行はしむる警察にして地方警察とは地方團體か其機關によりて行ふ警察を云ふと、此區別は第二の說に比すれは頗る明瞭にして國家警察と地方警察の分界を明確に定むることを得。此區分に從へは國家警察は內務大臣、府縣知事、警視總監の如き國家機關の行ふ警察にして、地方警察は市町村の自治團體か行ふ警察なり。然れとも、我現行の制度に於て警察は皆國の事務として施設し、之を地方團體の自治に委するものなきを以て此意義に於ける地方警察なるものなし。

以上は地方警察に關する學者の說なるか、我現行制度に於ては其孰れの說を採るへきかは法令の之を定むるものなきを以て之を決定することを得す、其第二の說は論理として正當にあらす、第三の說は我現行法に於て之を認むることを得す、故に現行法中に使用せる地方警察なる文學を有效に解說せんとするには第一說に依るの外なし、從て如何なる事項か地方警察なるかを判定するの個々の事實によりて之を判定するの外なし。而して從來內務省に於て取扱ひ來りたる實例に徵すれは墓地竝に火葬場に關する警察事項を地方警察として處分し來りたるものの如し、然れとも是れ果して理論上正當の解釋なるや否やは疑なき能はす、元來地方警察なる語は獨逸語の「オルツ、ポリザイ」にして、獨逸に於て「オルツ、ポリザイ」と云ふは市町村の警察と云ふ義なり、蓋し獨逸の或聯邦又は墺國に於ては市町村の警察權を認め、公共の利害か市町村の區域に限らるるものは市町村の自治に任し、市町の警察と爲す佛國に於ては學者は Police générale と Police municipa の區別をなすも別に自治警察を認めす、唯一定の事項（例へは道路交通に關する事項、公衆の集會所に起る出來事等）に關しては市長村長の警察權の執行を許すことあり、我國に於ては佛國の制度と同しく警察を以て國家の行政とするを原則とし、市町村の警察權を認めす、唯市制町村制等に於て市長村長をして司法警察又は地方行政警察事務を行はしむるの明文あるも、此場合には市町村長は國家の機關として國の行政事務として之を行ふものにして、決して市町村團體の事務として之を認めたるにあらす、是れ蓋し警察は危害防止に關する行政にして公の秩序安寧に關するものなれは、假令其危害の及ふ範圍は一地方に限局するものと雖も、之を地方團體に委ねさるの主旨に出てたるなり、又市制町村制の明文によれは市町村長か地方警察事務を行ふには法律命令の規定あるを要し、又別に警察官署の設置なきを要す。然るに現行法には市町村長をして地方警察事務を管掌せしむることを定めたる法律命令なく、又全國到る所として警察官署の設あるを以て、今日の實際に於ては市町村長か地方警察事務を行ふ場合は一も之なきなり。故に我國の現行制度に於ては警察は常に國の警察にして團體警察の意義に於ける地方警察なるものあるなし。

此の如く我現行法に於ては地方警察の意義極めて不明にして之か解釋に苦むは固より其所なり。蓋し聞く所に據れは訴願法及市制町村制々定の際には地方警察規則を定め地方警察の何たるやを示すへかりしやにて、現に其規則の草案まて起草せられたる由なり、然るに其草案に遂に發布を見るに至らさりしか故に遂に今日は訴願法市制町村制等に於て不明の文字を見るに至りしなり。地方制度施行後最早十有餘年も經過し地方團體の事務も稍其緒に就き、又或る種の警察事項は市町村をして之を行はしむるにも害なきのみならす却て利便の存することあるを以て、地方警察規則を制定し、所謂地方警察の意義を判明にし以て法制の完美を謀るの必要あるへし、而して如何なる事項を地方警察と爲すへきやは警察の局に當るものの深く研究を要することとなるを以て此點に關しては敢て者讀の注意を促かささるを得さるなり。（警察協會雜誌第三十八號）

警察俗話

警察の分類に於て高等警察と下等警察との區分を爲すものあり、然れとも警察の本質に高等若くは下等の區別あるへき筈なし、元來警察なるものは國家の安寧秩序を保持し個人の幸福を增進し危害を未發に豫防するを以て其の本務と爲すへきものにして其の以外に警察なるもののあるへき理由なきなり、然るに學者か之を分類して高等警察又は下等警察なる名稱を用うるは唯た便宜上設けたる分類に過きすして警察の本質其のものの區別に非さるなり、尤も或國に於ては警察法規の中に高等警察なる語を用ゐるものなきに非す、例へは千八百八十二年のロユルテンベルグ國の警察法の如き卽ち是なり、然れとも是れ決して警察に高等及下等の種類あることを意味したるに非すして唯た或種類の警察に高等警察なる名稱を附したるに過きす、而して此等分類を爲す學者の說明する所に依れは、高等警察とは社會の公の秩序又は國權保護の爲めに行ふ警察にして、下等警察とは一個人の安全を保つ爲めに行ふ警察なりと云ふ、佛國公法學者の多くは此說を唱道するなり、然れとも一個人の安全を行ふものも社會の公けの秩序又は國權保護の爲めに行ふものも等しく警察にして其間に性質上の差異なきなり、或は又獨逸の行政法を論する學者の中には警察の强制手段の方面よりして之を區別し多數人の運動に因りて多數の人に對し危害を加ふるを防禦する場合を高等警察なりとし、單獨の人の危害を防禦する場合を個人警察又は下等警察なりと說くものあり、然れとも是亦警察の本質其のものに依りて區別したるに非すして、說明の便宜上爲したる區別に外ならさるなり、我國に於ても從來高等警察なる名稱は普通に使用し來りしと雖とも警察法規の上に於ては之を見るへきものなく唯た內務省官制及警察廳官制等に於て僅に高等警察なる文字を使用したるを見るのみ、然れとも其の如何なるものか果して高等警察なるやに付ては法制中其の性質を確かむへき規定なし、唯だ從來通俗の意義に於て解し來りたるは高等警察とは政治的警察の謂にして集會政社に關する事項、新聞紙雜誌の出版に關する事項政黨政派の視察に關する事項等を意味したるものの如し、現に內務省警保局又は警視廳等に於て主管する處の高等警察なる事項中には以上述へたる事柄か其の主要なる部分を占むるを見るなり、然りと雖とも何故に政治上に關する警察か高等警察にして其の他の事項か下等警察なりやと云ふ問に對しては余は警察の性質上之か說明を下すに苦まさるを得さるなり、此の如く我國に於て前述の如き意義を以て高等警察を觀來りたるか爲めに其の結果として警察に關する觀念の上に誤りたる思想を來したるなきやを疑はさるを得す、元來警察なるものは公けの秩序を保持し個人の幸福利益を增進し危險を豫防するを以て其の目的と爲すものなれは、既に上來述へたるか如くなるに拘らす、或る場合に於ては其の目的範圍を超越し警察か政治上の視察を爲すの機關となり、或は黨派の內容を探索するを以て其の能事となし、警察の本務玆に在りと思ふか如き誤解を生したることなきに非す、是れ全く高等警察の意義を誤解し警察の本務を了知せさるに因るにあらさるなきか、故に警察の分類に高等警察下等警察と云ふか如き區別を爲すは獨り言語文字の上に缺點あるのみならす又實際に於ても其の弊なきを保し難く而して又斯る分類を爲すは警察の實際に於て何等の利益もあらさるなり、故に余は之を學理上より云ふも又實際上より見るも斯る區別をなすを非なりと信す。

如此余は警察の分類に於て高等警察及下等警察の區別を爲すを非なりとするのみならす殊に少くも日本に於て毫も其の必要なきを認むと雖とも、唯た從來の沿革上高等警察なる觀念は深く警察社界の頭腦に侵潤し警察の主要なる目的は却て高等警察にあるかの如く誤解し或は政黨政派の事情のみに精通し或は政治の機密を探知するを以て警察の本分なるか如く思惟するも尠からさるやの感なき能はす如此観念を警察界に保有せしむることは警察の獨立即ち政黨政派に關係すへからさる警察の獨立を傷くるものにあらさるかを疑ふ、固より國家の安寧秩序を妨害し若くは社會の風紀を紊亂するか如き場合に於ては警察は之を未然に防禦するの手段を執らさるへからさるか故に場合に依りては政治上の結社集會等に注意し、或は出版物の發賣頒布等に注意を要する場合もあるへしと雖とも此等は決して政治的意味を以てすへきに非すして要するに其の事項か社會の秩序を紊し國家の安寧を害するや否やと云ふことに存するに外ならす、若し其の範圍を超越し政治的意味を以て警察を利用し高等警察を以て直に政治的警察なりと解するか如きことあらは、畢竟には測るへからさる弊を生するに至るへきなり以上述ふるか如く高等警察の意義を解するときは高等警察は決して別種の警察にあらす從て警察の事務に從事するものは一般行政官と少しも異る所なきなり、唯近年我國の現象に於て警察の樞要官職か政治上の變動に伴ひ變動したる例ありたるか爲めに警察と政治と或る關係を有するか如き感を抱くものあるも是れ決して警察の性質より來りたるものにあらすして特別の關係より生したる一時の現象たるに過きす又此現象は必しも永久に存續すへきにあらす

歐羅巴諸國に於ては警保局長警視總監に該當すへき官職は所謂永久的事務官にして決して政治上の變動に伴ひ更迭するものに非す、現に獨逸伯林の警視總監及高等警察局長の如きは十數年間同一の職に在りて余か前年獨逸に赴きて警察の研究を爲せし際大に便宜を與へ指導の勞を採られし所の高等警

警察局長むーる氏の如きは、殆んと二十餘年間も同一の職に在りて今尙は現に其の職に在り、隨て伯林の警察に精通すること驚くへき程にて伯林警察の沿革制度に關する各種の質問に對し應答流るるか如き有樣にて實は感歎に堪えさりき、斯る現衆は將來日本の警察社會に於ても最も希望せさるを得さるなり

余か上來高等警察に就て諸種の方面より論究したるは高等警察なるものも一の普通警察たるに過きすして決して政治的警察に非さることを一言し、警察を分類するに高等下等と區別するは獨り理に於て非なるのみならす實際に於ても寧ろ弊害ありて而して其の利益なきを示さんと欲したるに過きさるなり

以上は高等警察に就て從來行はれたる誤解を述へしに過きさるも尙ほ警察の觀念に就て一言したきは行政警察に關することなり、我國の警察沿革に於て警察なることは單に司法警察のみを意味するか如きの實況あり、隨て或は犯罪人を逮捕し或は暴行者を捕縛するを以て警察の事務なるか如くに思惟するもの尠からす、是れ全く行政警察の何物たるを解せす警察の本質を明にせさるに職由するなり、余は將來我警察界に於ては行政警察に重きを置き行政警察事務の奏效に力められんことを希望せさるを得す、行政警察と云へは其範圍甚だ廣大なり、交通警察、衞生警察、營業警察、出版警察、風俗警察、風致警察擧け來れは一一屈指に遑あらさるなり、而して此等の事項は犯罪人を逮捕し暴行者を捕

縛するか如き直接に效果の見らるへきものには非す、故に警察官は往々之を緩にするか如き感あるを免れす、或は場合に依り行政警察其のものの性質すらも知らさるものなきを保し難く、唯た機密の探偵を爲し或は偸盜を捕縛し賭博を檢擧するか爲めに日夜東奔西走するのみを以て警察官の能事了れりと爲す者あり、然れとも是れ決して警察官の本務を盡したりと云ふへからすして、警察官なる者は或は消極的に或は積極的に國家の秩序を保持し個人の福利を增進して以て初めて警察官の本務を盡したるものと云ふへきなり、今日實際に於て地方の狀況を察するに交通警察に於て完全に其の職務を全ふし居るものありや、營業警察に於て充分に警察の職責を盡し居るものありや、之を法規の上に見るも各府縣區の警察令を以て各種の營業規則を定め、交通の規定を設くるも、而かも其の規定たる未た以て完全なりと云ふ能はさるなり、又未た之を總括したる營業警察法の制定せられたるを見す、又風俗警察に關する一般法規の制定せられたるを聞かす、唯た警察規則に於て稍整頓したりと見るへきものに僅かに治安警察法と行政執行法あるのみ、此二者のみを以て警察の完全を期するは決して庶幾すへきに非さるなり、斯く論し來れは行政警察に關しては將來立法上執行上其の施設を要すへき事項決して尠きに非さるなり、警察の局に當るものは宜しく此等の點に注意して以て我國警察の進步刷新を企圖せさるへからす

以上述へ來りたる所は警察に關する觀念の極めて普通なることを論述したるに過きすして何人も能

く了知する所なるへしと雖とも、從來警察の觀念に關しては往々誤解あるを免れすして、或は尙ほ其の觀念の警察社會を支配し居らさるなきやの感ありしか故に特に茲に一言して以て、警察の觀念に論及したるなり。(警察協會雜誌第二十六號)

守札に關する取締に就て

守札に關しては古き法則かある、即ち明治十五年內務省乙第五十五號達てある、同達の明文は左の如し。

神社寺院の守札と可認もの及神佛號を記載せる畫像は其神社寺院の外出板不相成儀と可心得此旨相達候事

但從前屆濟の分と雖本文に抵觸し不都合と認むる場合に於ては更に申出へし

此達は法文の書き方も曖昧てあり、立法の趣旨も不明てあるから守札に關する警察の取締に就ては種々の疑問を起し、警察官諸氏から度々質問を受けたことかある、そこて守札に關する取締と出版法及著作權法との關係を述へて實務に從事する人々の參考に供しやうと思ふ。

抑も此達の趣旨は一面神社寺院を保護し、一面守札若は神佛號を記載せる畫像は神佛の分靈的符標てあるから其神社寺院以外のものより出版することを禁したのてある、元來守札若は神佛號の畫像は普通の出版物とは異りて神佛の威靈を形に顯はしたものてあつて、一般人民か之を受くるは信仰的觀念に基くのてある、然るに普通の出版物即ち出版法若くは著作權法にて謂ふ所の文書圖畫は人の思想を言顯はすものてある、人の思想か學術界に顯はれ、眞理の闡明を目的とし、秩序的に構成せられて言語文章として顯はるるときは演說講義若は文書となる、所謂學藝上の著作物てある、人の思想か美術的方面に發現し、美の觀念を表示し、審美的感情を現はすものは所謂美術上の著作物てあつて、畫工の筆によりて顯はるるときは繪畫となり、彫刻家の手によりて顯はるるときは彫刻模型となる、故に出版法著作權法にて謂ふ所の文書圖畫は吾人の思想の外部に顯はれたるものてある、然るに守札若は神佛號の畫像は思想の發現にあらすして神佛の分靈の標示てあつて、普通の文書圖畫とは全く異るものてある、故に人の思想の發現を取締るへき出版法又は人の思想を保護する著作權法の關係するものてない、即ち其取締法は特別法たる明治十五年の達てある、而して此達は前述したる如く神社寺院に限り之を出版することを得せしめ一般人民に之か出版を禁したのてある、蓋し守札若は神佛號の畫像は神佛の標示てあるから、一般人民をして是等のものを出版頒布することを得せしむるならは神佛の威靈を汚損するのみならす愚民を迷はすの機械となりて社會に少からさる害毒を流すに至るからてある、是れ實に十五年內務省達のある所以てあつて、其趣旨は全く玆に在て存するのてある、然るに從來守札若は神佛號の畫像を普通の出版物と同視し、出版法によりて出版の屆出を受理し、若は著作權法によりて著作權の登錄を爲したるか如きは全く間違つたる處分てある、抑も出版法は人の思想の現出したる文書圖書を取締るを目的とし、著作權法は精神的創作に基きたる著作物を保護するを目的とする法律てあつて、信仰趣旨に出てたる守札等に付ては何等の關係はない譯てある、然るに守札も神佛號の畫像も普通の文書圖畫と同一の方法により出版するか故に普通の出版物と同一視し、遂に之を混同するに至つたのてある、而して普通の文書圖畫と守札若は神佛號の畫像とを區別するは何を標準として之を區別すへきやと云ふ問題は屢々實務に從事せらるる人々より發せらるる問題なるか、是は實際に當り前述の理論を基礎とし事實を認定するより外はないのてある、事實の認定は此の事のみならす凡ての事件に付て警察官か判定せねはならぬのてあるから、事實を一々例示することは出來ないのてあるか、併し今一例を採て云へは畫工か道眞公の畫を畫き之を出版したるときは是れ固より普通の繪畫てある、然るに神の威靈を有形的に顯はすを目的とし天滿宮の畫像を出版するときは是れ守札的類似のものてあつて、十五年の範圍てある、伊勢なとて發賣して居る「天照皇太神」なる摺物又は奈良邊にて頒布して居る神武天皇の畫像は決して吾人の思想か學藝的若は美術的に發表する著作物と云へぬことは明かてある、故に是等のものは宜しく十五年達によりて取締るへきものてある、之を要する守札若は神佛號の畫像と普通の文書圖畫とは前述の標準によりて之を分つの外はない、而して此標準を事實問題に適用して取締をなすのは、警察官諸氏の頭腦に在つて存するのてある。（警察協會雜誌第四十七號）

警察令と所有權の制限

我國今日の法制に於て省令府縣令等を以て所有權を制限するの規定を設くるの實例少からす、是に於てか命令を以て所有權を制限するは憲法違反にあらさるやの問題起り、警察の實務に從事せらるゝ人々の中にも疑義を挿み此點に關して余は屢々質問を受くることあり、蓋し所有權の保障に關する憲法第二十七條の解釋は極めて難問にして學者間には議論の存する所なり、然れとも今日現在の狀態としては命令を以て所有權を制限するの實例を認め居るか故に、我國の所有權解釋としては命令を以て所有權を制限するは違憲にあらすとの說を認め居るものと云はさる可からす、而して余は憲法の解釋論として此說を正當とするの理由ありと信するか故に、玆に之を說明し讀者の參考に供せんと欲す。

抑も警察は臣民の自由を制限し必要あれは强制を用ふる所の行政なるを以て、自由の制限と警察とは離る可からさるものなり、故に若し彼の佛國の人權宣言に基ける外國憲法の主義の如く人の自由は制限することを得さるを原則とし、之を制限するには法律に根據あるを要すとの主義を認むれは、警察の規則は凡て法律を以てするを要すと云はさる可からさるも、我憲法は全く之に反し臣民の自由は命令を以て之を制限するを得るを原則とし、唯二三の事項に關してのみ法律を以てするを要すとするの主義を採るものなり、即ち我憲法の明文には外國の憲法の如く、臣民の自由は法律を以てするに非れは之を制限することを得さる旨を規定したる個條なきのみならす、却て憲法第九條には公共の安寧秩序を保持し及ひ臣民の幸福を增進するか爲めは必要なる命令を發することを得る旨を明言せり、而して公共の安寧秩序を保持する命令は、臣民の自由を制限する警察令其の多きを占むるものたるや明なり、之に依て之を觀れは我憲法は臣民自由の制限は命令を以てするを原則とし、唯特殊の場合に於てのみ法律を要するの主義を採るものと云ふへし、例外の規定を廣義に解釋するは獨り解釋法の原則に反くのみならす我憲法の精神に副ふものにあらさるへし。

所有權の保障に關する憲法第二十七條も亦此主義を以て解するを要す、同條は「日本臣民は其の所有權を侵さるゝことなし」（第一項）「公益の爲め必要なる處分は法律の定むる所に依る」（第二項）と規定し、所有權は法律を以てするに非れは制限せらるゝことなしと規定せす、抑も所有權なるものは私權にして法令の範圍內に於てのみ存在するものなり、是れ獨り所有權のみならす凡ての權利は法令に依て發生するものなれは、法令の制限內に於てに非れは權利の存在を認む可からす、民法に於ても此主旨を明言し所有者は法令の制限內に於て物を使用收益處分することを得と規定せり、故に法令の規定により之を制限するは權利の侵害にあらすして權利の範圍を限定するものなり、法令の規定に依りて權利を侵害すと云ふは法理の觀念に於て無意義なり、國家か命令を以て所有權の制限を爲すも是れ決して所有權の侵害と云ふへきものにあらす。

抑權利の侵害なる語は外國語のInfringement of right, Atteinte au droit, Rechtsverletzung.に該當する語にして、不法に他人の權利を損傷することを指稱するものにして適法の行爲を爲したる場合に用ひらるへき語に非す、權力者か服從者に命令權を實行するは適法の行爲にして決して權利の侵害に非す、故に國家か警察の目的の爲に所有權を制限するに法律を以てするも命令を以てするも其の隨意にして、命令を以てしたりとて私人の所有權を侵すものに非す、唯國家か命令權の主體としてに非すして單に私益の爲めに換言すれは國庫の收益上の目的の爲めに他人の所有物を使用又は收去するか如き場合には、所謂所有權の侵害なるものあるへきを以て斯る場合には私人か私人に對すると同く臣民は國家の爲に所有權を侵されたるものと云ふを得へし、憲法は斯る場合を保障したるものにして國家は私益の爲に臣民の所有權を侵害せさることを明言したるなり、從て國家は法律を以てするも斯る行爲を爲すことを得さるなり、唯所有權を國家に移轉せしむることか公益に關する場合には法律を以てするときは之を爲すことを得へきのみ、是れ憲法第二十七條第二項の意義なり、公益なる文字を廣義に解するときは安寧秩序を保持する警察の處分も亦公益の爲め必要なる處分と云ふを得へきか如きも、警察の處分は所有權の移轉を目的とするものに非すして臣民の自由を制限するの手段として所有權を制限するものなり、然るに憲法第二十七條に所謂公益の爲め必要なる處分とは所有權の處分其れ自身を目的とするものにして、例へは公益事業の爲めに臣民の所有權を國家若は第三者に移す場合の如き是れなり、例へは傳染病を豫防する爲めに病者の衣服器具を燒棄するか如き疫病に罹りたる獸畜を撲殺するか如きは、警察の目的の爲めに危險の物件を毀棄するに止り所有權の移轉を目的とするものに非す、從て是等の事項は命令を以て之を定むることを得へし、之に反し公益の必要ある場合に臣民の所有權を徵收して之を國家若くは第三者に移す處分は、警察の目的に出てたるものに非すして所有權の移轉を目的とするものなり、故に法律を以てするに非れは之を爲すことを得す、從て憲法第二十七條第二項の公益の爲め必要なる處分と云ふは、廣義の公益處分を意味するものに非すして主として公用徵收を指すものなりとの說は、蓋し其當を得たるものと云はさる可からす、要之に警察上の處分と所有權徵收の處分とは、全く其目的を異にするものにして前者は憲法第六條に依りて命令を以て之か規定を設くるを得へし、公用徵收も國家命令權の作用に外ならさるか故に特別の規定なき以上は、必しも法律を以て之を定むることを要せすと雖、私人の所有權を强制的に移轉するの處分なるを以て特に重きを置き、歐洲諸國の例に倣ひ法律を以て定むることを要すと爲したるなり。

歐洲諸國の憲法を見るに所有權不可侵に關する條文は、概ね皆公用徵收に關する規定なり。

白耳義憲法第十二條　何人雖ト法定ノ場合ト手續ニ從ヒテ公益ノ爲メニシ且豫メ相當ノ賠償ヲ受クルニ非レハ、其ノ所有權ヲ侵サルヽコトナシ。

サクセン憲法第三十一條　王國臣民ノ所有權及其他ノ權利ハ國家ノ目的ノ爲メ奪ハルヽコトナシ、

但シ法律ヲ以テ定メタルトキ若クハ必要ノ場合ニ於テ相當ノ賠償ヲ拂フトキハ此ノ限ニアラス。

ヴユルテンブルヒ憲法第三十條　何人モ樞密院ニ於テ必要ト認メ豫メ賠償金ヲ與ヘタルニ非レハ、國家又ハ團體ノ爲メニ其ノ財産又ハ他ノ權利ヲ强テ拋棄セシメラルヽコトナシ。

伊太利憲法第二十九條　凡ソ財産ハ侵ス可カラサルモノトシ特例ヲ設クルコトナシ、然レトモ法律上公益ノ爲メ相當ノ賠償ヲ以テ其全部又ハ幾分ヲ收用スルコトアルヘシ。

普國憲法第九條　凡ソ所有權ハ之ヲ侵ス可カラス、但シ公益ノ爲メ必要ナル場合ニハ法律ノ規定ニ從ヒ、豫メ賠償金ヲ與ヘ若クハ緊急ノ場合ニハ少クモ賠償額ヲ豫メ確定シテ之ヲ徵收若クハ制限スルコトヲ得

此の如く諸國の憲法中所有權不可侵を定むるの條項は公用徵收に關するものなり、故に之を母法として制定せられたる我憲法第二十七條の規定も亦公用徵收に關するものなりと論定するは、決して理由なきにあらす、否な斯く解釋するに非れは法理上適當なる說明を爲すこと能はす、之を要するに公用徵收の如き公益の必要に基き所有權を收用する場合には法律を要するも、單に警察の目的を以て所有權を制限するは命令を以て之を定むるを得へく、法律の根據を要せさるものと斷定して不可なきなり、故に公用徵收の場合には公平上の觀念に基き特別負擔の主義に依り賠償を與ふるを原則とするも、警察處分に因る損害に對しては、賠償を與ふるを要せさるなり。

上述の理由に依り余は現時我國に於て省令府縣令等を以て所有權を制限するの規定を設くるは、決して違憲にあらすると斷定す。(警察協會雜誌第五十八號)

警察自衛權

警察は治安を保持し危害を防止する國權の作用なり、故に警察なる觀念の中には當然強制及權力なる要素を包含す、學者か警察を定義して「警察とは強制權を以てする行政なり」と云ひ、更らに甚しきは「警察とは行政に於ける強制權なり」と説明せるは此の意に外ならす、(フォン、スタン行政學、レーニンク行政法、ロジーン警察命令論)、故に警察官か職務を執行するに於て實力施用の之に伴ふは固より當然のことに屬す、從て警察權の行政に私人の自由若は所有權の侵害の形跡あるは寔に止むを得さるなり、而かも是れ決して法律上自由若は所有權の侵害と云ふへきものにあらす、何となれは國權の作用に對して私權の侵害なるものあるへき理なけれはなり。私人相互の間に於ても權利の行使は決して他人に對する權利の侵害にあらす、私人と雖特別の事情の下には他の私人に對して實力施用の權を有し而かも民法上刑法上何等責任なきなり、例へは正當防衛、緊急狀態の場合の如き是れなり、是れ權利の行使にして適法なる行爲なれはなり、警察權の行使に實力施用を許し之を適法たらしむるも此の理に外ならす、而して警察の實力施用は私人の實力施用の權にあらすして、國權を公共の利益の為めに發動せるものなり、故に警察官か職務の執行に際し私人の身體財產を傷害するも、殺傷罪若は財物毀棄罪を以て論す可からさるは勿論不論罪の根據としても正當防衛を以て論すへきにあらす、正當防衛は私人か私人に對する場合に於ける不論罪の理由たり、國權を行使する者か其の權力を施用する場合には、刑法上の不論罪を以て論すへきものにあらすして、警察權の本來の性質に照らして論すへきものなり、余は之を稱して警察自衛權と云ふ。

警察自衛權とは警察權の施行に必要にして又之を妨害するものを排除する實力作用なり、此の權力は警察本來の性質より發生する力にして、此の權力に對しては私人は抵抗することを得さるものなり、從て此の權力施用の結果として私人に損害を來たすも私人は之に對し何等要求の權なきなり。警察は公の秩序の保持危害の防止を目的とするものなれは、之に反する障害は實力を以て之を排除することを得へし、故に例へは公衆の交通に供せる道路河川に危險の物件橫はるときは、警察は之を除去し若は毀棄することを得へく、其の所有者の何人たるを問ふを要せす、又其の所有者か交通を妨害するの意志ありたるや否や、若は其の所有者か之を除却し得たりや否やを知るを要せさるなり、又例へは狂暴なる人を抑制し、危險なる獸畜を撲殺し、失火せる家屋を崩壞するか如きも警察當然の權能なり、而して私人は警察官の是等の行爲に對して損害を要求するの權利なきは勿論、是等の行爲を爲したる警察官は民法上刑法上何等責任なきなり、而して是れ刑法の正當防衛の根據に基くにあらすして警察權を執行する權力自衞たるか爲めなり。換言すれは公の秩序の受くる危害を防止することか警察の權能たるか爲めなり、警察自衞權とは之を云ふなり。

然れとも警察の實力施用は實力を以て障害を除却するによりて、私人に加ふる不利益と障害を除却するによりて國家の受くる利益と權衡を保つことを要す、換言すれは能く實力の手段を選擇せさる可からす、實力施用には種々の方法あり、或は物件を毀棄することもあるへく。或は之を領置することもあるへく、或は人を拘禁することもあるへく、或は止むを得す傷害するに至ることもあるへし、要は其の實力の施用か障害を除却するに必要なる手段たるや否やにあり、若し其の必要の程度を超え其の以上の手段を用ゆるは明に不必要なりと認めらるゝ場合には、最早其の行爲は警察當然の權能にあらすして不法の範圍に入るのなり、恰かも刑法に於て正當防衞の範圍を超えたるや否やによりて不論罪たると否との分るゝか如し、故に警察官は能く玆に注意し職務の執行に當り、其の正當の範圍を脱せさることに留意せさる可からす。

警察官は固より一の行政官たりと雖、內部に於て執務する普通行政官と異り。直接執行の任に當るものなるか故に、時として危險の地に瀕し、或は强悍なる盜兒と鬪はさる可からす、或は獰猛なる兇徒と爭はさる可からす、我彼を斃すに非れは彼我を殺すの危地に陷ることの屢々起ることあるは實際に於ける狀態なり、是に於てか警察官は勢ひ武器を使用し之を防禦せさる可からさるに至ることあり、是れ實に直接執行の任に當るものゝ止むを得さる所なり、故に現行制度の下に於ても警察執行官に付ては特に帶劍の制あり、又必要なる場合には拔劍を許せり、明治十七年一月二十七日內務省達乙第三號を以て巡査帶劍心得方を示せり。其の第一條に曰く、

帶劍ハ左ノ場合ノ外拔劍スルヲ得ス

一、兇器ヲ持シ人ノ身體財產ニ對シ暴行ヲ爲シ拔劍スルニ非レハ保護スルニ術ナキトキ

一、暴行人兇器ヲ持シ拔劍スルニ非レハ防禦スルニ術ナキトキ

一、犯罪人逮捕ノトキ又ハ逃囚逮捕ニ際シ兇器ヲ持シテ抗拒シ拔劍スルニ非レハ防禦スルニ術ナキトキ

又憲兵條例中兵器使用に關し左の規定あり。

第五條　憲兵ハ左ニ記載スル場合ニアラサレハ兵器ヲ用ウルコトヲ得ス

一、暴行ヲ受クルトキ

二、其ノ占守スル土地若ハ委託セラレタル場所又ハ人ヲ防衞スルニ兵力ヲ用ウル外他ニ手段ナキトキ又ハ兵力ヲ以テセサレハ抵抗ニ勝ツ能ハサルトキ

又往年政府より議會に提出せられたる監獄法案中、監獄官吏の武器使用に關し左の規定あり。

第二十條　法令ニ依リ監獄官吏ノ携帶スル劍又ハ銃ハ左ノ各號ノ一ニ該ル場合ニ限リ在監者ニ對シ

之ヲ使用スルコトヲ得
一、人ノ身體ニ對シテ危險ナル暴行ヲ爲シ又ハ爲スヘキ脅迫ヲ加フルトキ
二、危險ナル暴行ノ用ニ供シ得ヘキ物ヲ所持シ其ノ放棄ヲ肯セサルトキ
三、逃走ノ目的ヲ以テ多衆騷擾スルトキ
四、逃走ヲ企テタル者暴行ヲ爲シテ捕拿ヲ免カレントシ又ハ制止ニ從ハスシテ逃走セントスルトキ

以上は警察官吏、憲兵又は監獄官吏か武器を使用し得へき場合を消極的に定めたるものにして、如上の規定は職務執行に際し必要なるときは武器を使用し得ることの原則を定めたるものなり、蓋し警察官の如き執行官吏は職務を執行し又は之を防衛する爲めには勢ひ實力を使用せさる可からす、而して實力使用の最終の手段は武器の使用なり、武器の使用は其の結果人を傷害するに至ることなきを保せす、而かも刑法上何等犯罪を構成せさるなり。而して前述したる如く是れ決して刑法の正當防衛の根據により不論罪たるに非すして行政法上職務防衛權の實行たるか爲めなり、蓋し前記拔劍に關する規定は必らすしも正當防衛の場合と一致せすして、寧ろ職務防衛に關する場合多きを以て見るも亦明なりと云ふへし、故に刑法には別に明文なしと雖其の不論罪たるや勿論なりと信す。

拔劍に關する規定は決して不論罪の規定にあらすして、警察官吏等か武器を使用し得る場合を定め

たるに過きす、故に訓令若は勅令を以て之を定むるを得へく必らすしも法律を以てするを要せさるなり、且警部に關しては何等の規定なしと雖、警部も亦前述の原則に基き抜劍し得るものと信す、而して其の行爲の適法たるや明文のあると否とにより異るなきなり。之を要するに警察官吏の武器使用は警察自衛權の結果にして、警察の作用には當然實力使用を包含すとの行政法上の理論に基くものなり然れとも武器の使用は實力施用の最終の手段にして又最も酷なる手段なり、故に警察官は之を用ゆるに付ては最も愼重なるを要す、實力施用の目的は障害を除却し障害者をして障害を繼續すること能はさらしむるにあり、其の障害の旣に除かれたる後、若はより輕易なる手段を以て障害の除かれ得へき場合には、最終の手段たる武器の使用を爲すことを得さるや固よりなり、若し此の制限に反し若は其の分量に超過し武器を使用したるときは、最早正當の國權作用にあらさるを以て、其の之を使用したる警察官は刑法上の犯罪者たることを免れす、故に警察官は障害の除却と之を除却する手段との間に正當の權衡を保つことに深く意を用ひさる可からす。

近來各所に暴動的騷擾起り、曩きに東京市に電車事件あり、次て足尾に別子に鑛山事件あり、其の他北海道九州地方に多少の紛擾の發生したることは今尙は記憶に新なる所なり、而して警察官は治安を維持するの職責あるを以て第一に之か鎭壓の任に當らさる可からす、而かも數百若は數千の暴民一時に蜂起するに當り、限りある警察力を以て之を鎭靜せんとするは實に不可能たり、是に於てか止むを得す軍隊の力を借るの必要生す、是れ東京栃木愛媛に於て見たる實例なり、軍隊の力を借るの止むる得さるに至りたるは警察の爲め實に遺憾なるか如しと雖、是れ寔に止むを得さるなり、軍隊は砲銃を有し萬止むを得さる場合には發砲し得るの自由を有するを以て、暴民に對して非常の威嚇たりと雖、警察官は一片の洋刀の外何等の武器を帶ひす、而かも之を使用するに一定の制限あるを以て、暴民兇徒と戰ふに際し非常の困難を感するや想ふて餘りあり、余は實に是等警察官に同情を表するや切なり、而かも一朝誤て暴民を殺傷するや時に刑事上の問題の發生するなきを保せす、思ふて茲に至るときは警察官は實に危險なる職務を奉するものと云はさる可からす、然るに世人の警察官に同情せすして却て之を非難するものあるは甚慨嘆に堪へさるなり、然れとも亦一面より之を見れは警察官か職權を濫用し、職務防衞に必要ならさる實力を施用し良民の財產生命を毀損するか如きことあらは、曲警察官にあり、警察官たる者最も愼重に其の職務を執行せさる可からす、余は玆に警察權に關する法理を闡明するに當り、併せて警察執行の任に當るものゝ注意を喚起せんと欲するなり。（警察協會雜誌第九十四號）

著作權法と出版警察

著作權とは學者美術家か自己の著作したる文書圖畫を發行し其利益を專有する利權なり、而して此權利は著作權法に依りて保護せらるるものなり、抑々著作權は所有權等と同しく一の私權にして恰かも土地家屋の所有者か其土地家屋に對し他人を排除して使用收益處分の專權を有するか如く著作者は其著作物に對し複製の專權を有し世間一般の人をして之を模擬剽竊することを得さらしむ、故に著作權は民法に於て認められたる一般私權と少しも異る所なし、而して著作權は著作なる事實に依りて發生するものにして恰かも吾人か家屋を建築すると同時に其家屋の所有權を取得するか如し、然るに世人往々著作權は行政廳の登錄に依りて發生するか如く思惟し登錄を以て著作權發生の必要條件なりと考ふるものあり、舊版權法に於ては登錄は版權の保護を受くるの條件にして登錄を受けすして著作物を發行したるときは版權の保護を受くる事を得さりき、然るに著作權法に於ては此主義を改め登錄を以て單に民事訴訟提起の條件と爲したり、而して登錄は著作權者の申請に依り行政廳か機械的に簿冊に登載するものにして其著作物の實質を審査するものにあらされは、行政廳の登錄は著作權の存否を確定するものにあらす、故に假令著作權の無き著作物若くは警察法規に依りて發行を差止めらるへき著作物と雖も行政廳に於ては之か登錄を爲すなり、世人か登錄を以て著作權保護の必要條件なりとし登錄證書に重きを置くは著作權法の主旨を誤解するものなり、之を要するに著作權法は民法と同しく單に私權を保護する一の私法にして決して警察的法律に非す、故に著作權を有する著作物にして發賣頒布を禁止せらるるものあるへく發賣頒布を禁止せられたる著作物にして著作權の存する著作物あり、著作權の保護と出版の警察とは全く別物なり、出版警察は著作權法の關する所に非すして出版法の支配する所なり治安を妨害し風俗を壞亂するの著作物は出版法の規定に依りて之か發賣頒布を禁す、舊版權法に於ては版權の保護と出版の取締とを混同し版權の保護を受くる著作物は出版法に依りて發賣頒布し得らるるものに限れり、卽ち出版法に依りて發賣頒布し得らるるもののみ版權の保護を受け同法に依りて發賣頒布を禁せられたるものは版權の保護を受くることを得さりき、此主義は昔時歐洲諸國に於て行はれたるものにして英國に於ては今日尙ほ此主義を採用すと雖も、是れ私權の保護と警察の取締とを混同するものなり、抑々風俗を壞亂し治安を妨害する著作物は社會の秩序に關するものなれは警察上之か取締を爲すへきものなりと雖も、斯る著作物も亦吾人の精神的勞力の結果に依りて生したる果實にして著作物たることを失はす、恰かも人の感觸を害し社會に利益を與へさる物體と雖も尙ほ物件にして所有權の目的物たることを得るか如し、唯之を社會に公にするに當りて危險なり若くは公益を害すと認めらるる場合には警察の法規を以て其權利の行使を制限すれは足れり、今夫れ刀劍火藥は場合に依りては危險物にして社會を害することあるを以て其使用は警察法規を以て之を制限するも民法上所有權の目的物たることを妨けす、從て之を竊取する者は竊盜の刑に處せられ損害賠償の責に任せさる可からす、之と同しく風俗を壞亂し治安を妨害するは警察的法規に依り之か發行を禁止することを得るも、始めより著作權を發生せしめさるを要せす、若し斯る著作物に著作權を認めすとすれは他人か之を剽竊し之を複製するも何等の制裁なきに至る是れ豈に精神的勞力に依りて生する果實を保護するの途ならんや、之を要するに著作權法は著作權なる私權を保護するの法規にして警察的に出版の取締を目的とするものにあらす、出版の取締を爲すは別に出版法ありて存す、世人往往著作權法と出版法との關係を混同し誤解に陷るものあるを以て特に玆に一言すと云爾。(警察協會雜誌第三號)

上院論

緖言……一上院の組織……二上院議員の數……三上院對下院の關係……四上院の任務と二院制の效用……五英國に於ける上院改革論

緖言

『上院か常に下院と相衝突するときは二院制は有害なり若し兩院か常に相一致するときは二院制は無用なり』とは佛國公法家 Abbé Siéyes の二院制を排したるの言なり。此の言たる蓋し一面の眞理なきにあらす。二院制を採用せる立憲國に於ては、法律案豫算案等必らす上下兩院の協贊を經るを要するを以て、兩院の意見常に杆格衝突し、其の間に協定を見る能はさるに於ては、法律豫算共に成立せす。爲めに國務の進行を沮害するや蓋し尠少にあらす。二院制は有害なりとの言、是に於てか眞理あり。若し夫れ之に反し、上下兩院の意見常に相一致し、第一院の決する所、第二院之に聽從し、第二院の院議に對して第一院何等の容喙を爲さゝるか如きことあらんか、是れ形は二院制なるも、其の實一院制と何の擇ふ所なきなり。寧ろ二院制を廢し一院制を採るの優れるに若かす。二院制は無用なりとの言、是に於てか亦眞理あり。果して然らは二院制は有害か無用か、二者其の一に居らさる可からす「此のディレンマ」に對し、正當の解決を得るなきに於ては、遂に二院制を排する論者の言の眞理を認むるの論結に到達するの外なきに至らん。然るに現時世界に於ける立憲政治の實際を見るに、大多數の國に於ては二院制を採用し、只僅かに希臘、那威、セルヴィア其の他獨逸聯邦及瑞西聯邦中の小國か一院制を採用せるあるのみ、而かも希臘に於ては近時憲法を改正して二院制を採用せんとするの議あるを聞く。又那威の如き普通一院制國と稱せらるゝも、後に述ふるか如く、其の實質に於て二院制主義を實行せるあり。之を以て之を見れは二院制は世界に於ける立憲國の趨勢なりと云ふも不可なきか如し。加之學者政治家の間に在ても二院制の必要を說くもの決して少からす。ジョン、スチョーアート、ミルは『一院の多數か凡てを決定し、他院の審査協贊を要せさるか如き制度にして永久のものとならんか、其の專恣橫暴に陷るは勢ひ免かる可からす、羅馬人か二人の「コンソル」を必要としたるも、又現代に於ける二院制の必要も共に此の理由に外ならす、一は以て他の專橫を控制す是れ腐敗を妨止する所以なり』と說き。又ウォルターバゼホットは『完全に國民の意志を代表する穩健着實なる下院あるならは、更らに上院の必要なきものゝ如きも、少くとも現代の狀態に於ては再審熟慮の機關たる第二院の存在は極めて有益なり』と論し。又レッキーの如きは『凡そ人類間に存在し得る政體中專制民主的一院制度の政體より惡しきものを知らす』と極言するものすらあり。議論や理窟は兎に角今日何れの國に於ても僅少の例外を除き、凡て二院制を採用せるの事實に徵すれは、蓋し二院制は有害若くは無用にあらさることを證するに足るへし、乍併亦一面に於て上下兩院間に於ける意見の衝突あり、爲めに國政運用の進捗を阻害することあるの事實も亦否定すへからす。立憲國に於て此の支障を除却せんとすることに苦心するも亦事實なり。現に英國の如きは近時之か爲めに上院の權限を制限し、殆んと其の存在を無視するか如き法律所謂國會法を制定し、以て兩院の衝突に對する最後の手段を案出したることは人の皆知る所なり、兩院間の意見の衝突は二院制度の當然の結果として止むを得さることとなり。只如何にして此の衝突を調和し、如何にして之を解決すへきかは二院制運用上に於て研究すへき重大問題なりとす。近時歐洲諸國に於て上院改革論の唱導せらるゝも、蓋し這間の問題に關渉する所あるならん。我邦に於ては上下兩院間に未た甚しき衝突杆格なく、國務の進行を阻害するか如き不祥なる現象を見すと雖も、將來に於て決して斯かることなきを保す可からす余は玆に歐米諸國に於ける上院の組織權限並に下院との關係を論述し我立憲政治研究の資料と爲さんと欲す。

（註一）上院下院の名稱は英國にて普通に使用する Upper House, Lower House の名稱を採りたるものなるが、法律の術語としては適當なる稱呼にあらす。此の二院の名稱は各國に於て其の稱呼を異にす。英國に於ては一を

House of Lords と謂ひ、他を House of Commons と謂ふ。佛國に於ては一を Sénat 他を Chambre des Députés と謂ひ、獨逸聯邦諸國並に墺太利に於ては一を Herrenhaus 他を Abgeordnetenhaus と謂ひ、其の他各國に於て其の名稱を異にす。我邦に於ては一を貴族院、他を衆議院と謂ひ、稍英國の名稱に近し此の如く國によりて其の名稱を異にするを以て、玆には便宜のため、通俗の用例に從ひ、上院下院の名稱を用ゆることとせり、又或は First chamber, Second chamber と稱することあり。此の場合には前者は下院にし後者は上院なり。

上院の組織

玆に組織と稱するは、上院か如何なる種類の議員を以て其の構成分子と爲すかを云ふ。換言すれは上院議員の種類如何と云ふことと是れなり、

下院は其の構成分子たる議員は總て國民の選擧に依りて出るものにして、此の點に就ては各國凡て其の揆を一にし、一の例外あることなし、唯其の選擧の制度及方法を異にするに過きす。然るに上院の組織に關しては國に依りて其の主義を異にし、一律に之を論することを得す。今之を分類すれは大要(一)、世襲主義(二)、選擧主義(三)、任命主義の三種と爲すことを得へし。尙ほ此の外に、各階級及等族の互選に依りて出る議員あり。或は特殊の官職に伴ふ結果として議席を占むるものありと雖も、上院議員の主要部分を占むる點よりして之を觀察すれは大要前記の三主義に分類するも大過なからんか。

茲に世襲主義と稱するは、貴族たる身分を保有する結果として世襲的に上院議員なるものを云ふ。選擧主義と云ふは、直接選擧たると、間接選擧たるを問はす、國民の選擧に依りて出る議員を以て其の主要構成を爲す制度を云ふ、任命主義と云ふは、君主か議員を任命するの制度を云ふ。今是等の主義に基く制度を標準として各國に於ける上院を分類するに左の如し。

(一)、世襲主義の上院を有する國。　英吉利、普魯西、墺太利、匈牙利。

(二)、選擧主義の上院を有する國。　佛蘭西、和蘭、白耳義、瑞典、那威、瑞西、北米合衆國、南米共和國

(三)、任命主義の上院を有する國。　伊太利、葡萄牙、土耳其。

大體に於て以上の如く分類したるも是等の諸國に於ても固より全然其の一の主義にのみ據るものに非すして、同時に他の主義の混交するものあるは勿論なり、只主たる構成分子を基礎として斯く分類したるに過きす。故に世襲主義と同時に任命主義を採る國あり、又選擧主義を基礎としつつ任命主義を併用する國もあり。例へは英吉利、匈牙利の上院の如きは、其の主要部分は世襲主義の議員なれとも、之と同時に又互選に基く議員、官職に伴ふ議員若くは任命に係る議員あり。又丁抹、露西亞の如きは任命主義と選擧主義とを併用し、西班牙の如きは世襲主義と任命主義とを併用し、又白耳義上院の如きは殆と其の全部は選擧に依りて成りしものなれとも、別に皇族は上院議員たる特權を有するか

如き例外あり而して是等の主義の中何れか最も能く上院の性質に適合するものなりやは、理論を以て之を決することを得す。要するに其の國の議員制度の沿革と歴史に基くものと云ふの外なきなり。然れとも近時各國に於て起れる上院改革論の主要なる爭點は、其の組織に在て存し。其の構成分子を如何に適當に按排するやにあるものの如く、現に英國近時の上院改革論の如きも亦主として此の點に就て議論を鬪はしつつあり。故に上院組織の問題に付ては深く研究を要することなりと思ふ。以下各國に於ける上院組織を具體的に說述せん。

(一)、英國。　英國の上院組織は左の如し。

(一)、皇　族　四人
(二)、普通貴族《チンボラル》　五四八人
(三)、宗教貴族《スピリチユラル》　二六人
(イ)、大僧正《アーチビショップ》　二人
(ロ)、僧正《ビショップ》　二四人
(四)、蘇格蘭代表貴族　一六人
(五)、愛爾蘭代表貴族　二八人
(六)、司法議員 Lords of Appeal in Ordinary　五人

計六百二十七人

英國上院の組織は、主として世襲主義に依るものにして、公侯伯子男の爵を有する貴族は當然上院議員たるものにして、卽ち其の血統家格に依りて議員たるものなり。前記上院議員の大部分は此の範疇に屬するものにして、其の資格は家格に基くものとす。唯宗教貴族以下の十有餘名か、僅かに其の例外たるに過きす。宗教貴族は其の職務上の資格を以て議員たるものにして卽ち二人の大僧正《アーチビショップ》及ひ倫敦、ダーハム、ウインチエスターの僧正《ビショップ》其の他十一人の上席《セニヨル》僧正之に當るものとす。愛爾蘭貴族は同族中より二十八人を互選し、其の任期は終身なり。蘇格蘭貴族も亦同しく同族中より互選するものにして、其の任期は一國會々期にして毎會期に改選するものとす。世襲議員に就ては、英國上院改革論者の極力非難する所にして、現に今日之を改正せんとするの議あり。其の詳細は後に述ふる所あらん。

(二)、墺太利。　墺太利の上院組織左の如し。

(一)、成年に達したる皇族。
(二)、土地領有者たる貴族にして世襲議員に勅任せられたる者。
(三)、公爵大僧正。
(四)、公爵僧正。

(五)、普通の大僧正。

(六)、國家又は教會に勳功あり、又は學術技藝に優秀なるか爲めに勅任せられたる終身議員。

最後の勅任議員は、百五十八以上百七十八以下たるを要し、此の制限內に於て終身議員を任命することは君主の自由たり、君主は、政府案通過の必要上此の權を行使し、多數の勅選議員を任命したること屢々あり。

(三)、匈牙利。　匈牙利の上院組織左の如し。

(一)、國內に土地を有する成年の皇族。

(二)、特定の財產上の資格を有する世襲貴族。

(三)、羅馬加特力敎及希臘敎其の他の高僧。

(四)、君主の任命に係る終身議員。

(五)、官職に伴ふ議員。

(イ)、Royal Curia の總裁。

(ロ)、行政裁判所長官。

(ハ)、ブタペストの「ロイヤル、テーブル」總裁。

(ニ)、フユーム縣長官。

(六)クロアチヤ、スラボニアより選出せられたる三人の代表者。

(四)、普魯西。普魯西の上院組織左の如し。

(一)、成年の皇族。

(二)、世襲議員。

(イ)「ホーヘンツオーレルン、ヘヒゲン」家及び「ホーヘンツオーレルン、ジグマリンゲン、」家の首長

(ロ)舊時主權を有したるも、今は普國に併合せられたる家の首長。

(ハ)一八四七年議會に召集せられたる貴族の後裔。

(ニ)其の他勅命に依りて上院に列席したる者の子孫。

(三)、君主の任命に係る終身議員。

(イ)大地主。

(ロ)九大學及四十三大都市の推薦に係る代表者。

(ハ)君主の任意に命する勅選議員。

(四)、普國の四大官職にある者。

皇族を除き、他の上院議員は三十歳以上たるを要す。又勅選議員には其の定數なく君主の自由に

一任す。
(五)、、、西班牙。西班牙の上院組織左の如し。
(一)、一定の資格に依りて議員たる者。
(イ)國王及ひ皇太子の王子にして成年に達したる者。
(ロ)不動産より生する六萬「ペゼタス」の年收を有する貴族。
(ハ)陸海軍將官。
(ニ)大僧官。
(ホ)内閣議長。
(ヘ)大審院長。
(ト)會計檢査院長。
(チ)陸海軍高等會議々長。
(二)、國王の任命に係る終身議員。
(三)、法律の指定したる團體及多額納稅者の選擧に係る議員。
以上の議員中(一)及(二)の議員は併せて百八十人を超ゆることを得す(三)は其の定員百八十人とす。勅選議員及ひ選擧に依りて議員たるへきものは、國務大臣、僧官、陸海軍將校、大使、公使、國立專門學校長、大學教授、三任期以上若くは八會期以上繼續就職したる下院議員、二年以來二萬「ベゼタス」の年收を有し若くは四千「ベゼタス」の直接國税を納付するものたることを要す。

(六)、伊太利。伊太利の上院議員は、皇族を除くの外は、世襲議員なく、凡て皆君主の任命に係る終身議員なり。而して其の定員には制限なし。其の勅選せらるへきものは、大僧正及僧正、三任期若くは六箇年以上勤續就職したる下院議員。大使、司法官、陸海軍高等官、國立學會の委員國家に勳功ありたる者、又は三年以來引續き三千「リールノ」地租又は營業税を納むる者たることを要す。

伊太利に於ては、上院議員に定員なく、國王は何時にても自由に議員を勅任し得るを以て、政府案に對して上院の反對ありたる場合には、急に勅選議員を增加し、政府黨を濫造すること往々あり。現に一八八六年には、一時に四十一人、一八九二年には四十二人、一八九五年には八十五人を增加したる實例あり。

(七)、葡萄牙。葡萄牙の上院議員左の如し。

(一)、皇族。

(二)、リスボンの「パトリアーチ」王國内にある大僧正及僧正。

(三)、勅選議員。

從來は世襲の貴族議員ありたるも、一八八五年の憲法改正に依りて廢止せられたり。只改正憲法實施の當時議員たりしもの、及其の當時存在せる相續人は、其の終身間尙ほ議員たるの特權を保有せしめたるを以て、今日猶ほ此の種の世襲議員あるも、將來は世襲議員は全然消滅するものとす。又一八八五年の憲法に於ては選擧に依る五十人の議員ありたるも、一八八六年に廢止せられたり。故に今日に於ては葡萄牙の上院議員は皇族及び僧官が當然に議員たるの外は凡て勅選に依る終身議員（九十人）のみなり。

（八）、露西亞。露西亞の立法議會は、最近に制定せられたる憲法（一九〇六年）に依りて創設せられたるものなり。同國の上院は、一部は君主の任命に係る議員と、一部は選擧に依る議員とを以て成る。但し勅選議員は、選擧議員に超ゆることを得す。

選擧に依りて出る議員は左の如し。

(イ)希臘教正統派《オルソドツクス》僧侶より選出する者六人。
(ロ)各州會より選出する者各一人。
(ハ)貴族團體より選出する者一八人。
(ニ)帝國大學及學士會院より選出する者六人。
(ホ)商業會議所其の他商人團體より選出する者一二人。

選擧は間接選擧にして、前記五階級より出る各別の選擧委員に依りて行はるゝものとす。

選擧に依る議員の任期は九年にして各階級の三分の一は三年毎に改選す。

(九)、土耳其。土耳其の上院議長及議員は、凡て君主の任命に係る者にして世襲議員選擧議員、官職に伴ふ議員等一人もなく、全然任命主義の上院なり。只近時上院議員の三分の一は選擧に依る議員と爲さんとの議あるも、未た實行を見るに至らす。其の議員たるへき者は年齢四十歳以上にして國家に勳功ありたるか、又は一般に信用あるものたることを要すとし、主として國務大臣、總督、大使、僧官、陸海軍の高等將官の中より之を任命す。其の數は下院議員の三分の一を超ゆることを得す。

以上は主として世襲主義及任命主義に基く上院の組織なるか、次に選擧主義に基く諸國の上院組織を略述せん。

(一)、佛蘭西。一八七五年の憲法に於ては、三百人の議員中七十五人は、國民會議(Assemblés nationales)に於て之を選任し、其の任期は終身と爲すの制を採りしか、一八八四年の憲法改正に依りて之を廢止し、今日に於ては下院と同しく全然選擧主義を採用するに至れり。唯下院は普通選擧なるも、上院は制限選擧たるの差あるのみ。上院議員の選擧は各縣に於ける。

(一)、縣選出の下院議員。

(二)、縣會議員。

(三)、郡會議員。

(四)、市町村より選擧せられたる代議員。より成る選擧委員會に於て之を選擧す。其の被選資格は、佛國公民にして年齢四十歳以上たることを要す。任期は九年にして、三年毎に其の三分の一を改選す各縣より選出すへき議員數は其の人口に依りて之を定む。即ちセィヌ縣十人ノール縣八人、其の地の縣は二人乃至五人とす、又、ベルフォールアルゼリアノ三縣及ひマルチニツク、グアデルーブ、レユニオン、及佛領印度の殖民地より各一人の上院議員を選出す。

(二)、白耳義。白耳義の上院も、大體に於て選擧主義なるも只皇族を上院に列せしむるの點に於て他の選擧上院制の國と異るのみ、上院議員に直接選擧に依るものと間接選擧に依るものとの二あり。即ち

(イ)各州の人口を標準として直接選擧に依りて選擧せらるる議員。一八九三年の憲法改正に依りて、此の種類に屬する議員の數は、下院議員の半數たるへきものとすとの制限を附したり。

(ロ)各州會に依りて選出せらるゝ議員。各州に於て選擧すへき定數次の如し。

(一)、人口五十萬以下の州二人。

(二)、人口五十萬乃至百萬迄の州三人。

(三)、人口百萬以上の州四人。

議員の任期は八年にして、四年毎に其の半數を改選す議員たるへきものは、年齡四十歲以上たることを要し、直接選擧に依りて選擧せらるゝ議員は、公民權を有し、且つ少くとも直接國稅年額一千二百法《フラン》を納め、又は年收一萬二千法《フラン》上ある土地を所有することを要す。皇族は十八歲に達する時は、當然上院議員と爲り、二十五歲に達すれは議決權を有す。

白耳義の上院は、下院と同しく解散せらるゝものとす。

(三)、瑞典。瑞典の立法議會は一八六六年に至るまでは、四個の等族を代表する四院制を採用したりしか、同年の憲法改正に依りて二院制と爲れり。同國の上院は百五十人の議員より成り、凡て選擧に依るものとす。選擧は間接選擧にして、各州の州會及大都會に在りては市會之を選擧す。

議員の被選資格は、年齡三十五歲以上にして選擧前少もく三年間引續き二萬二千弗の價格ある納稅財産を有するか、若くは少くも一千百弗以上の年收あるものたることを要す。其の任期は十年なり、

(四)、那威。は普通に一院制の國と稱せらるゝも、同國の議會は必らすしも單純なる一院制にあらす。同國の議會は之を Storthing と謂ひ、Lagthing 及ひ Odelsthing の二院に分る。一八一四年の憲法(七十三條)に依れは Storthing は總選擧後の第一通常議會に於て其の議員中より四分の一を互選し、之を以て Lgthing を組織すへしとあり。而して殘餘の四分の三の議員より成れる議會を Odelsthing と謂ふ。此の二院は各別に集會し、各別に議決するものとす。故に前者は上院にして、後者は下

院と見られさるにあらす。唯普通の二院制と異なる所は兩院の議員の選擧は各別に行はるゝにあらす共通の選擧に依るものにして、即ち Storthing の議員として選擧を行ふにあり。只選擧後に於て便宜二院に分れて集會し議決するに過きす。此の點より見れは恰も一院制の如き觀あり。世人か那威を以て一院制國の範疇に入るゝは是れか爲めなり。されと其の選擧後に於ては二者各別に集會し、各別に議決を爲すを以て、實際に於ては二院制の活動を爲すものと云はさる可からす。要するに同國の議會は他國に類例なき制度なれとも何れかと云へは二院制の實用を爲し居るか故に、二院制國中に入るゝを以て至當ならんかと思はる。

(五)、丁抹。丁抹の上院議員は六十六人なり。內十二人は勅選に係る終身議員にして、其の他は凡て選擧に依る議員とす。而して選擧に依る議員中七人は、首都コッペンハーゲンより、他の四十七人は郡部の選擧區より選出せらる。其の選擧は比例代表法に據る。選擧に依る議員は下院議員たる資格あるものゝ中より之を選擧し、其の任期は八年とし、四年毎に半數を改選す。勅選議員は現在の又は前の下院議員たるものゝ中より之を選任す。

(六)、和蘭。和蘭の上院議員は、凡て選擧に依りて出るものにして、各別の多額納稅者の中より州會之を選擧す。其の數は五十人なり任期は九年にして三年毎に三分の一を改選す。

以上は普通に單一國と稱せらるゝ國の上院制度なるか。此以外に獨逸帝國、瑞西聯邦、及北米合衆國の如き、所謂聯邦國と稱せらるゝ國に於ても、下院の外に上院に相當する議會あり。此議會は單一國に於ける上院とは稍其の趣を異にし、必すしも下院に對する上院と云ふことを得さるか如きも此等諸國に於ても、單一國に於けると同しく、法律案は一院の議決のみを以て效力を生せす、更に他院の協贊を要するか故に、二院制と稱するを妨けす。以下此等諸國の第二院に就て述ふる所あらん。

（一）、獨逸帝國。獨逸帝國憲法（第五條）に依れは帝國の立法權は聯邦參事院（Bundesrath）及帝國議會（Reichstag）に依りて行使せらる。法律を制定するには此の兩者の議決を經るを要すとあり。故に帝國議會は下院に比すへく聯邦參事院は上院に該當すと云ふを妨けす。帝國議會は國民の普通選擧に依りて出る議員を以て組織せらるゝ議決機關たるを以て他國の下院と等しきものなれとも、聯邦參事院は。國民の選擧に依る議員を以て組織せらるゝものにあらすして、各聯邦國の代表者を以て成る團體なるを以て、單一國に於ける上院とは稍々其の性質を異にするやの感あり。元來聯邦參事院は、各聯邦國を代表する組織の下に設けられたるものなるか故に、學者に依りては、獨逸の聯邦參事院は人民を代表する議會に非すして、各聯邦國を代表する使節の會議體なりと云ふものあり。聯邦參事院の議員は、各聯邦の君主に依りて任命せらるゝものにして、其の命令に依りて行動するものなり、随て其の議決の如きも、議員各個人の意志に依りて投票するに非すして、各其の聯邦國君主の訓令に基きて投票するものなり。故に其の投票は個人的投票にあらすして連帶的投票なり、例へは聯邦中普魯西の議員は十七人あるも、十七人の個人的投票權あるにあらすして、十七個の投票數を示すものなり。卽ち連帶的投票權なり。而して會議の如きも一定の會期なく、繼續的に開會せられ、且つ公開にあらすして祕密會なり。又其の議員は、下院たるへき帝國議會に出席して、各代表國の意見を開陳し、又說明し得るなり。故に聯邦參事院は、立法院と云ふよりは、寧ろ行政會議體なりと見られさるにあらす、學者か聯邦參事院を眼中に置かす、單に帝國議會のみを立法議會と爲し、獨逸の議會は一院制度なりと說くものあるは之か爲めなり。(Demombynes の說)。又獨逸聯邦參事院の性質は其の代表者を通して各聯邦國の主權者の集と見るを至當とすと云ふものあるも之に外ならさるなり。(Lowell の說)乍併立法に關して兩院の協贊を要すとの憲法上の成文より之を見れは、單に帝國議會の議決のみにて法律の制定せらるゝものにあらすして、更らに他の會議體卽ち聯邦參事院の協贊を要するものなるか故に、獨逸帝國の立法議會は一院制に非すして二院制なりと論するを至當なりと思ふ。

聯邦參事院は五十八人の議員を以て組織せらる而して其の議員は聯邦國にありては君主の任命に係り、自由市にありては立法府に依りて選任せらる。其の議員數は普魯西十七人バイエルン六人ザクセン、ヴエルテンベルヒ各四人、バーデン、ヘツセ各三人、メクレンブルグシユベーレンブスンスウイツク各二人其の他の聯邦國及自由市各一人とす。佛國より割讓したるエルサス、ロートリンゲンは一八七九年以來四人の議員を選出することゝなりたるも議決權を有せす。聯邦參事院の議決は其の聯邦國の表代者の數に依りて之を決す。換言すれは各聯邦國は其の代表者の數に均しき投票權を有するものとす。是れ普通の議會の決議と大に異る所なり。

（二）、北米合衆國。北米合衆國の聯邦組織も略々獨逸帝國に等しく、其の上院とも稱すへき Senate は、米國各州の代表議員を以て組織し、其の議員は從來は各州の立法府に於て選任したるを以て、上院の議員は國民の代表者にあらすして、各州の代表者たるの觀ある點に於ては獨逸の聯邦參事院と其の趣を同ふす。然るに近時各州立法府選任の制を改めて、人民の直接公選に依ることゝせり。（一九一三年五月の憲法改正）。故に今日に於ては北米合衆國の「セネート」は純然たる公選上院たるに至りたり。合衆國の「セネート」は州の大小を問はす各州より二人つゝを選擧す。而して州の數四十四なるを以て、其の議員數は八十八人なり。議員たるへき者は年齡三十歲以上たることを要し、任期は六年にして二年每に三分の一を改選す。

（三）、瑞西。瑞西も亦聯邦國にして、聯邦議會（Bundesversammlung）は Nationalrath 及ひ Ständerath より成る。而して前者は下院に相當し、後者は上院と見らるへきものなり。Ständerath は獨逸の聯邦參事院又は米國の「セネート」と相類似す。只瑞西の Ständerth は獨逸の聯邦參事院の如く其の支分國たる各聯邦國を代表し、國民を代表するものにあらすとの點に就ては多少疑なきにあらさるも、大體に於ては獨逸に於けると同しく、各支分國を代表すと論結するを至當なりとす。Ständerath は各「カントン」より選出する二人つゝの議員を以て組織す。「カントン」の數は二十二なるを以て、其の議員數は四十四人なり。其の選擧の方法資格、任期、被代表國との關係等は各「カントン」の定むる所に一任するを以て必らしも一定せす。其の議員は其の所屬國の訓令に依りて行動するにあらすして、自己の意見に依り投票するの點は獨逸の聯邦參事院と異る所なり。

我邦の上院卽ち貴族院の組織は(一)成年に達したる皇族。(二)公侯爵(世襲議員。)(三)伯子男爵の互選議員。(四)國家に勳勞あり又は學識ある者より勅任したる終身議員。(五)多額納稅議員より成る(貴族院令第一條)。卽ち世襲主義、互選主義、任命主義を併用するの制度なり。而して(三)(四)(五)には夫々定員あり、殊に勅任終身議員は百二十五人を超ゆることを得すとの規定あるに依り伊太利、墺太利等に於けるか如く、君主の任命權を濫用して政府黨の急造を行ふことを得す。只公侯爵を授けて世襲議員を增加することは爲し得られさるにあらすと雖も、斯かる事例は決して行はるへきことにあらさるを確信して疑はす。我貴族院の組織に關しても種々の議論あり。曰く公侯爵の世襲議員を廢して伯子男爵と等しく互選議員たらしむへし。曰く勅選議員に任期を附すへし。曰く多額納稅議員を廢すへし。曰く伯子男爵の互選規則を改正すへし。其の他種々の說なきに非すと雖も、是等の問題は現時の實際問題に關係するのみならす、其の利弊は長き經驗に鑑み愼重に講究を要すへきことゝ信するを以て、今玆に之を議論することを避け、之を他日に讓らんと欲す。

二　上院議員の數

下院議員の數は、多くは人口を標準とし、若くは土地の區域を基礎として之を定むるを常とすれとも、上院議員に關しては、必らすしも斯かる標準に據ることを得す。選擧主義を採用する國に於ては、人口を標準とするものなきにあらすと雖も、世襲主義を採る國に於ては、必らすしも一定の標準なく、又任命主義を採る國に於ては、時に其の制限を附することあるも、國に依りては、全然制限なくして、君主の自由に一任する所あり。故に上院に關しては一定の標準を以て其の議員數を定むることを得さるなり。

英國の上院は世界の立憲諸國に於て最大の上院と稱せらるゝものなり、其の最大と云ふは議員數の最も多きことを意味す。即ち現今英國上院の議員數は、六百二十七人にして、斯かる多數の議員を有する上院は、世界各國中他に類例を見さる所なり。匈牙利及伊太利の上院は英國に次ての大上院なりと稱せらるゝも、共に約四百人内外に過きす。其の他西班牙の三百六十人、佛蘭西の三百人、普魯西の約三百人、墺太利の二百六十六人瑞典百五十人の如きは、英國上院の半數以下に過きす、其の他の諸國の上院議員の數は多くは百人以下にして、固より英國に比すへくにもあらす。即ち北米合衆國の八十八人、丁抹の六十六人、瑞西の四十四人、和蘭の五十人、加奈陀の八十七人、濠洲の三十六人の如き是れなり。

我邦の貴族院は此の點に於ては稍々大上院たるの觀あり。卽ち英吉利匈牙利に次くの大上院にして現在に於て其の數三百七十五人を有す。上院議員數の多寡も亦上院改革論者の一論題と爲り居れり。英國に於ては、議員數を減し、世襲議員の制を廢し、議員たるへきものの資格を限定し以て鞏固にして有力なる上院を組織せんとするの議あり。其の議に依れは、凡そ四百に近き數を以てするを適當なりと云ふにあり。是れ亦上院の組織に就ては大に研究すへき問題なりとす。

三　上院對下院の關係

上下兩院の制度及其の權限は、元英國の特殊の沿革及歷史より出てたるものにして、決して理論に依りて生したるものに非す。而して各國の上院は、何れも英國の制に模倣したるに過きさるか故に、單純に理論を以て之を論すること能はす。又上下兩院の關係及其の權限も國の歷史に依り、又時代に依りて種々の變遷ありたるか、古き沿革は之を他日の講究に讓り、玆には單に現時の制度に就て述ふる所あらん。

英　國

英國上院の權限は之を司法《ジュディシアツー》上の權限と、立法《レジステチーブ》上の權限とに分つことを得へし。英國上院の司法上の權限は、英國立法議會の創設的沿革に其の淵源を有するものにして、元のノルマン時代の Curia Regis 及ひ Concilium Commune Regis より傳來したるものなり。當初其の裁判權には、始審と終審とあり始審裁判所としては、重罪及叛逆罪に關して其の同僚を裁判するの權を有し、又下院の提議に依り彈劾を審査するの權を有したり。其の後普通の刑事事件は普通裁判所に移り、下院議員を審判することは上院の權限内に屬せすとの議起り、又内閣員の政治上の責任は下院に於て彈劾すへきものなりとの政治上の主張より、上院の始審裁判權は、今日に於ては殆んと歷史的遺物たるに止まり、最早實行することなきに至れり。唯終審裁判所としての權限は今日猶ほ之を保持す。而して上院か司法裁判所としての權限を行使するには、其の議員中に法律に精通したるものなかるへからさるは勿論なるか、或は時代に於ては、議員中に一人の法律家もなく、爲めに世人をして上院か果して司法裁判所としての任務を完全に遂行し得るや否やの疑ひを抱かしめたることあり。アースキン、メーの言に依れは、革命後數年間は上院に一人の法律家もなく、其の後ソーマース卿上院に入りたるか、卿は實に上院中唯一の法律家なりき。ジョージ第二世及第三世の時代に於て、ハードウィツク卿マンスフキールド卿サーロー卿エルドン卿か寂しけに議場に於て控訴事件を審理し、其の背後に、二人の啞にして無學なる貴族か、上院の凡ての智識を代表して列席したることを見たりとのことなり。(註二)斯かる狀況なりしかは遂に世論に動かされて、一八五六年に至りて、司法裁判所として上院の威力を增さんか爲めに、法律の智識ある終身議員を上院に入ることとなれり。一八七五年には始めて、法律を以て上院の控訴院たることを確認し、同時に二人（後に四人）の法律家の終身議員を任命するの制度を設けたり。是れ英國上院議員中の司法議員（Lords of Appeal in Ordinary）と稱せらるるものなり。而して上院が裁判權を行使するは、立法權の行使と同しく、投票に依りて決するものにして、法律家たらさる議員も同しく議決に加はるへき筈なるも、實際に於ては、普通議員は之に加はらす、專門家の意見に一任するものの如し。

（註二）Erskine May-Constitutional History,(i. 291.)

英國上院の司法裁判所としての權限を行使することは、今日人の皆知る所にして敢て怪むものなしと雖も、元來立法院たるへき議會か司法裁判所の職務を行ふは全く違例にして、英國特殊の沿革に基くものなり。是れ實に英國憲法政治の趣味ある變現象と云はさる可からす。

立法權に關しては、上下兩院の權限の平等なることは、英國憲法上の原則とする所なれとも、是れ唯原則たるに止り、實際に於ては下院の權限上院に超越し、殊に財政法案に關しては、下院が優勝の地位を有し、上院は單に大體に於て下院の決議したる案を拒否するか、又は承認するかの外なく、之を修正し、又は自ら提案するの權限なし。特に近時に至りては、之を拒否するの權すら漸次に制限せられ、金錢法案（Money bill）に關しては議會閉會前一ヶ月前に下院より上院に廻付せられたる時は、上院が之を可決することなきも、國王の裁可を經て直ちに法律と爲るへく、又金錢以外の事項に關する法案に關しては三會期間引續き下院を通過したる時は、上院之を否決するも、國王の裁可を經て法律と爲るへしとの法律の制定せられたることは、近時英國政治上の現象として人の皆知る所なり。玆に注意すへきことは、立法權に關し單に上院の權限の縮少せられたるのみならす、下院の權限も同樣に縮少せらるるの傾向あること是れなり。卽ち提案權か漸次に議會より內閣に移り、議會は單に內閣の提案に對して之を論評するに過きすして、自己の提案に係るものは、殆んと絶無たらんとするの趨勢あり。英國の政治を論評したるシドネー、ロウ曰く、『英國の議會は最早立法院に非すして、單に內閣の提議したる議案を討議するの器械に過きす、』と（註三）又英國の議員ヒユー、ゼシルは曾て下院に於て演說して曰く『吾人は議員の權利の侵害なる語を聞きしことあるか眞に其の然るを見る。近時政權下院より內閣に移りつつあるは決して否認するを得さる事實なり。今日に於ては、議會は全く其の權威と名聲とを失ひたる機關にして、より善き機關たる內閣か、より惡き機關の權利を蠶食するも、國家としては何等痛痒を感せさるなり』と（註四）。是れ實に一般國民の感想にして、世人は氏の言を評して決して誇張の言に非すと云へり。而して此の事たる單に政論家の批評的空言に非すして、實際の事實の之を證明するものあり。現に十九世紀の後半より、政府案に對する議會の修正は、年々に減少し、議會は殆んと政府案を鵜呑みにするか如き傾向ある。是れ實に數字の示す所なり。卽ち一八五一年乃至一八六六年に於て、政府案に對し修正のありたることは四十五件にして、一八七四年乃至一八七八年に於ては一の修正もなく、一八九四年乃至一九三年には僅かに二件ありしに過きす。（註五）此の現象は議會に對して政府の權限の擴大せることを示すものにして、上下兩院共に其の權能を縮少せられたるの徵證と見ることを得へし。此の現象は議會政治の健全なる發達と見るへきか、將た又其の退歩を意味するものなりやは、深く研究を要することなるへきも、英國に於ては、單に上院の權限か下院に移りたるのみならす、下院の權限亦內閣に移りたるのと云ふことを得へし、マリオットの如きは、之を評して『世人は下院の上院に對する優勝の地位を獲得したることを說くも、是れ下院か內閣の調進《サーブ》したる立法《レジスチーブ・ディッシュ》の皿を先づ最初に嘗むるに過きす』との冷評を下し居れり。（註六）之を要するに、大體に於て、議會の權限か漸次に縮少しつつあるは一般の趨勢なりと云はさるへからす。

（註三）　Sidney Low-Governanc of England p.p. 75-6

（註四）　quoted Low. Governance of England p' 79.

（註五）　Government of England vol IC.XVII.

（註六）　J. A. R. Mariot-Second Chambers p. 50.

英國に於ける上下兩院の鬪爭衝突は、決して今日に始まれるに非すして、遠き古へより屢々繰返されたることは、一度同國の憲法史を繙くものゝ能く知る所なり。元來上下兩院の權限は平等なるを原則とすれとも、國王に對して財政上の供給を爲すこと、卽ち國民に租税を課することを議するは、下院の特權に屬すへきものにして、上院は單に之を拒否するか、承認するかの外なく、之を修正し、又は別に提案を爲すことは上院の權限に屬せすとの慣例は漸次に認めらるゝに至れり。一六六一年ウェストミンスターの道路の修繕費に關する法案は、實に上下兩院の金錢法案に關する上下兩院爭議の起源にして、其の後一六七一年及一六七八年に於ても亦同樣の爭ありたるか、一六七八年には『下院は國王に對する總ての費用を供給することは下院の特權なり、故に斯かる議案は必らす下院に於て先議すへく、其の特權は上院に依りて變更せらるへきに非さること』を決議せり。此の決議は英國憲法史上に於て著名なる決議にして、實に近世に於ける金錢法案に對する下院の優勝の地位を定むるの根源たり。而して上院は、斯かる決議に對し、固より無條件にて之に屈服すへきに非すとし、同年上院に於ても、法案の修正に關する權限は、疑もなく上院の世襲的權利なり、此の權利拋棄することは吾人の忍ふ能はさる所なりとの決議を爲したるか、結局下院に讓歩せり。其の結果として、上院の財政法案に對して協贊するの權あることは論なきも、下院の可決したる法案を修正し、又は之を變更することを得す、但し之を拒絶することは自由なりとの原則を確立するに至れり。而して此の原則の適用に關しても種々の議論起れり。卽ち或る特定の租税案は修正變更することを得すとするも、一般の財政計畫案の如きも、亦其の中に包含せらるゝや否やの問題を惹起せり。然るに一六六〇年乃至一九七九年間に於て、下院は上院に對して獲たる勝利に乘し、益々其の權限を擴張し上院をして無勢力の權關たらしめんとし、所謂「タッキング」(Taking)の方法を發明せり。「タッキング」とは、一の法案に他の法案を附加し、之を以て不可分的法案と爲し、以て上院に臨まんとするにあり。卽ち租稅案に關しては、上院は之に容喙することを得す、全部之を承認するか、若くは之を拒絕するかの外なく、其の中間に於ける修正の權能なきの慣例確立したるに乘し、更に之を擴張し否寧ろ之を利用して、租稅法案に他の法案を附加し、之を不可分的一案と爲し、後者に對しても亦上院の修正權を否認せんとするにあり而して是れ實に下院か一六九二年及一七〇〇年に於て試みたる計畫なりとす。夫の有名なる歷史家マコーレーの如きは、下院の此の陰險なる手段に憤慨して左の言を爲せり。曰く

『斯くして吾人は憲法上與へられたる立法權に對する上下兩院平等の特權は奪はれんとす。吾人は今や反對し、修正し、說明を要求するの權能をも失ふに至れり。一度下院に於て決定したる法案に關し、上院に於て異議ありと認むる時は、彼等は之を財政法案と結ひ付くるの手段を執らんとす。斯くの如くんは、吾人は恰かも箝口せられたると等しく、之に對して何等容喙することを得す、若し之を變更せんとすれは、彼等は國民の代表者たる下院の神聖なる特權を侵害したりとして之を攻擊せんとす。吾人は之に對して只全部を拒絕するか、又は承認するかの外なく、然かも全部を否認す

る時は、國家に必要なる凡ての事業を停止するに至り、危險之より大なるはなし。故に終局は口を緘し、手を拱きて下院の爲す所に默從する外なきなり。されと吾人は古への宗教會議（Convocation）に過きさる無能無勢力の機關たらんよりも、寧ろ此の危險を冒すの已むなきを感するなりと。（註七）

（註七）Macaulay-History of England. pp. 338-9

又夫の冷靜にして穩健なりと稱せられたる、ハラムすらも之を以て憲法を紛更し、上下兩院の平等權を無視せる最も恐るへき企畫なりとの評言を下せり。（註八）此の如く識者は之を批難し、上院議員中にも之を憤慨せるもの尠からさりしか、當時上院は下院と鬪爭するの非なるを悟り、之を承認し、次の如き決議を記錄に留むるを以て滿足するの已むなかりしなり。

『財政法案に全く關係なき法案を財政法案た附加することは、實に非立憲にして憲法を破壞するものなり』と。（一七〇二年十二月九日決議）

（註八）Hallam-Constitutional History III. 142

斯の如くにして、上院の權限は漸次縮少せられたるか、蓋し上院の缺點とする所は、其の決議の效力か內閣の死命を制すること能はさるにあり。シーレーの言を藉りて言へは『上院ば政府の製造機關（Government-making organ）たらさる』に在り。ソールスベリー卿の如きも、此の點に就ては、上院の權限の縮少せらるゝの已むを得さることを歎し、一八九四年サー、ウヰリヤム、ハーコートの提出したる財政法案に對して左の言を爲せり。曰く

『吾人は財政法案を否決することを得す何となれは吾人は政府を更迭せしむるの權能なきか故なり政府を存續すしめ、而かも其の政策を行ふに必要なる手段を奪去することは實に重大なる憲法上の危機を生するものなり』

斯くして上院の財政法案に關する權限は漸次に縮少せられ遂に近時に至りて全然其の議決權を無視せらるゝか如き狀態に至りしことは前述したる所なり。然れとも此の趨勢は必すしも永遠に繼續すへしとも思はれす。何とれは國民の尙ほ上院に信賴する所決して少からさるものあれはなり。世人の評する所に依れは、上院の決議は黨議に拘束せられす、中正不偏なる所あり。是れ上院の重きを爲す所以なり。下院に於ては政黨の力極めて強く其の決議は黨議に依りて支配せられ、議案の運命は議論の正否よりは、黨員の頭數に依りて豫め之を卜知することを得るなり。然るに上院に於ては斯かる他動的の拘束力少なく、其の勝敗の決を豫め事前に知るか如きことなし。故に國防問題、外交問題、殖民地問題の如き黨派問題に關せさる案件は上院の適正なる判斷に俟たさるへからす、此の點に就ては、上院は、下院の妄動輕擧を牽制する絕好の機關たり。故に縱令上院は政府を動かし、又は之を製造するの力なしと雖も國民一般の眼より見れは眞に信賴すへき眞面目なる機關なりと。

想ふに此の如きは、冷靜にして着實なる英國民の上院に對する感想にして、上院は下院の種々なる計畫に依りて其の權限を縮少せられ、今日に於ては全く無勢力の機關たるか如き觀あるも此の現象は必らすしも永遠に繼續すへきに非す、上院を廢止せんとする議の如きは、單に一時的の奇激の聲に止まり識者の一顧をも値せさるものなり。

佛國

佛國の上院は立法權の外に尙ほ種々の權限を有す卽ち左の如し。

(一)下院と共同して大統領を選擧す。
(二)大統領の叛逆罪に對して下院之を彈劾し上院之を審判す。
(三)宣戰に關しては上下兩院の同意を要す。
(四)平和通商條約は上下兩院の議決を經ることを要す。
(五)下院の解散には上院の同意あることを要す。
(六)大統領及國務大臣に對する下院の彈劾に關して上院之を審判す。
(七)國事犯に關しては上院は高等法院と爲り之を裁判す。(註九)

(註九) 一八八九年にブーランジエー、ロツシユフオール及デイロンを審判し、一八九九年に國民黨の騷擾事件を審判せり。

（八）立法權

立法權に關しては、上下兩院同一の權限を有するも、只財政法案に就ては其の先議權は下院に屬す。但し上院は之を修正し又は否認するの權を有す。此の點に關しては英國に於けると同しく上下兩院間に常に紛爭あり。一八七五年の憲法制定の翌年に於て豫算修正に對する上院の權限に關し爭議起り、ガムベッタは上院の權限を否認せんとしたるか、當時の內閣議長たりしジュール、シモンは之に反對し『此の點に關し上下兩院は平等の權限を有すものなり、兩院間に意見の一致を求めんとするには兩者の妥協《コムプロミス》に依るの外なく、而して若し妥協行はれさる時は之を救濟する憲法上の手段としては下院を解散するの外なし』と論結せり。其の後一八八二年にガムベッタは再ひ憲法を改正して上院の權限を制限せんと試みたるも、古參の上院議員たるワロンの反對に逢ひ不成功に了りたり。又一八八四年にはジュール、フェリーは同一の目的を以て提案を爲したるも是れ亦上院の反對に依りて破れたり。其の後一九〇四年一月十二日の會議に於て前記の上院議員ワロンは財政法案に關して上下兩院の權限の平等なることを主張したるか、格別の反對もなかりき。又一九〇六年には Millies Lacroix は上院は下院の議決したる豫算其の他財政法案を審査し監督するの權あることを主張したりか、佛國多數の公法家も此の主張を是認したり。即ち具體的に之を云へは下院に於て豫算全部を否決したるときは是れ政府の不信任を意味するを以て、問題と爲るの餘地なきも單に其の一部を否決し又は削減したる場合には、政府は更らに、之を上院に廻付し、其の復活を求むることを得。而して上院は下院の議決したる數字を變更することを得へし。現に一九〇六年の議會に於て此の點に關し上下兩院間に意見一致せす、爲めに豫算は四月十三日及十四日の兩日に渉り、終日終夜討議され議案か六、七回もブールボン宮（下院）とルクサムブール宮（上院）を往復したる事實あり。而して此の時には結局兩院協定し下院は上院の修正を認めたり、（註一〇）

註一〇）此の時の問題はパナマ運河會社に關する件なりき。

此の如く佛國に於ても英國に於けると同しく上下兩院間に於ける權限の爭鬪は絕へす行はれつゝあるか、英國に於ては上院の勢力漸次降下し、下院の蠶食する所となるに反して、佛國に於て寧ろ上院の權威增加し、世間の信頼を博するの趨向あるか如し。佛國の憲法に依れは國務大臣は上下兩院に對し政府の一般政策に關し連帶して責任を負ふとあるも、政府の議會に對する責任は下院に對してのみにして、上院に對して責任なしとは普通政論家の唱ふる所なり。

然るに上院の決議に對して內閣の引責辭職したることは實例の示す所なり。卽ち一八九〇年三月十五日に上院か希臘との條約を否決したるに對して、チラール內閣は辭職し、一八九六年四月二十日に上院の內閣不信任決議に依りてブースジョア內閣は崩壞の止むを得さるに至れり。但し此の時には內閣は上院の不信任決議に對しては辭職すへきものにあらすとの說を主張し、依然其の地位を維持せんとしたるか、其の翌日上院は更らにマダガスカルに出兵するの費用を否決したるを以て、內閣は遂に其の職を辭するの止むなきに至れり。又一八七九年、一八九七年、一八九九年、一九〇〇年、一九〇五年には時の內閣は上院の信任決議に訴へたるの實例あり。其の當時の內閣員の一人たるイーヴ、ギヨー曰く『吾人は今日に於ては上院の內閣不信任決議の威力を疑はず、上院の反對に逢ひなから、之に逆つて內閣を維持することは全然不可能なり』と。以て如何に上院の政府に對する權威あるかを知るに足るへく實に佛國の上院はシーレーの所謂內閣製造機關たるの實力を有するものと謂ふへし。

英國に於ては、下院の勢力上院を壓し、上院は僅かに形式的に再審院たるの餘喘を保つに過きさる近時の趨勢なるに反して、民主々義の旺盛なる佛國に於て上院の勢力か斯くも强盛なるは寧ろ奇異の感なくんはあらす。抑も是れ何に原因するか近時佛國の上下兩院の權能に關し研究を試むる政論家中には之を以て一は上院の人物の下院の夫れに優れるにありとなし、一は下院議員の無責任なることゝ不眞面目なることに歸すと唱ふるものあり。佛國の選擧法は下院議員の選擧は普通選擧なるに反し上院議員の選擧は制限選擧なり。隨て上院議員には相當の年齡に達し、經驗ある穩健圓熟せる思想を有するもの多し。元來立憲政治國に於ては內閣を組織する閣員の多數は下院議員中より出つるを常とするも、佛國に於ては之に反し上院議員か多數を占むるの實況なり。現在五百九十一人の下院議員中現に閣員の印綬を帶ひ、又は嘗て帶ひたるものを算するに、僅かに二十四人にして、即ち四割弱なり。

然るに三百人の上院議員中には三十三人の前閣員及現閣員ありて、即ち十割强なり。加之是等の閣員又は閣員たりし者其の他政治界に於て名聲と信用を有する者はプールボン宮（下院）よりルクサムブール宮（上院）に移らんことを希望する者多く、又實際政界の名士は下院を去て上院に入るの實況なり斯くて上院は益々人格あり識見あり思慮あり、經險ある人物を網羅するに反して、下院は斯かる人物を失ふの傾向あり。其の結果下院の勢力漸次降下して上院に壓せらるる狀勢を呈するに至れるものの如し。佛國に於ける上下兩院の人物論に關しては獨り同國の兩院議員間に於て上院優勝論を唱ふるものあるのみならす同國の政論家及外國の學者中にも之を認むるものあり。（註一一）

上下兩院議員の人物論は之を別とし又其の議員中に現大臣及前大臣の多きと寡きとを以て兩院人物の優劣を判定せんとするは、必らすしも正鵠を得たる評論にあらすと思はるるも、佛國下院議員の無責任なることと、其の不眞面目なりとの批評は或は當れるやの感なき能はす。下院議員は其の選擧に際しては、多數の選擧民に訴へて其の選擧を爭はさる可からさるを以て、候補者は多衆の人氣に投することに努めさる可からす。隨て選擧を爭ふものは選擧民の好感を惹き其の同情を得るか如き題目を提けて、多數の投票を集むるに汲々たることは勢ひ免かる可からす。其の結果一たひ當選して議員と爲るも。其の一擧一動は常に選擧民のために支配せられ、其の感情を損せさらんことにのみ汲々として、國家の大策を畫するよりは、寧ろ選擧區地方の利益を計らんとするか如き風あり。彼等は選擧區民より其の地方々々に利益ある事業の提案と決議を要求せられ、而かも之が爲めに負擔を増加することは絶對に彼等の喜はさる所なるを以て、之か財源としては何人にも苦痛を與へさるを税目を發見せさる可からす。是れ實に無理なる註文にして殆んと實行し得られさることなり。而かも後等は斯かる無理なる註文に應し實行し得られさることを主張せさる可からす。何となれは自己の爲めに投票を爲したる選擧民の意向に反抗することは彼等の最も苦痛とする所なれはなり、故に地方問題を提案して選擧民の歡心を買ひ、之に滿足を與ふるの策に出つるの外なく、隨て其の實行し得らるると否とを問はす、單に人氣に投するの議論や提案を爲すの止むを得さるに至るなり。彼等は其の案の極めて危險にして、而かも容易に實行し得られさるものたることは、心中に於ては百も承知のことなれとも、只對選擧の關係上止むを得す之を爲すなり。彼等決して之を知らさるにあらす。而かも知つて尚ほ之を爲すの外なきなり。其の非なることを忠言論議する人に對して彼等の辯明する所に曰く『これは何にもならす。決して重きを置く可からす。上院かとうかするてあらう』(It doesn't mean anything; don't attach any importance to it. The senate will arrange all that)と是れ實に下院議員の心中に語る所なり。『上院かとうかするてあらう』とは下院議員の常套語なりとは、實に彼等の無責任と不眞面目とを證明するものにあらすして何そ。下院の權威降下し上院の壓する所となる蓋し亦故なきにあらす。佛國政論家中には下院の此の狀態を評して『下院は今や立法院にあらす法律を提案するにあらすして單に空漠たる議決を爲すの一集合體に過きす、而して其の跡始末を爲し、必要なる場合には其の決議を葬り去るの義務を上院に委するものにして、卽ち下院は自己の權利を上院に讓與するものなり』と痛論するものすらあり。選擧民亦下院議員の此の心理狀態を知らさるにあらす。曰く『下院議員は危險にして而かも實行し得られさることを約するものにして實に恐るへき手品師《ジヨトカー》なり』と。此の如く下院は自己の責任を重んせす、之を他に嫁して顧みさるか如き狀態なるを以て、國民か下院に重きを置かす、上院に信頼するの結果を來たし爲めに上院をして下院の指導者たるの勢を生するに至れる、蓋し止むを得さるなり。而かも上院亦必らすしも常に下院の決議に對して『とうかするものにあらす』時によりては下院の決議に盲從することあり。蓋し下院は普通選擧に依りて出る議員を以て成るものなるに、上院は制限選擧に依りて出るものなるか故に、下院の決議に反對するは國民と鬪ふの感なき能はす。隨て上院は國民の反抗非難を受くることを避けんとするの怯懦なる思想に驅られて、心ならすも下院の決議に屈從することあり。其の結果國家に不利益なる法律の兩院を通過すること往々あり。佛國の心ある政治家中には之を痛嘆して左の如き結論を下すものあり。(Yves Guyot の論文)(註一二)

(一)下院議員の選擧法は下院の構成を薄弱ならしむ。

(二)下院は自ら立法院としての本分を抛擲し、其の責任を逃れ、以て其の過誤を矯正し之を監督するの義務を上院に委し、爲めに上院をして指導者たらしめ、其の權威を増大ならしむ。

(三)上院は普通選擧に依りて成る下院と相爭ふの不利なることを恐れ自ら非なりと認むる法案に對して强硬に之を拒否することに躊躇し、下院の議決に盲從することあり。

(四)國民をして下院の決議は何等の價値なく何等の權威なく『上院は之に對してとうかするであらう』との空想を抱かしめ、其の結果大なる危險を來たすものなり。

(五)下院の責任轉嫁は憲法の豫期せさる所にして、爲めに國民道德上に腐敗を生するものなり。

以上佛國の上下兩院の關係に就て述へたる所は佛國諸學者の著書論文を閲讀し其の論述する所の要旨を揭けたるものなるか、以て佛國議會狀態の一端を窺知するに足るへく、且上下兩院の職責權限に關しては他山の石として吾人の大に參考に資する所あるへきを信す。殊に嘗ては國務大臣と爲り、代議士と爲り、政論記者として佛國政界に名を知らるゝ Yves-Guyot の評論の如き特に興味に律々たるものあるを覺ゆるなり。(註一二)

(註一一) L. Lowell-Governments. and Forties in Continental Eneope

(註一二) Leon Lugiy et Henrie Monnier-Constitution et Lois politiques de la France depnis 1789.
Barh et Robiquet constitution de 1875.
Engéne Piere-Traite de Droitparlementaire Esmein-Elément de Droit constitutional francais,
Leon Dugny-manuel de Droit constitutionel francuis.

Yves-Guyot—The relation between the French senate and chamber of Deputies, The Contemporary Review vol.,
XCVII Feb. 1910.

獨逸帝國

獨逸帝國の立法議會の上院として見るへき聯邦參事院の性質並に其の組織は先きに述へたる所にして單一國の上院と大に其の趣を異にするは云ふまでもなし。隨て其の權限も亦單一國の上院と同しからす。其の下院たるへき帝國議會《ライヒスターグ》は其の權限極めて制限せられ他の諸國の下院に於て見るか如き權能なく、發案權は聯邦參事院に屬し、凡ての議案(財政法案も亦同し)は聯邦參事院の提議する所にして帝國議會は提案を審議評論するに過きす。而して帝國議會にて可決したる法案は更らに聯邦參事院に廻付し、其の同意を經て皇帝の裁可を奏請し、始めて法律とし公布せらるゝものとす。

此の如く獨逸下院の權限は大に上院に劣り下院は單に上院(寧ろ政府)の提案を論評し、若くは其の諮問に應するの機關たるに過きす。下院の政府に對する不信任決議の如き憲法の認むる所にあらとすとし、政府は一顧の價値なきものとし之に對して何等痛痒を感せさることは人の皆知る所、又實例の之を示す所なり。(註一三)

(註一三) 一九一三年「ツアーベルン」事件に關し帝國議會の内閣不信任決議に對し帝國宰相ベートマン、ホルウエツヒは内閣大臣は皇帝の任命に係るものなるを以て議會の決議に依りて進退すへきものにあらさることを明言し、何等の措置を採らさりしことは最近の事實として人の知る所なり。又一九〇八年「デイリー、テレグラフ」事件に關し時の宰相ビューロー公の採りたる態度も亦同一なりき。

聯邦參事院の權限の主要なるものを擧れは左の如し。

(一)宣戰、條約の締結帝國議會の解散に付ては聯邦參事院の協贊を要す。

(二)各聯邦に對し憲法上の義務を强制す。

(三)聯邦間の爭議の決定を爲す。

(四)帝國と各聯邦との間に起る聯邦國法の解釋決定權を有す。

(五)各聯邦の裁判所に對し控訴院たるの權限を有す。

北米合衆國

北米合衆國の「セネート」は獨逸の聯邦參事院と同しく其の權限廣汎なり。其の主要なるもの左の如し。

(一)下院の政府彈劾に對し上院之を審判す。

(二)大使、高等裁判所の裁判官、其の他の高等官吏に對する大統領の任命を承認すること。

(三)條約を承認すること。

以上の決議は出席議員三分の二以上の多數決を以てすることを要す。

（四）財政法案の先議權及發案權は下院に屬するも、上院は之を修正し又は否決することを得。土下兩院の間に意志一致せさるときは兩院議長の指名したる兩院協議委員の議に附するものとす。兩院協議委員の間に成立したる成案は兩院に依りて可決せらるるを常とす。兩院に於て同一の形式を以て可決せらるるに非されは、大統領の裁可を受くることを得す。兩院に於て三分の二以上の多數に依りて可決せられたるときは大統領の裁可なくして法律と爲るものとす。

以上は歐米の重なる立憲國の上院の權限に關して述へたる所なるか其の他の諸國に關しては今一々之を述ふることを略し以下主として財政法案に關する上院の權限並に下院との衝突に對する調和方法に付き數言を費さん。

財政法案に關しては下院に先議權若くは提案權ありとするの制度を採用する國最も多し。卽ち普魯西、墺太利、西班牙、伊太利、葡萄牙、和蘭丁抹、那威、土耳古の如き是なり。上院は下院の決議に對しては大體に於て之を承認するか又は拒絕するかの外なく之に對して修正の權なしとする國あり。例へは普魯西、和蘭、那威等是なり。上下兩院全然平等の權限を有すとする國あり。露西亞、瑞西聯邦の如き是なり。凡ての法律案、豫算案共に同時に兩院に提出すへしとする國あり、瑞典の如き是なり。又上下兩院共に發案權なく單に建議を爲し得るに止まるものと爲す國あり、土耳其の如き是なり。而して同國に於ては建議か兩院を通過したるときは政府は其の建議に基き法律案を起草し、先つ下院に之を提出し下院之を可決したるときは、之を上院に廻送するものとす。但し政府に對する財政監督の權は下院に專屬するものとす。

上下兩院間の意見の一致を缺き、衝突の生したる場合に之を調和するの手段として兩院より選定したる協議委員の議に附するを以て普通の方法なりとす。丁抹、伊太利、墺太利の如き是れなり。兩院の聯合會議《ジヨイントモツシヨン》を開き其の多數決に依りて之を決することあり。例へは葡萄牙に於ては上下兩院の意見一致せさるときは兩院より同數の委員を選擧し、其の委員會の多數決に依りて之を決し、可否同數なるときは兩院の聯合會議の方法を採る。瑞典に於ては必らすしも聯合會議を開かす、各院別々に決議し、兩院投票數を計算して其の多數なるものを以て議會の意思として決定することあり。普魯西に於ては豫算に關し兩院の意見を異にする場合には、其の兩院の決議したる少額を數字を以て議會の決議と看做すことあり。那威の上下兩院の組織の特殊なることは前述したる如くなるか、先議權及發案權は凡て下院と看括さるへき Odelsthing に屬し上院と見らるへき Lagthing は單に前者の決議したる案を承認するか否認するかの二途あるに過きす。而して後者に於て之を否認したるときは其の理由を付して之を前者に返送するものとす。而して前者は之に對しては後者の決議したる案を否決するか又は可決するか、若くは修正して之を後者に再送す後者は此の再送案を其の儘に承認するときは法案は玆に成立するも若し再ひ之を否決するときは、兩者を併合したる Storthing の集會を開き、其の三分の二以上の多數に依りて之を決するものとす。又君主は議會の可決したる案を拒否するの權を有するも、三回期間引續き、而かも何等の修正なくして通過したる法案は君主の裁可なくして法律と爲るものとす。

我邦の憲法に於ては上下兩院の權限は豫算を衆議院に於て先議すること（憲法第六十五條）の外に其の他に、何等の等差なく全然平等なりとす。且つ豫算先議のことも憲法上に於ては何等の意義なきか如く、下院の決議したる豫算を上院にて於否決し又は修正する等全然其の自由にして一般法律案に於けると何等異る所なし、但し。此の點に關しては明治二十五年第三回議會に於て疑議の生したることありたるも、當時上院議長の上奏に對し

『憲法上豫算に對する貴族院及衆議院の協贊權は我帝國憲法第六十五條に依り衆議院は貴族院に先ちて政府より豫算案の提出を承くるの外兩院の間に軒輊する所なき者なり故に後議の議院は前議の議院に對し何等羈束せらるゝことなく隨て前議の議院に於て削除せる款項を存留するは素より後議の議院の修正内に屬すへきものとす但し後議の議院は前議の議院に對し議院法の命する所に依り同意を求むるを以て唯一の手續とするのみ』

との樞密顧問の議決を御採納あらせられ上院の上奏に對して御裁答あらせられたるを以て今日に於て

は豫算審査に關して上下兩院の全然平等の地位にあることは一點疑のなき所なり。而して兩院の意見衝突したるときは兩院の選擧したる協議委員に附するの外、他に何等の方法なく、然かも兩院協議委員に於て決定したる成案に對し、兩院々議に於て之を承認せさるときは他に之を救濟するの途なく、豫算案も法律案も共に不成立に歸すへきものとす。

四　上院の任務と二院制の效用

以上述へたる所に依りて之を觀れは現代の立憲諸國に於ては單一國たると聯邦國たるとを問はす、君主政體たると共和政體たるとを論せす、又成文憲法國たると不文憲法國たるとに係らす、僅少の小國を除くの外は、凡て二院制を採用せるものたることを知るを得へし。但し其の二院制は凡ての時代を通して行はれたるにはあらすして或る時代には三院制たることあり、又は一院制を試みたる時代もあり、又或は國に依りては四院制を採用したることもあり。英國に於ても其の始めは貴族、僧侶、及一般の代表議員各別に會合したることあり、又十七世期の中葉チャールス第一世を斷頭臺上に送りたる革命擾亂時代に於ては所謂『長期議會《ロングパリーアメント》』か上院を廢止するの法律を可決公布し一時一院制を行ひたることもありき。

又佛國に於ては一七八九年の革命までは其の議會は三院制とも見らるへく「卽ち三の等族を代表し

たる國體か各別に集合し議決したりしなり。一七九一年の憲法制定に際しては一院制と二院制の利害に關し、種々の議論ありたる末、終局一院論勝を制して一院制を採用したり。一七九五年には更に二院制と爲り、Conseil des Cinque Cents 及ひ Conseil des Anciens を以て組織し前者は發案權を有し、後者は單に拒否權を有するものとせり。其の後第一共和政治第二月の所謂「コンソル」憲法に於ては三院制を採用し、議會は(一)八十人ノ Sebat (二)百人の Tribunat (三)三百人の Corp Législatif より成るものとせり。其の後再ひ帝政時代と爲り、更らに第二共和時代と爲り。數度の憲法改正ありたるか、時に或は一院制を採り時に或は二院制と爲りたるも終局一八七五年の現行憲法(一八八四年に多少の修正を行ひたり)に於て二院制を確定し以て今日に至れり瑞典に於ては一八六六年までは四階級の身分を代表する四院制の立法議會を有りしたりしか、同年の憲法改正に依りて二院制を採用することゝなれり。北米合衆國に於ては、一七八一年フランクリンの唱導の下に一院制を採用したるか、僅かに數年にして之を廢し、一七八七年に二院制を實行し、以て今日に至れり。

此の如く諸國に於ては一院制を試みたることあり、又三院制、四院制を行ひたることあるか、多くは未た政治知識の發達せさる時代なるか、又は政治上社會上の紛亂革命ありたる時代のことに屬し、今日に於ては殆んと凡て二院制を採用するに至れり。而して今日に於ても時に尙ほ政治家學者中に一院制を主唱するものなきにあらすと雖も、政治の實際現象としては決して實現せらるゝの趨勢に至らす、却て反對に二院制を以て現代に於て考へ得らるへき最良の制度なりと爲すものゝ如し。

二院制は前述したる如く英國特殊の沿革歷史に基き發達したるものに係り、他の諸國の制度は多くは之に模倣したるに過きすして、理論上の根據としては特記すへきものなしと雖も數百年來施行したる實績に顧みれは。蓋し之を必要とし若くは正當とする理由なきにしもあらす。殊に近時各國に於ける政治上の實際の狀況に鑑みて、特に其の然るを見るなり。

元來議會制度は國民をして國家の政務に參與せしむるにありて、之を以て君主專權の弊を防かんとするにあるや云ふまてもなし。而して之か爲めに國民の選擧に依りて出る議員を以て議會を組織し國民の利害に最も重大の關係ある法律の制定、租稅の賦課、豫算の審査に參與せしむ、議會存在の理由は全く之に外ならさるなり。乍併如何なる制度如何なる方法に依る選擧と雖も、絕對に又眞正に國民の意志を議會に反映せしめ。之を代表せしむるは實際に於て難事たり。何となれは國民の代表者として選擧せらるゝ者は國民の何百萬若くは何十萬の一たるに過きす、又議員の意見態度常に必すしも全然國民の意思を代表するものにあらす。固より國民の意思と云ふか如き頗る空漠たるものにして的確に之を表明すへき方法手段なきを以て、何か國民の意志なるや、議員の意見態度か何れの點に於て國民の意志と相反背するかを證明することは不可能なりと雖も、時に依りては議會の議決か愼重なる審議考慮に出てたるにあらすして、或は感情により、或は黨爭によるの結果と見られさることなきにしもあらす。現に前述したる佛國下院の狀態の如き能く此の間の消息を傳へ、議會生活の實際の心情を描出して餘りあるにあらすや。是に於てか更らに愼重に冷靜に審査熟慮するの機關の必要を生するなり。殊に議院內閣政治に於ては下院に多數を占むるの政黨は入て內閣を組織する慣例なるを以て、政府と下院の多數黨と相結合し、相提携し、共同の動作に出るを常とす。政府の意見は下院多數黨之を容れ、下院多數黨の議は政府之に聽き、兩者相倚り相助けて國政を料理するを以て、兩者互に聯盟して固く結合し然かも他に之を控制するもののなきに於ては『吾と君と握手せは天下の事何物か爲し得られさるはなし』の實況を現出するに至る『一院の多數か常に其の勝利を占ることの確實なるに至り、然かも他に之を控制するものなきに於ては、其の專恣横暴に陷るや免かる可からす』とのジョンスチユーアト、ミルの言亦眞理なきにあらす。乍併余は必らすしも徒らに多數決議の有害たることを論するものにあらす、又政府と一院多數黨との結合の鞏固を嫉視するものにあらす、何となれは是れ議會制度當然の結果にして又議院政治の特徵之に在て存することを認むれはなり。只其の多數の決議か深思熟慮の末に出てたるにあらすして、或は感情の爲め。或は黨爭の結果輕擧妄動に出てたるに於て其の非なることを見るなり換言すれは其の決議か眞正に國民の意思を代表し、國家の利益を計るに出てたるに非ることを憂ふるものなり、政黨政治に於ては政黨訓練の必要なることは固よりなりと雖も其の結果節制度に過ぎ、結束嚴に失し、若くは反對黨に對する黨略上の驅引より急遽事を決し、單に頭數の威力を以て他を壓せんとするの傾向なきにあらす。随て議場は愼重審議せす。討論終結を濫用し多數の壓制と横暴を以て事を決せんとすること決して少きにあらす。是れ獨り我邦に於て見る現象たるのみならす歐米の立憲諸國に於ても亦其の然るを見るなり。殊に立憲政治の模範國と稱揚せらる英國に於ても近時此の趨勢流行し、議場の討議は單に形式に過きすとし、討論の終結を急き所屬黨員の狩出と結束に重きを置き、之を以て場議の大勢を支配せんとするの實況あり。果して此の如き狀勢なりとせは之に對する矯正と防禦の必要あるは寧ろ當然にあらすや。英國人の所謂醉へるフヒリップより眞面目なるフヒリップに訴ふる（Appeal from Philip drunk to Philip sober）の必要あるにあらすや。下院にして醉へるフヒリップなりとせは茲に眞面目なるフヒリリップたるへき上院の必要は當然生するにあらすや。是に於てか上院は下院と同しく醉者たる可からす。醉者を介抱すへき地位にある眞面目なるものたらさる可からす。是れ實に上院の任務なり是れ實に二院制の效用なり。若し上院にして此の資格なきに於ては上院の存在の理由茲に消滅し上院無用論の聲の正當なることを認めさる可からさるに至る。而して上院か此の任務を全ふするに其の組織の完全を謀り、又其の權限の行使に愼重を期せさる可からす。上院の組織に關しては前述の如く世襲主義、任命主義、選擧主義等種々の制度ありと雖、上院は大體に於て下院並に政府と獨立し、公平に政府並に下院の行動を審査評論し政府の威力も之に加ふ可からす。急躁無謀なる輿論の聲も之を動かす可からさるの地位に在らさる可か

らす。乍併之と同時に上院は其の地位の鞏固なるを楯とし、又は政府と下院多數黨との聯盟結合を嫉視し、妄りに政府と下院に反抗し以て國政の進行を沮害するか如きことある可からす。是れ決して上院本然の任務にあらす。若し此の如くなれは是れ寧ろ下院と同しく感情に奔り黨爭の渦中に投するものにして等しく醉へる Philip たるなり。醉者相爭ふ國家の危險是れより大なるはなし。想ふに下院にして眞に國民を代表し穩健にして思慮ある人を以て成り、感情に奔らす、黨爭に動かされさる、完全にして理想的なる議會なりとせは、二院制を採るの必要なきなり。英國憲法學者バゼホットの『完全にして理想的なる下院ありとせは上院の存在は何等の價値なきなり、乍併少くも現代の下院に對しては之を再審監督すへき他の立法院か非常に有益なり』との言の至理なることを認めさる可からす。彼の言の如く斯かる理想的の下院は實際に於て望む可からす。又假令一時之ありとするも、永久に斯かる理想的下院あることを必す可からす。是に於てか更らに知識あり、經驗ある人を以て成る再審院の必要生するなり。之か爲めには上院は下院と全く異りたる組織を有することの必要なるや言を待たす。米國の政治家アレキサンダー、ハミルトンは『上院は經險あり、永き任期を有し、且つ國民の選擧に關しては比較的獨立なる地位を有する議員を以て之を組織することを要す』と云ひ。又英國の大學教授ヘンリー、シッグウィイックは『上院存在の目的は下院に對して再審者たらしめんとするにあるを以て下院とは其の性格を異にする若し出來得へくんは知識的資格に於て優り若くは補足すへき人を以て成る團體たるを要す』と云へるは能く此の主旨を言ひ顯はしたるものにして、上院の任務と其の組織の基礎を示したるものと云ふへし。

之を要するに立法議會を上下兩院に分ち二院制を設けたるは一院權力の片重片輕を調和し、一は以て他を制し、一院の專恣に流るゝの通弊を防き、以て立憲政治の美果を收めんとするに外ならす。故に下院の橫暴に陷るの不可なると同時に、亦上院の專恣に流るゝの不可なるや固より言を待たす。殊に立憲政治の精神は國民をして政治に參與せしめ國民多數の意志を重んして政治を行ふにあり。而して下院は國民の公選に依りて出る議員を以て成るものなるか故に下院の議決の尊重すへきは固よりなり。故に上院か下院の橫暴を名として徒らに之に反抗せんとするは大に不可なるを見る。只下院の行動決議の眞に國民の意志を代表するものにあらす、又假りに之を代表したるものと見るも是れ一時の無謀急激の聲に動かされたる結果にして眞に國家永遠の計にあらさることを認めたる場合に於て、始めて之に對して熟慮の餘地を與ふるの主旨に於て之を再考せしむるの手段に出つへきなり。デルビー卿の所謂『上院の任務は下院の粗暴急激の立法に對し健全なる障屛と爲り、國民の不注意の結果に對して國民を保護せんとするにあり』との言を忘る可からす。深思熟慮の結果發表したる輿論に反對するは決して上院の本旨にあらす。只下院の行動か國民の眞正の意志に副はす國家並に國民に對して回復すへからさる不利益を來たすと認めたる場合に於て之に再考の時期を與ふるか爲めに之を再審に付すへきのみ。故に若し下院の議決か眞に國民の聲に依りて後援せらるることを知らは上院は之に對して敬意を表し執拗なる反對を爲す可からす。殊に上院の組織は世襲議員終身議員を以て成り、其の地位極めて鞏固なり、又僅少の例外ある外は上院解散の制なく爲に背後に何等の監督者なく、政府並に國民も之に對して一指を染むる能はさるものなるを以て、若し上院か此の地位を利用して政府及ひ下院に對抗するに於ては、其の専恣權暴の恐るへき決して下院の比にあらす。上院たるもの深く自己の地位の安全にして鞏固なるに顧み、一層自省の念と公正の精神を發揮し、以て其の任務を盡し、二院制の效用を全ふすることに意を致ささる可からす。只徒らに政府の器械と爲り、之に盲從するの不可なりと同時に自己の獨立なる堅城に據り下院の多數に對抗し、其の議決を蔑視せんとするか如きは共に上院としての本分を全ふするものにあらす。英國上院か保守派政府の時代には常に之に聽從し、自由派政府の時代には之は反抗し、遂に上院をして國民の怨府たらしめ爲めに上院廢止論を提唱するに至らしめたるか如き、又伊太利上院か常に政府の與黨と爲り、政府の自由に操縦せらるる所と爲り爲めに上院無用論の聲を起さしめたるか如き共に深く吾人の考慮すへきことにして單に外國の事例なりとして輕々に看過すへきことにあらすと信す。

五　英國に於ける上院改革論

上院改革の議は多年英國に於て、識者の間に唱導せられたる所にして。殊に過激なるものは改革に止まらすして之を廢すへしとの說を爲すものあり。想ふに英國の上院は主として世襲貴族及終身貴族を以て構成せらるるか故に其の地位は極めに鞏固にして、政府は之に對し一指も染むる能はさるの狀況なり。上院は此の鞏固なる地位を楯とし十九世紀の後半並に今世紀の初めに於て下院の決議に反對し幾多重要の案を否決したるは人の皆知る所なり。而かも保守黨內閣の時代には羊の如く雌伏屈從し、自由黨內閣時代には狼の如く咆哮反噬したるか如き不公平なる動作ありたる事も識者の窃かに顰蹙する所なり。之を以て自由黨の名士其の他上院の態度に慊焉たる者は上院の此の狀勢に憤慨し上院廢止論を唱へ、又は其の權限縮少論を皷吹するものあるに至れり。サー、ムヰリアム、ハーコートノ如きは『上院は一階級而かも頗る狹隘にして我利的なる階級の利害の外何物をも代表せさるものなり。故に國民の力に依りて此の私黨の私話を破らさる可からす』と絕叫し又一九〇七年に議會に於てはヘンダーソンは『無責任なる團體たる上院は國家の利益に背反したる利害を代表するものに過きすして、實に國運の進步を妨くるものなるを以て之を廢せさる可からす』との動議を提出したることあり。殊に近時自由黨內閣の下に於て上院反對の結果として下院を解散したること屢々あり。而して選擧場裡に於て國民に對して上院の橫暴と無責任を訴へたるを以て上院非難の聲は深く國民の耳底に達し、爲めに『上院は改造に止まらす寧ろ之を廢すへし』(not to mend it, but to end it)とか、或は『貴族か國民か何れか勝を制すへきか』(Peers or Peoples ? who shall rule)の論題を提供し、著書に論文に頻りに之を論するものあるに至れり。乍併冷静にして徳ある者は『歴史を尊重することは英國民の特性なるを以て、光輝ある上院の歴史ある存在を打破するか如きは、我等の與せさる所、一院制を唱ふるものは恰かも價の知れさる眞珠を有するに異ならす』と冷評せり、(卽ち如何に貴重なる品と雖其の價不明なるを以て、實際には何等の價値なきものなりとの諷刺なり。)此の如く上院廢止論は一部の政客間には其の聲なきにあらすと雖、眞面目なる識者は之に耳を傾くるものなし、只上院改造論に付ては眞正に研究を試みんとするもの決して少からす。單に下院に於てのみならす、上院部内に於ても其の改革論者あることは事實にして現に上院に於て屢々其の改革案を提出し、最近には特別委員に附せられ上院を通過するに至れり。(註一四)

(註一四) 英國の上院改革問題に關しては小野塚博士の貴重なる論文あり。載せて「現代歐洲の憲政」にあり(同書一——八四頁)

上院改革論の要點を略記すれは左の數項に歸す。

(一)上院權限の制限

(二)上院の組織及構成の改造

(三)前二者の併合卽ち上院權限の制限と組織の變更

(四)「レフュレンダム」の如き新計畫の採用

上院改造論は下院並に上院內部に於ても屢々唱へられたる所なるも、未た之か實現を見るに至らす。而して其の改造論者にも自ら二派ありて一は下院殊に自由黨側の主張にして、上院の權限を縮少し以て下院の勢力を增さんとするにあり。一は上院內部の主張にして是れは必らすしも上院の權限の縮少にあらすして、寧ろ其の組織構成を變更し其の威力を增し以て實際有力なる機關たらしめんとするにあり。

以下上院改革に關する上院內部の意見、其の提案並に其の進行經過を略述せん。

一、君主の上院議員任命の制限

一八六九年にラッセル卿の提案したるものにして所謂一代貴族議員案（Life peerage Bill）と稱するもの卽ち是れなり、其の要旨は君主は二五八人の終身貴族議員を勅選することを得るも、一年內に四人以上を作ることを得すと云ふにあり。此の案はサリスベリー卿の贊成を得て二讀會を通過したるも、第三讀會に於て七六に對する一〇六の多數に依り否決せられたり。

二、上院の改造に關するローズベリー卿の提案

一八八四年にローズベリー卿は上院の威力を增加するの方法を研究せんために特別委員會設定の動議を提出したり。而して卿の主張する所の要點左の如し。

(一)上院に於ける定員の增加。
(二)法案の審査に關する上下兩院聯合委員の設定。
(三)上院議員中に教會、實業家、勞働者、學者、技藝家、殖民地代表者の追加。
(四)終身貴族議員制の擴張。

此の動議は三八に對する七七の多數に依り否決せられたり。乍併ローズベリー卿は此の否決に落膽せす、更らに一八八八年に上院改造に關する特別委員設定の動議を提出せり。其の改革案の要點左の如し。

(一)上院の改革に關しては上院の歷史的名稱及傳說を尊重すること。
(二)上院に議席を有せさる貴族の團體(蘇克蘭及愛爾蘭貴族を包含す)は代表議員を選擧し上院議員たらしむること。少數代表の必要なること。
(三)改造上院には縣會及大都市の市會並に下院の選出に係る貴族議員の多數を入るること。
(四)終身議員及官職議員(官職に伴ふ議員)は上院議員中の最も重要なる構成分子と爲すこと。
(五)以上各種の議員の定數は正確に之を定むること。
(六)大なる自治殖民地の代表者をして上院に列せしむること。
(七)上院の議員をして召集を承諾し又は拒絕するの自由を認むること。

（八）上院議員として召集を受けす又は召集を拒絶したるものは下院議員に選擧し得らるること。

ローズベリー卿は尙ほ此の外に上下兩院の意見の衝突したる場合には兩院聯合して會合し一定の多數決に依りて、其の問題と爲れる案を決定すへしのことを附加せり。

此の動議も再ひ否決せられたり。

此の如く上院の改革に關しては種々の提案ありたるもの一も成案と爲るに至らさりき。然るに漸く一九〇七年に至りニウトン卿の上院改革提出に引續きカウダー卿の特別委員設定の動議成立し茲に特別委員の設置を見るに至れり。此の特別委員會は、ローズベリー卿委員長の下に、カンターベーリー大僧正、ノルフオルク公、ベッドフオード公、デヴオンシヤイア公、ノルサムバーランド公、ランスダウン卿、カウダー卿、セルビー卿（前下院院長）ニウトン卿。カーゾン卿、リツトン卿、ハルスベリ卿等の諸名士を網羅したるか、委員會の改造案に關しては、ハルスベリー卿を除くの外、殆んと全會一致を以て可決せり、此の委員會の報告は、一九〇八年十二月に公表せられたるか、上院の領袖其の他の有力なる議員か上院の根本的改造を必要なりとし、殆んと全會一致を以て之を可決したるは前古未曾有のことにして實に英國上院史上に一紀元を開くものなりと論するものすらあり。委員會の報告は其の冒頭に於て此の案は新なる上院を造るとの意味にあらさることを極力辯解し、只憲法上上院の地位を維持するかため時勢の進運に伴ひ上院の威力を加ふるに必要なる改革を爲さんとするに外ならさることを前提として掲け同時に又皇族を除くの外、貴族なる身分を保有する當然の結果として、上院議員として議席を占めしむることは望ましからす、貴族としての身分と上院議員としての資格は全然別物なり議員としては上院に議席を有するも、單に貴族としては此の特權なしとのことを結論したり。是れ實に上院の一大變革とも見らるへく、世人の之を稱揭する蓋し故なきにあらす。而して其の世襲主義を廢し之を改革せんとするの理由として左の三點を擧けたり。

一、近年上院議員の數非常に增加したるも、立法院としての活動を全ふするには寧ろ減員か必要なり。

二、世襲議員中には議員としての職務を行ふに適せす、又自ら之を欲せさるものあり。只家格の關係上止むを得す、其の職に在るものあるを以て是等の者に對しては其の義務を免除すること必要なり。

三、議員中種々の理由に依りて立法院の議員としての責任を負はしむることの不便なるものなり。是等のものに對しては選擧の方法に依りて之を選擇すること か上院自身の利益の ため に必要なり。

即ち世襲主義を廢し、適任者を選拔して議席に列せしめ以て上院の威力を增さんとするに外ならす。而して之と同時に學識經驗ある人を網羅し上院をして實際に於て有力なるものたらしめんとすることか第二の改造理由なり。決議理由書に依れは、長き經驗の示す所に依れは立法院として充分なる效果を擧くるには政府に在て責任ある地位を有したるか、若くは其の他公生活に於て活動したる智識あり經險ある人士を上院議員として審議の任に當らしむることを必要とす。換言すれは上院議員たるへきものは一定の資格を定めんとするにあり。卽ち委員會の決議に依れは改造上院に於て議員たるへきものの左の如し。

(一)皇族。
(二)司法議員（Lords of APpeal in Ordinary)
(三)世襲貴族中より選出せらるへきもの(約二百人)
(四)一定の資格を有する世襲貴族。
(五)宗教議員。
(六)終身議員。

前說議員の中(一)、(二)は從來ある所のものにして之に對しては何等變更する所なし。(三)は從來の世襲主義を廢し選擧代表主義を採用したるものにして一大變革なりと云ふへし。乍併變革とは云へ從來蘇克蘭、愛爾蘭の貴族に關したる主義を一般貴族に擴張したるに過きす。卽ち一七〇七年の法律に依れは蘇克蘭貴族は各會期毎に十六人の議員を選擧して之を上院に送り、一八〇一年の法律に依れば愛爾蘭貴族は二十八人の代表議員を終身議員として上院に送りたり。乍作英蘭、蘇克蘭、愛爾蘭を統一したる聯合王國（United kingdom）の今日に於て、人口の比例上此の代表議員の數は其の當を失す（英蘭人口八、八九二、〇〇〇、愛爾蘭六、八〇〇、〇〇〇、蘇克蘭一、六〇〇、〇〇〇）。故に今日に於ては寧ろ此の三國の貴族を打て一團と爲し、其の全體を通して約二百人の議員を選出するの方法を採り、集積投票法、又は比例代表法に依りて蘇克蘭より五一人、愛蘭より二六人其の餘は英蘭貴族中より選擧することに改正したるなり。（四）の資格議員は改造案の主眼とする所の構成分子にして左記のものより選任すへきものとす。

（イ）内閣大臣。

（ロ）印度の太守加奈陀又は濠洲の總督、南亞の總督、愛爾蘭長官。

（ハ）下院議長。

（ニ）陸海軍々人行政官、外交官として高等の職務にありたる者。

（ホ）高等司法官、檢事總長たりし者。

又十年間下院議員たりし者又は二十年間世襲議員又は終身議員として議席を占めたる者は上院の終身議員たることを得。

（五）の宗教議員に關しては之を全然廢止せんとの議なきにあらさりしも、委員會は宗教議員は英國上院の往古よりの歴史的議員たることに顧み之を存することゝせり只其の數を減したるのみ。即ち二人の大僧正は其の職に在る間、他の僧正は各會期毎に八人の代表を選擧することゝしたり（現在の二十六人の宗教議員を減して十人と爲せり。）

（六）の終身議員に關しては一年に四人を任命することを得として其の中三人は前記の資格を有する者の中より任命することを要すとし、而して其の全數は四十人を超ゆることを得すとせり。

改造上院の構成分子は前述の如く、而して其の全定數は四百人を超ゆることを得すとしたり。之を分解すれは左の如し。

皇族	三人
世襲貴族の代表議員	二百人
資格議員	百三十人
宗教議員	十人
司法議員	五人
終身議員	四十人

世襲貴族は下院議員に選擧せらるゝことを得るや否やは重大なる討議問題たりしか、上下兩院の何れにも選擧せらるゝものとし、人心を動搖せしむることは公益に反すとの說、勝を制し終局上院に議

席を占めさる者、又其の選擧に關係せさる者又は上院議員としての資格を有せさる者は選擧區に關する制限なくして下院議員に選擧し得らるゝものと決せり。

選擧主義に依る議員（一般國民の選擧に依りて出る議員）を上院に入るへきや否やの問題に關しては議論ありて、委員會に於ても此の事は研究問題の一事項たりしか、終局之を採用せさることゝせり。

其の報告の一節に曰く

『上院をして世論の變化に觸接し之と調和せしむるかために、地方行政に經驗ある人士を國民の選擧に依りて選出し、之を上院に列せしむることを必要とするの議は、一部の委員より提出せられ、種々の方法と議論か交換せられたるか委員會は可否半數に分れたるを以て、終局此の議は消滅に期したり。』

尙ほ此の以外に上下兩院の意見の衝突の場合に關する問題も起り、此の場合は Referendum を採用すへしとの議論もありたるか、結局此のことは委員會の研究すへき範圍に屬せす、全然問題外なりとの理由の下に之を論究せさることゝせり。

以上は最近英國の上院に於て上院改革特別委員會の決定せる改革案の要旨なり。而して此の改革案か委員會を通過し、次て上院の議題に上るに至れるは以て上院の組織變更の必要を認むる英國政界の趨勢を知るに足るへし。而して是れ單に上院の意向に過きすと雖下院並に一般國民も亦上院の改革に對しては同上の希望を有する事實に徴すれは、遠からさる將來に於て其の實現を見るに至るや、蓋し疑を容れす。而して其の結果は委員會の豫期するか如く、果して上院の威力を增加するに至るへきか。又之がために下院との關係に如何なる權力の消長を來たすへきかは議政の局にある吾人としては深き興味を以て之を見んと欲す。而して是れ必らすしも遠き英國のことなりとして見るへきにあらす、我邦の上院制度にも少からさる有益なる參考資料たるの價値あるものたることを信して疑はさるなり。

上院對下院

「上院の多數か國王及ひ下院に反對し何等の制限なく其の權能を行ふときは憲法は玆に全く破壞せらるへし、此の場合には英國の政體は最早制限君主國《リミテッドモナーキー》にあらす、主權は國王及ひ上院下院とに存せすして只絕對に凡てを支配する上院に移らん――獨立したる寡頭政治《オリガーキー》たらんのみ」とは千八百三十二年五月十七日英國の議場に於て「グレー」伯の絕叫したる言なり、實に然り、上院の橫暴に對しては何れの國に於ても之を制禦するの途なく之か對策に苦しむ所なり、「グレー」伯の此の言は稍過激に失する所ありと雖亦眞理ありと云ふへし、抑も二院制を採用する國に於て上院と下院と互に杆格衝突することは往々見る所の現象にして甚た痛嘆に堪へさるなり、然れとも又翻て考ふるに若し上院と下院と意見常に一致し甲の決する所乙之に從ひ乙の提案は甲必らす之を容るゝか如きことあるときは、二院制は終局其の存在の必要を失ふに至らん、殊に政黨內閣制を採る國に於ては下院に多數を占むる政黨の首領が內閣を組織するを以て政府の提案は多くは下院の盲從する所なり、若し上院にして愼重に之を審議することなくんは政府と下院と相結んて專橫を行ひ立憲政治は結局多數黨の專制政治たるに了らん、此の場合に之を監視制限するは寔に上院の任務なり、二院制の必要實に茲に在て存す、然れとも又上院たる者其の任務を誤解し其の權能を濫用し政府と下院の結合を嫉視し故らに政府の政策と下院の議決に反對し常に相紛爭するときは、遂に政務を澁滯せしめ國家の進運を阻碍するに至らん故に上院の下院に盲從するの非なると同時に上院と下院と相反抗するも決して國家の祥事にあらす、兩院議政の局に在て國政を議する者奉公の公徳を恭とし虛心淡懷其の任務を盡すことを要す。

英國は議院政治の最も發達したる國にして各國の採て以て範とする所なり、而かも上院對下院の爭は常に絕へす其の權力に消長あるは英國憲法史上顯著なる事實なり、英國近世史を繙き之を閱するに、英國の立憲政體は「ウヰリアム」三世和蘭より入て皇位に卽き夫の有名なる Bill of Rights を承認したるによりて始めて完成したるものと云ふへし、而して千六百八十八年(Glorius Revolution の後「ウヰリアム」王か入て立憲國體を確立せしとき)より千八百三十二年(Reform Act の通過せしとき)まては上院全盛の時代にして政權全く貴族に歸し上院は下院を壓せり、蓋し貴族は各都市に領地を有せしな以て所謂 Pocket Borough の手段によりて下院を支配せしなり、然るに千八百三十二年に至り夫の Reform Act の通過によりて形勢一變し、政權下院に移り有名なる「コニングスビー」の著者「ビーコンスフヒールド」伯をして「下院は專權にして國家なり」(The House of commons is absolute, it is the State) なりとの語を發せしむるに至れり又英國憲法史の著者「ウォルター、バゼホット」は此の時の上院を評して「個人としては貴族は大國民なりと雖も議院としては衆合したる貴族は第二等院なり」と(as individuals the pears were the greatest peoples; as a House, the collected peers were but the second pouse. ——Bagehot, The English constitution P. 94) と云へり、又以て如何に上院の權力か下院に移りしかを知るに足らん、實に千八百三十二年の Reform Act か上院に一大打擊を與へたることは英國憲法史を繙くものゝ皆知了する所なり、故に同案の議會に顯はるゝや上院は極力之か否決に努め、下院は國民の聲援の下に之か通過に力を致し、前古未曾有の紛爭を惹起したり、而して結局下院の勝利に歸し遂に同案の通過を見るに至れり、此の改革案の通過以來上院は僅かに下院の立法の再審院たるか如き狀態となり發案權は殆んと下院の專有する所となれり、然るに近年に至り形勢再ひ一變するの狀勢を呈し上院は大に其の權力を回復せんとするに至れり、殊に昨年教育法案を上院に於て否決せしより上院と下院の軋轢一層激甚となり、上院改革論を唱ふるの聲漸く大となり、殊に甚しきは改革に止らす之を廢すへし(not to mend it, but to end it)との議を唱ふるものあるに至れり、蓋し世襲上院制を採る國に於て常に見るが如く英國上院には保守的元素多く進歩主義を有する下院とは性格相容れす、從て其の意見の相一致せさるは止むを得さる所なり、殊に英國上院の構成は皇族、大僧正、僧正、法官、世襲貴族等より成り、其の多くは保守主義を有するものなるを以て保守黨內閣のときは反抗を爲すことなかりしも、近年自由黨內閣となりし以來大に反抗の態度を取るに至れり、故に自由黨は上院の反對を保守主義思想の反影に歸し、而かも其の思想は世襲議員を有する上院には免かる可からさることなりとせり。

此の如く上院は主として世襲の貴族を以て議員となすか故に上院の地位は全く獨立にして少しも變動することなし、下院に在ては其の行動か政府の政策と反し國家の進運を害すと認むるときは國王は之を解散し國民の信任に訴ふるの手段あるも、上院に對しては何等斯かる方法なし、只萬止むを得さる場合に新貴族を作り議員の數を增すの非常手段あるのみ然れとも是れ非常の場合に稀に行ふ所の手段なり、故に上院はグレー伯の述へたる如く實に專制主權者にして國王竝に人民も之を如何ともする能はさるなり、下院の議員は選擧によりて成るものなれは若し其の決する所不法不當にして多數の壓制を行ふか如き事實あるときは信を國民に失ひ次期の選擧に於て當選を失ふの恐れあり、此の如く其背後には國民の監督者あるを以て多數なりとて橫暴を行ふこと能はす、且一定の期間に改選せらるるを以て永遠に其の權力を繼續することを得す、之に反し上院は世襲若くは終身議員たるを以て其の背後に何等の監視者なく且其の地位は堅固にして動かす可からさるを以て、恰かも池沼の死水の如く流通變轉することなし、此の死水の如き上院か何等の制限なく憲法上の權能を振り廻はすは實に恐るへきことにして、若し之を矯正する手段なくんは國政は遂に上院の任意に支配する所たらんのみ、上院改革論の發生する亦故なきにあらす殊に英國の上院は千六百八十八年以來今日に至るまて殆んと三百有餘年間何等の改革を行ひたることなく、十二世紀の上院と二十世紀の上院と何等異る所なし。

「英國の政治を腐敗せしむるものは上院なり」と自由黨の一員の絶叫したる亦一理ありと云ふへし、然れとも上院の上院たる眞價は夫れ或は玆にあらんか、國王又は政府の之を自由にすること能はす、一指たも之に觸るること能はさるは上院の上院たる所にあらさるか、若し上院の組織を改正し君主の擅に任免する議員を以て組織するか如きこととなさんか、上院は單に政府の一部局たるのみ、何そ上院の功能か之れあらん、上院の有力なるは其の獨立せる所にあり、國王又は政府の之を如何ともする能はさる點にあり、而して上院か專横を極め故らに下院と軋轢紛爭すといふは上院の制度其のものの罪にあらすして上院議員か自己の權能を濫用するの罪なり、自己の眞正の職責を解せさるの結果なり、然らは上院の職責とは何そ其の權限如何とは次に起るへき問題なり、這は極めて困難なる問題にして英國の學者政治家の研究を盡す所なり、千八百四十六年穀物輸入法案に反對せるに當り「デルビー」伯上院の地位竝に職權を論して曰く、

上院の憲法上の必要は下院の粗暴無謀の立法に對し健全なる障屏となり、國民の不注意の結果に對

し國民を保護するにあり、故に深思熟慮の結果發表したる輿論に反對するは上院の本旨にあらす、上院は常に斯る國民の輿論に從へり又將來と雖も必らす從はさる可からす只同復す可からさる害を生すへき急激の立法を制限するか其の任務たるのみ、

「リンドハースト」卿亦た曰く

下院の無謀粗暴急激不消化の立法を制限するは上院の重大なる任務なり、是れ選擧區民の輿論を變更するか爲めに再考の時期を與へんか爲めなり、若し下院の議決か國民の聲によりて援けらるることを知らは上院は之に對し執拗なる反對をなすへきにあらす。

又英國の憲法學者「ダイセー」曰く（Dicey's The Law of constitution P. 387—8）

上院は立法に關しては終局下院に讓らさる可からすとの原則は近世立憲道義學の確定したる原則なり、而して如何なる場合に上院は下院に讓るへしと云はは下院の決議か國民の眞正の意思を代表することの明瞭なる場合なりと答ふるの外なし。

と、以上の諸說は大體に於て正しとす、此の主旨に於て上院か下院に對するに於ては上院横暴の誹を受くることなく、又下院に盲從するの非難を免かるることを得へし、若し夫れ之れに反して上院の獨立を標榜し君主に解散の權なきを楯とし、故らに政府と下院とに反抗し、或は政黨政治の弊を矯正すと云ふに藉口し、或は大權の獨立を擁護すと云ふ辭柄の下に、其の權能を濫用するか如きあるとき

は、上院改革の議の發生する亦た止むを得さるなり、而して其の議獨り下院議員の間に止らす或は國民の聲となりて之を絕叫するものあるに至らん。

我か帝國議會の現狀の英國の夫れと相類する所あるや否や余は之を知らすと雖も、英國憲法史は採て以て參考とするの價値あらん、上下兩院互に相節制し政權爭奪の爲めに憲法上の權能を濫用することなくんは、庶幾くは立憲政體は軋轢紛爭の政體なりとの誹を免るることを得んか。（明治四一、二）

政黨政治に關する英國名士の評論

大正新御宇の劈頭に於て端なくも政局に紛爭を來たしたるは實に千秋の恨事なり。然れとも之を以て我邦政界の一進步なりと觀すれは必らすしも痛歎すへきにあらす。從來所謂超然內閣を標榜し、政黨政治を否認したる我邦一部の政治家も今や其の非を悟りたりと稱し、自ら政黨を創設せんとするに至りたるは、時運の趨勢とは云へ、豈に興味ある現象にあらすや。議會に於ける二大政黨の對立は所謂憲政濟美の極致なりと理想せる政治家は英國流の議會を艷羨し、之を以て我政界の模範とせんとするに非るか。何そ知らん近時英國に於ては政黨政治の弊を說き政黨有害論を唱へ、却て日本を以て模範とすへきことを論する政界の名士あり。我邦現時政界の狀勢に鑑み此の東西思潮の變遷に想到するときは轉た奇異の感なくんはあらす。英國政界の名士とは誰そ曰く嘗て首相の印綬を帶ひ英國政治界

に其の人ありと知られたるローズベリー卿是れなり。余は必らすしも卿の說に首肯するものにあらす、
又卿の說を是なりとして玆に之を紹介するものにあらすと雖、卿の言亦一片の敎訓たらすんはあらす。
依て玆に卿の言の二三を摘譯し識者の一粲に供せん。卿曰く、
日本は實に「ナショナルエッフヒシエンシー」の範とすへき國なり。之を學ふの國は實に幸福なり
と云ふへし。
日本人は國家と云ふことに對しては特種の信念を有し、殆んと宗敎となれるか如き狀態なり。『我國
なる觀念は吾人の神像なり、上皇帝陛下を始め下一般國民の多數は他の宗敎を有せす』とは日本人の
常に口にする所なり。
政治上に於ては英國々民は政黨と終始するものなり。吾人は絕えす吾人又は吾人の領袖を政府に入
れ、反對黨を政府より驅逐せんことに努力しつつあるなり。是れ必らすしも愛國心の缺乏より來れ
るものにあらすして、反對に數百年の慣習か吾人をして是れ則ち愛國心なりと信せしめたり。然れ
とも實際政黨は有害なり。政黨は必要止むを得さる害物なり。而かも其の害物たるや疑ひなし。而
して之を有害なりと考ふる者も尙ほ倫敦の霧と同樣に避く可からさるものとし、政黨なき場合に如
何にすへきやを考ふることを無益なりと信する程政黨は國民日常生活の一部分となれり。而かも政
黨の動作は「エッフヒシエンシー」を凋萎せしむるものなり。政黨政治は敬重すへき適材の多數を

用ふること能はさらしめ、適材を適所に置くにあらすして政黨の見地よりして最も選擧に適したるものを用ふるなり。而して是れ多くの場合に於て惡結果を來たすなり。

英國に於て政黨の勢力の凋衰しつつあるは事實なり。政黨政派の色別は益々不明瞭になり、黨派の目標は絕えす變化しつつあるは疑ひなき所なり。然れとも是れ必らすしも政黨の運命に影響を及ぼすものにあらす。政黨は一の形に於て滅することあるも又他の形に於て再ひ顯はるるに至る。日本に於ても幾多の政黨あらん。然れとも日本の政黨は Inefficiency に陷らすして他の方面に進みつつあり。

日本の政黨の爭は Efficiency の目的と獲物を得んことを期す。日本の政黨は明に Efficiency を目的とせる國民を代表するものなり。是れ我國と異る所なる。我內閣大臣は大なる熱心と精銳とを以て事に當ると雖、一たひ國會議場の討議に入るときは、其の熱心と精銳とは直ちに迷宮に隱るるなり。又如何なる精力を有するものも其の精力は地方地盤に於ける競爭に費消せらるるなり。

吾人は政黨主義の如何に拘らす、如何にして Efficiency を得るかの點に就ては日本に學はさるへからす。是れ實に日本か吾人に敎ふる所の最良の敎訓なり。

ロ卿の述ふる所此の如し卿は必らすしも能く我政界の現狀を了解するものにあらすして、其の言の溢美なるは實に汗顏に堪へさる所なり。然れとも卿の言は我國民の大に味はさる可からさる所なりとす。英國の政界の現狀に慊焉たる卿にして此の言あり。若し我政界の實狀を彼れに了解せしめんか。彼れ果して如何の言をかなす。今や我邦の政界は紛々擾々、實に憂國の士の愼重に考慮せさる可からさる所なり。英國を模範とせんとする我邦の政界か却て英人の學ふへき所なりとし、英國政界の名士の稱讃を博するは、豈に東西思想の興味ある、一大對照ならすとせんや。偶々最近英國雜誌を繙き。ロ卿の說を讀み深く感する所あり。茲に之を紹介す、亦以て他山の石たらさらんや。（大正二、三）

緊急勅令の廢止及ひ提出に關する實例と學說

緊急勅令の廢止及ひ提出に關しては我國專門學者の間に議論の存する所にして從來我政府の採り來りたる解釋に付きても或は之を是とし、或は之を非とし今日に至るまて未た一定する所なきか如し近來又新實例の發生に伴ひ此の問題に關し專攻家中に論爭する所あるを見る、而して其所說必らすしも余の持說と一致せす、專攻學者の所論に對し容喙するは禮を失するの嫌なきにあらすと雖余亦斯法解釋の局に當り又其の硏究に從事する者、此の問題に關し其の所說を開陳するは學事硏究者の義務たるを信す、專攻學者の說を批評論駁するの不遜を敢てするにあらす唯た同學者と共に斯法の眞理を硏究せんとするの微意に出つるのみ。

我政府は從來緊急勅令は議會の承諾前に於て緊急勅令を以て廢止し得るとの解釋を採り、旣に明治二十七年勅令第六十七號を以て同年勅令第三十四號を廢止し、明治二十九年勅令第三百六十八號を以て同年勅令第二百四號を廢止し明治三十二年勅令第三百七十六號を以て同年勅令第二百七十八號を廢止し、又最近に明治三十八年勅令第二百四十二號を以て同年勅令第二百五號同第二百六號を廢止したる事例あり、政府の此の解釋に關し。異說を唱ふるもの少からす。明治三十年第十回議會に於て衆議院議員小室重弘より、又本年の議會に於て衆議院議員花井卓藏より非難的質問を試み、又一木博士美濃部博士上杉學士は緊急勅令を以て緊急勅令を廢止するの不可なるを言明せらる、一木博士曰く

緊急勅令廢止は啻に緊急勅令を以てするを要せさるのみならす又緊急勅令を以てするを得さるなり況んや緊急勅令の廢止は公安保持の爲めにする必要止みたるの場合にあり而して之を廢止するの却て公安保持の爲め必要なることを證するを得るの場合は蓋し稀有の例なるへきをや（法學協會雜誌十五卷一二二頁）

美濃部博士曰く

未た議會に提出せさる緊急勅令は普通の勅令を以て廢止するを得へく又必らす普通の勅令の形を以てすることを要す之を廢止する爲め勅急緊令を發するは違憲なり（法學新報第十卷第一號）

以上二氏の說は二個の論定を包含す（一）緊急勅令の廢止は普通の勅令を以てすへく（美濃部博士

は議會に提出せさる緊急勅令に付てのみ此の論定を下す）（二）緊急勅令を廢止するに緊急勅令を以てするは違憲なりと、第一の點に付ては余も二氏と論結を同ふするも第二の點に付ては之に同意することと能はす、蓋し美濃部博士の説は憲法第八條は緊急勅令を發布し得へき要件を定めて公共の安全を保持し又は其の災厄を避くる爲め緊急の必要ある場合に限り之を發し得へきことを定む、然るに緊急の勅令を廢止するは此の如き緊急の必要あるものと云ふことを得すと云ふにあるもの丶如し、（三）一木博士の「況んや」以下の説明も亦此の論旨と一致せるか如し然れとも此の論理の下に於ては余は不幸にして二氏の説に首肯すること能はす、抑も公安維持の爲め緊急の必要あるや否やは事實問題なり、若し緊急勅令を廢止することか公安維持の爲め緊急の必要ありと認めらる丶ならは緊急勅令を發して緊急勅令を廢止するも必らすしも憲法の明文に反することなけん、戒嚴令の施行を解くことか却て公安維持の爲め必要なりと認めらる丶ならは、緊急勅令を以て戒嚴令施行の緊急勅令を廢止するも憲法第八條に牴觸することとなし、要は公安維持の爲め緊急の必要ありや否やの事實問題に歸着す、故に美濃部博士の説の如く緊急勅令を廢止する場合は此の如き緊急の必要なきものなりと絶對に斷言するは非なり、一木博士は絶對に緊急の必要なしと斷言せられす、之を廢止するの却て公安維持の爲め必要なることを證するの場合は蓋し稀有の例なるへしと言はれ若し之を證することを得る場合あれは必らすしも緊急勅令を廢止するに緊急緊令を以てするも不可ならさるか如きの意味を留保せらる丶に似たり。

美濃部博士と雖緊急勅令を廢止することか公安維持の爲め必要ある場合を想像せらるれは（美濃部博士は此の如き場合は想像し得られすと斷言するも）、緊急勅令を以て之を廢止するも必すしも違憲なりと論斷せられさるならん、余は一々場合を列擧して之を證明し得さるも、畢竟公安維持の爲め緊急の必要ありや否やは事實の認定に屬す單に緊急勅令を廢止する場合のみならす、凡て緊急勅令を發する場合に公安維持の爲め緊急の必要ありや否やは其の時と場合とに於ける事實問題なり、之を發する場合に於てのみ公安維持の爲め緊急の必要ありと云ひ、之を廢止する場合には凡て此の如き必要なしと斷言するは、余は何の據る所ありて然るやを知るに苦しむなり、要するに這は事實問題によりて斷定すへきものにして法律論として一般的緊急勅令の廢止は緊急命令を以てするは違憲なりと斷定することを得さるものと信す。

前述の論旨の下に於ては二氏の說に同意すること能はすと雖緊急勅令は普通の勅令を以て廢止し得へしとの點に付ては余は條件を付して之に同意を表せんとす、條件とは何そや如何なる場合に於ても凡て普通勅令を以て廢止し得ると云ふにあらす廢止の結果か法律事項に涉らさる場合を除外すとの謂なり、一木博士の「況んや」以下の論旨は所謂補足にして博士の眞正の論旨は玆にあらさるならん、一木博士は刑罰を課し居住移轉を制限し言論集會を拘束する等積極的に臣民の自由を制限するは憲法上の法律事項にして法律を以てするを要するも、之を廢止し解除するは法律を以てするを要せす普道命令を以て定むることを得、而して緊急勅令を廢止するは所謂自由の解除たり、從て法律を要するの事項に非さるを以て緊急勅令の廢止は普通の勅令を以てし緊急勅令を以てするを要せさるなりと（前掲博士論文）、此の論旨の下に於ては余は全然博士に同意するの幸榮を有す、抑も緊急勅令は法律に代るの命令なり法律に代るの命令とは法律事項を內容とする命令の意なりと解す、蓋し憲法は法律と命令とを區別し、特種の事項は必らす法律を以て規定すへきことを定め通常の場合に於ては命令を以て之を定むることを得す、唯或る特定の場合に於てのみ法律を以て規定すへき事項を命令を以て定め得へきことを定む、其の命令は憲法第八條緊急勅令なり、即ち緊急勅令は法律事項を內容とする所の一の命令なり、法律事項を內容とすと雖法律にあらす依然命令たり、法律は法律を以てするに非れは變更することを得すと云ふは法律命令の形式的效果を示したるものにして、其の內容は法律事項たりと雖其の形式にして命令たる以上は命令を以て之を廢止するも憲法の條規に反することなし、又之を廢止することか法律事項に涉らさる以上は法律を以てするを要せす、從て緊急勅令の廢止は緊急勅令を以てするの必要なく普通の勅令を以てすれは足る。但し其の廢止することか法律事項に涉る場合には普通勅令を以てすることを得さるや勿論なり。

一木博士の意も亦茲に在るや明かなりと雖、只絕對に（如何なる場合にても緊急勅令は普通勅令を以て廢止すと云ふときは語弊あるを以て余は此の場合を留保し博士の說に同意せんとす、是れ條件を付してと云ふ所以なり、然るに此の說に對しては穗積博士、淸水博士、副島博士の有力なる反對說あり余は此等專門家の所說再讀三讀遂に其の意を解すること能はす、玆に卑見を開示し高敎を仰かんと欲す、穗積博士は「憲法か緊急勅令を以て法律に代らしむるは卽ち之に與ふるに法律の形に屬する優勝なる效力を以てするものに非すして何そ……法律の形に屬する優勝なる效力とは立法事項を規定し法律を變更することを得て第九條の命令の爲に改廢せらるゝことなきの對抗力なりと解す憲法第八條は法律に非すして若も法律の形に屬する優勝なる效力を有するの特別法規の設定の大權を留保するものなり(法學新報第十六卷第一號)と言明せらる、博士の文字は常に金玉玲瓏其の論鋒銳利當る可からす、是れ余の常に敬服する所なりと雖、前數行の文字は不幸にして余の了解に苦しむ所なり、然れとも博士の論旨を解剖すれは「緊急勅令は法律にあらす」と雖「法律の形に屬する優勝なる效力を有する特別法規なりと云ふにあるか如し、緊急勅令の法律に非ることは余之を了す、法律の形に屬する優勝なる效力を有する特別法規の意義如何、博士自ら解答して曰く「立法事項を規定し法律を變更することを得て第九條の命令の爲に改廢せらるゝことなきの對抗力なり」と、緊急勅令の立法事項を規定し又法律を變更し得ることは憲法第八條の「法律に代る」の文字より當然解釋し得らるゝことにして固より何等疑義の存することなし、余輩の緊急勅令は法律事項を內容とする勅令なりと云ふも全く此の意に外ならす、只第九條の命令の爲に改廢せらるゝことなきの對抗力なり」と云ふに至ては余の了解し能はさる所なり博士は既に緊急勅令の法律にあらさることを認めらるゝに何故に法律にあらさる命令か命令を改廢し得られさるか、法律は命令を以て變更することを得すとは憲法の明言する所にして是れ實に法律命令の形式上の效力、博士の所謂「法規相互の變更力」の大原則なり、若し憲法に此の明文なくんは命令を以て法律を變定するも(立法事項に渉らさる以上は)何の不可か之れあらん、唯此の明文あるか故に一たひ法律の形を以て定められたる事項は命令を以て變更し得られさるの結果を生するなり故に苟も形式上法律たらさる以上は命令を以て之を變更するも憲法の條規と牴觸する所なし、是に於て博士は婉曲の文字を弄して緊急勅令は法律に非るも「法律の形に屬する優勝なる效力を有する法規なり」と辯解せらる、法律の形に屬すと云ふ意義如何、優勝なる效力を有すと云ふは何より優勝なりとの意義なるか、蓋し博士の意は憲法第八條に「法律に代る」とあるは法律と同一の效力を有すとの謂にして形式は法律に非るも所謂法律の形に屬するものにして普通の命令卽ち憲法第九條の命令より優勝なる效力を有すとの主旨ならんか、果して然らは余と意見を異にするの根本點は玆に在て存するなり。

博士は憲法第八條の勅令は形式は命令なるも其の效力は議會の協贊を經たる法律と同一にして普通命令の上にあり、從て普通命令によりて改廢せられさる對抗力を有すと云ふにあり、然るに余の解する所によれは緊急勅令も命令の一種にして法律と同一の效力を有するものにあらす、唯憲法第九條の命令と異なる所は其の內容の法律事項たるにあるのみ、憲法第九條の命令は法律事項を規定し得さる又法律を變更し得さる命令なり、第八條の勅令即ち緊急勅令は法律事項を規定し又法律を變更し得る勅令なり、即ち形式は等しく命令にして唯其の內容を異にするのみ、既に命令にして法律の效力を有するものに非すとせは之か改廢は緊急勅令又は法律を以てするを要せさるは明なり、博士は又若し第八條の勅令と相矛盾することあらは其の發布の前後を問はす第九條の命令は其の效力を失ふへきのみ、何そ之を以て第八條の勅令を廢止することを得んやと云ひ、事理甚明白なりと信せらる、是れ憲法第八條の命令か法律と同等の效力を有するものなりとの前提に基きたるものなれは其の結論の此の如くなるは固より事理甚明白なるへし、唯憾むらくは其の前提の根據の事理甚明白ならさるか爲に不幸にして其の結論に同意すること能はさるなり、元來法律命令も君主の意志にして法に何等の明文なき以上は同等の效力を有すへきものなり、所謂法規相互の變更力は發布の時の前後により後法は前法を廢すとの君主の意思を推測して之を決定するの外なし、故に若し憲法に命令を以て法律を變更することを得すとの規定なけれは法律命令の效力同等にして一を以て他に優れりと云ふことを得す、博士の「凡そ法規は自己と同等以上の效力を有する者に非れは之か爲に改廢せらるゝことなきを通則とす」と云ふは眞理なり、同等以上の效力を有するや否やは憲法の明文によりて定まるものなり、此の點は穗積博士と意見を同ふし、美濃部博士と意見を異にす、美濃部博士の法律命令の效力の强弱を論するに一は議會の議決と君主の裁可とによりて成り他は單に君主の裁可のみによりて成るか故なりとなすの說は余の採らさる所にして穗積博士の論辯旣に之を盡す、復た余の贅言を要せす、唯穗積博士の緊急勅令の普通勅令より其の效力强しとするも亦憲法の力にして卽ち憲法に「法律に代る」とあるは法律の效力を有せしむる法意なりとするは余の同意する能はさる所なり「余は法律に代る」とは單に立法事項を內容とし得ると云ふに過きすして、つまり緊急勅令は普通の命令と異にして立法事項を規定し得る命令たりと云ふに外ならすと解す、兩者等しく命令たり豈に其の間に效力の差あらんや、之を要するに博士の憲法第八條の規定は勅令に法律と同一の效力を與へたるものなりと云ふにあるも、之を證明するの理由に至ては余は未た充分に之を了解することを得さるを憾む。

淸水博士の所論は全然穗積博士と同一なるか如し、博士の說は憲法第三條には「法律に代るへき」とあるか故に緊急勅令は啻に其の內容を法律と均しくするのみならす法律と同一の效力を有し……從て緊急勅令を廢止變更するには法律によるか又は緊急勅令に依るへきものなり（博士著憲法編五一八頁）と云ふにあり、副島學士の說は少しく明瞭を缺くの嫌あるも其の論結は緊急勅令の廢止は緊急勅令を以てすへしと云ふにあるか如し曰く緊急勅令を以て規定せる事項は通常立法事項なるを以て法律又は緊急府令に依るにあらすんは之を規定し又は從來の規定を變更廢止することを得さるなりと（日本帝國憲法論四〇三頁）、然れとも何故に立法事項を規定せる緊急勅令か普通勅令を以て廢止することを得さるか、此の點に付ては前述したるを以て玆に之を再ひせす、學士又曰く形式上の法律規定に變動を起ささる場合には單純の勅令にて變更廢止するも敢て妨けなしと(同四〇四頁)、卽ち學士の意見は緊急勅令の立法事項を規定せるものは之を廢止するにも緊急勅令を以てすへく立法事項に關せさる場合には普通の勅令を以て之を廢止するも妨けなしと云ふにあるか如し、余輩は何故に此の區別を爲せるやは學士の詳細なる說明を得るに非れは之を理解すること能はさるを以て敢て玆に之を論難するを避く。

緊急勅令を議會承諾前緊急勅令を以て廢止したる場合に之を議會に提出し承諾を求むへきものなりや否やの問題に關しても諸家の間に其の說を異にす、政府は旣に廢止せられたる緊急勅令は之を議會に提出し承諾を求むるの要なしとの解釋を採り、前記の緊急勅令は凡て之を提出せさりき、又議員の質問に對して憲法上之を提出するの必要なき旨を答辯せり、一木博士、上杉學士、副島學士は之を非認し、穗積博士、淸水博士は之を是認す、余は穗積淸水の兩博士と共に是認說を採るものなり、非認論者は曰く緊急勅令を議會に提出し之か承諾を求むるは單に將來に其の效力を存續せんが爲めのみにあらすして其の發布の適法なりしや否やをも審査せしむるにあり、緊急勅令の適法なりや否やは其の發布の當時に於て憲法第八條の要件を具備せるや否やに存するか故に政府の監視權を有する議會は之を審査し以て諾否を決すへきものなりと、(前揭一木博士論文上杉、副島兩學士著書)蓋し憲法第八條第二項には此の勅令は次の會期に於て帝國議會に提出すへし」とありて何等例外の規定なきか故に既に效力を失ひたる勅令も議會に提出することを要するか如しと雖、後段には議會承諾せさるときは將來に向て效力なきことを公布すへしとの明文あり、既に效力を失したる勅令に對し如何にして將來に向て效力なきことを公布し得へきや、現に效力ある勅令なれはこそ議會承諾せさる場合に將來に於ける失效を公布するの必要あるに非すや、此の規定あるによりて之を見れは緊急勅令を議會に提出するは其の勅令の效力を將來に存續せしめんか爲めなるに外ならさるを知るへし、論者は此規定は緊急勅令承諾の一の場合の結果を定めたるに過きすして前段の規定の適用せらるへき一切の場合を網羅したるものにあらすと說く、抑も我憲法の緊急勅令は適法の命令にして外國に於ける如く緊急勅令を發することを憲法に認めす急迫の場合に於て政府の責任を以て權宜の處置を爲すとは大に其の趣を異にす、此等の國に於ては違憲の處置たるか故に責任の解除を求むるか爲めに之を議會に提出するを要し、從て其の命令の既に效力を失ひたると否とを問はさるなり、我憲法の緊急命令は適法の命令たり、議會の承諾を條件とする法律にあらす、始めより有效なる國家の命令なり、此れ命令に對し議會の承諾を求むるは彼の外國に於ける政府の責任の解除を求むるとは全然其の根據を異にす、元來緊急勅令は立法事項を規定せる命令たるを以て通常の場合に於ては議會の協贊を經たる法律を以てすへきものなり議會閉會中緊急の場合に於て此の手續を爲すを得さるを以て勅令を以て之を發したるなり、故に普通の手續を以てすれは議會開會の場合に於ては此の勅令を廢止し尙ほ將來に必要ある場合には法律を以て之を定むるを至當とす、然れとも其の內容同一にして議會に於ても敢て之を不可とするものに非る以上は斯る煩冗なる手續を履むを要せす其の勅令を議會の議に付すれは足れり、是れ緊急勅令を議會に提出する精神にして卽ち將來に其の效力を繼續せんとするか爲めに外ならす、從て議會も亦單に將來に於ける效力に關してのみ審査し其の諾否を定むへく既往に溯り發布當時の狀態に關し審査することを得さるものとす、議會に於て承諾せさるときは將來に向て效力を失ふへきことを公布すへきことを明言したる憲法の條規を見は此の精神を伺ふに足るへし、非認論者は單に「議會は政府の監視者なり」とか或は憲法には「此の勅令は次の會期に議會に提出すへし」とありて既に效力を失ひたるものと否とを區別せすと云ひて以て自己の說を確かめんとするも、何故に此の規定か議會をして政府を監視せしむるものなるか、又憲法には單に「此の勅令は次の會期に議會に提出すへし」と云はす直く次に「若し議會に於て承諾せさるときは將來に向て效力を失ふへきことを公布すへし」と規定し、議會に提出の主旨を明言せるにあらすや、文字論より云ふも既に效力を失ひたる勅令は議會に提出するを要せさるものなることを知るに足るへし、且既に效力を失ひたる勅令を議會に提出したる結果に付きて一考し見よ、（一）此勅令を議會か承諾したるときは如何、（二）議會か承諾せさるときは如何、（一）の場合には論者の說に從へは其の發布の適當の處置たることを承認するものなり、是れ何の意味そ、或は英國などの責任解除と同一の效果なりと論するならんか、適法の處置に對して何の責任解除か是れあらん、論者の意䆳に解す可からす、一木博士は此の場合には議會か他日質問、上奏等憲法上の手段を以て其の當否を爭ふことを得さるの效果を生するに過きすと說かる、(法學協會雜誌第十五卷一三一頁)然れとも是れ承諾の效果と論定すへきものなりや否や、公平に解釋すれは此の場合には單に政府の處置を是認するに止り法律上何等の效力なきものと云ふの外なし(二)の場合は殆んと其の說明に苦しまさるを得す、此の場合には或は政府の責任を問ふて時の爲政者を詰り、或は之を非とする決議を錄して後の爲政者を戒むるの外なしと(內外論叢第四卷一〇八頁佐々木法學士)夫れ或は然らん、然れとも是れ政治論のみ、政治論としては政府より緊急勅令の提出を爲さゝるも議會は緊急勅令發布の違憲なるを論し、政府の責任を問ふの議決を爲すことも得へく、或は之か議決を錄して後の爲政者を戒むことをなし得へきも何そ必らすしも緊急勅令の提出を待つを要せん、之を要するに旣に效力を失ひたる緊急勅令の提出は殆んと「ノンセンス」なり。

次に又將來に效力を有せしむるへき緊急勅令に關しても若し議會の審査に二樣の目的ありとすれは甚奇怪なる結果を生す、或は(一)發布の處置は適當なるも將來に繼續せしむるの必要なき場合あらん或は(二)發布の處置は不適當なるも將來に繼續するの必要ある場合あらん、此の(二)の場合には議會は如何にして之か諾否を定むへきや、「プラス」。「マイナス」の結合したるものにして結局「ゼロ」たらさるを得んか、且議會の議決なるものは議員各個の意思の集合なり、或る議員は(一)の理由により之を可とすへく或る議員は(二)の理由により之を可とすへく、從て議會の承諾不承諾なるものの眞意を解すること能はさらんとす(一)の場合に於ては發布當時に於ける政府の行爲は適當なり(二)の場合に於ては發布當時に於ける政府の行爲は不當なり、所謂議會を以て政府の監視者なりとし緊急勅令の提出により之を監視せんとするならは將來に於ける必要の有無を問はす此の點に付て諾否を定めさる可からす、是に於てか上杉學士の說あり曰く「其の發布の當時之れを發するの必要ありしやを審査するなり審査の時に之を存續するの必要ありや否やを審査するは監視の目的を超過す緊急勅令發布の處置の當否を審査し之れに對して承諾と否との意見を示すのみ發布の當時其の必要ありしと雖今や其の必要止めりとして承諾を拒むことを得す至當適法の處置を非とすることを得す若し之れを今日以後將來に存續するを不可とせは別に之れか廢止を議すへきのみ」と即ち學士の說は緊急勅令に對する議會の承諾の目的は其の效力の存續にあらすして其の發布の當否を審査するにありと云ふにあるか如し、從て發布の當時適法の處置たりしならは將來に存續せしむる必要なき場合と雖之を承諾せさる可からす、而して將來に存續を要せすと認むるときは別に法律案を提出して緊急勅令の廢止を議決すへきのみ、果して然らは憲法第八條の將來に向て效力なきことを公布するの明文は死文となり了せん、是れ豈に憲法の主旨ならんや。

之を要するに前述したる如く既に效力の消滅したる緊急勅令を議會に提出するは何等の效果なく何等實益なく憲法の精神の玆にありとの理由を見出すことを得す、議會の政府に對する監視權は必すしも緊急勅令の提出を待たんや、假令提出なくも之を不當と認むる場合には質問建議上奏を爲す等他に幾多の方法あり何そ提出の有無により監視權の有無を消長すと云はんや故に余はボルンバックの「公共の安全を保持し災厄を避くる爲めに緊急の必要ありや否やを定むるは政治上の問題に屬し國法上の問題に屬せす從て之を判定するは君主及國務大臣の關する所にして議會は一切之にて與みすることを得すとの說（同氏普國國法論第一卷五〇九頁）を賛し、穗積清水兩博士と共に政府の解釋を是認せんと欲す。

余は常に法理論と政治論とは全く區別すへきものたることを信す、政略の便否によりて法理を左右すへきものに非さることを確信す、緊急勅令を議會承諾前に普通勅令を以て廢止するときは不利の議決を避け政府の面目を救ふの陋を敢てすと云ふは政治論なり、既に效力を失ひたる緊急勅令を議會に提出せさるは議會を無視して政府の專行を敢てすと云ふも亦政治論なり、政治論と法理論と法律論とは須らく混同す可からす、理論の正により法令の解釋を爲す是れ學者の任務なり、

以上諸家の說を摘要して之に卑見を加へたり、余は敢て諸家の意を誤らさることを信すと雖、若し萬一にも其の論旨を誤解して之に評言を加へたりとせは罪評者にあり、余は之を是正するの勞を吝む

ものにあらす諸家幸に之を諒せ。（明治三九、四）

歐洲戰後の教育問題

今回の歐洲戰亂は有史以來の大戰爭にして、而も歐洲の强大國と稱せらるる總ての列强か之に參加せることとなれは此戰爭の勝敗か假令何れの側に歸するとするも、戰後に於ては有形無形を問はす有らゆる方面に一大變革を來たすへきや疑ひかない。卽ち國際關係及ひ軍備問題等は勿論思想、教育、政治竝に國政問題等に關しても非常なる影響を被ることとなるへしと思惟さる、現に目下戰時中にありても各交戰國間に於ては鋭意是等の問題を論議研究しつつある有樣てある、就中教育問題に就いては特に研究を要すへき種々の問題の發生すへきことを豫想し得らるるのてある。

今回の戰爭に關し英、佛、露、獨等の著書雜誌等に就て見るも今回の戰爭は單に軍事上の戰爭に非すして、歸する所は學術と學術との戰爭なることは明瞭てある。

假令は銃器彈藥の製造供給の如きは勿論飛行器の應用、潜航艇の活動乃至は電氣の作用、化學の應用、醫學、醫藥、動植物學の實地應用の如き一として科學の發達と之か應用とに非さるはない、而して其發達の程度と其の應用の巧拙とか戰爭の勝敗を決定する上に於て至大の關係を有すへきや言を俟たぬ。

獨逸か開戰以來今日に至る迄相當に優勝なる地位を持續せるは學術の異常なる發達が其最大の原因を爲せるものてあることは疑ひない、獨逸は開戰當時に於て第一着に兵員の動員を爲したるのみならす工業の動員をも行ひ平時に於ける機械、化學、醫學、藥學等に關する製造工場を直に戰時狀態に變裝し、以て彈藥武器の供給は勿論糧食の供給及兵員衞生狀態の改良等迄て違算なく着々實行したか、是はフレデリック大王以來の方針て開戰となるや直に之を戰時に應用した次第てある。

斯の如く獨逸は開戰以來常に優者の他位に立ち得たのて、夫の毒瓦斯を以て敵軍を惱ましたるか如き、南米、智利より硝石の輸入杜絕すれは直に空中の原素を利用して之に代ふへき材料を製出したるか如く、棉花の缺乏に應するか爲に植物より其代用品を發明したるか如き、又獨逸の所謂戰時野草に藥學的化學的利用を加へて食料の缺乏を補ひたるか如き、何れも學術の應用て此準備の下に生れ出てたものてある。

開戰後五日目に夫のラセナウ博士か陸軍省に出頭して戰時必要の材料を科學的方法を以て供給することの急務なるを說き、其研究問題を陸相に提し言たのを陸相は快く之を容れて陸軍省先つ一研究所を設置し、以て博士の研究を助けたるか如き一に學術を基礎とするの必要を感知したるか爲てあらう、其他思想上に於ては夫のトライチユケ、フイヒテ等の愛國心の鼓舞、祖國主義の鼓吹等ありて無形上の戰鬪準備を爲したか、此有形無形の戰鬪準備は今獨逸か東西に敵を擁し海上は殆と封鎖せられて恰も嚢中の鼠の如き狀態に在るに拘らす、二年有半に亘りて未た窮境に陥らさる主要の原因てある。

夫のモルトケ將軍の普佛戰爭に於て勝を制するや『此勝利は決して軍人の勝利に非す實に小學教員の力なり』と言へるは稍誇張に失せるか如き感あるも、結局一國の力に俟つて大なる意味あるものとして吾人の大に首肯する所てある、顧みて英、佛、露側の方面を見るに教育の發展固より大ならさるに非さるも未た獨逸の如く組織的研究的ならさるの憾かある、然れとも一旦戰爭の開始さるや獨逸の狀勢に鑑みて斯樣なる問題の忽諸に付すへからさるを思ひ、平素蓄積せる富力を傾けて此方面に對し大に意を致しつつあるか如し、近時英佛聯合して化學研究所を興したるか如き、或は食料品の材料衛生材料等の改良に意を加ふる等、獨逸に劣らさるの施設をなしつつある。

其結果は二年有半を經過せる今日優に獨逸と對抗するに足り而も最近に到りて漸次勢攻を取るの域に進みつつある次第て、是れ全く獨逸の科學的研究的統一的組織に鑑み、之に傚ひて軍事上竝に內政上に幾多の改革を加へた結果てある、素より今回の戰爭は相當の準備と素養とを存する兩者の爭闘てあるから、戰爭の永續することは當然の成行と謂ふ可きてあるか、今假りに獨逸か結局敗者の地位に立つものと假定するも、其根柢ある學問の力は必すや將來偉大なる發展を爲さされは已まさる可く、現に予の最近接手した獨逸の或著書にも此戰爭は何れかの時に於て結了すへし、然れとも次に來るへき第二の戰爭を覺悟せねはならぬ、此第二の戰爭に於ては一層國民の愛國心と科學的研究との必要とを感すへしと書いてある。

又英國に於ても同國に於ける從來の教育は單に紳士の道樂的修養に過きさるの感かあつて、眞正の强大を致す所以てはないから須らく獨逸の教育に倣ひ實用的科學的教育を施すの必要ありと唱ふるものすらある程て、戰時及戰後に於ける教育問題は是等の諸國に於ける識者の注意を喚起しつゝあつて、各國共戰後教育の方針に非常なる變革を齎すへく、之と相關聯して國民の思想にも一大動搖を來すへきや明かてある、先つ第一に起るへき問題は强者の支配か、弱者の支配かの問題是てある、卽ち獨逸の如き所謂軍國主義に依り偉大なる實力を以て諸國を壓伏せんとし、其か爲に國際道義を顧慮せす中立國の權利を侵して恥ちない。斯樣に只管弱者を虐使して以て自己の生存を計らんとする「力」か最終の勝利者たるへきか、將た人道の原則に依り國民の人格を貴ひ國際道義を重んして種々の國際問題を處理せんとする「德」か最終の勝利者たるへきかは一つの問題てある、而して此問題は實に深くして大なる問題てあるか、其結果に依り無形的に國民の思想を支配するのみならす、各國の內政問題を初め其他諸種の方面に事實問題として現はるる事なれは、我國に於ても政治家となく學者となく宗教家となく教育家となく今日よりして此問題に對して十二分の考慮を拂ふの必要かあるてあらう。

（大正七、四）

第二編　講演集

都市行政論

諸君、本日當大學て講演會を開かれると云ふことてありまして、私も此たひ御地に出張致しましたものてありますから、何か話をしろと云ふ理事からの御依頼かありましたので、本日此の席に出て僅かの時間内に講演をすることになつたのてあります。

私の講演の題は「都市行政論」と云ふのてあります。都市の行政に就ては、私は嘗て內務省に居りまして地方行政の當局者として實際の問題に當つたこともありまするし、又學術上から致しましても自治制度の一科目として都市行政のことを研究しつゝあるのてあります。殊に今日我か國の情況に於きましては都市行政に最も意を致さなければならぬ時期と考へますので、豫て考へて居りまずる卑見の一端を茲に申述へたいと思ふのてあります。都市行政に就きましては、外國には隨分專門の研究家かあるのてあります。大學にも都市行政學と云ふ一の講座を設けて特別の講義をして居る所もあるのてありますか、我か國に於ては東京の私立大學の中に市政論と云ふ講座を設けて居る所も一、二あるやうてありますか、また今日まて一般に都市行政に關する特別の研究科は出來て居らないのてあります。都市行政のことに就ては研究すへき事項、調査すへき問題か多々ありますので、僅か一時間乃至二時間位の講演に於きましては充分なことを申上けることは出來ないのてあります。今日は唯極めて主要なる點に就て御話を致したいと思ふのてあります。

都市と申しまずれは、現に諸君の住んて居られる京都市の如き固より一の都市である。都市と云ふのは郡村に對する言葉でありまして、我か制度に於きましては市と稱して居ります。東京、京都、大阪等を始めと致しまして、町村に對して市と云ふ特別の自治體かある。之を稱して普通に都市と謂ふ。即ち市制を施行して居る土地を稱して都市と謂ふのてあります。此の都市は大都市の東京、大阪、京都の三市を始めと致しまして、引續いては名古屋、横濱、神戸と云ふ如き都市がある。一般に人口三十萬以上の市を大都市と稱して居るのてあります。日本に於て所謂大都市とは是等の市を稱するのてあります。而して此の都市の行政に就きましては、本日は主として二つの問題を述へたいと思ふ。即ち第一は都市の行政組織に關すること、第二は都市の事業及財政に關すること、是等の點を極めて簡單に御話したいと思ふのてあります。

我か國の制度ては都市に關する法律には先程述へました市制と云ふ法律かある。而して之は明治二十二年に發布せられました自治制の一つてある。日本の自治制度は市及町村に分れて居るのてありまして、市のことに就ては市制之を支配し、町村のことに就ては町村制之を支配して居るのでありますが、申すまてもなく町村と都市は總ての點に於て其の情況を異にして居る。都市は商工業の中心てある。或は政治の中心てある。或は學術の中心てある。都市には政府もある。又議會もある。東京の如き是れてある。或は商工業の樞要なる機關も多くは都市にある。又大學其他の學校も多くは都市にある。然るに郡村に行きまするると、是等の機關のないこともないのでありまするか。都市の如く發達して居らない。茲に於てか都市と町村とは總ての點に於て行政の本旨を異にしなければならぬ事情か生して來るのてあります。併なから法制の上から申しますれは都市も町村も共に自治體てある。自治體と云ふことは御承知てもありませうか所謂自治制を施行して居る地域團體てありまして、吾々か選擧したところの吏員若くは議員を以て其の團體の行政を爲すことを自治といふのてあります。然るに大都市に就きましては普通の市制を以て之を支配するは適當てないと云ふ說かある。人口參萬内外の都市――例へは靑森市てあるとか、大分市てあるとか、堺市てあるとか云ふやうな小さな市と、人口百萬若くは二百萬近くを有して居る大都市と同じ組織を以て之を支配するのは適當てないと云ふことか度々我か國に於ても起り、外國に於ても起るところの說てある。それてありますからして我か國に於て始めて自治制を施行したる時に於ても、京都、大阪、東京の三市に於きましては所謂特別市制なるものを施行したのてあります。諸君の中には或は其の特別市制の時代に支配せられて居られた方もあるたらうと思ひます。兎に角特別の制度を施行した時代かあつたのてあります。

然らは特別の制度とは何てあるかと申しますと、市長の選擧に就いてのことてあります。市長は今日は市民か選擧するのてありますか特別市制を施行したる當時に於ては市長は民選てはなかつた、市民か選んだところの人てはなくして、國家の任命に係る官吏てあつた、卽ち其の府の知事を以て市長に充てたのてある。京都府知事を以て京都市長を兼ねしめた、京都市民の選擧に係る人か京都市長となつたのてなかつたので官選市長てあつたのてあります。東京市亦然り、大阪市亦然り、此の三都は今日てこそ市長は選擧に依つて出るのてありますけれとも、特別市制を施行せられた當時に於きましては市長は選擧に依つて出たのてはない。吾々か選擧した人てはなかつた。國家の任命に係る官吏てあつた。卽ち府知事とか、警察部長とか、內務部長とか云ふのは國家の任命に係る官吏てありますか、斯かる官吏か市長てあつたのてあります。ところか元來自治と云ふものは吾々か選んだところの人に依つて其の團體を支配すると云ふことか主たる要素てあります。卽ち自治とは官治に對するのてある。官治と云へは國家か直接に任命したところの人を以て行政を爲し、國家の租稅を以て其の團體の費用に充てると云ふことてありますか、自治と云ふのは例へは、市て云へは市民の選擧に依つて出たる人を以て、市民の負擔するところの租稅卽ち市稅を以て其の團體を治め行てくことを云ふので、所謂官治に對するものてあります。それてありますからして先程申しました特別市制の如きは、自治の根本義から云へは異例と申さなければならぬ、特例と謂はなければならぬのてあります。自治制の施行せられたるに係らす、東京、京都、大阪の三市に限り官吏を以て市長を兼ねしむると云ふとは自治の本義に反するのてある。故に此の特別市政を廢して普通の市制を以て支配しなければならぬと云ふ議か或は政治家の間に起り或は學者の中には唱へられまして、遂に明治三十年に至つて特別市制は廢されたのてあります。即ち市長は知事か之を兼ぬるにあらすして市民の選擧に依る人を以て之に充てる云ふことになつたのてあります。之を稱して特別市制の廢止と謂つて居るのてあります。此の狀態を以て今日に至つたのてあります。今日の井上京都市長は京都市民の選んだ人てあります。即ち京都市民の選んだ市會議員(市會)か市長を選ふのてありますから、間接てはありますけれとも市民の選擧に依つて出たものと謂はなけれはならぬのてあります。此の如き沿革かあるのてあります併し今日ても尚大都市に就ては特別の市制を布かなけれはならぬと云ふ議論かあるのてあります。大都市の中ても殊に東京の如きは二百萬からの人口を有して居り、又輦轂の下てもあり、諸官衙もあり、帝國議會もあり、各種商工業の機關もあつて、普通の三萬內外の小市とは狀勢を異にして居るのてありますから、其の行政の組織に就ても特別の制度を布かなけれはならぬのてあつて、普通の市と同しく民選市長を以て之に充てると云ふことはとうも適當てない。それては旨く往かないと云ふ論かあり、今尚其の說を唱へて居るものかあるのてあります。一體大都市に於ける市長の選擧に就きましては隨分困難かあり、又色々な紛爭の惹起することも往々ある。小都市に於てはさう云ふことはなくて、市長の選任に困難を感するはことありませんけれとも、大都市の市長に就きましては多くさう云ふ實例を見るのてあります。東京、京都、大阪等に於ては隨分さう云ふ實況かあつた。今日の三市の市長には皆立派な人を得て居られるので、吾々は誠に喜んて居りますけれとも、市長を選任するまてはなかなか容易なことてない。現に或市如きは新市長を得るまてに半年餘も要した實例もある。市長か缺員になつて其の後任を選ふと云ふ時にはなかなか色々な事情か生し、色々な困難かある。京都市の如きは今日學識經驗を備へて居る井上博士の如きを得らたのは誠に幸福てありますか、良市長を得るのは決して餘所て見るか如き容易なことてはない。私は內務省に居りまして市長の選任に就ては色々な問題の起つたことを承知して居るのてありますか。大都市の市長を選任することに就きましてはなかなか困難なる事情かある。又其の市長か出た後に於ても隨分難しい問題の惹起ることかある。さう云ふやうな狀勢てありまして大都市には民選市長は適當てないから、大都市に關しては特別の制度を設くるか宜からうと云ふことか始終議論になるのてある。

現に東京市に就ては御承知てありませうか或る時代に都制法案なるものか議會に現れた。其の法案の要旨は東京都に都長官なるものを置き、之は民選にしない、卽ち市民の選擧に依らしめないて、府縣知事と同しく國家の任命に依る官吏としやうと云ふ案てあります。是れは東京の如き大都市には民選市長ては治まらぬ、寧ろ官吏を以て之に充てるか適當てあると云ふ說から出たのてあつた、度々其の案か議會に現れたと云ふことは御承知の通りてある。併なから苟も市か自治體てある以上は民選市長を以て之に充てると云ふことは理論の上に於ても適當てあり、又斯くしなければならぬ譯のものてあらふと思ふ。それにも拘らす斯る議論の出る所以は、要するに大都市に於ける行政か極めて困難にして、又市長の選任か旨く往かす、又其の出た市長も充分に手腕を振ふことか出來ない結果斯る議論か識者の間に出る譯てあらうと思ひまして、私は慨歎に堪へないと思ふのてあります。今日外國の例を見ましても巴里を除くの外は何れの國に於ても市は皆自治體てあつて市長は市民から選擧されて居るのてある。巴里たけは特別の組織になつて居ります。即ち巴里はセーヌ縣――恰度京都府と云つたやうなものてす。京都府の中に京都かある如く――セーヌ縣の中に巴里と云ふ市かあるのてす。其の巴里の市長は巴里市民か選ふのてなくしてセーヌ縣知事を以て之に充てると云ふ特例になつて居る。恰度　の特別市制時代と同し狀態にあるのてあります巴里には斯る特例かありますけれとも、其他の大都市、伯林に於ても倫敦に於ても其の他何れの國の都市に於ても總て市長は民選てある。而して倫敦の如きは人口三百萬以上もある伯林の如きも二百萬と云ふ人口を有して居る、而かも其の行政か旨く行つて居ることを見ますれは、我か國今日の制度か必すしも良くないとは云はれない、唯之を如何に運用すへきやに就て考慮しなけれはならぬことと思ふのてあります。

私か明治四十一年に歐羅巴を巡回致しまして伯林に行つたことかありますか、恰度其の時普國か市制を施行して以來百年になつたと云ふのて伯林に於て市制施行百年記念祭と云ふものを行つた。其の時に獨帝カイゼル――今日戰爭て以て世界の人々から睨まれて居るところの彼のカイゼルか伯林市役に臨んて演説をした。それは斯う云ふ意味てあります。「今や我か國は市制を施行して以來百年になつた。其の間には色々な消長かあつた。或は自治制か早く行はれなかつたこともあつて、種々の沿革を經たのてあるか、今日普國の市政は殆と完全の域に達して諸外國の見て以て模範とするところてある。而して獨逸か今日の如く列國に覇を稱するやうになり民族の團結固きを致した所以は何てあるかと云ふと、全く此の自治制施行の結果てある、自治行政か完全に行はれた結果てある。自治施行せられて獨逸國民は自己の鄕土を愛するの念强くなり、國民の團結、民族の統一と云ふことか能く行はれたるか爲めに斯る隆盛を爲したのてある。固より他に原因もあるけれとも、自治の完全に行はれたと云ふことか全く獨逸國勢の隆昌を來した主要なる原因てある。而して是れは國民か自己の市を愛し、自己の鄕土を愛すると云ふ結果てある。故に今後尙一層自治制の運用に努力せられんことを望む。」と云ふ意味の演説を爲した。其の當時自分は伯林に滯在して居りましたから此演説を新聞て見ましたか、此のカイゼルの演説の如き觀念か能く獨逸の國民に徹底して居る爲に獨逸の都市の事業、財政等に充分なる效果を得たのてあらうと思ひまして、國家の基礎を固くするにはとうしても自治の觀念を國民の頭に充分入れて國家の基礎を鞏固にしなければならぬと云ふことを感したのてあります。

又我か自治制卽ち市町村制は明治二十二年に發布せられたのてありますか、御承知の通り其の最初の草案は日本人の手に成つたものてなくして、獨逸人のモッセと云ふ人か書いたのてある、今此の京都府の知事をして居らるゝ、大森君の如きモッセと共に市町村制の起草に關係せられたのてあります。其のモッセは尚伯林に生きて居る。最早大分高齢てありますか今は伯林の市参事會員をして居る。それて其の節私はモッセを訪ねて段々と日本の市政の狀況なとを話をしたのてありますか、其の話の一節に「貴君か日本の爲に起草して呉れた市制は法律としては先つ完全なものてあるか、とうも實行上に於て充分の効果を得られぬ。殊に大都市に於ては色々な議論かあつて民選市長てはいけないから官選にしなければならぬと云ふやうな說もある。」と云ふやうなことの話をしたところかモッセは歎して曰く。「一體自治と云ふことは國民の知識か進み、國民の品位か高くなつた後てなければ行はれないのてある。併し日本も自治制を施行して以來最早二十年近くになつて居るから――今ては二十五六年になりますか、其の當時は二十年に少し足らなかつた。――既に國民も自治の觀念に富んて、如何に自己の市、自己の町村を完全にすへきかと云ふことの頭か出來て居ると思ふ。然るに今日尚自治か完全に行はれないと云ふことは、自分の考ては決して制度其の者か惡いのてなく國民か自治の觀念に熟くないか爲めてあらうと思ふ。自分は今此の老齢を以て尚市參事會員となつて居るか、伯林のを參事會員は三十四人あつて、其の中には銀行家もあれは會社の社長もある或は醫者もあれは辯護士もあり大學教授もある其等の人は極めて多忙なる事業に從事して居るにも拘らす市の事務に就ては熱心に之に當り、市參事會の開會日には殆と缺席するものかない。能く一刻千金と云ふことを云ふか、所謂時は金てある。日本ても或はさうかも知らんか、歐羅巴の實業家なとは非常に多忙てそれこそ一時間千圓位のことは勿論てある。其の一刻千金の多忙なる身てありなから熱心以て市の事務に當つて居る而して市參事會員は固より無報酬てあつて一厘も得るのてはない。たから寧ろさう云ふ暇かあれはそれを他の事業に費せは一刻千金と云ふやうな多くの金の取れるに拘らす、市の爲めと云へは一厘も金を取らないて非常な熱心を以て之に當ると云ふのは、全く金錢上の利益を得んか爲めてなくして、市を良くしなけれはならぬ、立派にしなけれはならぬと云ふところの熱心と誠意とに出るのてある。斯るやうに市民か自分の市を愛し、自分の町村を立派にすると云ふ考か發達しなけれは自治は行はれない。御前の國に於て自治か能く行はれす、殊に大都市の行政か完全に行かないと云ふのは、それは恐らく市民か未た充分に市を愛するの觀念に敦くないからてあらう。」と云ふやうな意味のことを言つた。私は此のことは市政論の話をする毎に常に面白い言葉として能く引合に出すのてありますか、さう云ふことを言つたのてあります。兎に角伯林市に於ては市民は非常なる熱心を以て市の事に當つて居る。又市民より選はれたる當局者も私益を捨てて公益の爲に働いて居ると云ふ狀況てある。是れか能く市政の行はれる所以てあらうと思ひます。私は此の市民の心懸けか都市の行政を完全にする最も有力なる要素てあると考へるものてあります。

英吉利の倫敦の市長は其の任期か僅に一年てある一年毎に改選するのてありますか、其の市長には如何なる人か適はれるかと云ひますれは多くは地位あり、德望あり、資産あるものか選はれるのてある。而して其の市長は如何程の俸給を貰ふかと云ふと、全く名譽職てあつて壹厘も貰はない。啻に壹厘も貰はさるのみならす自分のポケツトより身錢を出さなければならぬと云ふ有樣てある。倫敦市長は年々、日本の金にして貳拾萬圓位つゝは自腹を切るさうてある。斯の如く只時を費すのみならす自分の金すら費さなければならぬと云ふのてありますからして甚た迷惑な譯てありますけれとも、而かも喜んで之に當ると云ふのは、市の爲に盡すことか自分達の義務てあると云ふ觀念か强いからてある、さう云ふやうな人か英吉利ては一年の任期を以て年々交代して居る。何の爲に市長になるかと云へは、一面市の爲に盡すと同時に又一面は自分の名譽の爲めと云ふことかあるのてある。御承知てもありませうか倫敦市長は之を「ロード、メーヤー」と謂ふ。ロードと云ふ名稱の附くのは餘程名譽なことてある「ロード、メーヤー」の名を以て招待したる市廳の晩餐會に於て國務大臣か施政の演說をすると云ふ慣例かある位に倫敦市長の地位は極めて高い。斯く地位も高く社會から尊敬せらるゝのてあるから立派な市長か得らるゝのてあります。而して市長自らは何の仕事もしない。只德望を以て其の職に當るのてある。實務を司る人は別に其の下に「チーフ、クラーク」(書記長)と云ふものかあつて高い俸給を取つて實務に當つて居る。市長は其の上に居つて之を統轄して居ると云ふ狀態てある。是れは英吉利の市長てありますか、獨逸の市長は之に反して手腕的、事務的市長てある、伯林其他の都市の市長を見ますると實力ある人、經驗ある人か多い。例へは。此の間死にましたか永く伯林市長てあつたキルコナーと云ふ人は市の事務に從事すること二十三年の長きに達して居つた、伯林の市長としても十餘年間續きましたか、其の他の市の市長もして居つて非常な手腕を示したる卓越せる事務家てあつた。小都市の市長から段々進んで來て遂々伯林の市長に移つて來た人てある其の他の市の市長を見ても大抵十數年、長きは三十何年の間市長をして居る人かある。英吉利市長の如く一年交代てはありませぬからして有給職てあつて名譽職てはない。非常な高い俸給を取つて居る。獨逸の市長の俸給と云へは他に類のない高い俸給てありまして、國務大臣の俸給の倍以上の高給てある。之に加ふるに恩給も厚く交際費も潤澤てあるからして、市長も安んして其の職に居り、市民も亦適任者と信したならは全然之に賴ると云ふ傾向かある。それて獨逸の市長は普通の場合は一任期十二年てありますか、良い市長てあれは必す再選し三選せられるのか多い。場合によりては任期を廢めて無任期にすることもある。無任期と云ふのは任期を定めす永遠に市長として盡して貰ひたいと云ふのてあります。獨逸の都市行政か完全に行はれて居ると云ふのは、他には原因かありませうか、主として市民か市長に信賴し而かも優良なる市長を得て居るか爲めてあると思ふ。其の選任に就ても決して情實や黨派關係に捉はれないて適材を得ると云ふことを念として居る。甚たしきに至つては新聞の廣告を以て人を迎へると云ふ實例もある。此たひ當市に於て斯々の市長を得たいから希望者は申出て貰ひたいと云ふ風に廣く人材を天下に求めると云ふ趣旨て良市長を得ると云ふことに汲々として居る。而して其の人の手腕、德望。人格の如何に由つては非常なる高給を與へて之を優遇し、又任期の如きも非常に長くして之を歡迎すると云ふやうな風てある。英吉利の市長と獨逸の市長とは其の性質に異つて居りますけれとも、何れに致しましても良市長を得ると云ふことに就ては同一の結果を生して居ると云ふ譯てあります。我か國の市長は先程も申しました通り、之を得るにも甚た困難な事情かあり、而して一たひ得た後に於ても二任期以上を勤め上けた市長は甚た少い、甚たしきは一任期に幾度も代ると云ふやうなこともある。東京市の如きも尾崎君か市長としては一任期と少しやつた位て、阪谷博士の如きは僅に一任期の半はに達するや達せさるやにして其の職を辭さなけれはならぬと云ふやうな狀況になつた。其の他の市長を見ましても十年、二十年繼續して居るものは甚た稀てあると云ふ實況てあるのてあります。斯の如き次第てありますから市の行政の組織をとうするかと云ふ問題よりは、先決問題として市民か充分なる覺悟を以て、總ての點に於て適當なる市長を得、而して其の市長か手腕あり品格ある良市長てあつたならは、之に信賴すると云ふところの決心を持つと云ふことか必要てあると思ふ。

然るに現今の有樣に於ては市長と市會――之を法律上の言葉て云ふと議決機關と執行機關てある、議決機關は卽ち市會てあつて執行機關は市長てある――の間に圓滿ならさることか多い、卽ち其の間に意思の疏通を缺き。充分なる融合を得ることか出來すして紛爭の起ることか往々ある。それと云ふのは市會と市長とか互に對立して居るからてある、そこて近時亞米利加ては此の行政組織を變へやうと云ふ說か起り、のみならす現に實行して居る所もあるのてある。それは市會と市長と云ふやうな二個別々の機關を設けないて之を一にするといふ制度てある。多くの國の市制は市會及市長か對立して居るか、さう云ふ風に機關か二ツてあると、其の間に充分なる意思の融合を得ることか來ない、そこて亞米利加ては「コンミツシヨン、ガーヴアンメント」(委員政治)と云ふ新しい行政組織を發明して、之を實行することになつたのてある。委員政治と云ふのは執行機關と議決機關とを分たない、即ち市長と市會と云ふやうな二の機關を設けないてそれを一つにするのてある。市會もなければ市長もなし、五人若くは六人の「コンミツシヨナー」(委員)を選擧して、其の「コンミツシヨナー」か議決機關てあると同時に執行機關てあると云ふ組織てある。即ち其の五人か六人の委員か議決もすれは又議決したことを執行もするのてある。日本の制度に就て云へは市會か議決をして市長か之を執行すると云ふ風に執行機關と議決機關とに分れて居るか、それを二つに分たないて一つにして、委員と云ふものを五、六人置いて其の人か議決もすれは執行もする、斯う云ふ組織を稱して委員政治といふのてある。それか大變に事務の圓滿を來すと云ふことて頃者亞米利加の諸都市に於ては非常な良い結果を以て行はれて居るといふことてある。亞米利加の新しい書物を見ますると此の制度は自治制、殊に市制の實行の上に於て最も完備したものてあると唱へて居る。又現に多くの市に於て段々採用することになり、將來此の制度か亞米利加の諸都市を支配するやうになるてあらうと云ふことすら云つて居るものかある。此の行政組織か果して良いか惡いか、是れは餘程講究すへき問題て研究の餘地かあると思ふ、今直ちに之を以て完全なる行政組織と云ふことは出來ないとは思ひますか、兎に角さう云ふ新制度か今日亞米利加に行はれつゝあると云ふことは吾々の一つ研究しなければならぬことゝ思ふのてあります。御承知の如く從來亞米利加の自治體は非常に腐敗し、混亂し、錯雜して居つて英吉利や獨逸の如く圓滿に行つて居らないと云ふことは世に定評かある。殊に紐育市の如きは――此の頃は稍良くなつたけれとも今まては非常な惡い市てあつた、市會議員の中に請負人と結托して收賄する者かあり、或は市長の選擧に澤山な金を使つたりして、非常に腐敗を極めて居つたと云ふことかあつて、亞米利加の自治政は洵に望みかないとまて云はれたのてありますけれとも、近年に至つて亞米利加人は大に覺醒し、歐洲諸都市の研究をすること頗る熱心て、又市の當局者の如きは幾多の犧牲を拂つて此の改良に努めて居るといふ狀勢てある爲に亞米利加の市政は近來稍曙光を見るに至つたと云はれて來たのてありますか、果して亞米利加の市政か斯の如く曙光を見るに至つたかとうかはまた充分に分かりませんけれとも、兎に角近時に於て亞米利加人の自治制の改良に熱心なことは非常なものてあると云ふことは特に注目すへきことてあると思ふのてあります。それて亞米利加の市政研究家は、亞米利加の市政か振はぬのは市民か市政に熱心ならさる爲てあると云ふことの下に色々な方面からして市民に對する自治教育の奬勵普及と云ふことを盛にやつて居る。即ち只市の當局者のみか市のことを知つて居るのてはいけない。市民一般をして市のことを充分に知らしめなければならぬ。之か爲めには市民の教育――公民教育を大に奬勵しなければならぬと云ふのて市の事業として講演會を盛にやつて居る。紐育市なとては講演の爲に費す費用三拾萬圓と稱せられて居る。此の參拾萬圓と云ふ數字は私か七、八年前に見た時の豫算てありますから其の後必す增して居るに違ひない。兎に角講演の爲に參拾萬圓以上を費して居ると云ふ譯てあります。之れか爲めに或は學校の教場を利用し、或は公會堂を利用し、各種の機會に於て市民を集めて市に關する知識を普及することに努めて居る。又或は人を歐羅巴に派遣して歐羅巴の市政を講究することに努めて居る曾て亞米利加人か英吉利の市政の完全なることを見て之を賞讃したことかある。其の一例に――是れは度々私は例に引くことてありますか、英吉利のグラスコーと云ふ市てす、之は英吉利ては非常に盛なる工業市と稱せられて居る市てあるか、此のグラスコーの市政を研究する爲に或る米國人か行つたのてある。其の米國人かグラスゴーの停車場に着いて馬車に乘つて、馭者に市役所に行くのてあるか是れからとの位あるかと云つて馬車に乘りつゝ聞いたところか、市役所は何處其處にあります。併し市のことならは私も能く知つて居ります。此の市はとう云ふ風に發達して、市民の負擔はとの位てある。市の事業としては水道もある、屠畜場もある、電車もある、何々もある。それかとう云ふ風に處理されて居ると云ふことまて其の馭者か非常に委しく話した。

西洋の馬車の馭者といへは日本て云へは辻待車夫の様なものてすか、車夫の話か餘り委しいものたから、お前は市の役人てもして居つたのかと云つたら、『私は馬車屋を十何年もして居る、市の役人ても何てもありませぬ。』『それにしては市のことを餘り能く知つて居るてはないか。』『いや私もグラスゴー市の市民の一員てあります。市民の一員てある以上は市の負擔はとの位て、市長の遣方はとう云ふ風て、市の事業はとう云ふ状況てあるとか市財政は如何なるものてあると云ふ位のことは知らなければなりませぬ。之を知つて居ることは市民の義務てあると同時に吾々か市を愛する熱心の結果てある。而して吾々てすら此の位のことを知つて居るのたから其の他の者か市のことを委しく知つて居ることは當然てあります』と云ふやうな意味のことを述へたと云ふのて其亞米利加人は深く感服をしたと云ふことか其の復命書に書いてある。成程之てなけれは市政は能くいかない。是れは獨り亞米利加の視察者か感服したのみならす實は私も感服して、市ても町村ても同しことてすけれとも、自分の住んて居る自治體のことを委しく知るにあらされは市町村の行政に對する感情と云ふものは厚くならぬ。我邦の状況を見まするると、相當の地位あり教育ある人ても自分の住んて居る市とか町村とかのことを知らない人かなか〳〵多い。例へは京都市の一年の豫算かとの位てあるかと云ふことを京都の人に聞けはそれを知らない人か多いてあらうかと思う。京都市民の負擔して居る一年の市税はとの位になつて居るか、市税を拂ふ人は自分の負擔して居る金額は知つて居るだらうか、一般の負擔かとの位になつて居るかと云ふことを知らない人か必らず多いと思ふ。京都の人にはそんな人かないか知らぬか他の市には隨分斯かる人かある。現に私か東京市のことに就て相當の地位ある人に聞いて見たか知らない人か多い。斯う云うやうな次第では一般の市民か其の市のことに就て熱心ならざるも亦故なきにあらずてある。亞米利加の視察者かグラスゴーの馬屋車に感服したと同一の感服を私は其の本を讀んでしたのである。斯の如き次第であるから都市の行政を完全にするには、お互に自分の住んで居る市なり町村なりのことを深く研究すると云ふことか先づ第一の要件であると思ふのであります。都市の行政組織に就ては是れ位に致しまして、次に都市の事業及財政のことに就て一言致して置きたいと思ふのであります。

近來の趨勢として都市に人か集ると云ふことは誠に著しき狀況である。之を都市集中と云ふのである。都市に人々か集つて來ると云ふことは是れは世界の趨勢であります。佛蘭西の都巴里の如きは非常な勢を以て人口か增加する。今より百年前までは巴里の人口は僅かに八十萬位であつたのか今日では三百萬乃至四百萬と云ふやうな增加を呈した。僅か百年の間に斯る趨勢を來して居るのである。佛蘭西の統計學者の說くところに依ると巴里の人口は年々三十萬つつ增加する。其の勢を以て將來を推せは四百年後には佛蘭西全國の人口は皆巴里に集つて地方は全滅するてあらうと云ふことを論して居る。此勢を以て行けは佛國の人口は皆巴里に集中し其結果田舍で百姓をする者もなく、山林業をする者もなく、牧畜をする者もなくなる、斯くして佛蘭西の農業は漸次衰へて來ると同時に、將來郡村か全滅して總ての人口か巴里に集つて來ると云ふことを數字上から割出して豫言をして居る者もあるのてあります。斯の如く都市にのみ人口の集ることは甚た宜くない情勢てあるから、何とか之を救濟しなければならぬのてあります。都市に人口の集ると云ふことはとの國の狀況を見ても同一てある。伯林てもさうてある。倫敦てもさうてある、紐育、市俄古の如きもさうてある。現に伯林の如きは吾々も亦行つたことかありますか、私か明治三十一年に行つた時には伯林と其の附近の町村との間には隨分空地もあり原野もあつたか、其後四十一年に行つた時には伯林と附近の町村とは全く市街續きとなり人家か櫛比して附近の村落は伯林市に併合されて所謂大伯林の名稱を附することになつたと云ふ狀況てある。是れは一例てはあるか兎に角さう云ふ風に都市に人口の集ると云ふことは何れの國の都市を見ても同一の狀態てある。東京なとも其の通りて段々東京市に人口か集つて來る。又近く京都市の例を見てもさうてある。もと吉田町邊は畑か田てあつたと云ふことてあるか、今日ては大學其の他の學校か出來た關係もありませうか、立派な市街をなして居ると云ふ狀態てあります。要するに都市に人口か集つて來ると云ふことは東西共に其揆を一にして居る。それは其の筈てありまして、商工業は多く都市か中心てある。隨て都市に出れは一躍して大金持になることも出來る。又立派な人になり、大位高官にならんとするには田舍に引込んて居つてはいけない。何うしても都に出てやらなければならぬ。それは商工業の中心は都市にあるのたから商工業をやるにも都市てなければならぬ。又都市には立派な學者か居るから都市ては充分な教育も受けられる。又政治をやるにしても田舍に居つては政治家になれぬ、中央に出て立派な人の議論を聞いたり見たりしなければ見聞は廣くならぬ。てあるからして田舍の若い人達の都に集らんと欲するものは決して無理てはない。都市集中は國家の不利てあるとか何とか云ふ議論もあるけれとも、都市に人か集つて來ると云ふことは事實已むを得す。其の人口の集り方もまた日本なとはそれほとてない。外國の例を見まするとなかく〵えらい勢を以て集中して居るそれて此の利害得失に就ては深く研究しなければならぬのてありますか、さう云ふ風に兎に角都市には段々人口か增して來るのは事實てある。增加の結果として人口增加に對する相當の施設、準備と云ふものを都市行政の局に當つて居る人は考へなければならぬことになるのてある。玆に於て所謂都市の事業——即ち都としては如何なることを爲すへきかと云ふ問題か起つて來るのてあります。」先程も申しましたやうに都市は商工業家も集り、政治家も集り、學者も集り、學生も集り、職工も集り、勞働者も集ると云ふ風に人口か非常に增して來るからして、都市の空は煙に滿ち塵埃か立つて混濁することになり其の結果病人も餘計出來る譯てあるから第一に衞生問題をとう云ふ風にするかと云ふことを考へなければならぬ。京都市の如きは商工業の都市てないからまたしもてありますか、一たひ大阪とか東京なとへ行つて見ますと煙突林立して黑煙空を掩ふと云ふやうな有樣てある。また日本の東京大阪の如きはそれほとてもありまんか、彼の英吉利の工業都市として有名なるマンチエスターや倫敦なとへ行つて見ると實に眞黒なる煤煙の中に住んて居るやうな氣持かする。よく倫敦の雀は黒いと云ふことをいふ人があるか、成程彼處の鳥は皆煙の爲に黒くなつて居るやうな譯てす。吾々か一日町を歩くと顔ても手ても總て黒くなる。英吉利人は食事前には必らす顔を洗ひ。手を洗ふ又立派な家族になると夜、食事をするのに燕尾服を着る。それたから英吉利人は禮儀正しい清潔なる國民てあると云ふことを能く云ふのてある。吾々も同國へ往つてさう云ふ感をなした。けれとも段々倫敦に居ると飯を食ふ前には手を洗ひ顔を拭かなけれは氣持か悪いやうになつて來る。と云ふのは外へ出ると煙の爲めに顔も手も黒くなるからとうもさうしなけれ氣持好く飯か食へないのてある。又一日町を歩いたり、役所に居つたりしたら着物か埃たらけになつて氣持か悪いから着物も着換へると云ふことになる。是れは必要に迫られて禮儀正しい清潔なる國民になつて來たのてあります。かう云ふ風に工業都市に於ては衛生上甚た悪い現象を呈して居る。それてありますからして都市行政としてさう云ふことを如何にしたら宜からうかと云ふことを考へなけれはならぬ。二百萬三百萬の人口かある都市て一たひ傳染病ても流行すれはそれか爲に非常なる損害を來す。茲に於てか都市の事業として衛生事業のことを第一に置くと云ふことは當然のことてある。是れか爲に市には水道を敷かなけれはならぬ。下水の設備もしなけれはならぬ。又勞働者なとも集るからして勞働者の住宅區域と云ふものを定めなけれはならす。或は又段々人が集れは家屋も櫛比して來るから家屋の建築に就て特別の設備もしなけれはならぬ。家屋の建築方に就ても成るへく光線を入れ空氣の流通を良くしなければならぬので建築行政と云ふことも必要になつて來る。都市か盛になれはなるほとさう云ふ事業か必要てある。それから又貧民も集り、勞働者も集り、職工も集る、行旅病者も生する。或は鰥寡孤獨て自ら衣食し得さるものも生して來る。是に於て所謂救濟事業と云ふものか必要になつて來る。東京市に於ては其の爲に養育院を立てて居る又不良少年の教育の爲に感化院を設けて居る或は貧民貸長屋の事業もする。或は勞働者の職業紹介所も市の事業としてやる。外國の如きは貧民無料浴場の如きも市の事業としてやつて居る所かある。又質屋なとを市の事業としてやつて居る所もある。これは貧民の金融機關を必要とする爲にやるのてある。或は交通機關も設けなけれはならぬ。それは成るへく市民をして安く交通せしめんか爲めてある。元は歩いても濟んたけれとも段々市か廣くなり、又郊外に住む者か生して來るのてあるからしてそれには安く乘り得るところの交通機關を設けなけれはならぬ。即ち電車事業の必要は之か爲めてある。是等は唯一端に過きませぬか、都市の發達に伴ひ都市事業と云ふものの必要が段々増して來る。是等か農村なとと違ふ點てある。農村てはさう云ふ設備は必要かない。日本てはまたそれほとてはありませぬけれとも、歐羅巴諸國の各都市に於ては是等の事業か非常な勢を以て進みつつあると云ふ狀態てあります。從て都市の財政の如きも段々膨脹して來る。水道も拵へなけれはならぬ。

電燈も必要てある。電車も敷かなければならぬ。下水の設備もしなければならぬと云ふ風に色々の事業か生して來ますから、都市の膨脹に從つて其の財政の膨脹を來すと云ふことは自然の結果として已むを得ぬことてある。歐米は勿論のこと我か日本も其の例に洩れない。極く近い例を取つて申しまするならは、日本全國の市を合せてとの位の費用を使つて居るかと申しますと、明治二十四年即ち市制を施行した當時は市の支出額か僅に二百二十五萬圓餘てあつた。それか約十年を經て三十七年には二千四百二十七萬八千圓、次に大正三年の統計を見まするると九千六百萬圓餘に達して居る、斯の如き増進率を以て市の經費か増して居るのてあります、又明治二十四年には吾々市民の拂つて居る市稅(市稅の中には附加稅もあり、所に由つて家屋稅もあり、色々ありますか、)其の市稅か全國各市を通して百四十一萬圓餘てあつたのか大正三年には二千百萬圓餘に上つて居る。之を一人平均に致しますれば二十四年が三十五錢七厘で、大正三年が二圓三十五錢と云ふ風に約十倍になつた。さう云ふ風に市民の負擔が殖え市の費用も增して來る。從つて市債も生じます。而かも其の市債は年々增加して來ると云ふ風に仕事か增すに從つて市の財政も非常に膨脹して來る。玆に於てか市の財政問題に就ては餘程研究をしなければならす。市の財政は年々膨脹して殆と停止するところを知らさるか如き有樣を以て進みつつある。此の狀勢に對しては深き注意を拂ふ必要かあります。併なから日本の進み方は西洋のそれに比較すれはまた〱遲々たるもので、西洋の諸都市の狀勢を見まするると此の進み方か非常に速い。

日本ては唯今申したやうに今日一人の市税負擔額か二圓三十五錢と云ふ位の程度てある。勿論之は平均てあつて各市に就て考へれはもつと多い所もある。即ち京都の如きは十圓餘、東京か二十圓、大阪か十四圓、斯う云ふ高い所と又低い所と平均して一人當り二圓三十五錢になるのてありますか、西洋ては一人の負擔額か日本の金に直して平均三百圓四百圓と云ふやうな所もある。少い所ても五十圓、八十圓と云ふ平均てあります。是れから見れは日本なとはまた〳〵少いと云つて宜い。是れは勿論國民經濟の狀況も違ひますから、吾々日本人に取つては是れまても隨分重い負擔になるのてあります。兎に角斯樣に市か發達するに從つて市の財政か膨脹し、市民の負擔か增すと云ふことは爭ふへからさる事實てある。玆に於てか一面に於ては市の事業を研究し、一面に於ては市の財政並に市民の負擔を研究して、其の調節を計らなければならぬことになつて來るのてあります。

要するに國運の進步と共に都市か益々進んて來て、從て都市の總ての狀勢か變化しつつあると云ふことは、爭ふへからさることてあります。是等の狀況を考へますればお互都市の住民としては都市の行政に就て最も深く意を致し之か硏究に努めなければならぬことと考へます。其の行政の善いと惡いとは直接市民の利害に關係を來すことてありますから、此の點に就ては深き考慮を要することてあらうと思ひます。而して如何なる行政上の改革を爲すへきかは各市の狀態に依つて違ひますから、具體的に申上けることは固より避けなければならぬと思ひますけれとも、要するに市民か固き覺悟をもつて都市の行政其の事業其の財政を研究すると云ふことか極めて必要であると思ふ。之に就ては私か先程歐米諸國の二、三の例を述へましたか、獨り我か國のことのみならす歐米諸國の狀勢をも研究することか必要であると思ふのてあります。然るに斯う云ふことを云ふ者かある。日本人は偶像崇拜の觀念に厚く、歐米のことと云へは偶像の如く無暗に尊重する。と云ふやうなことを云つて或人の話に就て批難を加へたと云ふことを新聞等で見ました。成る程此の偶像崇拜と云ふことは必すしも喜ふへきことてないかも知れませんけれとも、世界の大勢を比較研究して參考に資すると云ふことは必すしも無益てはない。日本か未た鎖國の時代にあつて東洋に僻在したる一孤島てあつた時は兎も角てあるか、今日の如く世界的國家として、世界の舞臺に立つことになつた以上は世界的狀勢に留意しなけれはならぬことは云ふまてもないのてある。亞米利加のことときは富を以て世界に冠たりと稱して總ての點に於て歐洲諸國を凌駕して居るにも拘らす、常に歐洲諸國の狀勢を研究することを怠つて居らぬ。就中自治政の研究に就ては其の熱心驚くへきものかあるのてある。專門の學者は勿論、實務に從事して居るところの事務員なとも歐羅巴に行つて、自治政に就ての研究を遂けて居ると云ふやうな狀況てあります。獨り亞米利加のみならす、英吉利は又歐羅巴大陸へ市會議員を派して大陸の市政を研究せしめて居る。又佛蘭西の市會議員とか獨逸の市會議員なとは英吉利へ行つて其の特長を見て來ると云ふ風に彼等の間には常に怠らす比較研究して、所謂彼の長を採り我の短を補ふことか行はれて居るのてあります。此の趣旨を以て私は我國の狀勢を研究すると同時に、又諸外國の狀勢をも研究して我か行政上の參考に資さなければならぬと考へて居るのてあります。而して此の事は獨り都市行政のみに就て云ふのてはない總てのことに就ても同一てあると思ひますか、殊に都市行政に於ては其の必要を見るのてあります。過日獨逸から歸つて來た人の話に、獨逸か今日戰爭に於て聯合軍に敗を取らないて互角にやつて居るのは平素獨逸人の研究力の强い結果てある。近頃獨逸は食料品の輸入か杜絕して今暫くの內に獨逸の食料品は缺乏するてあらう。又武器彈藥等もなくなるてあらうなとと云ふ者もあるか、決してさう云ふことはない。彼の研究的精神は實に驚くへきものかある。國民の食料品としてはとの位のものを食つて何年間耐えることか出來る。又全國の耕地、田地からとれたけの食料品を得られると云ふことを醫者、藥學者、植物學者、經濟學者を集めたる委員の研究の結果ちやんと調査か出來て居つて、終局獨逸は戰時中食料品の缺乏を告けることはないと云ふ決定を得たといふことてある。さうして食料品の中ても、パンは斯う云ふ風に製造する、一人の食料は七「オンス」て足りるなとと云ふことまて研究して居る。彼等の用意は實に周到てあると云つて非常に感心して居つた人かあるのてあります。是れは勿論一例てありますけれとも。要するに吾々は研究心を充分に養つて總ての點に於て大いに發達しなければならぬと考へるのてあります。殊に京都市は大學の所在地てある。學者の集つて居る所てある。斯る地の利を得て居ることは東京を除いては他にないのてありますから、京都市に住んて居られる方々は成るへく斯る機關を利用して市の發達を圖るへく研究せられんことを希望するのてあります。私か今日當大學から講演を依賴されまして喜んて之に應しましたのも、此等の點に對する諸君の御研究の一端に資したいと云ふ趣旨に外ならぬのてあります。私か唯今述へましたことは種々のことを取集めて述へたのて或は御聞取り難いところかあつたかも知れぬと思ひますか、大要を申上けて諸君の御參考に供した次第てあります。是を以て今日の講演を終ります。(大正六、四)

泰西に於ける地方經營

今日は泰西に於ける地方經營といふ題で、お話を致します。つまり歐羅巴に於ける地方の事をお話しやうと思ふのてあります。これも直接に貴君方かお關係になつて居る、自治の上に參考となるや否やは分りませぬ。けれとも日本に於ける實際の話は。諸君の方か私よりもよく御承知の事も多いし、それから單にさういふ執務上の話をする計りてなく、海外諸國て以て進歩して居る社會に於ける、今日の狀況をお話することも、大變必要な事てあらうと考へるのてあります。さういふ次第て、實務上の話以外歐米諸國に於ける實況談をも、講演の科目に入れることと致したのてありまして、私かそれを引受けたのも、其趣意てあります。併なから私は常にいふのてあるか、歐羅巴の事情と日本の事情とは餘程其趣を異にして居る。少くも日本の今日に於ける、物質上の進歩といふものは、歐米に比すると、百年や百五十年も遲れて居ります。故に今歐米諸國に於ける實況をお話した所て、それか直接日本の參考になつて、直ちに其事を移せは、日本に適用することか、出來るといふてもない。併しなから其出來るや否やといふことを味つて見ると、そこには餘程趣かある。のみならす、唯外國の事情か斯うてあるからといつて、それを直く日本に適用することは、勿論間違つて居る。いろ〳〵な施設か、日本ても出來まするし。又其或部分は、固より歐羅巴諸國の實例を參考にしますか、それを消化もしないて、其儘日本へ移すことはいかぬと、私は常にいつて居ります。それてありますから、今私や並に其他の人か、歐羅巴の事をお話しても、それを直く日本へ採つて、かういふ風にしやうといふのてはない。又さういふ事をしやうと思つても、出來ない事情もありますから、直接諸君の御參考になることも、多くはあるまいと思ふ。併なから此前にも私か申しました如く、段々と社會の事情か進んて來るのてあるからして、單に日本の事情のみ聽き取るたけては、諸君の智識を進める上に於ても足りない、又諸君か事務を執る上に於ても、徒らに舊式を守つてやつて居るといふ譯に行かぬ事もあらう。追々進んて行くやうにしなけれはならぬ。それてあるからこの講習會に際して、海外諸國の狀況を御聞きになつて、他日其中から取つて以て施行しやうといふやうなお考になられることも、勿論必要な事と思ふ。さういふ次第てありますから、今日私かお話をする事柄にも、日本の事情に適せぬやうな事かあるかも知れない、併しなから今日外國に於て、かういふ風の事が行はれて居る、かういふ風に進んて居るといふことを頭に入れて置いたならは、必す参考になる事か多からうと思ふ。それてあるから私か今お話する事は他の方々とは、少しく其趣きを異にせさるを得ない。例へは此次に衞生局長か、衞生の事に就て話さるゝのてあるか、其れ等の事とは全く違ふ。衞生局長の話とか、內務書記官の話とかいふのは、直接に內務省の方針を示したり、或はそれか一つの訓示となるやうな事柄に關したものてあります。けれとも私のは、決して上官か下の官僚に向つて話をするといふやうな關係て、お話しをするのてはない。個人として諸君と倶に座談をするやうなつもりて、お話をするのてありまます諸君か上官の命令を受けられて、いろ〳〵施設する事をお聽取りになつたのは、日常執務する上にも、直接の關係かあるし、又其方針て總てのことか行はれるのてありますか、私か今お話しやうといふのは、必すしもさういふやうなものてもありませぬから、其積りてお聽きを願ひたい。

歐羅巴諸國に於ける、地方の經營といふ事は、非常に廣い言葉てあります。地方といふ意味には、市もあれは町村もある。又府縣も郡もあるといふ風て、中央の施設に對して、地方といふ言葉を用ゆるのてあります。それてあるから地方といふ言葉は、極めて廣い。隨つて地方の經營といふやうな、廣い言葉てお話することは、甚た困るのてあります、もしもそれに秩序をたてゝいふならは、都市の經營や、郡村の經營や、州の經營なとといふやうに分つことも出來るのてあります。其第一の順序と致しまして、私は今日歐羅巴諸國の都市に於ける經營に就て、少しくお話しやうと思ふのてあります。

御承知の如く、日本ても地方制度を府縣、郡、市町村とに分けてあります。外國ては、必すしもさう分けて居らない。市町村といふやうな分ち方はあるか、郡を法人として居ない制度もある。例へは佛蘭西の如きは、郡を自治團體として居らない。又日本の府縣に該當するものて、獨逸に州といふものかある。それから佛蘭西ても、それに該當する州といふものかあります。けれとも其區域か、大分違つて居る。併なから自治團體て一番下級の團體は、とこても市町村てある。これは市町村といふ言葉こそ違ひますけれとも、其實質に於ては趣旨を同しうして居るというて、差支ないのてあります。殊に日本の市制町村制は、全く獨逸人モッセの起草に成つたものてある。此人は今も尙ほ伯林市の市參事會員をして居ります。元來か獨逸人の起草したものてありますから、日本の市町村制は、大體獨逸の市町村制に似て居る。のみならす或る部分に於ては、まる寫しといふてもよい位のものてあります。卽ち地方の團體ては、市と町と村とに區別して居る。或は又市町村といふ三團體に區別しないて、都市村卽ち都會と郡村との二團體に分けて居る所もある要するに市といふのは、俗語ていつて見れは、都會てす。町村といへは、市に比へると、區域人口の小さいのみならす、一般の狀況を異にして居る。所謂日本て郡村といふ方に當る。斯の如く市と村といふものが、全く其性質を異にして居つて、又其內容を異にして居る上に、又其廣狹を異にして居る。故に市に對する行政と、町村に對する行政とか、其性質と主義とを異にせねはならぬといふことは、固より明な事てあると考へるのてあります。それから又市の中にも、非常に大きな市と、小さな市とかある。例へは東京の如き人口殆んと二百萬に近いやうな、大きな都會もあり、それから小さい市の如きは、僅か三萬を少しゝか越えて、居らぬといふやうな市もある。同し市てありなから、斯の如き有様てあります。それてあるから人口の二百萬に近いやうな市と、僅かに三萬位な市とを、同一に見るといふことは、とうしても出來ない譯てある。故に今日ては制度こそ一つになつては居りますけれとも、其局に當る人は、大都市に對する經營と、小都市に對する經營とに依つて、其主義を異にして行かねはならぬと考へるのてあります。これは歐羅巴に於ても全く其通りてあつて、同しく市といつておるか、倫敦市の如きは殆んと、五百萬に近い人口を有つて居る。巴里市の如き、伯林市の如きも、或は三百萬或は二百萬に近い人口を有つて居るのてあります。かういふ市の經營か、小さい市の經營と、其主義を異にして居るといふことは、固より當然の事てあると考へます。それて先つ第一に私のお話しやうと思ふのは、普通の市よりも大きい所の、市に於ける經營の事からお話しやうと思ふのてあります。

そこて先つ都市と郡村との關係か、とういふ風になつて居るかと申しますと、此關係は日本てもさうてあらうと思ひますか、殊に文明の進んて居る、歐羅巴の諸國ては、一體の趨勢か、都市に集中するといふことてあります。人口も段々と都市に集中して來る。財産も資本も、都市に集中して來る。政治の中心は固より都市てある。殊に首都なとは、輦轂の下てもあり、國家の政治をやる中央行政府の所在地てもあるから、勿論さうてある。又議決機關たる國會も、都市にある。斯ういふ具合て、總ての名士か都市に集まり、總ての事業か都市に集まるといふことてありますから、都市集中といふ事は止を得ないのてあります。歐羅巴の諸國に於ても、今日殊に其趨勢を呈して居ります。それて歐羅巴の政治家や施政家なとは、頻りと都市集中の不可なる事を述へて、なるへくこれを田舍の方に分配しやうといふ主義を取らねはならぬといつてをります。總ての物か都市に集まつて、來て田舍か段々と衰微するやうなことてはいかぬといふのて、近來は地方散布主義を取らうといつて、政治家なとも、意を傾けて居ります。名士も都に集まり、財產も都に集まり、總てか皆都に集まるのは、いかぬといふのて、地方の奬勵策を此頃盛んに行つて居る。それてあるから或は農村の奬勵とか、農村の復興とかいつて、農村を發達せしめやうといふ事には、何れの國ても力を用ゐて居る。併なから時の趨勢といふものは、已むを得ないものてあります。とうしても矢張り都市に集つて來る。何れの都會を見ても、人口か非常に增してをる。商業も都會て盛んになり、工業も都會て盛んになる。何れの都會に行つて見ても、煙突が林立しておるといふやうな有樣てあります、人口も家屋も日々に增して來る。隨つて勞働者もそこへ集り、各國の人もそこへ集まるといふやうな形勢てあります、此形勢は獨り歐羅巴に於てのみならす、日本に於ても或はさうてありはしないかと、考へるのてあります。日本て所謂都とも稱すへき所は、東京、大阪、京都、名古屋、神戶、橫濱といふやうな所てありませうか、さういふ所には、矢張り人口か益々増して來るといふ形勢てある。都市に人材か集まり、財産か集まるといふことは、一面からいへは、固より喜ふへき現象てある。併し一面からいへは、矢張り郡村の發達をも圖らねはならぬと考へる。故に私は常にいふのてある。或は書物にも書いたこともあるか、地方の發展を圖るには、とうしても人材を地方に持つて行かねはならぬ。人材を都市に集めることか、よくない。例へは官吏にしても、民間の人にしても、なるへく郡村の方面に、よい人を出すといふ考へを有たねはならぬ。それから公共團體の吏員や、市町村の吏員なとに於ても、或は地方て功勞のある人や、或は其藩の舊主てあるとか。或は國會議員てあるとか、或は學士てあるとか、博士てあるとかいふやうな人が、地方の公共事業に當るやうにならねは、地方は發達せぬのてあります。故に地方經營の第一著として、人材を地方に散らすといふことにせねはならぬと、常にいつて居るのてあります。

さういふ風に歐羅巴諸國ても、又日本ても、大體都市か中心てあるやうな傾きを呈して居ることは、實際已むを得ない事てあらうと思ひます。先つ大體都市と郡村との趨勢は、さういふ次第てあります。然らは歐羅巴諸國ては、都市に對して如何なる經營主義を執つて居るかと、いふとこれは頗ふる多方面てありますから、先つ項目を擧けて、一々說明をせねはなりませぬ。先つ第一に、今日ては何れの國に於ても、都市の裝飾主義を執つて居るといつてよからうと思ふ。都市の裝飾といふのは、とういふ事てあるかといへは、其美觀を保たしめるといふのてあります。都市殊に首都は、其國の中心てある、輦轂の下てある。隨つて各國の人も集まり、各種の人間も集まる所てある。故に都市の美觀を保つといふ事は、都市經營上、第一に必要てあるといふのて、事實各國の都市ては、爲政家か皆んな其事を企てゝ居るのてあります。

（第一）其結果と致しまして、先つ第一に道路を良くせねはならぬのてあります。何所ても道路は、非常に立派て、且愉決な方法て以て、經營して居る。隨つて都市の道路は、郡村の道路なとと、全く其趣を異にして居る。日本てもさうてありませうか、外國ては殊に著しいのてあります。歐羅巴へ行つて見ると、非常に道路か立派なのに驚く。其考て以て歸つて來ると、日本には道路かないといひたくなるのてすか、これは都市の道路たけを見て、さういふ事をいふのてある。外國ても田舍へ行けは、決してさうてない。塵も揚れは、破壞して居る所もある。私も多少田舍を廻つて見ましたか、田舍の道路は、必すしもさう立派てはない。けれとも都市の道路になると、非常に立派なものてある。先つ一等道路といふ所は、何れの國ても無論、人道と車道との區別をしてゐない所はない。而かも其道路は、丁度煉瓦石のやうな大きさの木を以て、埋めてある。木て道路を作るといふことは甚た贅澤な金のかゝる仕事てある。併なから木の道路は、非常に愉快てある。歩いても非常に氣持かよい。馬車なり自動車なりて歩いても、音かしない、道路の掃除をするにも、木造か一番よい。歐羅巴の道路には、雜巾かけをして居るといふか、實際其通りてある。夜中往來の稍や杜絕せんとする時分には、水を撒いて、日本て丁度雑巾かけをするやうに、道路を磨いて居る。故に朝通つて見ると、非常に奇麗になつて居る。さういふ風に掃除に一番よいのは、木造の道路てある。併しこれは非常に金かゝるので、總ての道路を木造にすることは出來ない。故に歐羅巴に於きましても、木造道路のある所は、極めて僅かてある。例へは巴里の市とか、倫敦の市街てもある部分とか、伯林の市街ても又或る部分とかたけか、木造になつて居る。日本ていつて見れは、丸の內の皇居の附近とか、銀座通りとかいふやうな所たけか、木造の道路てある。けれとも其他の文明の進んで居らぬ露西亞の聖彼得堡とか、伊太利の都なとに行つて見ても、また木造の道路を見ない。それから第二等の道路は、「アスファルト」て埋めてある、これも無論よいのてあるか、木造道路には及はない。「アスファルト」て作つてあると、寒中には飛裂するとか、或は穴か明くといふやうなことかあるから、木の道路には及はない。第三等道路に行くと、石か布いてある。石といつても、日本のやうな砂利てはない。四角い石を布きつめてある。石の道路も保ちはよいのてあるか、歩くのに愉快てはない。又馬車自動車なとて歩くと、非常に音かして具合か惡るい。故に石の道路は、第三等になつて居る。道路の築造の方法を大體區別すれは、先つさういふ風てある。歐羅巴の大都市に行くと、道路を歩いても土を踏まないといふ。道路を歩いて土を踏まぬといふのは、をかしな話てあるといふ感もするか、實際は其通りてある。今いふ通り、いろ〳〵なものを布いてあるから、靴の裏か直接土に觸れるやうなことはない。勿論雨も降れは、風も吹くから、靴も汚れるか、日本のやうに洋服て下駄掛けをやらなけねは、歩けないといふやうなことはない。それて外國人や、外國へ行つた日本人なとか、人工を加へて作つた道てなければ、道路とはいへないといつてをるのも、全くさういふのを見ていふのてある。日本のは、全く天然の儘に近いのてある。土か露出して居つて、道路の形を成しては居るか、外國流の道路てはない。日本には道路かないといふのも、さういふ意味の道路かないといふのてありきす。さういふ風て、第一に道路の經營に力を盡して居る。都市に於ける道路の費用か、との位かゝつて居るかといふ事も調へてあるか、これは數字の論てあるから述へませぬ。さういふやうに道路 も都市の美觀を添へる一つてある。往來を歩いて靴か泥まみれになつたり、砂塵か揚るやうてはいかぬ。外國の都市は、馬車や自動車や自轉車なとの交通か多いから、道路は始終掃除しなければ汚くなるので、市て掃除員を置いて、夜の十二時頃から、朝六時頃までの間に、掃除夫か出て掃除をして居るのてあります。今日てはそれを以て尙ほ足れりとしないて、此上に改善をせねはならぬといふので、萬國道路會議を巴里に開いて、引續き研究しやうとして居るのてあります。現に日本からも、內務省の沖野博士か出席されたのてあります。郡村の道路なとも、さういふ方に向つては居るか、なか〳〵さういふやうには行かない。大體郡村の道路は、交通機關といふ事を主として居る。ところか都市の道路は、交通機關に加ふるに、更に美觀を添へるといふ事を兼ねて居るのてあります。故に郡村の道路と餘程其主義を異にして居るといつてよからうと思ひます。

（第二）には公園であります。公園の經營に苦心して居ることは、これ又各國とも同一てあります。前にも述へた通り、歐羅巴諸國ては、都市に人か集中する、事業も都市に起る。隨つて家屋も餘計に建つ。けれとも歐羅巴諸國の都ては、日本程廣い所かない。倫敦か非常に廣いといつても東京程は廣くはない。紐育か廣いといつても、これ程はない。都市て一番廣いのは、日本てあると思ひます。要するにさういふ風に、都市は狹い。紐育の如きは、四方川を以て圍まれて居つて、擴けやうと言つても出來ない。又都か廣くなると、非常に交通に時間かかゝつて不便てある。例へは我東京にしても、品川附近から小石川に行くには、今日てこそ交通機關か整ふて來たから稍々よいか、それても一時間餘もかゝる。況んや步行すれは、二時間餘もかゝるといふ譯てある。かういふ風に都市か廣くては、總ての事か簡便に行はれないといふので、都市の擴張には、大分反對かある。故に都市は大きくすることか出來ない。地域を大きくすることか出來ないのに、人口か增して來るのてありますから、或る方法て以て家屋を增さなければならぬ。それは最早や橫に擴けることか出來ないから、縱に擴けるのてあります。今まて三階てあつたのか、四階になる、四階か五階になるといふのてあります。故に紐育の如きは、以前ては一番高いのか三十何階かてあつたのか、今日ては四十何階にもなつて居るといふ風に、追々と縱に擴かつて居る。さうするとこれまては、多少空地かあつて、庭園を持つて居つたのも其庭園を潰ふして、家屋を建てなければならぬといふ譯てある。これは我東京ても、段々人口か增して來て、家屋か非常に殖えるといふので、今まて立派な庭てあつたのを潰して、貸屋を建てたり、或は製造所を建てるのてあります。例へは隅田川附近て、舊の佐竹の屋敷てあつた、非常に立派な庭のある所を潰して、麥酒會社の工場を建てた。かういふ風て庭園も段々と少なくなつて來ることは、已むを得ない。殊に歐羅巴ては、都て庭を有つて居るやうなものを、殆んと見ることか出來ない。殊に數階の高い家て、庭か作れないから、窓の側に草花の鉢なとを飾つて、それを樂んて居るやうな狀況てあります。我々のやうな草も木もあり、青々として居るやうな庭を有つて居るものか、さういふ所へ行くと、非常に不快を感するのてある。故に歐米の都に住んて居る人は、一日外出をしないと、不愉快てあるのみならす實際健康を害するから、私ても外國へ行つて居ると、よく運動をする。これは自衞上已む得ないのてある。四階五階の部屋に居つて、而かも工場か多い所て、煙か來るから、とうしても外へ出なければ、たまらないのてある。日本のやうに四方明放してあつて、少ないなからも庭かあるやうな所ては、終日家に居つても、一向差支はないか、歐羅巴てはさういふ事は、事實か許さぬ、故に歐羅巴ては、婦人ても子供ても、外へ出るといふ習慣かある、隨つて運動もよくするといふのは、自然の必要からするのてある。さういふ狀態てあるから、公園に力を入れることは、固より當然のことと思ふ。公園かなければ、彼等は生活して居ることか出來ぬと思ふ。日本ては庭を有つて居る人ならは、そこて子供を遊はせて置くことも出來る、況んや大きな庭園を持つて居る人は、各自か公園を持つて居るやうなものてある。私は或る西洋人に、我々は皆公園を一つつゝ有つて居るといつたら、非常に贅澤たといつたか、公園てはない、私園てあるか、さういつてもよい位てある、故に日本ては公園の發達しないのも、無理はない、歐羅巴ては、必要上公園かなくてはならぬのてある。故に歐羅巴には、非常に立派な公園かある、例へは倫敦市の如きは、其の中央に至ると、絡繹織るか如して、殆んと歩けないやうな所がある。けれともそこから一里計りの所に往くと、公園かある。そこへ行つて見ると、殆んと雜閙の地か、とこにあるかと思ふやうに、幽邃な公園てある。そこには大きな木も繁茂して居れは、大きな池もある。あちらには子供の運動場もあり、こちらにはいろ〳〵な動物を飼つて居るといふやうに、都の塵を離れた所か近くにあるといふ有樣てある、それは大きな公園てあるか、又小さな公園になると、殆んと到る處にあるといつてもよい。これは公園とはいつて居らぬ。英吉利ても、他の國ても、日本の言葉て言へは、十字街とてもいひませうか、神田の萬世橋とか、兩國橋の袂とかいふやうな所に、十字形の場所かある。そこには噴水もあれは、木も植つて居り、「ベンチ」も出て居れは、新聞も賣つて居る。それから休み店のやうなものもある。さういふ所か非常に多い。それは子供なとを遊はせるのにも、日本のやうに、家の前て遊はせることか出來ない。夫てすら安んしで寢て居られぬのてあるから、何所か休む所かなければならぬのて、往來々々の交叉點に、さういふ小公園を設けて、そこで子供などを遊ばして居り、又毎日市中を往復する人が、そこに休むやうな事になつて居る。かういふ小公園は、日本でも必要であらうと思ふ。例へば東京でいへば、日本橋の附近、大阪でいへば心齋橋通りといふやうな、非常に人家の稠密して居る所ではこれから段々と市街も繁榮して來ませうから、市中で小供を遊ばせる事は、危險な點からいつても、交通警察の上からいふても、子供の健康狀態からいつても、よくないのでありまず。故にさういふ所を設けるのが必要と思ふ。現に私は大阪の市區改正を行ふ時に、其意見を提出したことがある。これは日本でも、早くないと思ふ。それから英國あたりでは、公園に、種々な設備をやつてゐる。自轉車のみが通る道、馬車のみが通る道、步行する人のみが通る道、學校生徒が球投げをする處。小さい子供が木馬に乘るとか、船を漕ぐために湖水やうなものを設けてあるとかいふやうな風に、公園の設備に、非常な金をかけて居る。故に土曜日の午後とか、日曜日などに、公園へ行くと、非常に澤山な人が集つて居る。それは子供のみならす、立派な人もそれへ行く。貴族なども、隨分公園へ行くのである。それてあるから各種の人に出會ふのである。そこで貴族などは綺羅盛裝をして、馬車に乘つて出掛ける。そこで着物を新調すると、公園へ行つて見せやうといふのです。そんな譯けてあるから、公園に行つて見れば、今何んなものが流行して居るかといふことが分かる。英吉利の服裝にしても、佛蘭西の服裝にしても、今何んな風が流行るたらうといふと、それは土曜日の午後に、公園へ行つて見給へといふ。帽子からステッキまて、最新流行のものを持つて、逍遙散歩して居る。殊に子供なとは、公園に行つて遊ふのを樂みにして、土曜日曜のみならす、暇さへあれは、それを利用して公園へ行つて樂しむ。商家の子弟番頭の如きも、必す公園に行つて遊ふ。御承知の如く、日本ては土曜日も日曜日もなく、年百年中働いて居る。或は會社員とか役人とかは、土曜日日曜に休めるか、普通の商家の如きては、矢張り店を開いて居る。歐羅巴ては土曜の午後と日曜とには必す商家か休む、故に土曜と日曜日とには、買物か出來ない。全く遊ふやうになつて居る。さうして遊ふには、必す公園へ行つて遊ふのてある。さういふ次第てあるから、歐羅巴の都市て、公園の經營に力を盡して、金をかけるのも、已むを得ないのてある。これは人生の幸福を圖る上に於て、必要な事と思ふ、ところか我邦に於ては、公園の設備もまたそれ程に完全てはありませぬ。それから土曜や日曜に、公園へ行つて見ても、それ程人か出て居らない。又出る必要もない。家に居つて遊んて居つても、よいのてある。故に日本ては、また公園に金を餘計かける必要もなからうと思ふ。殊に大都市ては、多少の必要はありますか、小都市若くは郡村てはそんな必要かない。歐羅巴ては花園都市とか、田園都市とかいつて、天然の風光を樂ましむるか爲めにさういふ計畫を企てるものもあるか、日本ては東京、大阪てすら、殆んと花園都市といつてもよい位てある。とこへ行つても、青い葉か見える。若しも田園都市を必要とするやうな時代に進めは、これは極めて喜ふへきことてある。非常に工業か發達して。工場の煙突から出る煤煙か、天を覆ふといふ場合になりて、始めて花園都市とか、田園都市とかいふものゝ必要を見るのてある。日本ても東京や大阪の如きは。隨分煤煙かあるといふかも知れぬか、歐羅巴の國々へ行つて見ると、此等はまた田舍の工場位しかないのてあります。若しも日本の工業か更に發達をして、黑烟かまたく天を漲るといふことになれは、これは日本の富をも增し、國富の發展を示すのてある。さうなつて、若し日本に花園都市を設けねはならぬといふ必要に迫つたならは、それこそ極めて喜ふへき現象てあらうと思ふ。けれともまた其所までに達しないのを遺憾とするのてあります。

公園はさういふ風た、都市に於ける住民の幸福を圖る上からも、出來て居るのてあるか、又一つには都市の美觀を添へるといふことにもなるのてある。外國の漫遊客か、其都市に行つて第一に問ふのは、矢張り公園てある。現に私も外國に行けは、先つ公園を見やうてはないかといふのてある。公園のよいと惡いとは、其國の文野をトするに足ると書いて居る人さへある。故に公園の設備かよいといふことは、都を飾る一つの方法てあるから、各國の都市經營者か、公園に力を用ふるといふのも、當然の事である。外國に於ける公園の事に就ては隨分書いたものもあり、日本て飜譯したものもあるから、それを御覽になれは分るか、さういふ次第て出來て居ると、私か觀察したのてあります。それを其儘に採つて來て、日本ても公園を設備しなけれはいかぬとか、何うとかいふのてあるか、それ等の點は、餘程よく翫味して、考へねはなりませぬ事と思ふ。殊に都にならないやうな市ては、必すしも公園を設備するの必要はないと思ふ。僅か一里か半里行けは、田園生活を試みることか出來るやうな狀態ては、何にも公園の設備に力を盡すにも及ふまい。それよりは尙ほそれ以上の事に力を盡さねはならぬのか、今日の狀況てあると私は考へます。それてあるから公園の設備經營は固より必要てありませうか、それには餘程緩急を考へてやらなければならぬこと考とへるのてあります。

（第三）に都市の經營として考へて居るのは、社會教育上の設備てあります。社會教育上の設備とは何ういふ意味であるか。それには先つ社會教育といふ事から、お話をせねは分りませぬ。御承知の方もありませうか。歐羅巴ては社會教育に對して、大いに力を用ゐて居るのてあります。教育といふものは、單に學校教育のみてはない。小學校、中學校等て教へる事のみて、教育の目的を達することは出來ない。家庭教育も必要てあらう。其他の教育も必要てあらうか、殊にこの社會教育に重きを置かねはならぬといふことか、歐羅巴の政治家、教育家なとの考へて居る所てあります。それは何ういふことてあるかと申せは、社會的に公共的に教育をするといふのてあります。小學校其他の學校ては、書物の上て歷史ても地理ても動植物の事ても、總て教へるのてあるか。決してそれて足れりとはしない、是に於てか社會教育か必要てある。社會教育といふのは、社會の設備を以て教育するのてある。例へは動物の事を教へるにしても、學校にも夫れ〳〵動物の模型等もあらうか、學校て總ての物を網羅することは、到底出來ない。そこてこれを教へるのには、實物教育をすることの出來る動物園へ行つて見るのか、一番よいのてある。歷史に就ては、歷史博物館に行つて見るかよい、倫理教育に就ては、國家に功勞のあつた人々に就て見るかよい。さういふ事をするには、動物園の設備も必要てある。植物園の設備も必要てある。又博物館其他の必要もある。そこてさういふ事か、市か經營することになつて居る。外國の市と稱せられるやうな所には、必す立派な動物園や植物園や博物館なとかある。さうしてさういふ所ては、金を取つて見せるのてはない。學校生徒の如きには、自由に出入を許して居る。其動物園なとの設備か、中々大きい。迚も日本の動物園なとの比てはない。殆んと想像の出來ぬ位大きなものもある。立派な山もあり、立派な河もあつて、そこには熱帶地方の動物も、溫帶地方の動物も、寒帶地方の動物も、總へてを集めてある。これは單り子供か見て利益を得るのみならす、我々か見ても利益を得る。行つて見ると、非常に愉快てある。曾て本ては見たことかあるか、實際とんなものか分らないやうなものても、歐羅巴諸國へ行くと、始めて其の實物を見得るのてある。植物ても其通りて、各科の植物かある、さういふ譯てあるから、そこへ行けは、啻に娛樂の上に愉快を得るのみならす、學問の上にも知識を得るのてある。故にさういふ所へ子供を連れて行つて、これか學校て敎はつた象てある、これか獅子てあるといふて、實物を見せますから、彼等の理解することも、非常に早い。日本なとては、象といふものはかういふものてあるといつて、繪てはかり見せてをるか、實物を見せないから、子供の頭には能く分らない。例へは海を見たことのない中學生徒に、海の觀念を與へやうとしても、何うしても分らぬ。海はかういふもので、船かかういふ風に浮いて行くといつても、そんな子供には、とうしても海といふ觀念か浮はない。ところか歐羅巴ては、さういふものを實物て見せる。波か上つをる所を、蒸汽て煙を上けて行く狀を見せるといふ所もある。さういふやうに實物教育をする。それか所謂社會教育といふものてある。其他歷史に就ても、此國は何年に何國と戰爭をしたとか、其時は此國か勝つたとか、其時の天子は何ういふ天子てあつたかといふことを知らせるためには、博物館に必す其れ等に關した遺物か何かゝ殘つて居る。それから獨逸なとならは其國家に非常な功勞のあつたビスマークといふ人はかういふ人てあるとか、この人か何年何月に獨逸國の宰相になつて、かういふ功を成したとか、又モルトケ將軍か何年何月の戰さに、何國と戰爭をして勝つたとか、英吉利のネルソンといふ將軍か、トラフアルガーの戰爭て、英吉利の國威を輝かしたとかいふやうなことを教ふるのに、其ビスマークやネルソンなとの銅像の前へ連れて行つて、其話をする。又向ふの劇場には、國立のものあり、それから私立の劇場に補助をして居るのもあるか、そこては歷史上の劇をする。例へは獨逸ては、何時の戰爭には、かういふことてあつたといふやうに、有益な演劇を見せる。其時に學校の教師なとか、子供を引連れて行つて、それを見せる。さうすると、書物て讀んたよりも、餘計それを感するのてあります。我々はイロ〳〵な事を、書物の上て讀むか、劇場なとへ行つて、實際楠正成の子別れとか、仙臺萩とかいふやうなのを見ると、事實は何うてあつたにしても、餘程頭に感するのてあります。さういふ事て教育することは、是れ亦極めて必要てある。さういふ實物教育社會教育の必要なることは、いふまてもないことてある。社會教育といふには、其他各種あるか、さういふ社會教育の設備に就いて、市といふ公共團體か、力を入れて居るといふのか、歐洲あたりの情勢てあります。

（第四）には圖書館の經營てあります。追々日本ても、市や其他の町村て、圖書館の設備か出來るやうになつたのは、誠に喜ふへき事てありますか、外國に於ては圖書館に非常な力を入れて居る。殊に市の事業として、それをやつて居る、一體市ても町村ても、公共團體の目的といふものは、其市民其町村民の利益幸福を增進しやう、愉快な生活をさせて、其幸福を全うせしめるやうといふのてある。これは國家の目的てもあり、又公共團體の目的てある。國家の繁榮を圖かつて、國家の富を增すといふのか、終局の目的てある。此目的に向つて市町村も公共團體も種々の經營をして居るのてある。此圖書館の經營なとも何の爲に必要てあるかといふのに、國民の知識を增すに必要てあるといふのてある。國民はとうしても知識を增して行かねはならぬ。一體の景況を見ると、書物を讀む人は、日本人よりも歐羅巴人に多いと私は考へる。又實際さうてあります。歐米人は讀書の習慣を、子供の時から付けられて居る。一體日本人には、讀書家か少ないと思ふ。よくいふ例てありますか、日本の人は電車に乘つても、汽車に乘つても、唯ほんやり窓から外を眺めて居る人か多い。外國ては電車に乘つても、馬車に乘つても、必らす何か本を讀んて居る。丁度日本の車夫に當る供待をして居る御者ても、新聞は必らす讀んてゐる。露西亞なとては、さうも行きませぬか、英吉利や佛蘭西や獨逸といふやうな、教育の發達して居る所ては、必らす讀んて居る。又本屋へ行つて見ても、日本ては餘り人か餘計に行つて居らぬやうてある。歐羅巴なとては、との店を素見しても、澤山に人か居る。婦人も居れは、子供も居る。子供の贈物なとには、必らす本を以てするといふ風てある。一般に書物を讀むといふ習慣か、我々の間に於けるよりも多い。それは何て習慣をつけて居るかといふのに、私は圖書館を利用させることか、餘程其の原因を成して居ると思ふ。公共圖書館は、到る處にある。日本ても段々に增して來たやうてあるか、東京に於てすら甚た僅かてある。況んや地方に至つては、また一つの設備もないといふ市か多いと思ふ。又圖書館を建てた所て、利用者かとうかと思ふ。兎に角外國には、圖書館か多い。さうして圖書館に行つて見ると、非常に閲覽者か多く居る。又向ふの圖書館は、閲覽をすることを、餘程自由にしてゐる。誰れても這入つて行つて、好きな本を引き出して讀めるやうにしてある。日本ては一々手續きをして、借りて讀むのてあるから、面倒てある。公共圖書館といふやうに、自由に這入つて、好きな本を引き出して見ることの出來るやうな所は、餘計はないと思ふ。況んや貸し出しの制度を取つて、各自の宅に持ち歸られるやうな設備をしてあるのは、餘計にないと思ふ。外國ては自由に出入の出來る圖書館もあり、又自由貸し出をして居るのもある。これは一面には、彼等の公共心が發達して居ることにも由るのである。若し日本でさういふ事をしたならば、圖書の紛失が或は多いかも知れぬ。これは公共心の程度によることである。我邦では、公共心がまたそれほど發達して居らぬから、斯の如き自由圖書館の制度を採つたり、自由貸出の制度を採つたりするといふことは、勿論早いと思ひます。けれどもなるべく圖書館を利用して、國民の間に讀書の觀念を增さしむるやうにしたいと考へる。それにはなるべく自由簡易の方法を試みたいと思ふ。又これが町村にも出來ればよいが。少くとも市の經營に餘力があつたならば、圖書館をなるべく多く設けて、さうしてそれを利用するといふ考へを、國民に持たせたいと考へるのであります。外國で圖書館を利用することは、今いふ通りであるが、それとて一時に進んで來たのではない。讀書の觀念を、段々に養成し來つたのである。私も外國の公共圖書館を見たが、一番面白く感じたのは、英吉利で見た事である。先づ這入口の所に、毎日の新聞を出してある。歐羅巴人は新聞を見るのを、大變樂しみにして居る。あちらでは新聞には、朝刊も夕刊も出るが、勞働者までもそこへ行つて見て居る。次の部屋へ行つて見ると、面白い小說や歷史を讀んで居る。その次の部屋でも。又面白さうなものを讀んで居る。此新聞を最初の所に出して置くのは、餘程面白いと思ふ。日本の圖書館でも、少くも斯聞などには、自由閲覽の主義を採つたらどうかと思ひます。亞米利加の華盛頓圖書館などは、非常に立派な圖書館であるが、そこでも新聞だけは、隨意に人が行つて見られる。新聞を見て面白い事があると、序に小說も讀む、歷史も讀むといふ風に、段々人か讀書の觀念を起す。さうすれは、圖書館を利用するといふ考へか起る。唯圖書館を利用すれはよいといふのてはない。讀書の慣習か、國民の知識を增すのてあります。國の發達を計るには、國民の知識を增すことか必要てある。歐米人の我々よりも常識に富んた居るのは、彼等が讀書をして居るからてあらうと思ふ。それから又讀書をすると、其人の人格も高くなる。或は碁を打つたり、將棋をさして遊ふも必要てあらうか、酒なとを飮んて樂しむよりも、讀書か一番よい樂しみてあると思ふ。私は人生の娛樂は、讀書てあると思ふ。讀書をすれは、脩養の利益を得る。外國ても、彼れは讀書家てあるといふと、其人を重んする、單に知識を進めるのみならす、其人の修養からいつても、必要てある。夜寢る前にチョット圖書館へ行つて見やうとか、朝役所へ出てる前に圖書館に行つて見やうといふやうなことは、極めてよい事てある。外國てはさういふ風にやつて居る。日本てもなるへく圖書館を利用して、國民の品性を養ひ、又常識を養ふやうにしたいと思ふ。之か設備上に關しては、餘程考へを要しますか、諸君は事業の當局者として、唯民を治めて行くのみてなく、民を率ゐて行くことか殊に必要てありますから、これらの事をもお考へあるやうに願ひたいと思ふ。

（第五）に公共團體の經營すへき事業としては、交通機關の設備てあります。これは先程も述へた通り公共團體の根本義は、國民の幸福を增進することに、基礎を置かねはならぬ。國民の幸福を增進するには、なるへく經濟的に生活して、愉快に人生を送るやうにせねはならぬ。これか卽ち國民の發展を圖かり、國家の發展を圖かる所以てありますからして、歐羅巴諸國に於ける經世家は、何れも之れに意を用ゐて居るのてあります。隨つて國家の當局者は勿論、市の當局者も、矢張り此點に意を集中して居るのてあります。交通機關なとも外國ては日に月に發達して行くのてあります。交通機關の發達に伴つて、國民か經濟的に生活し得るといふことは、いふまてもないことてある。交通機關の發達しない間は、非常に時と勞力とを費すのみならす、其人に苦痛を與へるのてあります。例へは勞働者か往復するにしても、歩いて行つたならは、時をも金をも費す。然るに交通機關か發達して居れは、時と勞力とを節約し得るのてある。都市の事業は、都市の中心に起るのか常てある。交通機關か發達しなければ、それか爲めに勞働者なり其他のものか、都市の中心に住まなければならぬのてある。都市の中心に住めは、生活費か高くなる。これはいふまてもない、日本橋の眞中に住むのと、麻布の奥とか、品川とかに住むのと、非常な違ひてある。家賃其他も安いから、衣食住の關係からいつても、中央の高い所には居れない。けれとも交通機關か完全しなければ、已むを得す中央に住まねはならぬ。然るに交通機關か整つて、僅か十分か十五分位て、郊外から事業の中心まてへ行くことか出來ますれは、彼等は都市の中央に住まないても、田舍に住むことか出來る。さうすれは、一面に於ては生活費を節約することか出來ると同時に、一面に於ては健康狀態を增進することか出來るのてある。都の塵か揚り、煙か立つてをる眞中に住んて居るのと、草は青く木は綠りてあるといふ郊外に住んて居るのとは單に心理狀態に於て愉快を感するのみならす、有形上の身體にも、良好なる影響を及ほすことは、云ふまてもないことてあります。故に都市の發達するに隨つて、都市以外に住居することの必要なるは、云ふを俟たないのてあります。併なから交通機關の設備か完成せねは、いくら此理窟を知つて居つても、それを實行することか出來ないのは、已むを得ない事てあります、私の如きもなるへく郊外に住みたいか、歩いて來るのに時もかゝり、金もかゝるから、止むを得す役所の側に住むやうになるのてある。何うしても國民の經濟問題からいつても、又社會の政策上からいつても、交通機關の設備を圖るの必要なることは言ふまてもない。電車か一たひ通すれは、郊外に人か住むやうになる。故に市の當局者か交通機關の設備に力を用ゐるといふことは、當然の事てある。これは町村其他に於てこそ必要てありますまいか、市ては交通機關の設備か、極めて必要てあります。さうして勞働者其他のものに、廉すくこれを利用させるといふ方法を考へるのは、社會政策上からいつても必要てありますから、都市に於ける經營事業の一つとしては、最も必要てあります。外國ては交通機關の設備か日に日に盛になつて居る。これに就けても日本ては經濟上の關係もあるから、一時には行きますまいか、大に此等の設備を整頓して、進めて行きたいものてす。これは交通の上に必要のみならす、國民の保健や、其他の點に於ても、必要の事と考へるのてあります。

（第六）に都市經營上の必要て、各國が行つて居るのは、勤儉奬勵といふ事てあります。これは日本ても段々さういふ說か出て居りますか。唯いふ計りてはいかぬ。其手段方法を考へねはならぬ。又單に儉といふ計りてはいかぬ。今日の時勢は、決して消極主義てなく、積極主義て行かねはならぬと考へる。故に歐羅巴諸國に於ても、消極主義を唱へて居る所はない。獨逸か非常に發達したといふのは、決して儉を以て起つたのてはない。勤の方か與かつて力あるのてあります。英吉利人か獨逸人を評して居るのに、『獨逸は非常な發展を成して、今や將に我邦を凌駕せんとして居る。彼れの起つたのに、二つの原因かある。其第一は學問の發達てある。學問の發達は、英吉利か一歩を讓る所てある。第二に勤といふことは、獨逸人の特色てある。英吉利人も勤勉の國民てあるか、我は彼れに一歩を讓る』と、かういつて居る。それから勞働者の働きに就て、比例を取つたものかある。それて見ると、世界て第一に働いて居る國民か獨逸人て、英吉利人か其次きてある。元は英吉利の方か先きてあつたか、今日ては獨逸の方か先んして居るやうてあります。歐羅巴ては、殊に勞働時間かやかましいか、英吉利ては勞働時間か八時間乃至十時間、獨逸ては十時間乃至十二時間となつて居る。けれとも日本のやうに朝から晩まて制限なく勞働して居るのも、考へ物てあると思ふ。日本の勞働は、朝から晩まてやつて居るか、又遊んて居る時も多い。勤めて居る時間は多いか、實際働いて居る時間は少ない。要するに勞働時間を制限することも必要てあらうか、餘りやかましくいふ必要はない。併し今日歐羅巴ては、社會政策上からやかましくいつて居る。故に法律上の勞働時間は、今いつた通りてあるが、勞働時間の制限のないものもあり、又其制限以外に働くのは勝手である。ところか獨逸人は、一定の仕事か濟んた後ても、尙ほ任意に働いて居る。彼等は或るものか、酒を飮んて寄席へても行つて遊んて居る間に自己の副業をやつて居る。農業者てあれは、一定の時間を働いた上に、尙ほ食事後に副業として、或る職業に從事して居るといふやうな情勢てあるから、獨逸の發展は、實に恐るへきものてある。將來此趨勢を以て行つたならは、歐羅巴諸國を風靡するものは、屹度獨逸てあらうといつて、英吉利人か杞憂を抱いて、其事を書いた書物を見たことかありますか、事實或は然からんかとも思ふ。故に勤勉といふ事に就ては、是非獨逸に倣つて行かなけれはならぬ。日本は固より勤勉國てあらうと思ひますか、併しなから日本の勤勉といふことは、それ程までに進んて居らぬやうてある。なる程朝から晩まて働いて居るやうてあるか、莨を吸ふ時間もあれは、眠る時間もあるのて、勞働時間を計つて見たら、或は彼れに劣つて居はしまいかと思ふ。それは獨逸人か勤勉てあるといふ實例てあります。今度は儉の方をいふと、歐羅巴人中て、最も質素て最も衣食住の上に節約をして居る國民か、何所かといふのにこれも矢張り獨逸人てある。獨逸人は極めて廉い食事をして居る、又派手な着物も着ない。此頃伯林の如きは、大分化せられて來たやうてあるか、十年前に私か行つた時と、變らぬものもある。先つ普通彼等の中流と稱して居るものに、私か呼はれて行つて見ると、實に我々から見れは、粗食てあるといふやうな御馳走てある、人を招いて置いて、一品か二品て食つて居る。尤も唯一緖に食事をする時てあるか、中流と稱するものてすら、其通りてある。況やそれ以下に至つては、一片の麵包と一片のハム位て濟まして居るのてある。要するに極めて節約して居る。或る人か獨逸人を以て支那人に擬したか、兎に角節儉な國民てある。勉强をして、さうして儉約をするのてありますから、富の增すのは當然てある、故に日本ても勤といふ事に重きを置かねはならぬと共に、又節儉にも意を用ゐなければならぬ、けれとも其節儉といふにもいろいろな方法かある、節儉して唯懷ろへ溜め込んて置くのてはいけない。其溜つた金は、これを利用する方法を考へねはならぬ。朝鮮人のやうに、それを土の中に埋めて置いたのては、役に立たぬ。之か利用の方法として、獨逸の市ては、貯蓄銀行の經營をやつて居る。國によつては、郵便貯金制度のある所もある。或は又私人の經營に任して居る所もあるか、獨逸の如きは、市の事業として貯蓄銀行をやつて居る。私は伯林市の貯蓄銀行をも見に行きました。又何の位集つて、何の位費用か要つて、何の位其管理に金かかゝるかといふことに就ては、伯林市の報告書もあるか、これは省きます。兎に角さういふ經營をして居る。さうして其貯蓄をやるに就ても、其手續を輕便にやることの出來るやうにせねはならぬ。かういふ事を聽いたことかあります。貯蓄の多い所は、手續きの簡易な所てある、郵便局、貯蓄銀行か非常に多いのてあるか、其中てもチョット朝出かけに、預けて行くことの出來るやうな所には、貯蓄か一番多い、ところか遠くまて行かねはならぬと、貯蓄の必要を知つては居るか、ツィ面倒な爲めに、それを行はないのてある、又其手續きもむつかしいと、面倒臭いから現金て家に置いた方かよいといふことになる。故に貯蓄を奨勵するに就ては、其手續きを簡易にして、容易に出來るやうにせねはならぬ。伯林市てやつて居る貯蓄の方法なとは頗る簡單てある。さうして市かやつて居るのてあるから、預けるものも安心して居る。かういう具合にすれは、市ては其集まつた金を、市の公共事業に利用することも出來る。さうすれは矢張り市民も、それに依つていくらかの利益を得られるし、一擧兩得の事業てある。故に市に於ける公共事業の一つとして、貯蓄銀行なとも必要てあらうと思ふ。日本ては郵便貯金の制度もあるから、市てこれを經營することを許すか許さぬかは、問題てある。又市かこれをするに就ては、市の當局者か、十分な決心を以てやらねは、却つて市の不信用を來たすことになる。けれとも兎に角市の公共事業としては、かゝる企ても必要と思ふ。又一面貯蓄奬勵の上に於ても、殊に必要と思ふ。唯命令的に貯蓄を奬勵した所て、役には立たぬと思ふ。知事か郡市長に命令し、市町村長か村の規約を以てやらせるといふやうなことてはいけない。これを安心の出來る方法て、やつていかねはならぬと思ふ。

要するに都市の經營として必要な事は、以上述へたゝけを以て、足れりとするのてはない。尙より以上に必要と認めることもあるか、時もないやうてあります、これ位に止て置きます。

今日は重もに地方經營の中に就きても、都市の經營、殊に都の經營に就て述へたのてありますか、都といふのは、少くも人口五十萬以上の所てあります。けれとも其中間の程度に在るやうな市として經營すへき事て、大都市同樣にやるへき事も、種々あるのみならす、さういふやうな事業をは、歐羅巴の中市以下に於ても、又郡村なとに於ても行つて居るのてあります。併しなから都市の經營と、郡村の經營とは、根本から異にして行かねはならぬと思ふ。同しく自治體といふか、殊に都の自治體と、村の自治體とは全く性質か違つて居ると思ふ。例へは村に行けは、人口か少きは三百多きも千若くは千五百を越えぬのてありますから、理事者も議決機關の人達も村の重もな人達と、皆顏を知つて居る譯てありますから、かういふ所の行政は、殆んと隣保相扶けて、親族相賴るといふ主義て行ふことか出來る。けれとも大都になると、さうは行かない。殆んと隣保の考かない、又集つて居る人も、其土地の人計りてない。國々の人か集つて居る。又外國人も居る。隨つて共同の觀念か少ない。故に或人か大都は、小國てあるといつて居る。殆んと公共の觀念かないのてあるから、此所の行政には餘程違つた考へを持て行かねはならぬ。私の以上述へた所は。重もに大都市に行はれて居る實況てあるから郡村として行ふへき物に就ては、又別の考へを以て行はねはならぬし、又現に別の考へを以て行つて居るのてあります。此郡村の事に就きましては、他の人からも述へられませう。私の今日述へた所は最初申した通り他の人かやられる話と違つて、實務上に直接關係かないのてあります。唯歐羅巴に於ける都市行政の趨勢か、斯くの如くてあるといふことを、御參考までに述へたのてあります。さういふ風に、お考へあらんことを希望するのてあります。（第一回地方改良講習會講演）

歐米視察所感

この暑中に際して、皆さんは誠に御苦勞てこさいます。私か今日お話致す事は、時間割にある通り、歐米視察所感といふのてあります。唯大體のお話をするのてありますから、講釋をするやうに申すのてはありませぬ。午前には諸君の執務上に必要な事柄を話し、午後からは一般的の話をするといふ仕組たさうてありまして、今日私かお話をするのも、直接諸君の仕事に關係のあるやうな事てはない。一般の歐米諸國に於て、私か視察致した事に就て、諸君の或は御參考にならうかと思ふお話をするに過ぎないのてあります。つまり此會は、實務に從事して居られる方々、或は事務官とか郡長とか郡書記とかいふ、地方の實務に御關係のある方々のみの御會合てありまして、一般の或は特別の知識を進めるといふ爲めに、此會か開かれたのてありますから、諸君の御關係になる仕事を進めて行く事に、裨益のあるは勿論、間接に地方事業を進めて行くこともあります。つまり諸君の知識をなるへく高めて行く。かういふ趣旨て、此會か開かれて居る事てあらうと思ひます。所か地方改良事業といふものてありますから、今地方に何か非常な惡いことてもあつて、それを改良するのてあるかといふやうな疑を有つて居る人もある。又現に私も今度内務省てかういふ企てかあるさうてあるか、何か改革てもするのかといふやうな事を問はれました。けれともさういふ趣意てはない。地方行政の發展を圖る爲めてある。將來も益々地方行政を發展して行かなければならぬ。それには直接事務に當つて居る人々に對し、或は事實の上に、或は理論の上に、種々の點からして、參考になることをお話すれは、將來實務を處理する上に於ても、大に參考になるてあらう。さういふ趣意てあります。即ち地方改良といふ言葉は、地方事業の發展を圖るといふ趣意に外ならぬのてあります。それ故其間には農村の改良といひ、社會事業の奬勵といひ、或は基本財產の造成とか、漁村の發展とかいふやうな、種々の點に就て、各省の特別な關係を有つて居る人々か、お話せられるといふ次第てある。言葉を換へて言へは、一般に又特別に、諸君の知識を進めて行くといふ趣意と考へます。現に警察官に就ても、警察官練習所といふものを此春から起した。それは國の事業てはありません、警察協會といふ私立協會の事業てありますか、これも警察官の品位を高めて、知識を廣めるといふ爲めに起つたのてあります。或は監獄の事業に關係して居る人の爲めに、監獄の實務と理論とに關する、特別の知識を廣めるといふので、監獄官の練習所を設けて居る。或は統計事務に從事して居る人には、統計の事務、其他產業等に就ても、夫々の講習會か開かれるのてあります。然るに獨り縣並に郡の事務に關係して居る人々に就ては、是れまてまた特種の講習會といふやうなものかなかつたのてありますから、今後政府に於ても此のやうな企てをしまして、地方事業を益々發展せしめやう。かういふので、諸君を玆に御集めしたやうな次第てあります、必すしも諸君を偉い學者にしやうといふ趣意ても、なんてもない。仕事の發展を圖るには、何うしても仕事に從事して居る其人の知識を高めなければならぬ。諸君の中では地方に居て、或は郡長の如き直接に長官であられる方もあるから、自己の方寸に基いて、事業を企てられるといふやうな事もありませうし、或は縣廳郡役所の樞要な地位に居つて、其長官を補佐しつゝ、事業を進めて行くといふお方もあります、要するに地方の事業は、長官其人の知識と手腕とにあつて存することてありますか、これを補佐する人の力と知識とも、亦極めて必要てあります。諸君は幸に此會に出て種々の話をお聽きになるのてありますか、勿論直接に總てを實施するといふことか出來ますまいけれとも、地方に歸へられてから、これに基いて或は諸君の同僚に話したり、或は諸君の長官に意見を提出したりして地方事業の發展を圖ることを期せらるゝ樣に願いたいといふ次第てあります。

それて私かこれからお話しやうといふのは、前にも申す通り、歐米の視察談てありますか、これは必すしも直接に諸君の御參考にならぬかも知れぬ。かういふ事かあるから、直くに日本に應用しやうといつても、それか出來ないことも多いのてあります。併なから世界は日に月に進歩して行くのてありますから、其進歩の狀況を、諸君か頭にお入れになりましたならは諸君の知識を增進する上に於ても、必らす至大の參考になる事てあらうと確信するのてあります。それて歐羅巴に置きましても、各種の方面て、實務に當つて居る人々の頭を廣くするか爲めに、時々かういふ會合を催うして居る所もある。兎に角他の四圍の狀況か、一日一日に進んて行くのてありますから、其局に當つて居る人も、亦其四圍の狀況に伴つて、頭を新たにして行かなければならぬといふことか、明白な事てあらうと考へます。殊に我邦の如きては、先つ行政の局に當つて居る者か、大體の方針に基いて、大體の計畫をしなければならぬ。それに依つて一般の國民を指導して行かなければならぬのてありますから、地方行政の局に當つて居る人の知識を進めることか、極めて必要な事てあらうと考へます。さういふ次第てありますから、私の話す事か、他の人の話しされる事とは違ひまして、諸君の實務に關係しておる事を御話するのてはありませぬ。しかし諸君の頭をいくらか新にすることか出來やうかといふ趣意てもありますから、其積りてお聽きを希望します。

私は昨年歐羅巴亞米利加を廻りまして、本年の初めに歸つたのてあります。歐羅巴や亞米利加を巡遊した際に、私か感しましたことは、他の會合かあつた時にお話したこともあり、或は新聞雜誌等に出たこともありますから、御列席の諸君中には、既に御讀み下すつた方もあり、又御聞き下すつた方もあらうと思ひます。て或は重複する點もありませうか、多くは初めてのお方てあらうと思ひますから、其實況を概略玆にお話しやうと思ひます。

今更申述へる必要はありませぬけれとも、社會の狀況といふものは、日に日に變化して行くものてある。天然の風景か變化するやうに、社會の事柄も、種々變化して行く。其變化するといふ中には、或は衰へて行くものもありますし、或は進んて行くものもある。併し大體此社會上の事業は、進んて行くことのみてあります。それは諸君か諸君の一地方に於ける事に就て、御考になつても分りませうし、日本全國に就てもお分りになりませうか、五年前の事は、今日其比較にならぬやうな事か多い。況んや十年前の狀況と今日とは、非常に違ふ。況んやこれから先き十年も經つたならは、非常に變はつて行くことか、明白な事てあります。それて私か今度歐羅巴へ行つて見ましたのも、亦此趨勢に漏れないのて、非常な變化と進步とをなして居ることを見たのてあります。私は十年前に、歐羅巴を一巡したことかあります。今度又十年目て廻つたのてありますか、其間の進步變遷といふものは、非常なものてあります。成るへく卑近な例を取つて、御參考に供さうと思ひます。例へは船に乘つて渺茫たる大洋に出れは、陸との關係を全く離れてしまう。諸君か或は神戶から橫濱にお出ての時ても、神戶から船に乘つて外洋へ出ますれは、陸上との交通か全く絕へてしまう。其間に陸地て如何なる事件か起つたかといふことは、恐らく知ることか出來ないのてありませう。況んや數千里、數萬里を航する大洋に於きましては、陸地との交通か全く絕へますから、船に乘つて居る人々は、其間に如何なる事件か起つたか、夢想たにも知らぬことかあるのてあります。故に或る意味からいふと、海上旅行といふものは、非常に暢氣なものてある。新聞も見ないし、通信も來ないから、或意味からいふと、一切の繫累を免かれて、煩くないといふこともいへる。けれとも或る意味からいふと、海上旅行は極めて悲しむへきものてある。鄉里の通信にも接せす、父兄の音信にも接せす、殆んと孤獨の狀態にあつて、誠に心細い事もある。これは海上旅行をされた方には、必らす御感しになる事と思ふ。ところか斯の如き狀勢か、今日ては一變して來たといふことを、私か發見したのてある、海上にあつても、陸上との交通か頻々ある。殆んと陸地にあると、餘まり異ならないやうな實情かあるのてあります。何うしてさういふ事か出來るか。勿論亞米利加と歐羅巴とを分割して居る大西洋の海上ては、其距離か三千何浬といふのてありますか、其三千何浬間の航海に於て、陸地との交通かある爲めに、陸地の總ての狀況か、船の上て手に取るやうに分かるといつたならは、或は奇怪の感を御起しになるかも知らぬか、併し事實は其通りてあります。私か此前に行きました時には、さういふ事かなかつた。船に乘つてしまへは、もう鄕里の音信に接することも出來なけれは、陸地に起つた事を、少しも知ることか出來なかつた。然るに今度大西洋を橫切つて見たのに、最早さうてはない。世界に於ける每日の出來事をは、渺茫たる大洋の上て知ることか出來たのてあります。それは何うして出來たかといふのに、卽ち無線電信の力によるのてあります。電信機といふものは、普通其導線かありて、それを通するのてありますけれとも、今日無線電信の進步といふものは、非常なものてあります。それになると非常な距離ても、空中を通して電信か達することになるのてある。故に今申しました通り、亞米利加と歐羅巴とを隔つて居る大西洋の眞中ても、無線電信の力て以て、時々の出來事を知ることか出來る。其間に每日船の上て新聞を出す。それてありますから、船に乘つて居つても、陸地からこそ新聞は來ぬか、船の上で出す新聞を見ることが出來る。其新聞に依つて、英吉利では何ういふ事が起つた、佛蘭西では何ういふ事があつた、伊太利の震災が何時起つて、何うなつたといふやうな事をば、殆んど陸地を見ない大洋の眞中で知ることが出來るのであります。或は船と船との通信をすることもある。さういふ次第でありますから、此間が三千何浬もあつて、普通の船では七日乃至九日もかゝるのでありますけれども、其間毎日船で發刊する所の新聞で、世界の狀況を知ることが出來るのであります。尤もこれは總てゞはありませんが、良い船には必ずさういふ設備がある。隨つて郷里の通信をも見ることが出來る。或は家に何ういふ慶事があつたとか、何ういふ凶事があつたとか、誰が何うしたとかいふことでも、此無線電信によれば、其の通信に接することが出來る。それから又船に在りて、非常に今風が吹いて居るとか、青天で愉快であるとかいふやうなことを、郷里に音信しやうと思へば、矢張無線電信で通信することが出來る。さういふやうな次第で。非常な變化を見るやうになつたのでありまます。又普通船に居れば、非常に窮宿な部屋に居つて極めて、難義である。船に弱い人なとは、殊にさういふ感がする。所がこれも又學問の進歩で以て、近來は非常に立派な船が出來て居つて、殆んと家に居ると違はないやうな設備も出來て居る。例へば寢室もあれば、客間もある。又自己の専用に供する浴場もある。或は自分の家に居るよりも、より以上の立派な宿屋に居るが如き設備の出來て居るのもある。又船の中には一つの圖書館もあつて、そこに這入れば各種の書物が備へてある。それが爲め旅行して居りなから殆んと旅の悲みといふやうな事のないやうに、鬱を散する設備か、色々と出來て居る。さういふ次第て、船の構造か非常に進歩したか爲め、段々立派なものか出來るやうになつた。今まて一萬噸位か非常に大きいと思つて居つたか。今日ては二萬噸三萬噸、近くは四萬噸の船も出來るといふ次第てある。種々の設備も、段々整つて來て、今ては船の搖れる時に、其動搖と共に搖れるやうな『ベッド』も出來て居る。

さういふやうな有樣て、有形上の進歩を見ると、私達か夢てなけれは考へられないやうな實際の働きまても、歐羅巴諸國ては、現在出來つゝあるのてある。又これは日本に於て殆んと考へられない事てありますか、亞米利加なとに行きますと、家の高さか年一年に高くなる。普通日本ては、三階位か一番高いのてありますか、亞米利加ては三十階、四十階、此頃ては四十四五階位の高さの家か出來て居る。四十何階てあると、大きな言葉て云へは、殆んと天を摩するといふ有樣てあります。淺草の十二階か高いといつて居るか、あれの四倍位もある。さういふやうな所て、如何にして生活か出來るてあらうかといふことをお考へになるてあらう。水の便宜からいつても、毎日の昇降からいつても、全く奇怪に考へられませう。所か水道ても、四十何階まては達するやうな設備か出來て居る。又四十何階を階梯て下りたら、さぞ時間かかゝつて、勞力も甚たしいやうに考へられるてあらう。所かそれに應する爲めには『エレベータア』といふものかあつて、それに乘れは數秒ならすして、上へ達することか出來る。しかもそれにも急行『エレベータア』と云ふのかある。さうして急行てないのば。各階段に停まつて行く、其他尚ほ一層甚しいのは、諸君もさうてありましたらう、私も亦其一人てありましたか。昔しは空中旅行といふを小說て讀んたはかりてあつたのに今てはそれか事實になつた。以前は人間に羽か生へて、空中を旅行する、恰かも鳥のやうに行つて、或る所に降り、又或る所に止まるといふやうな事て、所謂奇想天外より落つるといふ小說物語を讀んた事もありましたのに、それか今日ては事實となつて現はれて來た。それは何てあるかといふと、卽ち空中飛行器の發明てあります。空中飛行器の事を、日本ては所謂風船とかいつて、子供の玩具にして居つたやうなものてある。其風と空氣の力て上つて行くといふやうなものか、丁度今日ては海の上を船て行けるか如く、空氣を利用して空中を旅行することの出來るといふ、調法な飛行船になつたのてあります。殊にこれか今日の歐羅巴ては、非常に盛になつて居りまして、現に獨逸の如きは、これか研究に非常な金を費して、政府てもそれを補助して居る。又一箇人ても非常に研究をして居る。それから此の研究をした人か、或る時失敗したこともありましたか、それを非常に遺憾に思つて、是非にこれを完成しなければならぬといふのて、これに對して寄附金を募つたことかあります、すると僅か數月ならすして、五百萬『マルク』(二百五十萬圓)も集つたといふ次第てある。そんな按排て、空中飛行器の事か今日ては盛んに行はれて居る、今日の歐羅巴は、正さに空中飛行器の世界になつたといつても差支かないのて、各國共にそれを研究して居るのてあります。日本ても、此頃上野て以て空中飛行器の試乘をしたといふ事てありますか、かういふ風に殆んと事實行はれまいといふのて、私か前に行つた時には、何人も空想に過きぬとして居つた人の方か多かつた、其空中飛行器か、とう〳〵空想てなくなつたのてあります。是れまては歐羅巴人といふものは、妙な事を考へるものてあると思つてゐたか、それか遂に實現して來たのてあります。

斯の如く世界の進歩といふものか、我々の夢にも思へないやうな有樣てありますから、此先きもう五十年や百年もたつたならは、如何なる進歩かあるか分らない。かういふ次第てありますからして、世界の進歩に伴つて行くといふ事は、我々の常に心掛けて居なければならぬ所てある。唯昔古老の行つたやうな事を、今日尙ほやるといふ時機てはない。日本ても矢張り、歐羅巴諸國の進歩と相伴つて行かなけれはならぬといふことは、申すまてもないけれとも今は唯如何に世界か進歩して居るかといふ事を示すか爲めに、僅か一二の例をお話したけたてあります。或は夢てあるか、嘘てあるかと、お思ひになる方もありませうか、それは事實てあるから、已むを得ない。かういふ風な事かあるといふことは、諸君の頭にも容れてお置きになる必要かあると思ひます。

さて斯の如き次第てありますからして、我々日本國民も、矢張り此進歩と相伴つて行かなけはれならぬといふことは、特に私か申すまてもない。さうして斯の如き世界の進歩に伴つて行くには、何うしても其國の發展を圖らなければならぬ。其國の富を增し、其國民の知識を廣くしさうして品位を高めるといふことか、世界の競爭場裡に立つた折には、是非必要てあると思ひます。此國力を增して、國民の知識を增すに於て、先つ第一に必要な事は、必らすやこれを地方の行政の局に當つて居る諸君に求めなければならぬと思ふ。無論諸君か一人て出來る譯てはない。けれとも諸君か其中樞になつてやらうといふ覺悟て居つて戴きたいと思ふのてあります。歐羅巴に於ける進步といふものは官といはす民といはす、農といはす商といはす、總ての方面に於て進みつゝあるのてあります。日本もさうてありませうか、日本ては大體に於て、先つ官に居る人から智識を進め、それから一般を指導して行かなければならぬと、私は考へるのてあります。日本てはまた一般の民度か低いといはなければならぬのてあります。故にこれを指導して行くのには、矢張り政府の力に俟たなければならぬのてあります。これは私か甚た遺憾とする所てある。勿論政府の力を俟たないて行くやうにならなければならぬと思ひますけれとも、また此際に於ては、政府の力に俟つの必要かあると思ひます。けれとも政府の力といつた所て、それは非常に廣い事てあります。併しなから直接に地方の仕事に關係のある方は、申すまてもなく地方官てある。中央政府の人は、直接に關係をしては居らぬ。大體の計畫をなし、大體の方針を定めて、これを指導誘掖するといふことてあります。けれとも之か施行の任に當るのは、皆地方の役人てある。それてあるから下級團體に行けは行く程、其必要かある。殊に郡役所の人なとには、最も其必要かある。一つの命令か出たり、一つの法律か出て、それを施行するのは誰れかといへは、矢張り縣廳の人や、郡役所の人である。地方團體の基礎は、固より町村である。隨つて町村に於て總ての事を行はなけれはならぬ。けれとも町村の事を指導監督するのは、第一次か郡長、第二次か知事てある。故に郡役所の人か、先つ自分て中心となりて、やつて行かなけれはならぬのてあります。それてあるから地方の仕事を進めて行く上ては、郡長か最も其力を入れなけれはならぬのてあります。これは單り日本に於て然るのみてはない。歐羅巴に於ても、矢張りさうてあります。けれとも日本に於ける今日の狀勢ては、殊に其然るを認めるのてあります。如何に地方官の施設か、國力の發展に資するかといふ一例と致しまして、私か見ました所の中て、丁抹の例を申しましやう。

丁抹か近來非常な發展をなしたといふことは、各國の認めて居る所てあります。丁抹といふ國は何ういふ國てあるかといふと、これは歐羅巴の中ても、餘程北の方に僻在して居る所の國てあります。歐羅巴の中心と言へは、勿論佛蘭西とか獨逸とかてあります。さうしてそれは大國てもあり、强國てもあり、世界ても指を屈する國てあります。けれとも丁抹になると其大さから言つても、小さい國てある。富力や兵力からいつても、無論歐羅巴の中心たる大强國には、及ふことの出來ない國てある。所て其國か近年になつて、非常な發展をしたのてあります。それは各種の方面に發展をしたのてありまして、其れ等種々の事を夫々申しますならは、隨分時もかゝりまするし、又其機會もあらうと思ひますから、或は丁抹國に於ける教育の事なり、或は商工業のこと等に就ては、又何時かお話しやうと思ひます。さうして今日は唯私か觀、又讀みました所に就きまして、丁抹國の農業か著しく發展したといふ實例をお話しやうと思ひます。

丁抹といふ國は、さういふやうな具合て、北の方に僻在して居つて、氣候からいつても、風土からいつても、餘り良い所てはないのてある。隨つて今より百年前は、丁抹國の農業といふものか、非常な衰況にあつたのてあります。丁抹の農民といへは、極めて悲慘な有樣にあつたのてありまして、丁抹の農業といへは、誰れも殆んと顧みるものか無かつたのてあります。ところか其んな國に於きまして、一たひ國の發展を圖り、殊に農業の發展を圖り、さうして農民の地位を高めなければならぬといふことに、政府當局者も氣か付き、農民自身にも亦た其考へか起つて、そこて農業の改良を圖ることに從事したのてあります。其方法と致しましては、先つ第一に政府の指導といふ事も必要てあるか、農民自身に自治自助の思想を養ふといふことか肝要てあるといふのて、官民の有力者か相一致しまして、共々此方に方針を向けたのてあります。所か農民の地位を高めて、農業の發達を圖るといふには、矢張り何うしても農民の知識を高めることか必要てある。農民の知識を高めなければ、農業の發達を圖ることか出來ない。そこて先つ農業教育に重きを置かうといふ方針を取つたらしい。其結果先つ第一着として、農業學校を各地方に起した。農業學校といふと、エライ學校のやうたか、さうてはない。先つ直接農民に必要な學校を起さうといふので、其方法としては極めて簡易な農業學校を起したのてあります。そこてはどういふ事を教へるかといふと、例へは肥科の事とか、農産物の事とか、農藝化學の事とかいふやうな、至極必要な科目を教へることにした、併なからこれを學校の生徒からやらせるのてはいかぬからといふので、現に農事に從事して居る者に教へるといふことにした。農事に從事して居る者は、勿輪隨分忙かしいものてあるか、しかしさういふ話を聽くのは極めて有益てある。けれとも殆んと家事の繋累に暇もなく、又費用もかゝるので、さういふ學校に出られぬものも多數てあつた。故に政府に於きましても、さういふ家事の繋累かあつて出られない者には、政府から金を吳れて、先つ家事の繋累を除かしめ、さうしてそれを出席せしむることにしたのてあります。けれとも農業に從事して居るものは、それ〳〵忙かしいものはかりてありますから、總ての人か出席するといふことか出來ない。そこて更はり代りに出るやうな方法を立てゝ、さうして農業教育を受けるやうにしたのてあります。殊にあゝいふ寒國てあるから、多は農事か閑てある。さういふ際に、唯空しくして居ることかいかぬといふので、さういふ時季を利用して、農事講習といふ事を始めた。それてありますから、彼等はさういふ時を利用して、其講義を聽くことか出來た。かういふ方法を取つたのてあります。それから單に男はかりにそれを教へたのみてはいけない。矢張り家婦にも教へなけれはならぬ。そこて家婦の學校を置いた。併し婦人は殊に繋累かありますから、其繋累を除かしむる爲め、金を與へて家婦の敎授までをもやつた。隨つて男子か晝間農作に出て居つて、女子かこれに當らぬといふ時なとには、副業をやるへしといふのて、其方法をも敎へ、又冬季のやうに何もない時にも、副業を奬勵して、空しく手を拱いたまゝて、遊んて居らぬやうな方法を取つた。或は又一つの所たけてはいかぬといふのて、所謂巡囘講義といふのを設けて、一村て終れは、更に他村に行くといふことにしたり、或は小學校の授業時間か終つた後に、そこへ集めるといふようにした。此の如くにして仕組こそ極めて雜駁てありますか、有用な農業の思想を普及せしむる方法を實行して、極力農業敎育を施したのてあります。其他にもまた種々の事柄もありますか、先つ大體はさういふ方法てやつた。所か其の結果か非常によくて、其敎授を受けたものは勿論てあるか、更に其次の子供か一人前になるやうな時になつてからは、農事の改良か非常によく行はれたといふ事てあります。

それから農家の繁榮を圖るのには、農民に資產を與へなければならぬ。恒の產かあるものには、恒の心かあるといふやうに、恒の心かあるものには、研究心も起れは、改良發達の心も起るといふのてあるから、農民をして其地位を高め、財產を持たせなければならぬといふのて、日本ていへは小作人といふものに、資產を作らせやうといふ方法を政府か取つたのてあります。これには唯たお前達は勉强しろとか、業務に勵めとかいふやうな、一片の訓諭やなんかのやうな事は、何の役にも立たぬ。何うしてもこれを實行させるには、實行させるたけの方法を考へなければならぬといふことから、かういふ仕組を執つたのであります。政府からして補助を出し、さうして小作人を地主たらしめるといふ計畫を立てたのであります。つまり地主と小作人との關係を厚くし、小作人をして徒らに勞役せしめないやうにしたのであります。一體自己の有する田地を耕すといふことと。他人の土地を耕すといふこととは、其人の思想に於て非常に違ひがある。それからなるへく小作人をして地主とならしむるの必要かあるといふので、小作人をして地主たらしめやうといふ方策を取つた、それは何ういふ手段でやつたかといふと、政府から一定の金を補助して、小作人に土地を買はしめるといふ方法を取つた。これも唯何人にても金をやつて、それを地主にするといふ譯には行きませぬから、それにはそれを奬勵するの方法を執らなければなりませぬ。そこて其方法として、かういふ條件を作つた。小作人はなるへく土地所有者になるかよい。名自か貯蓄した金を以て、なるへく土地を買ふかよい。それに對しては奬勵策として特殊のものには金をやる。其特殊のものといふのは、先つ第一に年齢に制限を附して、廿五歳以上、五十歳以下の者とした。餘りに年を取つた者ても、若い者てもいかぬ。非常に働らける時期のものに、それをやる。又一時たけさういふ事をする者にやつてもいかぬ。將來も矢張り農業に關係するものてなければならぬといふので、農業に非常な精勵をした者といふことをも、一つの條件とした。それには委員を設けて、さうして如何に其人達か精勵して居るかといふことを決めるのてあります。それから唯政府から金をやるたけてはいかぬ。彼等自分も其價の幾部分を出さなければならぬ。故に彼等も地主とならんか爲めに、非常に勉勵をして金を溜めるのてあります。かういふ方法て、政府の補助と、彼等自身の自治とによつて、それをさせたのてあります。其れか爲めに今まて農民か非常に悲慘な狀態にありましたけれとも、漸次に其地位を高めて、今日ては地主たるものか、非常に多くなつたといふことてあります。これは何れの國ても、農民の狀態を進めて、農業を改良するか爲めには、それ〳〵の苦心をして居る。さうしてなるへく小作人の地位を高め、農事の改良に資しやうといふことをして居るのてありますか、しかし何處ても旨くは行かない。現に英吉利の如きも、無論此方法を取つて居るか、今日はまたよく行かぬさうてある。英吉利の農民等は、かういふ格言を有つて居る。三『エーカー』の土地と三頭の牛といふのてある。卽ち三『エーカー』の土地と、三頭の牛とを持つて居る農民は、獨立して行けるといふことてある。併なからこれは全く夢てあつて、いつ其實行か出來るか知れない。『所か丁抹ては、英吉利の夢を事實にしたのてある。卽ち英吉利人の難しとする所を、丁抹の人か實行したといふやうなことて、丁抹に於ける農事の發達といふことは、先つ大體に於て成功をして居るといふてよからうと思ふ。これは成程政府の方針もよいし、それから其局に當つた人の施設もよかつたのてありますけれとも、一つには農民自身の興奮力かあつた爲めてある。彼等はどうしても自己か獨立をし、さうして働かなければならぬといふことを、非常に考へたか爲めに、今日の結果を得たのてあります。

それから丁抹に於きまして産業組合か極めて能く行はれて居るといふことも、これは恐らく皆さんも御承知のことてあらう。書物や雜誌にも書いてある通りて、彼の國の産業組合か非常によく行つて居ることは事實てある。これにも矢張政府なり監督官なりの指導といふ事もあります、組合の當事者とは實に自己を犧牲にして、其事に當つて居るのてあります。産業組合の役員は、殆んと何等の報酬をも受けないて、其局に當つて居る。日本ても段々と産業組合も出來、農會も出來ますか、これは何うしても局に當る人によい人を得て、自ら働いて行くといふ考を有たなければならぬと思ふのてあります。諸君かこれを指導奬勵する上に於ても、さうである。固より諸君の指導奬勵を誠に多とするのてありますか、しかしなからこれと同時に、其實際に當る人を奬勵し、眞に公共心を以て事に當るといふ觀念を養成させることか、一番必要てあらうと考へるのてあります。さういふ有樣てあるから、丁抹かやつた農事改良の跡に考へて見ても、國の富を增して、國の地位を進めるといふことは、政府當局者の指導と、人民に於ける自治の觀念とに俟たなければならないといふことか明な事てあらうと考へます。それから局に當つて居る政府當局者の側に就て見ますのに、これは丁抹の例てありませぬけれとも、其人のやり方か非常に親切熱心てあつた、何事をも研究的にやつて居るといふことは、各國に於て殆んと相一致して居るやうに考へられるのてあります。他の國てもさうてありますか、私か瑞西に行つて感した一の實例かあります。それをお話しますと、如何に彼の國の官吏か誠實に熱心に從事して居るかといふことか分かりますから、それを御紹介しやうと思ひます。彼の國に於ける、日本て言へは内務省のやうな所に居るレヤトリス、ベリゲルといふ人てあります。それは餘程長くそこに居る人てあります。私は其人の事務室に行つて、お前の仕事の遣り方を見たい、といつて、一日一緒に居りました。此人は日本ていへは奏任官位て、監獄の事や感化事業の事なとをも掌つて居る人てある。非常に熱心な人てあつて、其人の室に這入つて見ると、各種の統計かスツト取つてある。各國の統計を皆集めてあつて、又必要な參考書をも總へて集めてある。例へはお前の國ては、不良少年か何の位あるといふと、直くに十年前はかうてあるから、將來はかういふ風てあつて、今日はかういふ風にならう、これを佛蘭西と比較して見ると、かういふ風になる、獨逸とはかういふ風になるといふやうに、そこて直ちに詳しく話をすることか出來るのてある。例へは何の事に就ては、とういふ規則か出て居るかといふと、それは何年何月にとういふ規則か出來て居る、此規則を拵へる時には、獨逸の方かよいと思つて拵へた、其後獨逸てはかういふ風に改正したから、自分の方てはかういふ風に改正したといふ。又机の左右に抽斗かある。右の抽斗には公文書類かあつて、左の抽斗には私書類かある。其私書類ても監獄に關して、かういふ手紙か誰れから來た、免囚保護に就ては何うたといふ風に、私の手紙てもそれ〳〵分類をして居る。私も曾て此人に手紙をやつたことかあるので、お前の手紙か茲にあるといつて、保存しておる。公の事、私の事に拘はらす、何事ても非常に精細に書類を整理して居る、これは實に感服した事て、私はさういふ事を見て、冷汗を流した。實は自分のやつた手紙を忘れてしまつた位てあつた。嘗て此人から本を送つて呉れたこともあつたか、其時に何ういふ事てあつたかと問はれて、イヤイロ〳〵調へたいことかあつたのてといつた位てありました。其人に逢つて見て、斯くも熱心にやつて居るかと、始めて感した。勿論公文書類に就てはお互かさういふ風にやつて居るつもりてありますか、私書に至るまてさういふ分類をして居るといふことは、感服の外かない。歐羅巴てイロ〳〵な人に會つたか、隨分熱心にやつて居る人を、各方面て見ました。けれとも此人なとは、先つ極めて優秀な人てあると思つた。若し日本てかういふ人かあれは、表彰てもされませうか、歐羅巴てはそれか普通てある。總て官吏はさういふ考へて執務して居る。此思想は我々か採つて以て學はなけれはならぬことと考へます。第一に我々日本の役人は、大體に於て研究心か足りないと思ふ。自分の仕事は、命せられる仕事てあるからやる。かういふ考を以て、やる人か多い。故に退出時間か來れは、明日すれはよいといふことにして、歸るといふやうなことて、殆んと雇はれ人のやうな考を以て、執務をして居る人もないとは限らぬ。諸君の如きは必す然らさるを信するのてあるか、さういふ事てはいかぬ。自分は政府の役人てあるか、それと同時に、其仕事か自分の仕事てあるといふやうに自任して、さうして今私の言ひました人のやうな思想を以て、總へてをやらなけれはならぬ。官の職務を、自分の仕事として執るといふ風にしなけれはならぬ。故に其仕事に就ては、縱令其地位か低くて、其官か微てあつても。其擔任を命せられた仕事に就ては、自己か一つの『オーソリチー』となつてやるといふ考を持たなければならぬ。故に例へは實業や教育なとに就ても、自分の縣、自分の郡に於ては、如何なる事實かあつても、それを卽座に說明することも出來れは、それに關聯して、他縣との比較かかうてある。と、直くに言ふ事か出來るやうにしたい。たとひ外國の事にまて研究するの餘地はありますまいか、兎に角さういふやうな事をは、一目て分るやうにして置いて、誰れか見ても分かり、又誰れに聽かれてもそれたけの說明か出來るやうにしなければならぬと思ひます。尤も日本の役人は、仕事か雜駁てあつて、勸業の事もやらなければならす、教育の事もやらなければならすといふのてあるから、種々な方面に亘つて、知識も十分に及はす（又事務も繁多な爲に、十分に及ひませぬかも知れぬか、其考を以てやると、愉快てあると思ふ。今のレヤトリスベリケルといふ人なとは、實際非常に面白味を持つて居る。誰れか話しに來ても、自分か硏究して居る事を話すのみならす、日本ては何うなつて居るかといふことをも聽く。それはかうたといへは、それに就て本か有れは送つてくれろ、併なから其本か日本文てあるならは、重もな點たけを飜譯して吳れ、さうてなければ、要點を筆記するから、話をして吳れといふのてす。さういふ風にやれは、非常に面白味かあると思ふ。さういふ考を以てやれはたとひ如何なるつまらぬ仕事と雖も、必らす興味を感するてあらうと思ふ。又さうなれはなる程、其人か熱心誠實になる譯てありますから、願くは日本ても、御互に唯腰掛けに居るといふのではなく、雇はれ人でおるといふでもなく、國家の仕事を擔任して居ると同時に、自己の研究をしなければならぬといふ考へを以て、職務に當るといふ精神を持ちたいと思ふ。これに就ては私は諸君に求めたい事がある。諸君のみならず、將來中央では、勿論地方の長官などにも話をして、實行したいと思ひますが、日本の役人が極めて難駁であり、又極めて多忙であるといふことに就て、何とか工夫を凝したい。實は私共でも、殆んど閑がないといつてよからうと思ふ。朝は早くから人につめかけられる。夜歸つても、又人に接する、役所に出れば。普通の事務を見る以外に、面會人が非常に多い。偶には自分で手紙を書かなければならぬといふことで、殆んど朝から晩まで、忙殺されて居るのである。私が曾つて職務を執つて居る餘暇に。大學で講義を頼まれて、二三年受持つたことがある。けれども毎日の要務が非常に忙しいので、漸やく寢る前に、二時間か三時間を費して、講義の準備をしたことがある。こんなことが長く續けば、必らず身體にも觸ると思つた位であります。況んや地方にお出での方は。尙更さうであらうと思ふ。イヤ水害がある、そこへ出て行かねばならぬ、あすこへ出て行かねばならぬといふので、朝も早くから行かなければならぬ。殆んど朝から晩まで忙殺されて居るのでありますから、其餘裕を以て頭からイロ〳〵考へ出したり、統計を作つて見やうとか、何か計畫をして見やうとかいふやうなことか、或は出來ぬであらうかと思ふ。でありますから地方官なとか、エライ計畫をすることも出來ずして、それが爲めに苦んで居られることもあるやうである。

それは無理のない事である、どうかして閑を作らなければならぬ。家へ歸れば、參考の書物をも讀み、日曜や土曜位には、自分の好きな所へ行つて見て、頭を休めなければならぬ。これには何うしたらよからうか。私は日本に於ける執務の狀況を、何とか改めたいと思ふ。此事務の狀況に就ても、此前歐洲に行つた時にも調へて見ましたが、此前は實は能く分らなかつた。今度は昨年あたりから、事務簡捷とかいふ事で、私も其委員の一人でありますから、何とか硏究したいと思つて、歐羅巴に於ける事務の取方をも、一部分見て來ました。一般に書類の整理等を、極めて上手にやつて居るやうに思ふ。尤も國によつて違ひますが、日本ではまた記錄制度が完備して居ない。チヨツト一ツの書類を見やうと思つても、それを探し出すのが面倒であるといふことがある。或は事務の配當方法もよくないと思ふ。これはこゝで唯お話したたけでは分りませぬし、又實際に就てお話も聽き、自分も亦考へなければなりませぬが、要するに事務の執り方や、書類の整理が、また完全に行つて居らぬ。瑞西の事務の執り方は、餘程よく整備して居るやうに見た。或る事に就て聽きたいといつて、其事をそこの事務官に問ふた。所が日本の縣廳でいふと、さういふ時には、主任の事務官に當る人が、直くに其事を書記にいふと、書記が又其事を其主任にいふ。さうすると其主任が書類を持つて來る。かういふ次第であるところが瑞西では、極めて簡便であつて、其事務官のやうな先生は自分で何んでも心得ておる。一々それはどこの何の部に在るといつて、直く其事を小使にいふと、立ところに其書類を持つて來る、又手紙の整理方てもさうてある。例へは水野から來た手紙ならは、Mの所を尋ねるとすく出て來る。手紙の處理方法でもさうてあるから、書類の整理や、事務の執り方か、餘程よいと思ふ。これは歐羅巴人か、子供の時から極めて秩序的に生活して、物を處理するのにも、簡易な方法を以てやるといふ風に教育されて居るからてもありませう。尤も事務の書類やなんとも、數か少いやうてはありますか、中々旨く行つておる。所か我々はさういふ規則正しい教育を餘り受けてゐない。官の文書は別として、自己の書類なとは、とてもさうはいかぬ。家へ歸つてあの書類か、とこへ行つたらうかといつて、あちこちと探しても、分らぬやうな事てある。チヨツトした道具にしても、整理方か極めて悪い。物の分類や配列なとには、殆んと注意して居らぬ。それか爲めにかういふ風になることと思ふ。私共の執務室でも、何といふ雜誌にかういふ事かあつたから、思ひ出してチヨツト見やうと思つても、何所かへ擲り込んてあるか爲めに、中々見當らないて、意外な事に人を勞する。これは何とかしたいものと思ふ。此方法は、役人として言ふのてはない、私の生活上に於て、何とか考へて行かなければならぬと思ふ。そんな事の爲めに、手紙の返事を出すのを忘れてしまつたといふこともあり、又何んなことを書いて出したかといふことも、忘れてしまふのであります。ところか歐羅巴て紳士といはれるやうな人は、人から手紙を受けて、それに返事をやらぬのを、一般に失禮てあると考へて居る。日本ては手紙を受取つた所て、必らすしも返事をやらぬ。勿論返事の要らぬものもあらうか、中には矢張り心掛けの良い人もある。何日附の手紙を受取つて、御厚意を謝すると書いて、屹度返事を出すやうな人もある。さういふ人は、自分の書類を保存したり整理したりして、整然とした遣方をしてをる。成程自分の事柄を處理するにしても、かういふ事にして置くのか、甚たよい事と考へる。言ふまてもなく公の取扱に係るものには、是非さういふ風にしておかねはなるまい。これは唯た公人としてお話するはかりてなく、私人としてもさういふことか必要と思ふ、つまり諸君か毎日事務をお執りになる上に於ても、何とか工夫をされて、其事務の取扱を簡易にし、其餘裕を以て研究もしたり、讀書もしたりするやうな習慣を養はれたいものと考へて居ります。これは貴下方一人て行はれることてもありますまいか、何うかさういふ風に、着々として實行を圖りたい事と思ふ。此事は私か長官知事達にも話をして見たいものと考へて居る所てあります。さういふ方法て、仕事を着實にしようといふことを、お互に考へやうではありませんか。

先づ大體に於て、之れか歐羅巴て見ました事柄て、大に參考として學ふへき點も種々あつたやうに考へるのてあります。これ等の事は實際に應用することの出來ぬこともありますか、少くも其考へて將來仕事をして行きたいと思ふ。少くも此氣風は學ふへきものと思ふ。此氣風を以て我々か事に當つたならは、たとひ其事か極めて微細な事てありましても、多少國家の進運に資する所かあらうと思ふ。唯大きな聲をして、國の富を增さねはならぬとか、國の位置を進めねはならぬとかいふやうな空理空論をして居る時期てはない。今日は最早や徒らに理論のみを衒ふといふ時機てはない。勿論實行に着手すへき時機てあらうと思ひます。所か其實行といふものは、輕微な所から進んて行かなければならぬものてある。それてありますから、私は行政整理といふ事かそんなに必要てないと思ふ。それよりも事務整理か何よりも必要てあると思ふ。或は局課を廢合するとか、定員を減すとか、縣を廢するとか、郡を分合するとかいふことも、勿論必要てありませうか、する仕事は何うしてもやらなければならぬのてありますから、事務を整理して其上て、各種の方面を整理しなければならないのてあるか、唯大聲疾呼して居るたけてはいかぬ唯何事ても着實に仕事をして行かなければならぬと考へるのてあります。尚ほ時か許しましたならは、例へは教育の事なり、特種の產業の事なりに就いて、見て來た事や感した事をお話して、諸君のお考へを煩はしたいと思つて居るのてあります、私はエライ頭の高い人に、それを言ふのを望まない。寧ろ實際の局に當つて、事實を處理して居る諸君にお話して、何かと希望する方か、一番利益も多からうと考へるのてあります。何時か又さういふやうな事に就いて卑見を述へたり、又お話を承つたりしやうといふ考へを有つて居ります。これは他日を期することに致しまして、今日は雜駁なお話をしたのてあります。さうして不完全なから、聊か諸君の參考に供して、少しく執務の材料になるやうなものゝお話を致した次第てあります。（第二回地方改良講習會講演）

歐米巡遊中の所感

閣下並に諸君、警察協會各地方支部副長の會同を機とし、本日茲に總會を開かれたるに就きまして、委員長から私にも何か話をせよと云ふことてありましたから、茲に登壇いたしまして、一言卑見を述へる機會を得ましたのは、私の光榮と存する所てあります。併なから諸君は毎日朝早くより夕遲くまて、會議に御精勵になつて居られますので、警察、衞生等に關することは種々の點から既に御研究になつて居らるゝのてありまするから、其上に又今日警察に關する御話を御聽きになることは、定めて御倦怠てあらうと考へるのてあります。故に寧ろ本日は講談とか落語とかて諸君を御慰めしたら宜からうと考へますのてありますか、今日はさう云ふ設備もないかのやうに聞きますので、私か茲に登りまして、少しの時間を拜借して御淸聽を煩すことになつたのてあります。然るに私は饒舌る事は最も下手て、且又内容に就ても諸君を御裨益する丈けの材料を持つて居りませぬか、只歐米巡遊中の所感を警察に緣のないことてありますか、少々御話致したいと思ひます。

私は御承知の如く昨年歐米を巡遊致しまして、近く歸朝致したのてありますから、何か歐米の土産かあるてあらうかと云ふことて、恐らく委員長か私を指名されたのてあらうと思ひますか、歐米の警察に就ては多少見もし聞きもし、又考へも致したのてありますけれとも、本日警察に關する制度とか規則とかと云ふことを述へますのは先程申しました通り諸君の御倦怠を來たすことてあらふと思ひますから、是は漸次に雜誌等に書かふと考へて居りますから、他日若しさう云ふやうな記事か出ました場合に御讀み下さるならは誠に私の光榮と存する所てあります。今はさう云ふ面倒なことてなく、歐米巡遊中に感しましたことの一、二を御話致したいと思ふのてあります。

私か此度歐米に參りましたのは丁度十年目てあります。今より十年前に參りまして今度は丁度十年目に再ひ參つたと云ふ次第てあります。か十年間に於ける世界の進歩は實に偉大なるものてあると云ふことを認めたのてあります。是は獨り歐米に於けるのみならす、我國に於きましても此十年間の進歩は極めて大なるものてありまして、國庫の歳計も十年前に比へますれは殆んと五倍乃至六倍にも達し、又地方の財政も倍若しくは三分の一位の增加を來たして居ると云ふことは、私か特に申す迄もないことてあります。卽ち國民の負擔力も殖へ、物質上並に無形上偉大なる進歩を爲して居るのて、是は諸君と共に賀せねはならぬことゝ考へるのてあります。而して此度私か歐米を巡遊致しまして彼國に於ける十年前の狀況と今日とを比較して見ますると歐米に於ける進歩は、ヨリ以上の進歩てあると云ふことを認めるのてあります。是は啻に外形上から見て、然るのみならす、詳しい統計、數字等に現はれたものより見ましても固より其然ることを認めるのてあります。先つ歐米に於きまする十年間の進歩の外形上の狀態を申しますれは、港灣の設備と云ひ、市街の施設と云ひ、上水下水の、完成と云ひ、其他種々の點に於きまして、私か此前に參りましたときよりは非常なる進歩を爲して居ると云ふことを見るのてあります。例へは獨逸のハンブルグ港の如き、十年前ても無論盛てはありましたけれとも、今日往つて見ますれは、海陸の連絡は一層便利になり、倉庫の設備は一層完全になり、其他各種の施設か完成致しまして、今や歐羅巴の海港てはなく、世界の大海港たらんとする傾かあつて、英吉利のリヷプール、サウサンプトン、倫敦港とか、若しくは亞米利加の紐育の如き大海港を凌かんとする形勢に至つたのてある。又之に出入する船舶の數も十年前は四五千隻てあつたのか、今や八倍に達したと云ふことてあります。又海外貿易の計數を見ましても殆と九倍乃至十倍に達して居るのてあります。又倫敦の港の如きも是は私設會社て經營して居るのてありますか、丁度私の往きました時には之を公共團體の事業にすると云ふことて、其法律案か議會に上つて居ると云ふやうな有樣、紐育の港の如きも、實に私か豫想して居つたより、ヨリ以上の進歩を爲したのを見たのてあります。又市街の狀況に就て見ますれは例へは伯林の如きは此前往きました時ても無論盛んな市てはありましたけれども、倫敦とか巴里とかに比しますれは片田舍の市たるを免れない有樣てあつた。然るに今度參りまして見まするとと從前は郊外てあつた所に迄人家か櫛比して坦々たる道路も出來、是れ迄原野てあつた所に地下鐵道か走り、高架鐵道か架かつて居ると云ふやうな變化を來したのてあります。此席に御出の御方て近く御歸朝になりました栗本君の如きは、無論此狀況は御覽のことと考へるのてあります。又數年前に御出になりました總裁閣下、次官閣下、會長、委員長、其他の御方も若し再ひ御出になりましたならは殆と昔の影を見ないと云ふことを御感しになるてあらうと思ひます。殊に獨逸に於て其進歩の著しいのを認めたのてあります。而して、佛蘭西とか英吉利とかいふ國は或は最早進歩の絕頂に達し、今や將に下り坂にならんとすると云ふことを申す者もあるのてあります、成程外形から見ました所ては、英吉利とか佛蘭西とかの進歩は、獨逸に於けるか如く左程著しくは見えないのてありますか、是は斯う云ふ事情てあらうと思ひます。獨逸の如きは今や益々盛にならんとする國である、恰も之を人に譬へて見れは青年の時期てあります。子供か大きくなる狀況は非常に目立つて分る。人間にしても、子供から大人になる間の成長の度合と云ふものは非常に甚たしい、一見して其人の成長を見ることか出來る。然るに大人になると無論成長はして居るのてあるけれとも、成長の度か夫程著しく見えないと云ふやうな譯て、英吉利、佛蘭西等に於きましても私は必すしも衰える時代になつて居るとは認めないのてあります。成程市街其他の點からしても伯林や其他獨逸の諸國の市に於けるか如く外形上の進歩は著しく見ることは出來ませぬけれとも、諸種の統計、數字に就て見ますと、十年前に比較して大に進んて居ると云ふことは認めらるゝのてあります。決して年老い、腰か曲り、頭か白くなると云ふやうな狀態てはない、肉は肥り、骨は固まりて益々其體格か强固になりつゝあると云ふことを私は認めるのてあります。斯の如く歐羅巴に於ける、こゝ十年間の進歩と云ふものは日本の進歩より、ヨリ以上であると考へるのであります。

而して又十年前に於ける日本と歐米諸國の關係は如何なるものであるかと云ふと、十年前、丁度私は日清戰爭の後に參りましたのでありますか、また日本と云ふものは彼等の眼中になかつたので、或は日本人を見て支那人と云うて居て、日本は支那の一部であるか、若くは支那の屬國であるか、支那の屬國か本國と戰爭をして僅に勝つたものである位に思つて居つたものか多數であつた。固より上流社會の知識ある者は、さうてもありませぬけれとも、大多數は未た日本の地位を承認して居らなかつたのてあります。然るに此度往きますと全く狀勢か變つて居つた。日本と云ふ國は露西亞と戰爭した非常に强い國てある、日本と云ふ國は東洋に於ける强國てあると云つて、今日ては日本は所謂列强の一に數へられるに至つたのてあります。併しなから日本の實情に通して居る者は、必すしも日本を以て恐るへきものとはして居らぬ。產業の點からしても、教育の點からしても、日本は歐米諸國に劣つて居ると云ふことを日本の事情に通して居る者は認めまして、或事情からして日本は露西亞に勝つたけれとも、之を以て日本の眞價を進めたのてはない、日本は依然たる舊日本てあると云ふやうなことを云うて居る者もある。乍併兎に角日本は列强の一になつたと云ふことは國際關係の上からしましても、認められまして、決して昔の日本てはない、十年前の日本てはないと云ふことは大體に於て彼等の思想彼等の感情に上つて居ると思ひます。要するに、日本の地位竝に日本の關係か十年前と違つて來たのは事實てあります。又是迄日本と歐米との交通は歐羅巴に往きまするには印度洋を通つて往けは四十日か五十日、更に甚たしきは六十日も掛るのてあるか、近年西伯利亞鐵道か開通しまして以來、日本の敦賀から浦鹽迄は四十時間を以て達せらるゝ、浦鹽からして露西亞の都ピーターースプルク迄は十日と何時間、先つ十一日て往かれる、更に獨逸の伯林、佛國の巴里、少し遠くなりますけれとも英吉利に至りますに十四日、乃至十六日にして往けるのてある。故に今日ては日本は昔の如く東洋に僻在して居る一孤島てはない、歐羅巴諸國と境を接して居ると云うても決して誇大な言葉てはなからうと思ふのてあります。斯の如き狀態てありますから、十年前の日本と今日とは地位、事情に於て全く異つたと云ふことは明かなことてあらうと思ひます、斯の如く歐羅巴諸國の進歩、並に歐羅巴と日本との接近したことに鑑みますれは吾々は決して眠りを桃源に貪つて居る時機てはなからうと思ふのてあります、何故に歐羅巴か斯く迄に進歩したかと云ふことは、是は種々の原因もありませう、又文化か餘程古くから進んて居るのてありますから、我國か一概に歐羅巴諸國の程度に達せんとすることは望むへからさることてありますけれとも、今や世界の大勢に鑑みて我も亦之に伴つて往かねはならぬと云ふことは。恐らく何人も異議を云ふことの出來ないことてあらうと考へるのてあります。

而して斯く歐羅巴の進歩したのは何に原因するか、是は諸國の理由もありませうけれとも、私は國民自身か之を作つたものと云はねはならぬと思ひます。政府の施設も良い、當局の奬勵其他のこともありまするか、矢張國民自身の自主自治の精神か重なる原因てあらうと考へます。私か彼の國に往て特に感しましたことは、國民か政府に依頼せす、自ら發展し、政府の訓令に待たないて自ら産業に勵み、勤儉をなし、各自の富むのは即ち國の富むのてあると云ふ思想か彼等の頭腦を支配して居ることてあります。

彼等は自分て發展して往くと云ふ考を常に持つて居り、少しの金を得れは之に依つて産業をなし、獨立して進んて往くと云ふ考へを持つて居る。又公民としては自治體を進めて往かねはならぬと云ふ考を有つて居る。個人か進み、自治體か進めは即ち國か進むのてある、國か強くなるのてある。國家の富强は個人と地方團體の發達にある。と云ふ風に地方事業に重きを置いて居ることは特に英吉利、佛蘭西、獨逸等に於て其然るを認めるのてあります。私は國の富强を致すのはとうしても地方の發展に待たなけれはならぬと考へるのてあります。

彼國に於ては一面斯の如く國民自主自治の思想も旺盛てありますか、又國の行政の局に當つて居る人も亦非常に眞面目て、非常に熱心てあります。歐羅巴諸國の官吏の狀態を見まするに、決して唯一時其地位を充して居るのてない。腰掛的に居るのてない。職務上の仕事は自己の仕事として永久にやらねはならぬと云ふ觀念か彼等の頭に存して居るのてあります。固より例外はありますか、大多數の人はさう云ふ考へて居ります。故に自己の司つて居る事務には非常に熱心て非常に精勵てある。他に善い地位がある爲に其地位に移ることを望むものはない。自己の事務を非常に愉快として職務の中に快樂を求めると云ふ風であります。故に其職務に永く居れは永く居る程、職務に興味を持ち、他に榮轉すると云ふことは固より喜はないてもないけれとも、それよりは寧ろ同一の職務に快樂を求めやうと云ふ觀念かあるやうであります。此度私か獨逸、佛蘭西等に參りまして前年世話になつた人を一々訪問致しましたか、同し職務に居るのか多かつた、中には死んだ人もありますし、一二轉任した人もありましたけれとも、多くは同一の職に居りまして誠に便利を得た次第であります。官等の高下とか俸給の多寡とかには餘り煩悶しないて、同一の職務に在つて精勵して其仕事の好成績を見ることを愉快とするやうである。而して又社會か是等の人に對する同情も亦切なるものかある。彼等か久しく其事務に當つて成績か擧ると、社會か之に敬禮を拂ふもの亦非常に厚いのであります。

斯の如き官吏の氣風は採つて以て學ふことてあらうと考へます。官吏は國家の事務を執つて居る者である、國家の事務を執つて居る者は自ら品位を高くして其職務に忠實てあらねはならぬと云ふことは固よりのことてあります、唯一時的の考を以て之に當ると云ふことてあれは其職務の擧らないのは勿論、國の發達を期することは出來ないのてある。故に私は我國の官吏の氣風として御互に斯かる觀念を有つて往きたいと考へるのてあります。從つて彼國の官吏は事務に精通して居つて、其職務に關することは實に能く知つて居る。例へは私か此前出版警察のことに就て調へを致しました際に伯林警視聽のホッペと云ふ人に會ひました、是は此處に御出になる松井君、栗本君も同しく其人に御會ひになり、又其人の爲めに便利を得られたことと考へますか、私か出版警察のことを調へた時に、彼は各國の例を引いて私の爲めに長い細かい、恰かも論文の如きものを自ら書いて呉れた、獨逸の制度は勿論のこと、他國に於ては斯うなつて居ると云ふこと迄も調へて呉れた、是は實に私か敬服した所てあります。さう云ふ風に、研究と云ふ考を有つて居りますから、彼等は極めて忙かしいに拘らす立派な著述があり、其職務に關する立派な書物を書いて居る。例へは、佛蘭西の内務省の警保局のブレーヤーと云ふ人は『行政及司法警察字典』と云ふ、四冊本て非常に大部のものを書いて居る又ル、ボアトヴァンと云ふ人ば『出版法』と云ふ大部の二冊本を著はして居る。斯う云うては甚た失禮てあるけれとも、日本て學問に專門に從事して居る大學の人ても、斯の如き立派な著述を爲すことは六ヶ敷からうと考へる。彼等は極めて多忙なるに拘らすさう云ふ著述をなして居る。さうして其内容を見ますれは、出版法の沿革から、それも佛蘭西に於ける沿革のみてなく、何國には又何世紀には斯う云ふ風になつて居つたと云ふやうな沿革をズット書いて、それから更に各國の比較研究をして居る。多忙なる行政官にしてかういふやうな立派な著述をして居るのてある。又埃及の總督てあつた英國のクローマー伯が其職を退きました時に Modern Egypt と云ふ書物を書いて、昨年出版しましたか氏の自ら述ふる所によれは、自分は職務上埃及の事情を詳しく知る機會を得た、然るに遠隔の植民地に於ては其行政、其風俗、制度等か精確に分らぬことか多い、且つ前の人は何う云ふ仕事をしたか、其結果はとう云ふ風になつたか、又何う云ふ點て彼は失敗したかと云ふことか不明てある、故に自分は埃及に關する自己の經歷と政策を書いて後繼者の參考に供するのてあると云うて居る。此本は六百頁計りの二冊本てあつて極めて有益のものてある。此書は後任者には非常に參考となるてあらうと思ひます。卽ち前任者は斯う云ふ政策を執つた、其結果斯うなつた。其失敗したのは斯うてある、と云ふことか分り、啻に一般國民か裨益するのみならす、特に其局に當る行政官を利益するてあらうと考へる。然るに私は遺憾なから我國に於きましては、斯の如き良著述か行政官の手に成つたものを餘り多く見ないのてありまず。苟も責任のある地位に居つた以上は、其事項を熱心に研究して、之を後人に示し、後世に遺す丈けの抱負を有つて居らなければならぬと考へるのてある。唯一時の仕事のみをするのか決して官吏の能てない。每日印を捺して其日々々の出來事を整理する丈けてはいかぬ。是も固より必要なことてありまするか、それと同時に永遠の考を以て、十年二十年の計畫を立て局に當らねはならぬことと考へます。例へは警察に關係ある方は警察を殆と終生の仕事として考へる位に思つて戴きたい。其他地方の事務に關係するものも其通り、詰り其地位に安んして他に心を奪はれないて、官吏は國家の神聖なる事務を行ふものてある、國家の最も重大なる職務を執つて居るものてあると云ふ考を以て、一意專心之に當つて、若し出來得へくんは自己の爲した經歷、若くは將來に對する施設等に就て後人に示して恥かしからぬ成績を遺して、之を書物に著して戴きたいと思ふ。少なくも斯る考を以て行政の事務に御互に當りたいと考へるのであります。

それから先程一木次官の述へられました通り、獨逸の發達はどうしても是は學問に歸せねはならぬ、故に學問の研究と云ふことは之は一日も怠つてはならぬことゝ考へます。兎角實務に從事すると、本を讀むことを怠り、又其必要のないと言ふものかあるけれとも、是はさうてない、私は本を讀むのは獨り其仕事に必要てあるのみならす、品性修養に必要てあらうと思ふ。讀書する人は生命か永い、讀書しない人は生命か短い、生命といふのは有形上の生命てない、社會上の生命をいふのてある。讀書力のなき人は或時代に非常に盛名かあつても、久しく其盛名を維持することか出來ない、讀書力のある人は其盛名を永く維持することか出來る。故に讀書は自己の修養としても必要なことゝ考へるのてあります。榮位榮職は欲せさるに非らすと雖も、其以外に吾々は愉快を求めることを考へねはならぬのてある。

併しなから又一面から見れは、日本の官吏は極めて難儀な立場に立つて居ると思ふ。歐羅巴の官吏よりは非常に困難な地位に立つて居る。先程申しました通り歐羅巴諸國は餘程進歩もして居り、各個人の能力も發達して居る。公德心も進んて居る。それてありますからして、行政官か行政するに就ても左程骨か折れない、然るに日本の實際を見ますと、官吏は總てのことに注意せねはならぬ。私は地方を廻ります毎に、常に郡長、警察署長の職務の非常に劇務なるに感ずるのであります。殆と日曜日もない、土曜日もない、朝は早く出て晩に歸つても休む暇かない。と云ふのは普通の事務を執るはかりじやない、種々の用務かある。例へは町村のことにしましても、百般の注意をしなければならぬ、若しくは帳面の記し方書き方までも教へねはならぬと云ふことて、さうしなければ町村の仕事か進まぬと云ふことてある、私は實に我國の官吏に同情を表するのてある。斯る劇職に居るのてありますから、外國の例を引いて外國の官吏か本を書くとか、讀書するとか言つても是は迚も眞似ることは出來ないと思ひます。故に諸君に對して多きを望むのは私の誤りてあるか知りませぬけれとも、考は其考を有つて貰ひたいと思ふ。而して今日は總てのことに就て監督、否、場合に依つては干渉てあるか如きことまてしなければならぬのてありますか、是は漸次に方針を變へて、國民の自治心を發達せしむるやうに導いて往きたいと考へるのてあります。

憲法政治とか自治制とかの發達は、是はとうしても國民の自治の考、自主の觀念、公共の觀念の發展に待たなければならない。自治行政は、各自か自己の費用を以て、自己の選んだ吏員に依つて自己の鄕土を治むると云ふ觀念に基かなければならない。是れにはとうしても公共心を養成して往かなければならぬ。市町村會議員の選擧又國會議員の選擧も皆公共的觀念に基かなければならぬ。自己の利益を犧牲に供して國家の爲め若くは市町村の爲めに盡すと云ふ公共心を以てしなければ、自治の發達憲政の完備は期せられないのである。然るに此點か我國には餘程缺乏して居るのであらうと考へる、自治の名かあつて實なく、選擧其他に就ても言ふへからさる惡弊もある又醜聞もある。是等は全く國民の公共心の缺乏に因ることとであらうと考へます。例へは租税滯納の如き、是も矢張公共心の觀念か乏しいからてある。兵役の義務を脱れやうとする、是も公共心の觀念か乏しいからてある。兵役の義務、納税の義務は國民としても又市町村住民としてもなさねはならぬ義務てある。此公共的觀念のない結果か種々の惡弊、若くは醜聞を來すのてあります。今之を急に除くことは出來ませぬけれとも、諸君の如き直接に地方に御在なさる方は是等の點に御注意にならんことを希望するのてあります。

それから又尙日本に於きましては公共心の觀念の少ない爲めに、公共事業か起らぬのである。歐羅巴諸國に於きましては、慈善病院とか、貧民兒童の敎育とか、勞働者の保護とかは國費若くは市町村費てやつて居る所もありますけれとも、財產家、有志家の寄附に成るものも多い、現に獨逸の有名な慈善病院の如きは一有力者の手て成つて居る、又亞米利加の工科大學の如きはカーネーギーと云ふ人か自分一個の資力を以て之を作つたと云ふことてあります。是等は固より我國の富の程度と彼國の富の程度と違ひますから一概に之を我國に應用することは出來ませぬけれとも、少なくとも我國の富裕者有力者は斯う云ふ慈善的事業に金を出して、公共の事業を進められたきことゝ考へるのてあります。安川敬一郎氏か福岡に學校を起したとか、或は三井か東京に慈善病院を建てたとか云ふことは極めて美擧てありますけれとも、是等一、二を以て滿足すへきてない。之を追々に進めて金の餘裕のある人は、斯う云ふ公共事業に金を使ふと云ふことを考へねはならぬことてあります。是等は一に國民の公共心に基くのてあるから、公共心を養成することは實に必要てあると考へます、或は今日の時代に之を直くに求めることは出來ませぬけれとも、是からの兒童に對して、公共心を養成することは必要てあらうと考へる、私は今日斯の如きことを……今代に直くに實行か出來れは尙更てありますか、……實行したいと云ふのてはない、少なくとも我々は今日から御互に其の中心となつて自らも修養を爲し、又次の時代の人に求めたいと考へるのてあります。

日本ては官尊民卑と云ふことを言ふけれとも、それはとう云ふ意味か能く分りませぬか、今日の狀態はとうしても矢張官吏か第一位に立たなけれはならぬと思ふ、甚た殘念なことてある。私は官吏か第一位に立つと云ふことは殘念なことてあると思ふ。官吏も民間の者も共同してやらなけれはいけないと思ひますか、地方に往つて見ますと何うしても縣廳か中心てある、知事や郡長か率先してやらなけれはならぬ。今日の狀態に於ては矢張國家の事務を執つて居る官吏か率先して事に當らねはならぬと考へるのてあります。故に御互に自己の修養を勉めると同時に、第二の時世を作ると云ふ高い抱負と高い考へとを以て事に當りたいと考へるのてあります。甚た殘念てありますけれとも、我國の今日の狀態は社會の秩序と云ひ、政治上の德義と云ひ、公德心の發達と云ひ、未た歐羅巴諸國に及はないと考へるのてあります、無論我國の優つて居る所もある、歐羅巴の惡い所もありまするか、少なくとも先程申した所は彼か長して居る、我の採るへき所てありますから、御互は官等の高下とか收入の多寡とか云ふことに關しないて、高い天職を有つて居ると云ふ抱負を以て、我國をして凡ての點に於て歐米の列强と相伍して讓らぬと云ふやうな時代を此次の時代か、其の次の時代か、何れの時にか作ると云ふ考へを以て、事に當りたいと考へるのてあります。(明治三四、五警察協會總會)

大都市と市長選任問題

東京市長奥田男爵薨してより、將に半年に垂んとして居るのてあるか、未た後任者の選定せられないのは、單り東京市に取つて遺憾なるのみならす、自治制の上より見て誠に遺憾なりと言はなければならない。併し乍ら市長、殊に大都市の市長に缺員を生したる場合に、其後任者の得難きは單り東京市に限りたることてはない。從來の例に依るも幾多の市の實況に就て見らるゝ現象てある。市長に缺員を生し其後任者の確定するまてに長き期間を費やし、甚たしきは一年以上にも達したる實例も往々あるのてある。

斯の如く大都市に市長を得難いのは如何なる理由に原因するのてあるか、制度に缺陷かあるのてあるか、將た市民の熱誠の缺くるに依るのてあるか、其何れに原因するにしても、其缺陷のある點を研究して、是か矯正に努むることは自治制發達の爲に必要なことてあらうと思ふ。若し制度に缺點かありとするならは、其制度を改正することは一片の法律改正を以て爲し得らるゝことてあるか故に、極めて容易なるも、若し制度の非にあらすして、市民の覺悟の上に缺陷かありとするならは市民の注意を喚起し、自治制に對する國民の覺悟を促かさなけれはならぬ。而して、從來各市の市長の選擧に就て是を見るに、市長候補者に對して幾多の感情問題もあり、また政黨政派の關係もありて、市長の選定を困難ならしむることを見るのてある。例へは東京市の實況に就て是を見るに、市長は政黨政派に關係なき人たるを要すと云ふか如き、或は國務大臣たり、若くは國務大臣級たるへき人を要すと云ふか如き、其選定前に當つて、餘りに各種の條件を附するか爲に却て適當の人を得る能はさるか如き結果を生するのてあるまいか。今日實際の狀況を見るに手腕力量あり、相當の經歷を有する者は、皆政黨政派關係かあるのてある。政黨政派に關係ある者か必すしも市長たるに不適任たりと云ふことは出來ない。故に斯かる條件を以て市長の選定をなさんとするか如きは其根本に於て誤れりと言はなけれはならぬ。

また市長は自治體の主腦者てあり、然も自治制の範圍內に於て、自由に行動し得るものてあるから、國家の官吏とは全く其性質を異にするのてある。故に必すしも官吏たる經歷な有するを要しないのてある。官吏たる經歷を有する者は市制運用の上に於て或は便利なることもあらんか必すしも官吏たる経歴を以て市長を物色する必要はないのである。然るに國務大臣たりし者、若くは國務大臣級の人と云ふか如き條件を以て之を物色するか如きは、是れ亦市長選擇の範圍を誤れるものと言はなければならぬ。素より東京市の如き大都市の市長は、國務大臣たりし者か若くは國務大臣たり得へき人たることを要するは勿論てあるか、必すしも其標準を國務大臣に取るを要しないのてある。學識高く、其手腕勝れたる者ならは、國務大臣たらさる者、若くは國務大臣とは何等の關係なき者としても是を選擇するに差支ないのてある。却て斯かる者か自治體の主腦者に最も適當して居るものと言はなければならぬ。

之を要するに市長の選任に種々の故障あり。また事情あつて適當の人を得られさるか爲に、其選定に半ヶ年一年の時日を要し是か爲に市の事務は澁滯するのみならす、市の外部に對する信用を無くし、其結果市の自治運用をして困難に陷らしめ、果ては大都市の自治制は實行すへからさるものてある。郡市の自治なるものは行はれさるものなりと云ふ説を生せしむるに至るのてある。其結果として曾ては東京都制案なるものか議會に提出せられたことかある。都制案なるものは東京市の市長を官選とし、府縣知事の如く、官吏を以て東京市の行政を運用せしめんとするのてある。此案は當時議會の決議を見るに至らすして了つたのてあるか今日尙ほ此案の成立せんことを主唱する者か少くないのてある。其言ふ所に依れは東京の如きは市に完全なる自治制の行はるへきものにあらす、少くとも其市長は官吏とせさるへからすと云ふのてある。其理由として今日の市の狀態を擧けて、市長の選任の斯くも時日を要し、尙且つ適任者を得るに苦しむと云ふことは全く公選制度の結果てある、故に是を官選に改むるを以て適當なりと云ふにあるのてある。此說は一應理由のあることてあつて、是に對して辯護せんとするは自由てある。併し乍ら元來自治なることは市町村民の公選に出てたる吏員を以て其團體內の事務を處理せしむるにあるのてあるから、官吏を以て是に充てんとするか如きは自治制の根本義を破壞するものと言はなけれはならぬ、此意味に於て官選說には反對せさるを得ないのてある。

然るに實際の狀況を見るのに、公選に任せて置く時には久しきに亘つて、市長を得る能はすして、自治體の事務を澁滯せしめ、また市の事業の發展にも大なる支障を來すと云ふ事實かある。爲めに市長官選論の理由あることを認めなけれはならぬ結果に立到るのてある。是れ實に自治發展の爲に遺憾なりと言はなけれはならぬ。若し此儘に推移するに於ては、或は止むを得すして市長官選論者に屈服しなけれはならぬこととなり、都制案の如き法制の制定を餘儀なくするの止むを得さるに立到るかも知れないのてある。故に市民殊に大都市の市民は此點に向つて充分なる考慮を遶らし、一日も早く市長を選任するの方法を執らなけれはならぬ。また市長に推薦せられたる者も四圍の事情と困難とを排斥して、此重大責任の地位に當ることに力めなけれはならない。元來大都市の市長なる者は極めて名譽あり重要なる地位てあるから、是に推薦せられたる者は喜んて是に應するの覺悟かなけれはならぬ。

然るに何れの都市の状況を見るも其責任に當る者か是を受くることに躊躇するの傾きかあると云ふことに誠に遺憾てある。而して其實狀を聞けは『大都市の市長なる者は極めて困難なる地位にして、自己の抱負意見を實行すること能はす、また種々の事情に制せられた其任期間其職責を完ふすること能はす』といふのてある。實際大都市の市長にして完全に其任務を盡したる者は甚た少ない。或は任期中に其地位を去らさるへからさる事情生し、甚しきは二三ヶ月、若くは半ヶ年にして其地位を去りたる實例かある。爲に世人をして市長の地位の極めて困難なることを感せしむるのてある。現に奥田市長の如きも『自己の經驗より見るも決して他人に對しては市長たることを勸むることは出來ない』と云ふことを明言したことかある。また某市の市長は『市長たることは最も困難なるものてあるから將來望みある者に對しては此地位に當らしむることを欲しない』と云ふたことかある、斯の如く市長は極めて重要にして然かも榮譽ある地位てあるに拘らす、其選に當るに躊躇する事實あるのは、全く市民若くは市政關係者か、市長に對する充分なる誠意か現れさる結果に基くのてはあるまいかと思はる、斯の如き次第てあつて良市長を得ること能はさるのは當然てある。歐米の市長たる者は決して斯の如き者ては無いのてある。殊に英吉利獨逸なとの都市の市長を見るのに地位あり手腕あり名望ある者か喜んて其職に在り、然も長く其地位にありて誠實に市の事務に從事して居るのてある。現に伯林の前市長の如きは二十有餘年間其地位に居つたてはないか、倫敦の市長は一年毎に交代するのてあり、また純然たる名譽職てあつて、何等の報酬を得るのてはないか、一度ひ選任せられたる場合には喜んて其地位にあつて、市の爲に滿腔の力を注くと云ふ狀況てある。是れ素より其國情の然らしむる所てはあるか、要するに市民の自治に對する觀念か發達して、自治の爲に力を盡さんとする公共心の發露てあると言はなけれはならぬ、此の公共心の發露か自治制の運用に與つて力あることは言ふまてもない。

我邦の市民も玆に意を致して自治制の發展に心掛けなけれはならないのてある。若夫玆に出すして市長を得るか爲めに多くの時を費やし、然かも良市長を得ること能はさるか如き實況てあるに於ては、遂に市長官選論者をして其說の適當なることを信せしめ、其結果彼等に都制案の如き法律の必要なることを唱へしむるの材料を供せしむるに至るのてある。是れ實に自治制の危機と言はなけれはならぬ。故に市、殊に大都市の市民は意を玆に致して速に市長を選擧するの擧に出て、また選に當つた者は困難と事情とを排して其重責を受くることに力めなけれはならない。斯くして初めて自治制の發達を全ふすることを得、市長官選論を排斥することを得るに至るてあらうと思ふ。近時の東京市の狀況に鑑みて特に此の感の一層切なることを覺ゆるのてある。（大正七、三）

歐洲の警察官と日本の警察官

諸君、唯今長野書記官から御紹介かありました如く、私は警察協會には古くから關係を致し、又警察の事に就きましては、職務上個人としても常に研究して居りますので、本會の事業と致しまして、此練習所の出來ましたに就き、私にも何か一度話をせよと云ふことてあつたのてあります、併なから先程長野書記官から御紹介になりました如く、私は歸朝以來種々多忙てありまして、未た本會に出て御話する機會を得なかつたのてあります、然るに本日は幸に少閑を得ましたから、一場の御話を致さうと云ふことになつた次第てあります。尤も講義とか何とか云ふ樣な纒まつた御話をする迄には進んて居らない、今日は唯私か歐羅巴に於て見聞しました所の實際からして、日本の警察官と歐羅巴の警察官との比較と云うては何てすけれとも、如何に日本の警察官か歐羅巴の警察官に比して、苦心か多いかと云ふ御話をしやうかと思ひます。私は昨年警察協會雜誌第九十四號に「警察自衞權」と題して、警察權執行のことに就ての論文を書いたことかありましたか、此警察權の執行と云ふことに就ては、學問上から言ひましても、實際上から言ひましても種々の困難かあり又種々の議論かあるのてあります。それて警察權と言ふことは、是は私か申すまてもなく、國家の安寧秩序を維持し危險を防止するを以て目的とする所の國家の權力てあります。此權力を諸君の如き警察官か實行するのてある、併なから警察權を執行すると云ふことは、何の位の點迄行けるものであるか、如何なる範圍迄警察權の執行力かあるものであるかと云ふことは、學問上から言つても非常に困難なる問題である、又諸君も實際御遣りになつて居る間に於ても、何等か御疑かあるかも知れませぬか、何か問題の起る時には、常に此執行力の事に就て世間の問題となるのであります。警察權は先程申しました通り、社會の安寧秩序を維持し又危險を防止すると云ふことを目的とするものでありますからして、安寧秩序を妨け或は危險を釀すか如き行爲を爲す者かあつた時は、諸君は之を防かねはならぬ、之を妨けねはならぬと云ふのか、諸君の職務の重大なる點てあります。斯の如く社會の秩序を紊すものを防き、之を妨けると云ふことは、一面に於ては國家に必要てあります、けれとも亦一面に於ては、此制裁を受くる者卽ち諸君の爲めに執行せらるゝ人、其人自身に取ては非常なる苦痛なのであります、警察官と云ふものは、何うしても吾人の自由を妨けねはならぬ職務を持つて居るのであります、所謂自由權と云ふものを侵さねはならぬのであります、故に警察權の執行を受ける人に取ては、非常なる苦痛を感するのは已むを得ないのであります、例へは極く簡單なる例を取つて見ますれは、右に歩みて居る人に對しては左に歩かねはならぬと云ふことを命令せねはならぬのである、左側を歩くのか規則であるから、右側の人は皆左側を歩くやうに諸君か執行しなけれはならぬ。其外警察規則又は法律規則に背いた者かあれは之を糺さねはならぬ、故に左側通行と云ふ規則か出て居るにも拘らす、右側を通行するものは、是は左側を通行させねはならぬことを強制せねはならぬと云ふ職務と職權とを有つて居る。此執行に會ふ人は折角右へ行かうとしたのを、左に歩かねはならぬと云ふのてあるから、言はれるものは其點に於て一の苦痛を感するのてあります。或は又折角集會をした所か、警察官か之に解散を命する、折角吾々か集つて居る集會を解散させると云ふことは、其解散せらるゝ人々に取つては、之は一の苦痛てあるのてあります、其他出版の事にしても、集會の事にしても、總て警察官と云ふものは、人の自由行爲を束縛せねはならぬのてありますからして、束縛を受ける者に取つては非常なる苦痛を感すると云ふことは、免れないものてあります。

斯の如く人の自由を侵し人の自由を妨くる所の職務を執行する人は、執行せらるゝ人に取つては、必す善くは思はれない、勢ひさう云ふことのあるは免れないのてす。夫てありますから一面に於て國家の安寧秩序を維持すると云ふことは、又一面に於て一個人若くは數個人に、不便不快或は不自由を與へると云ふことになるのてあります。さう云ふ性質のものてありまするから、警察官と云ふものは、非常に難儀な立場に居るものと私は認めるのて居ります、成程多數の人は警察權の執行の爲めに、非常なる利益と便利とを得るてありませうけれとも、數個人は之に反して不利益、不便を受くることになるのてありますから、多くの場合に其不便若くは不利益を受くる者よりして、警察官か非難を受けると云ふことは、已むを得ないのてあります。殊に數年前から最も忌むへく、又甚た慨歎すへき現象か社會に發生したのてあります、例へは數年前諸君も御承知の如く、所謂日比谷事件なるものか起つた、卽ち其時は多數の人か集つて非常なる暴行をした、或は電車を焼打ちするとか、或は內務大臣の官舎を焼くとか、其他各所到る所に暴行をしたことかある。又近くは足尾の銅山とか、別子の銅山とか、其他の所に暴行を爲した者かあるといふことは、諸君は必す御記憶に存する所てあらうと思ひます。斯る時に當り、第一に其中に立つて之か防止の任に當る者は、誰てあるかと云ふ、と卽ち其人は警察權執行の任に當る所の警部或は巡査てある。故に其任務を全うせんには何うしても多數の人を相手にして之と鬪はねはならぬ、場合に依ては其人々を引致しなければならぬ、又時としては危險なる武器を利用しなければならぬと云ふ如く、其制裁を受ける人から見たならは非常に嫌なことてある、其嫌な職務を諸君は行はなければならぬ、之を行ふのか警察權の執行てあります。夫故警察官は普通の役人の如く內に居つて事務を處理する者とは違つて、直接に人民を保護すると云ふ上から多くの人と相爭ひ、相鬪はねはならぬのてありまするから、諸君の任務と云ふものは實に同情を以て迎へねはならぬのてあります。然るに實際の狀況を見まするると、諸君の仕た行爲に就ては、……無論總てではありませぬけれとも、往々非難の聲を受くることかあるので、現に先年の日比谷事件に就ても良民を殺害したとか、良民を傷けたとか云うて、或は新聞に於て或は議會に於て警察官の非違を攻擊したこともあつたのてあります。或は又事實てあるか如何かは知りませぬか、近頃拷問事件とか其他の事件て、警察の非行を非難する聲か頻々として聞えるのてありますか、詰り是は警察官と一般社會との調和か、充分に至つて居らないのてはないかと云ふことを疑ふのてあります。又一面理論からしましては、警察權の執行力は何處まて到るかと云ふことか、不明になつては居らないかと考へるのてあります。夫て諸君か職務を執行する上に於て、とうしても人を縛らねはならぬとか、或は所有品を取上けねはならぬとか云ふことか起つて來る、例へは罪を犯した者とか、悪い事を爲した者に對して拘引をする、其時に當つて卽ち諸君か警察權を執行する時に、其執行を受くる人か從順に命令に從ふならは然論差支ないてすか、若し其命令に從はない、卽ち拘引せんとする者か之に反抗し、之を拒むと云ふ樣な場合に、諸君は强制力を以て之を執行せねはならないのてある、卽ち「强制力の執行」と云ふ問題か起るのてある。併し其執行の方法は、其人の意思に反しても爲すへきてある歟、若し又其人か抵抗した場合には、何う云ふ力を以て之を防禦して宜いのてあるか、或は場合に依りますれは彼は無法にも暴力を以て諸君に抵抗すると云ふこともありませう、又彼は兇器を持つて居らぬにしても石を投けるとか、木を以て擊つとか、或は自己の手足を以て之を防くとか云ふ樣に、暴行を以て諸君の執行力に抵抗する場名もありませう、さう云ふ時に諸君は之に對して何うして宜いのてあるか、何處まて是を防くことか出來るのてあるかと云ふことは、之は隨分實際に於ても屢々起る問題なのてす。

所謂「警察權の實力使用」と云ふ問題なのてあります。斯かる場合には實力を以て之と相爭はねはならぬと云ふことも、普通見受ける所なのです、若し敵か兇器を持つて向つて來たならは、警察官は唯遁けて仕舞へは宜いと云ふ譯にはいかない、其場合我々は如何なる方法を以て之に對するかと云ふことか、所謂警察權執行者の實力使用の問題てあると云ふことなのてあります。之に就ては未た日本に於ては充分なる法規もない様てあります、又此實力の使用範圍と云ふことに就きまして、實際問題として定まつた所の實例もないのてありますけれとも、此問題に就ては各國に於ても之を研究して居り、又各學者の著者にも出て居るのてありますか、此事に就ては私か數年前に論したことかあると考へて居るのてす。

諸君か携帶して居る所の劍は何の爲めてあるか、之は或場合に於ては其劍を利用して職務を全ふしなければならぬ爲めてあるか、又それは外國の例に於けるか如く、飾りに下けて居るのてあるか、日本の古い規則を調へまするると、警察官の拔劍令と云ふ様な規則かある、其規則に據りますれは場合を限定して、是々の場合てなければ劍を拔くことか出來ないと云ふ様な規程か設けられてある。或は又憲兵條例とか、監獄法とかには憲兵若くは看守か職務を執行する爲めに拔劍し得る規程を設けてあるか、併しなから是等の規程に依て拔劍した場合には其人を殺しても、其人を傷けても宜いのてあるかと云ふと、是は矢張り問題てあります、現に此事に就ては問題になつたこともある、悪い事をする人か劍を以て職務を執行する警察官を攻擊する時に、諸君は之を防かねはならぬ、此防くと云ふ行爲は即ち正當てあるか何うか、又防く結果として人を殺すとか、傷けるとか云ふこともないてはない、其時には諸君のした行爲か適法てあるか何うか、又適法てありとすれは、何う云ふ法規の下に然るのてあるかと云ふことは必す起る問題なのてす、此事は日本の規則に據ると、拔劍し得ると云ふことか規定してある、拔劍して其職務を執行することの出來る或る特種の場合に劍を拔くのは宜いか、劍を拔けは人を殺しても宜いのかと云ふことは、ナカ〳〵困難なる問題てある、例へは兵士の如きは內亂ても外患ても同しことてすけれとも、人を殺しても差支ない、若し社會の狀態か非常に亂れて內亂とても云ふか如き場合には、兵か出て發砲しても宜けれは銃劍て人を殺しても差支ないのてある。夫て兵かやれは勿論疑もなく鐵砲て擊つても宜いけれとも、內亂にならさる前に之を鎭撫するのは警察官の職務てある、此場合に諸君は唯職務執行上已むを得ない場合に於て實力を使用し得ると云ふに止まるのてある。或は又場合には兇徒か諸君を刺さんとする、其時に諸君か之に抵抗して捕へなけれはならぬ、若し又劍を持て來れは劍を以て防くのてあるか、是れは、刑法て規定して居る所の所謂「正當防衛」てあるか、正當防衛は各個人とも皆有て居る權利てある、故に諸君か普通人として正當防衛と云ふ範圍てやるならは、無論權利を執行するのてあるから差支ない、併しなから警察官か職務執行の爲めに拔劍して之と爭ふのは、決して是は正當防衛から生する權利てなく、職務執行上より生する權利てあると私は考へて居るのてす。故に諸君は職務を執行する上に於ては正當防衛と云ふものよりも、より以上の權力を有つて居ると私は考へる、併しなから此職務執行權の範圍か或程度以上に達すれは個人々々の爭になる。其時に諸君の行爲か若し不法てあれは、諸君は刑法上の罪人として立たなければならぬ、ナカ〳〵困難なる問題てある。斯の如く諸君は極めて危險な地位に立つて居るのてあります、夫て或る場合には諸君は兇徒と爭はなければならぬこともあり、又或る場合には多數の人民と鬪はねはならぬと云ふ樣なこともあり、極めて危險なる職務てあるにも拘らす、諸君に同情を表するものなく、先年の日比谷事件の如き拔劍して良民を殺した巡査かあるとか、又は良民を傷けた警察官かあるとか云ふ樣な非難を受けるのは、全く之は悉く警察官か宜いとは謂へないけれとも、今少しく世間より警察官に同情を持つて貰ひたいと云ふことを、私は常に唱へて居るのであります。例へは多數の人か日比谷公園に集つて來る、現に警視廳の方の中には無經驗の方もありませうか、一々彼は良民てあるとか、是は暴行者てあるとか云ふことをそれ〳〵區別して暴行者ならは之を擊つ、良民ならは擊たないと云ふ樣なことを判斷することは、極めて困難てあらうと思ひます。之を以て警察官か良民を殺したとか傷けたとか言つて非難するのは、少しく酷てはあるまいかと思ふ。何う云ふ事實のあつたことか其事實は取調へなければ解りませぬか、兎に角さう云ふ社會の狀態てあるから、日本の警察官は總てに注意しなければならぬのてあります。私は斯の如く警察執行力の範圍を研究し、警察權の執行に基く實力使用の問題に就て研究せねはならぬに至つたのは、其當時非常に歎かはしく思つたのてあります。成程外國に於ては、學者の論說として、或は一の理論としてさう云ふことを論して居る者もあります、けれとも實際問題として、此問題を研究しなけれはならぬと云ふことは、少しも是まて聞いたことかないのてある、外國に於ては劍すら提けて居らぬ警察官もあります、身に寸鐵も帶ひて居らぬ警察官もあると云ふ樣な次第てあります。或は非常に外國の警察か能く行屆いて居るのてあると云ふものもある、さう云ふ事實もありませうけれとも、私は必らすしも左樣てあると云ふことを信しないのてある、のみならす、寧ろ日本の警察の方か、却つて行屆いて居るのてあらうと思ふのてす。而して外國の警察官と日本の警察官との苦心の程度か非常に違ふと云ふことを發見したのてあります、實際に私か外國に於て警察官の遣り方を見たのてありますか、街路に於て或は公衆の集つて居る寄席とか演劇てあるとか、さう云ふ場所に於て警察官の職務執行か、非常に能く行はれて居る實況を觀たのてあります、例へは巴里にしても倫敦にしても伯林にしても、其市中の狀態と云ふものは、日本の東京抔と違つて非常に交通か頻繁てある、人の集合することは實に豫想外て、倫敦の或る場所とか、巴里の或る場所を通つて觀ると、車馬絡繹織るか如しと云ふ形容詞かありますか、實に全く其通りてす、其間には電車も通行すれは馬車も通る、或は荷馬車も通れは又自働車も通る而かも其數か非常に多い、實に形容の出來ぬ位てある、銀座通りや日本橋の通りは、日本ても交通の極めて多い處てありますけれとも、決して斯の如きものてはない。彼國に御出てになつた方は御承知てもありませうけれとも、此特殊の場所に行くと、殆と右から左へ通行することか出來ぬと云ふ有様てあります、斯の如き場合に警察官は、交通上の危險を防禦せんか爲めに種々警戒して居るのてありますか、其やり方は極めて無意識に殆とエライ心配をして居るか如き狀況もなくして行つて居る。彼國て實際に此有様を見ると實に驚く、而して此頻繁なる人通りを、若し其儘に放任して置けは何處迄も車馬の往來は絕えない、夫を横切らんとするも、横切ことか出來ない其時に、警察官か時々交通を止める、交通か止まつた時に、例へば東西の交通か止まる時に、南北の人は漸く往來する、又南北の交通か止まつた時に東西の人か横切る、と云ふ有様てある。斯う云ふ風てあるから、所謂交通警察なるものは、私は歐羅巴の大都會に於て初めて必要を觀ることてあらうと考へる。日本なとては未た斯う云ふ交通警察の必要を見ないのてある。左側通行と云ふ規則はあるけれとも、是は今日の場合必すしも必要てはないと思ふ、例へは往來の少い場所て、右側に一人も通行人もない樣な場合に、それを一々左側を通行させると云ふことは實に愚な話て、右側を通つた所か少しも危險も不都合もないのてあります、日本ても東京とか大阪とか大都市の或る場所に於ては、必要を感することもありますけれとも、其他の場所にはさう云ふ必要はないと考へるのてあります、唯是は日本人の公德心を養成する準備の外はない、人民の公德心の養成は警察の命令よりもより必要てある。歐羅巴の大都市の交通極めて頻繁なる所に於て警察官の命令か能く一言一擧手の下に行はれて居るのは、實に感服の至りてあります、巡査か通行人を制するに「何卒諸君御待下さい」と云ふ様な極めて叮嚀なる言葉を遣ふ、すると今迄先を爭つて居た所の人か、忽ち止まつてしまう、一人として這出て前へ往かうとする者はない、寔に警官察の命令か秩序正しく行はれて居ります、之を觀て私は甚た警察官の命令の如何に能く行はれるかと云ふことを感したのてあります。日本ては官尊民卑とか云うて、民か卑くして官か尊いと云ふ様なことを云ひますけれとも、或意味に於ては歐羅巴の方か餘程官尊てある、それは官尊たか民卑たか知らないけれとも、兎に角官權が能く行はれるのてあります、制服を著けて國家の權力を執行する所の警察官の命令とし言へは、何等之に違反する者も無く、殆と神樣か命するかの如く行はれるのてあります。數年前英吉利に於てウイクトリヤ女皇六十年紀念式か執行されたことかありましたか、さう云ふ時の人出と云ふものは非常に夥い、ナカ〳〵東京の御祭の比てはない、其雜沓と云ふものは非常なものてす。其時に一人の少女かコツプに麥酒か水か知らぬか、何かさう云ふものを入れて車馬絡繹の間を通つて、一滴雫も溢さすして自分の家に達したと云ふ實例かあるのてあります。押しつ押されつと云ふ樣な混雜の場合に、水一滴も溢さす歩くと云ふことはなか〳〵出來ないことてす。日本ては斯う云ふ風に非常に人出の多い雜沓する時抔に警察官か幾ら制しても人民は少しも之に應しないと云ふことは、隨分私は實際に目擊する所なのてす、然るに歐羅巴の大都市に於きましては、さう云ふ風に巡査か一令の下に之を命して殆と之に違ふ者なきのみならす、先程申しました通りに一少女か水一滴も溢さすして其雑沓の中を通行することか出來たと云ふことは、實に奇に感せらるることてあります。是に由て觀ますれは、歐羅巴ては獨り警察官か能く行屆いて居るのみてはなく、社會の人か警察官に對して尊敬心かあり、社會の公德か進んて居ると云ふことてあらうと思ふのてあります。夫て英吉利の國民は法律に從順なる國民即ち Law obeying people. とか云うて居る位の國民て、警察官の命令と云へは必す之に從ふと云ふのか、彼の國民の特質てあります、殊に私か行つて見て妙に感したのは伯林てす、伯林ては矢張左を通ると云ふ規則かありますか、何處か曲り角に行くと中央に電信柱見た樣な柱又は瓦斯燈の樣なものか立つて居る、馬車か廻る時には左に沿うてスーッと其柱の向側を廻る規則になつて居る、右の方より廻れは餘程近いのてある、けれともさうすると衝突する虞かありますから、右から來た車は左へ、左から來た車は右へ廻ると云ふ樣に大廻りに廻る樣になつて居る、然るに夜更けて十一時十二頃て、公園の中て人一人通らないと云ふ時てあるから、此方を廻れは宜ささうなものてあるにも拘らす、馭者は矢張彼方を廻る、夫れて私は何故其麼大廻りをするかと聞くと馭者は、「彼方を廻るのか規則てすから……」と言つて殆と夜中人ッ子一人も通らない、事實差支へない時に於てすらも、尙能く法規を遵守して毫も犯さない、其所て一緒に乘つて居つた友人に「日本ならは必す此方をトシ〳〵通るたらう」と言つたことかある。彼國の人は苟も國の規則てある以上は必す其通り行ふ、さう云ふ風に法律規則に從ふと云ふ公德心か、餘程發達して居ると云ふことを見たのてす。

此の如く警察官吏には尊敬を以て常に之に對し其命令には必す敬意を表すると云ふ様な譯て、國家の命令に背いてはならぬと云ふ觀念か、彼等の頭腦に非常に强いのてす、夫てあるから假令車夫ても馬丁ても、深夜人の一人も通らない時ても其規則を犯さないと云ふことは、詰り其國の規則、其國の命令に從ふと云ふ公德心の結果に外ならぬのてあらうと思ふ、隨て其法規を執行する所の警察官に對しては、如何なる命令てあつても之に從ふと云ふ觀念かあるのてす。さう云ふ次第てありますからして警察權の執行は實に能く行はれる、夫故警察權執行の上には毫も困難を感しないのてあります。然るに之に反して甚た殘念なから、日本ては未たさう云ふ公德思想か乏しいのてある。無論全然ないとは言はないけれとも、頗る此思想に乏しいのてあつて、警察官の命令には表面は從うても、警察官の見えない所ては之に背いて、通る可からさる處てもトン〳〵通行すると云ふ樣な傾かないこともない、場合に依れは警察官の前てはチョット從つて居るか、警察官か向ふへ行くと、最早背いて居る、さう云ふ風てありますから、我警察官は非常に難儀な地位に立つて居ると思ふのてす。夫て斯う云ふ難儀な地位に立つて居る諸君に對しては、世の中の人は同情を寄せなければならぬにも拘らす、外國に於て見るか如き社會の同情は更に無いやうてある、是は何時かさう云ふ時機か來ませうけれとも、今日ては未たさう云ふことはないのてあるから、此際に於て諸君は世間の同情を得る様に、警察官の品位を保つて其の職務の執行には、充分注意しなければならぬのてあります。

夫から又近年日本ては多數の人か集合して、所謂示威運動と云ふ樣なことか行はれて來たのてある、現に先年の日比谷事件の如き近くは織物業者其他、各種の團體か多數上京して議院に訴へとか、大臣に陳情するとか云うて、多數の人か集つたこともある、而して之を制するのも亦諸君の任務てあつて、諸君か或る場合に是等の者と衝突をしたと云ふことも聞いて居る、又諸君を非難した處の演說か衆議院に於て述へられたと云ふことも聞いて居る。又示威運動とか何とか言つて、多數の者か集合して當局に請願をする、これは人民の權利てあつて事實差支ない、それを制するのは間違つて居ると云ふこともも私は聞いたことかあるのてあります、成程外國てはさう云ふ事もある、隨分多數の者か集つて或は政府に請願するとか、或は社會に訴へるとか云ふ樣なことをする、所謂デモンストレーションと云ふものてあつて、之れは文明の花てあるか何うかは知らぬか歐米ては隨分あることてある、是は何うも社會の趨勢よりして防くことは出來なからうと思ふのてす。日本ても近年此の風か流行し來つて、人民に請願の自由もあれは、權利もある、それを實行するか爲め、多數の者か集つて自分の意思を發表すると云ふのは至當てあると云ふ風か起つて來たのてある。併し歐羅巴のデスモンストレーションは秩序整然たるものてある、私か倫敦に於て實際に見たのてありますか、日曜日とか又は土曜日とか或は普通の日の午後公園抔に行きますと、所謂社會黨とか社會主義者とか云ふ者か到る處に演說をして居る、何うしても財産を均一にしなければならぬとか、富者の富を分配せねはならぬとか云ふ樣な、社會主義の演說を遣つて居る、獨り英吉利人のみてはない、露西亞の虛無黨とか佛蘭西、伊太利の社會黨とか云ふ者て、外國人も此處て演說をして居る、併なから巡査は其場合何等の干涉をも加へない、唯彼等の言ふことを聞いて居るたけてある、又聽衆も時々拍手する位て、別にエラク騷くと云ふこともない、而して演說か終れは靜かに四方へ解散すると云ふ樣な風てある。夫から又英吉利ては其當時無職者卽ち職の無い者か同盟して求職を迫ると云ふ、所謂「無職者問題」と云ふことか起つて居つた、追々各國とも、機械は非常に發達して、紡績にしても印刷にしても機械か益々發達するに連れて、人の手か要らなくなる、夫てありますから、今迄さう云ふ勞働に從事して居つた者か、職業を失ふと云ふことは、已むを得ないのてあります、隨て無職者か到る處に群を爲して職を求めると云ふことは、今日の實際の狀況なのてあります、私も所謂其無職者の會合なるものを見ましたか、彼等の會合の極めて秩序か立つて少しも紊れて居ないのに感服したのてす、種々な旗を樹てゝ市中を練り步るき示威運動をやる、其時に頭領の樣な者か居つて、吾々は職かなくして甚た難儀の地位に立つて居る、之を政府か抛つて置くのは實に心外てある、故に吾々は如何にかして職を得るへく迫らねはならぬと云ふ樣な演說をすると、多くの者か之に附和雷同して恰も兵隊か行軍するか如く、二列とか三列とか四列とかになつて秩序正しく彼の頭領の指揮の下に行軍をする、之には巡査か一人宛附て居る、唯斯う云ふ風て其間には何等の間違もなく極めて秩序正しい、夫てすから假令斯う云ふ事かあつても、政府は別段之に干渉もしない、彼等の爲すか儘に任せて置いて徐ろに之か防禦の方策を講して居るのてあります。こう云ふ風てありますからして、警察官もそれ程困難を感しないのてある、日本ては多數の人か集まると紛擾を生する、随て警察官か往つて防止せねはならぬことになる、場合によりては之か爲めに却つて彼等の激昂を招くこともある、されはとて之を放任して置く譯にも行かない、是に就ては警察の當局者は非常に苦心するのてある。先年の日比谷事件の如き警察か干渉した爲めに却て彼等に激昂を來して、遂に警察官の非難を受けるに至つたのてある、放任して置て失態を招くこともあるか又餘り干渉して却て失態を來すこともある、其手心は甚たむつかしい、極めて困難なる事てある、而して常に非難の衝に立つものは警察權執行の任に當る處の諸君てある、故に諸君は職務を執行する上に於て、非常なる難儀を感するたらうと思ふ。

世の中の人は、警察權執行の任務に當る處の者か、如何に苦痛を感しつゝあるかと云ふことを知らない、此事に就ては政府當局者の側に於ても大に考慮を要することてあると思ひますか、一面に於て一般人民の公德心を養ふと云ふことか、最も必要てあると私は考へるのてあります。現時文明國に於ける警察官の中て、日本の警察官程苦境にあるものはないと考へる、由來日本の警察官は、司法警察より發達し來つたもので割合に行政警察は發達して居らない、司法警察と謂へは例へは泥棒を捕へるとか、博奕を打つ者を縛るとか、其外總て犯罪の方に起つて來る司法上の警察てあつて、行政警察は社會の安寧を保全し、人民の幸福を圖るのか主眼てある、人民の幸福を圖ると云ふことは、卽ち一般人民に對して不安の念を懷かしめす、之を保護するのか目的てある、故に警察官と云ふものは、吾々を窘めるものてなくして、吾々を保護するものてあると云ふ觀念を一般人民に懷かしめねはならぬ。歐羅巴に於ては、夜なと通行して見ると、警察官か一々各戸の戸に就て、鍵か掛つて居るか居らぬかと云ふことを試めして歩いて居る、歐羅巴の戸は御承知の通り把手を廻せは往來から直く內に這入れる樣になつて居るか、時々斯うやつて此家には鍵か掛かつて居るか居らぬかと云ふことを見て廻る、能く鍵を掛けることを忘れて寢て仕舞ふことかある、さう云ふ時には家人を起して注意を與へるのてあります。それから又道に迷ふ等のことかあつて、巡査に何處々々まては如何行けは宜いかと聞くと、夫はコレ〳〵斯う行けとか、又何々と云ふ家は何處てこさいますかと聞くと、夫は何處から何軒目たとか、或は其家の前まて連れて往つて呉れる場合もある、又遠い處ならは電車に乘せて、そして其車掌にさう言つて何處其處へ往つたら降すやうにと言つて注意を與へる、現に私共も巡査に連れられて往つたこともあります、さう云ふ風に道に迷つた者かあれは、其家の前まて送つてやると云ふ有樣てすから、自然人民に警察官と云ふ者は、吾々を保護して呉れるものてあると云ふ觀念か染み込んて居るのてある、夫て偶々何か警察官か妙な風評を受けてもそれは彼の人一人てあらうと云ふ樣な風て、警察官全體に對しては殆んと非難するものはないのてある、故に警察官の命令か能く行はれ、又其命令に滿足して從ふのてあります。是は一面人民の公徳心か進んて居ると同時に、又警察官か、其本能を發揮して職責を能く明かにして居る爲めてあらうと思ふ。然るに日本ては何ても警察官と云ふと恐しい者の樣に心得て警察官か來ると云ふと恐しいと云ふ樣な觀念を有つて居る、夫てすから子供の泣くときなとはお廻さんか來ると云ふと、鬼か何か來る樣に考へて泣き歇むと云ふ樣な風てある、之は全く日本の警察の同情を缺いて居る點てあらうと私は思ふ。成程畏服心を有たせることも必要てあるけれとも、警察官は決して恐るへきものてはない、依賴すへきものてあると云ふ觀念を有たなければならぬと思ふ。警察官の職務と云ふものは實に重いものてある、兒童をして泣きを止めしむるも、人をして畏服せしむるのも尤てある、諸君か制服を著けて劍を提けて往來へ立て命令をすれは、王侯將相と雖も之に從はなけれはならぬ、と云ふ位の職權を有つて居るのてある、併なから一般人民は之に對して恐れると云ふのてはなく、夫に服すると云ふ考を持たしめなけれはならぬ、警察官の一言一行には總て何等の異議なく之に從はねはならぬと云ふ風にしなけれはならぬのてあらうと思ふ、さう云ふ觀念を持たせる樣に、人民を教育するのは、是は言ふ迄もなく教育者の任てある。日本人か總てに公徳心の薄いと云ふことは、私の常に認むる所なのてす、日常の事にして、電車に乘る際に前の人を押除けても自分か先へ乘るとか、又席かあるにも拘らす讓らうともしない、夫から又能く自分等の經驗する所てありますか、帶革にブラ下かつて居つて、車掌か前へ進んて下さいと云ふことを幾度言ふにも拘らす、其通り行はすして、元の處に居るものもあると云ふ様なことは、殆と私は電車に乗る度毎に見るのてある、然るに歐羅巴ては決して左様の事はない、のみならす反對の例を示すことか出來る、大都の交通の頻繁な處に於て向ふから來る人と此方から行く人と衝突てもした時には、必す「私か失敬しました」と云ふ言葉を交はす、假令先方か失策てあると云ふことか明かてあつても、さう言うて互に詫るのてある。兎に角歐洲人の公徳心の富んて居ると云ふことは、爭ふことの出來ない事實てあらうと思ひます、斯う云ふことは諸君に望む譯てはないけれと警察執行と社會の公徳心とに關係のある例として云ふたのてある。

斯う云ふ様な狀態てありますからして、人民に對して直接に執行力を有つて居る所の諸君は、隨分困難の地位に立つて居るものてある、されとも諸君も亦充分に品格を維持して、親切と注意を以て人民に接し、世の同情を得る事に努めねはならぬと考へるのてあります。警察權執行の事に就きまして私は之を研究するのは、寔に今日ては已むを得ないことてありまして、之を研究するに至つたのを、深く殘念と思ふのてあります。

今日は卑見を陳述し、且歐米に於ける實際の見聞談を御話して、私は諸君に同情を表し、併せて諸君の地位を益々高め、諸君の社會に於ける信用を進めたいと考へるのてあります、之と同時に、諸君も自ら奮勵して社會に同情を得て、社會から尊敬せらるゝ様にしなけれはならぬと思ふのてある、是は獨り諸君に對して言ふのみならす、一般警察界の人に對して言ふのてある、何うか諸君は此精神を有つて御進みにならんことを希望するのてこさいます。他日時を得ましたならは、尙ほ其他の事に就きまして、御話を致さうと思ひます、（明治四二、三警察官練習所）

警察官吏に對する希望

只今財部警務長より紹介ありました通り、私は本縣に用事かありまして、出張致しました處、警務長より本縣警察官諸君の爲め、何か一席の講話を爲す樣にとの依賴かありましたから、私は僅かなる時間を利用致しまして、諸君の御參考迄に御話を致す次第てあります。

警察に關する私の卑見は、屡々警察協會雜誌に出してあります、殊に外國の警察官と日本の警察官とを對照したる論說も、雜誌に出したこともありますから、諸君は御承知の事と思ひます。故に今日は是等のことに付ては、重て申しませぬ、玆に御話を致さうと思ふことは、財部事務官か熱心に私に講話をする樣にとの御依賴のことに付て、一場の御話を致さうと思ひます。

警察官は唯に法令や規則に通曉するのみを以て足れりとするものてなく、一般の知識を有すると云ふことか、誠に大切なることてあります。歐羅巴や亞米利加には、警察官か組織せる處の警察倶樂部なるものかあつて、警察官の人格を高め、相互に知識を交換すると云ふことに努めて居りまして、知名の人か來るときは、講話會を開き、其の人に依賴して何か講話を聞くことになつて居ります、是は最も有益なることゝ思ひます。殊に警察官の如きは多く一地方に居る人々てあつて、廣く世間の諸種の狀態を知悉することもなく、又諸國を巡回して歩くと云ふことも出來ませぬ爲に、其地方の事のみを知て、他を知らさることか多いから、知識の程度も甚低く且狹ひのてあります。又官吏には夫れ夫れ紀律かありますから、自分の任地以外に出て、名士の講話を聞くことも甚難いのてあるから、誰れても知名の士か來る際には、講話を依賴して其人の話を聞くことは、警察官に採りて最も有益なることて、斯る機會を利用することは、又最も必要の事てあると思ひます。今日警務長か私に講話を希望せられたる事は、全く此趣旨に外ならないのて、私は固より敢て當らないのてありますか、警務長の熱心に感して、喜んて玆に出席した次第てあります。知識を廣め常識を高めることは、是れは何人にも必要なることてあつて、學者ても事務家ても、技術家ても皆必要てある、而して之か爲めには、種種の方面より色々の話を聞くと云ふことか、最も有益なることてあります。

歐米の警察官の常識は、非常に高くして、一般の事情に能く通して居ります、例へは農産の事や、山林の事や、鑛山の事や、其他一般行政の事も能く通して居りまして、專門の智識を持て居る位に知て居るのてあります。諸君も廣く知識を廣め、常識を發達させると云ふことに意を用ふることか、最も必要なることてありますから、誰ても知名の士か參りましたらは、其人に乞ふて話を聞くと云ふ風にしたいものと思ひます。英吉利や亞米利加は、普通の教育は甚た低くして、一般に劣つて居ります けれとも、然し國民の知識は進歩して居るのてあります。其理由は社會教育なるものか進歩して居る からてあります、亞米利加抔は、講演會か盛に行はれ、大學の教師か巡回講話を爲すこともあります し、又其他の學校教師は、學校の休日を利用して、廣く講話を爲すと云ふ有様て、斯かる色々の講演 會か各地に行はれて居ります。此の如く議演會に於て種々の話を聞くと云ふことは、右の耳から入り て左の耳に出て仕舞ふと云ふ事もあるけれとも、夫れにしても幾分か頭腦に殘つて居るものてある、 之れか爲に自然に頭腦か進んて來て、從て其の人か凡ての事業の上に之を利用して、不知不識の間に 社會か進歩して來るのてあります。次には圖書館を利用する事か最も必要てあります、外國には到る 處に圖書館の設備かあります、或は僻地には巡回文庫の如きものを設けて、種種の書籍を見せて居る のてあります、之れか爲めに上中流の人は勿論、勞働者の如きも、此等の圖書館や巡回文庫を利用し て、智識を得るの要具として居ります。歐米の人は盛に圖書館に這入る習慣かある、日本ては未た斯 かる設備はなきのみならす、時間に餘暇かあつても、新聞さへ見る者なき有様てあります、歐米の人 は此の圖書館に這入りて、書籍を見る者や新聞を讀む者か、陸續たる有様てありまして、讀書の慣習 か餘程發達して居るのてあります。

新聞を見ると云ふことは最も必要てある、即ち新聞を見て面白き記事、例へは或る國に何か出來事かあると云ふ記事を見れは、直に其事に關する書物を讀むと云ふ風に、讀書の觀念を惹き起すと云ふことかあります、彼の國の圖書館は、所謂讀書の慣習を作るか爲めに、新聞を入口に備へ置き、以て自由に之を讀ませると云ふ風にして居ります。我日本ては未た斯の如き施設もなく、又讀書する者か少いようてあると思ひます、讀書の慣習と云ふことは、單に知識を廣むるのみならす、人格を修養する上に付て極めて必要てある、讀書の習慣を作るときは何か煩悶のある場合には、讀書して其煩悶を散することか出來る、故に讀書の習慣は人格修養の上に必要てあります。外國に於ては社會敎育は卽ち社會に立ちて居る人を敎養することに最も注意して居ります、警察官は一の行政官てあると雖も、普通の行政官よりは知識を擴め品位を高くする事に於て一層其の必要を感するのてあります、他の一般の行政官は、人民に直接して職務を執行することなくして、室內にありて事を處理することか多いけれとも、警察官の行動の良否は、卽ち人民の利益幸福に重大の關係を有するのてあります。又警察官の行動如何は、其國の品位に關係するものてあります、外國に行つたる際に感することは、警察官の品位高けれは、警察官に信賴するの念慮か深くなりますか、品位劣等なるときは到底信賴することの念か起らないのてあります、此の如き事ては、到底警察の信用を維持すること能はさるのみならす、遂に國の威信を失墜するに至ります。之に反し警察官か立派なる品位を備ふるに於ては、警察一般の信用は高まるのてあります、私か印度の或る殖民地に行きたるとき、其地は多く船の著く處てありまじて、乞食の如き土人は多く集まりて荷物を運ひ、靴を磨いて賃錢を貰ふて居る狀態てあるか、其處の警察官は其土人を追ひ拂ひ、土人の退去したる後て、却て旅客に其報酬を請求することかあるので、其地の警察官は決して信頼す可からすとの念か起つた、此の如き事ては到底警察の威信か立つものてない、故に警察官の品位如何は、極めて必要なものてある。前述の如く警察官の品位如何に依りて、其國の品位をトすることになりますから、警察官は高き品位と廣き知識を持つことに心掛けんけれはなりませぬ。先年警察監獄學校を設立して、警察官の品位知識を廣むることに付て、訓育を爲したのてありましたか、財政の關係より繼續することか出來すして、一旦廢止されました、然し此の如き學校を設け、警察官の訓育をなすことは最も必要てありますから、本年警察協會に於て、協會の事業として警察官練習所を設立したのてあります、是れ全く警察官の品位と知識の涵養を圖らんとするの趣旨に外ならないのてあります。警察も前世紀の時代と違ひまして、二十世紀の今日ては、非常なる發達を爲して參りました、往古は警察と軍事を混合して居つたこともありましたか、段々世の進化と人民の知識の發達するに從つて、今日ては警察は單に行政的の事のみになりました。夫れて一面其權力の範圍は狹くなりしか如き感かありますけれとも、然し警察の進歩したる結果、民政に關することか多くなりて、農業警察とか山林警察とか、種々なる行政警察の方面は多くなりまして、地方自治の發達と伴ふて警察官の爲すへき事は、其範圍廣く、又た關係は多くなつたのてあります故に、警察官は唯犯人を逮捕すると云ふ方面のみならす、人民の利益幸福を増進すると云ふ、民政に關することか多くなりました。要するに警察官は、人民の上に立ちて職務を執行するのてあるから、世間一般の知識に遲れさるの覺悟を必要と致します、本縣の如き東北の一隅に僻在し居りて、文化の中心から遠さかつて居りますから、其の發達の程度の低いのは止むを得ぬのてあります、故に所謂社會教育として成るへく各方面多數の人の講話を聞き、以て知識の發達と品性の涵養に勉むることに心掛けられんことを希望致します。

（明治四二、一〇秋田縣警察官練習所）

警察と助長行政

最早段々此講習會も終りに近付きまして、日ならすして終了になると云ふことてあります、私は今日一時間はかりを利用致しまして、警察と助長行政との關係に就いて御話を致しまして、御參考に供したいと思ふのてあります。他の講師の講義て御聽きになつて居ることてあらうと思ひますか、國家の行政は大別して治安行政と助長行政とに別つことか出來るのてあります、治安行政と云ふのは、治安を維持し危險を防止することを目的とするところの行政てありまして、主として警察の範圍に屬します。それから助長行政と稱して居りまするものは、社會の公益を進め國民の福利を増進する行政てありまして、單に危險を防止し治安を維持するのみてなく、更に進んて國民の幸福利益を増進することを目的とする行政であります。それてありますから國家の行政の局に當る者は、此兩樣の方面を篤と研究して事に當らねはならぬことてあります、て警察の局に當つて居らるゝ方は、所謂治安行政を主たる目的とするのてありますか、是と同時に助長行政の如何なるものてあるやを研究し、助長行政と相俟つて治安行政を行つてゆかなければならぬのてあります。さう云ふ次第てありますからして警察官の講習に就きましても、助長行政のことを講習科目の一つに入れると云ふことは必要と考へます、特に自治體の事に關しましては、能く諸君の御研究を煩すことか必要てあらうと思ひまして、此會の講習に於きましても、地方局の中川書記官をして其方の講演を爲さしむるやうにしたのてあります。警察の事に就いて學問上並に實際上から常に研究して居らるゝ松井博士、今の靜岡縣の知事の如きも、警察官か餘り一方面にのみ頭を注いて、他の方面卽ち助長行政と云ふことに就いて注意か行屆かないのは、甚た遺憾てあると云ふことを常に言うて居る、是は全く私も同感てある。てありまするから松非君か靜岡に行かれまして以來、助長行政のことを警察官の頭に入れて置きたいと云ふことて、先月てしたか今月てしたか警察官の講習會を開いて、助長行政に關するところの事並に救濟事業に關する事の講演をしたいと云ふことて、私の方に依賴して來ましたから、特に講師を派遣した樣な次第てあります。

警察の沿革歷史を見まするると初めは治安行政と云ふことに起つた、警察には司法警察と行政警察とかありまするか、初めは主として司法警察のみてあつた、今日ても文化の進歩せさる國の警察は司法警察か其大部分を占めて居る、例へは盜賊を捕へるとか暴行者を押へるとか云ふやうなことか、警察の主眼たる目的てあるかの如く解して居る者もある。我國の警察の沿革を見てもさう云ふ風てありますか、警察の目的必らすしも司法警察のみてはない、犯罪かあつて然る後其犯罪を搜査し之を檢擧するよりは、寧ろ犯罪なからしめ、平素に於て犯罪を未發に防いて國民の幸福を增進すると云ふことか必要てある、是れか全く國家行政の目的てあらうと思ひます、民をして各其所に安せしめ不安の念なからしむると云ふことか施政の要てあります。此施政の要を完ふするのには、犯罪人を捕へるよりは寧ろ犯罪人なからしむることか必要てある。是に於てか事を未發に防くことか必要てある、事を未發に防くのには所謂助長行政に意を用ゐることの必要なることは固よりてある。警察の中にも治安警察と助長警察とかあります、先程申しました通り危險を防止し秩序を維持することか治安警察てありますけれとも、其以外に幸福警察とか助長警察とかと云ふことかある、例へは農事に付きましては農事警察かある、或は害虫驅除なとと云ふことは警察の主たる目的てはありませぬけれとも、警察と共同しなけれは行はれないことてある、道路行政に付きましても道路の交通上の障害を來さゝることは、治安警察に入るのてありますか、それと同時に道路の狀態を監視してそれを注意すると云ふことの如きは、所謂助長警察てある、或は又森林に就いては森林警察あり、鐵道に就いては鐵道警察ありと云ふ風に、各方面に付いてそれ〳〵の警察かあるのてあります。其職務は諸君か一々執つては御出てにならぬけれとも、警察と云ふ觀察點から申しますれは、各方面に於ける警察かあるのてあります、それてありまするからして、さう云ふ點に就いての注意を惹起すと云ふことは必要てあらうと思ふ。國家の行政の主たる目的は國民をして平安の狀態を維持し、その生活を平易にし、以て國民の幸福と國家の富强を圖るにあると云ふことは申すまてもないのてあります。國の行政と云ふものは實に多種多樣てある、一方面の事のみな以て律することは出來ない、財政外交の事は別と致しまして、所謂內務行政の範圍に於いても其範圍は極めて廣い、敎育の如き、勸業の如き、自治行政の如き、是等は總て內務行政の範圍に入る、內務行政の局に當る者は、中央に於きましては獨り內務大臣はかりてはない文部大臣、農商務大臣、遞信大臣と云ふ風に各機關に分かれて居るか、併なから直接內務行政の執行の任に當つて居るのは地方官てある、中央官廳は概して言ひますれは、監督の局に當るものてある、實施の局に當る者は多くは地方官てある、地方官と云ひますれは申すまてもなく府縣知事て、それの輔佐官としては內務部長あり警察部長あり、其他に各種の機關かあります、其部下の機關としては警察の方には警察署長あり、郡には郡長ありと云ふ風てあります。其權限は官制に於て各分かれて居りますけれとも、其權限を執行するに當りましては、各連絡を取つて互に事情を疏通してやらなければ行政の目的を達することか出來ないのてあります。それてありますからして其權限の領域を明かにするの必要あると同時に、互に其行政に連絡のあると云ふことに注意を致して、其連絡を取ることに意を致さなければならぬのであります。諸君の如きは警察の任にある方々である、警察の任にある方は人民に直接する機會が最も多いのでありますから、先程も申しました通り犯人を檢擧するとか、往來の交通上の狀態を視ると云ふのみではなく、其他國利を增進し國民の幸福を圖ると云ふ上に於て、各種の方面に就て注意を致さなければならないのであります、之に付きまして今日茲に行政組織の大要、極く大體を御話しやうと思ふのであります。

是は行政法とか警察法の講義で御聽きてありませうけれとも、國家の行政は獨り國家が直接に行ふものゝみてはない、社會が進步し事物が複雜になるに從ひまして行政の組織も複雜になる、各國の實例に就いて見ましても、古今の狀態に徵して見ましても、社會の進步に從つて行政の組織、行政機關の複雜になると云ふことは爭ふへからさることであります、社會の進步しない時代に於きましては極めて簡單てあつた、昔の政治は總て直接國家政治てあつた、直接國家政治てあつたと云ふ意味は、何う云ふことてあるかと言ふと國家が任命したところの官吏に依つて國家が徵收したところの租稅を以て、總ての事を支配して居つたといふことてある、卽ち昔は所謂自治制と云ふやうなものはなかつた、今日ても文化の進まない國に於きましては自治制はない、又現に我日本の領土に於きましても未た自治制の行はれて居らない所がある、例へは臺灣の如き、又近く併合になりました朝鮮の如き自治制か行はれて居らない、是等の所に於ける行政は國家行政のみてある、國家か直接に任命した官吏を以て行政して居る。然るに社會か進歩して參りまするど此行政組織のみを以ては國家の目的を達することか出來ない、又是か必すしも行政の最善なる方法てはない、寧ろ各地方々々、殊に下級團體――下級團體と云ふのは例へは今日の制度て言へは市町村等に於きまして、其地方の事情に精通して居る者をして、直接に自己の團體を經營せしるることか便利てある、又是か政治をする上に於て最も必要てある、是に於てか所請自治制と云ふものか起つて來る、自治と云ふのは言葉自身の示しまするか如く自ら治めると云ふことてある、是は官治に對して出た言葉てあります。先程も申しました通り昔の政治、文化の進歩しない國の政治は總て官治てある、直接に國家の任命したる官吏を以て政治せしめたのてあるけれとも、社會か進歩し國民の知識か進むに從ひましては、之を以て國家の行政の目的を達することか出來ないのてありますからして、進歩したる國に於きましては、自治と云ふ行政方法を行ふやうになる、日本に於きましては明治二十二年からして自治制を施行することになつた、即ち現行の市制町村制と云ふ法律を施行することになつた、諸君か支配して居る所並に諸君か住居して居る所は、皆自治制の施かれて居る所てある、吾々は今日ては自治の民てあると云ふ譯てある、國民か自ら選んたところの人を以て地方々々の行政を行ひ、又其地方々々て徴收したところの租税を以て其團體を經營せしめることか必要てあると云ふところから、所謂自治制と云ふものか出來たのであります。それてありますからして、例へは租税の關係から言ひましても、國税の外に地方税と云ふものかある、府縣て言へは府縣税、市町村て言へは市町村税、府縣と云ふ團體は府縣税と云ふ府縣の住民の納める税を以て其團體を經營し、市町村は市町村税と云ふ其市町村住民の納める税を以て其地方の事業を經營して行く。又其吏員も市町村の住民即ちお互か選擧したるところの吏員即ち市長とか町村長とかを以て、其地方を治めて行く是れ即ち自治てある。併なから此自治と云ふことか、必すしも自由勝手に治むると云ふことてはない、自治と云ふのも國家の行政の一つの方法てありまするから、國の行政と相俟つて行かなければならぬ、爰に於きましてか國家の監督と云ふことか必要になつて來る。國家の監督を受けて其他方の仕事を自ら經營するのか自治てありますから、國家の方針、國家の主義に基いて行かなければならない。而して此自治と云ふ範圍もいろ〳〵ある、例へは日本に於きましては警察は自治の範圍に入つて居らないか、國に依りますると警察も自治體に任せて居る所かある、所謂地方警察と稱するものて、市長とか町村長とか或は場合に依ると市町村か警察權を有つて居る所もある、さう云ふ制度もある。それのみならす國に依つては裁判すること、或特種の事件を裁判する權限を市町村に任せて居る所もある、併なから日本てはさう云ふ主義を採つて居らない、我國ては警察は全く國の行政である、自治體の行政にはなつて居らない。此の如く諸君の管轄して居るところは自治體かある、又諸君自身も自治體の住民てあるのてありまするからして、個人としても自治體の行政を進めることに力を盡さなければならぬ、自治行政と云ふものは國民か國家の行政に參與するのてありますから、國民か進歩して行かなければならぬのである、てありますからして、個人としても其自治體の發達を圖ることか必要てありまするか、それと同時に公人として卽ち國家の官吏として、も亦又自治の行政と云ふことを助けて行かなければなりませぬ。是は警察官には直接に關係か無いと云ふかも、知れぬけれとも、決してさうてはない、自治體の——町村——監督は今日ては第一次に於て郡長、第二次に於ては府縣知事か監督して居る、警察の方は直接に關係か無いかの如くてありますけれとも、先刻來述へましたか如く、國家の行政の一部を擔任して居るところの警察官てある以上は、矢張間接に自治行政の發達を圖り、是か進歩を圖らねはならぬことは固よりてあります。それてありまするからして、地方にあつて職務を執る方は、警察方面の當局者と助長行政の局に當つて居る者と、互に共同してやることを心懸けなければならぬと思ひます、例へは警察署長の如きは能く郡長と共に力を併せて、獨り自治行政とは言ひませぬ、産業の事に就いても、教育の事に就いても、能く其地方地方の實況を調査し、其地方の進運を圖ることに力を盡さなければなりませぬ。實際私共か地方行政を視察し監督して行きまする上から觀まするると、警察の方面と警察以外の方面の人との共同和熟して居る所は、必す能く仕事か進んて居る、例へは郡長と警察署長とか、互に融和して始終意思か疎通して居る所は、警察の方面から見ても亦所謂助長行政の方面から見ても能く行はれて居る、町村を監督する上に於きましても、警察は警察の上から觀て彼の町村は斯う云ふ風てあるからして仕事か進まない、租稅の滯納者か多い、又其他の點に就いても缺點かあると云ふことを知ることかある。さう云ふやうなことを能く郡長若くは町村長に注意してやりますれは、能く町村の仕事を進めて行くことが出來ると思ふ、所か此兩者か能く意思か疏通して居らないと、唯徒に犯罪人を檢擧すると云ふやうなことになりまして、是は甚た私は慨嘆すへきことと思ふのてす。公吏の犯罪數か何うも年々增して行くやうてあります、公吏の犯罪の多いと云ふことは、國民の德義、國民の智識の低いと云ふことを表明するものてありますから、是は甚た遺憾のことと思ふ、私は殘念に思つて居るのてありりまするか、併し事實かあることは已むを得ない。例へは公吏の中に官金を押領する者かあるとか、詐欺取財かあるとか、其他各種の犯罪かある、是はお互に國民として甚た不面目のことてあると思ひますけれとも、事實てあるから如何ともし難い、而も此事實か年々增して來ると云ふことは甚た遺憾てあります。併し場合に依りますと、夫程の犯罪——刑法上て言ひますれは、犯意かあつて行ふにあらすして知識の足りないか爲にする者もある、例へは押領罪とか、委託金費消とか云ふやうなことを知らないてやることかある、併なから其形から言へは確に刑法上の犯人たることを免れない、さう云ふやうなことは隨分警察方面からは分ることかある、斯の如きことは所謂自治行政の監督に依つて矯正し得らることもある、さう云ふやうな場合に警察の方面とそれから、郡役所の方面と相共同して行けは矯正し得らるゝこともある、さう云ふやうなときには、能く互に指導誘掖して行くと云ふことを頭に入れることか必要てある、これは唯ほんの一例を擧けたのてあります。其他教育の方面に於きましても、又勸業の方面に於きましても警察官の力に待たなければならぬことか多々あるのてあります、警察官は自己の職責か必すしも唯保安上の事にのみありと考へないて、助長行政と云ふことに考を入れて、能く研究せられたいと考へるのてあります。それてありますから警察協會雜誌なとにも餘り純粹の警察方面にのみ限定しないて、詰り知識を廣くするために各方面の事を載せたいと考へて居りまして、漸次にさう云ふやうなことに注意して、諸君と共に研究して行かうと思ふのてありますから、さう云ふ事柄に就いて雜誌に記載することかありましたら、能く注意して御覽にならむことを望むのてあります。

それから警察と教育とは密接の關係のあることは固より言ふまてもないことてあります、私は常に云ふのてある、教育と云ふことは必すしも學校か教育のみのてはない、學校教育のみか所謂教育と稱するものてない、小學校に於て教授を受け、更に中學に行き、大學に行くと云ふやうな順序て進んて行きますか、學校を卒へてしまへはもう教育かないと云ふことてはない、學校以外に於て更に一般的教育をしなければなりませぬ、所謂社會教育とか公衆教育とかと云ふものか必要てある、學校教育のみを以て國民の知識品性を進めて行く譯には往かぬのてある。それと同時に社會教育とか公衆教育とかと云ふことか必要てある、歐米諸國に於きましては固より學校教育にも努めて居りますか、それと同時に社會教育と云ふことに就いては最も多く意を致して居るのてあります、社會教育の進んて居る國民は知識か廣く常識に富んて居る。學校教育の點から申しますれは、日本は決して歐米諸國に劣らぬと思ふ、獨逸の如き英吉利の如きは教育は盛てあるとは申しまするけれとも、或種の學校教育は私は日本は是等の國に決して劣らぬと思ふ、併なから社會教育の點に於きましては遺憾なから未た我國は是等の國に及はぬと思ふ。國民の專門的知識は我國に於ては隨分進んて居る、例へは醫學の如きは必すしも歐羅巴諸國の學者と相對抗して決して劣らぬ、又吾々の專門として居る法律經濟の學問に於きましても、必すしも外國の專門學者と敢て讓らぬと考へて居る、專門的教育に至りましては決して劣らぬと思つて居るか、一般の國民の知識程度から申しまするど、遺憾なからとうも我國の國民は一籌を輸せねはならぬ。何故に學校教育か彼の國民に負けないのに、一般の國民的知識か劣つて居るかと云ふに、私は之を社會教育の足らさることに歸するのてある、社會教育と申しますれは學校を出た者、若くは學校に於て教育を受けさる者に對する教育を、社會一般か行ふ教育を云ふのてある、例へは歐米に於て知識の程度の低いと稱せられて居る人達と話をして見ても、なか〳〵廣く一般の知識を有つて居ると云ふことに感服したのてあります、例へは支那に松花江と云ふ河かある、それは何の邊から何う云ふ風に流れて居るかと云ふことは、向ふの人は能く知つて居る、日本の人に對して相當なる知識ありと思はるゝ人に就いて聞いて見ても、そんな河は支那の何處かにあつたか、何處に何う云ふ風に流れて居るか知らんと云ふやうな人か隨分多い。又例へは東京市の豫算か何の位あるか、と云ふことを聞いても知らぬ人かある、東京市の市民は税を何の位納めて居るたらうと云ふても知らぬ人か多い、東京市役所の人とか吾々とか其方に關係して居るから知つて居るけれとも、知らぬ人か多い、例へは諸君か住むて居る市なり若くは町村の人に就いて、お前達は此市町村の一年の歳計か何の位あるかと云ふことを聞いて御覽なさい、私は恐らく知らぬ人か多いと思ふ。それから何の縣に諸君か職を奉して居らるゝか知らるゝぬけれとも、例へは大阪でも宜い、大阪市の市民の租税の負擔額の一人の平均割合か何の位になつて居るか、是も知らぬ人か多からうと思ふ、所か外國に行くとなか〳〵能く知つて居る、所謂車夫馬丁、此方て言へは車夫に當るか、向ふて言へは人力車はありませぬけれとも辻馬車かあります、其馭者なとに聞いて見ても、其土地の狀況は能く知つて居る。是は私か直接に聞いたのてはありませぬか、本にも書いてあるか、グラスゴーと云ふ市は英國に於て最も良い市と稱せられて居るのてあるか、其處に居る馭者の如きは吾々の市ては市税は年額幾何てあるとか、市に如何なる事業かあるとか、市民の一人の負擔額は幾何てあるとかいふことを能く知つて居る、そこて米國の視察者は馭者を案内に伴れて、其馭者から市政の狀態を詳しく聽いたと云ふことてある、これは全く社會教育か進んて居るからてあらうと思ふ、社會教育か進んて居るからさう云ふやうな知識を國民に與へる機會か多いのてす。例へは博物館といふものもある、圖書館もある、講演會もある、活動寫眞とか幻燈とかいろ〳〵なものを或は市の事業なり個人の事業なりとして、一般社會の人を教育する。例へは米國の紐育には——他ても此頃ありますけれとも市の豫算展覽會と云ふものかある、其展覽會へ行つて見ると水道の模型かあつて、其水道の水源地と云ふものは何川てある、其川から毎日是たけの水量か流れてこれたけの水を吾々か飲んて居る、此水道の爲めに衛生狀態は斯う云ふ風に進んて居る、又吾々は是か爲めに傳染病に罹らぬやうになつて居る、而して其水道の使用料は幾らてある、是たけの使用料を納めれは是たけの水を飲まれるのてあるといふことを示して居る。それから又牛乳檢査の標本かあつて惡い牛乳には斯う云ふ黴菌かある、其黴菌かある爲めに赤痢とか腸窒扶斯とかいふ病氣か流行する、然るに斯う云ふ良い牛乳を飲めは少しも病氣に罹ることかないと云ふことを、實物て示したり或は又圖に表はしたりして見せて居る。それから又他の室に入つて見れは下水の模型かある、下水か完全に出來れは汚物か斯う云ふ風に流れて停滯することかない、下水かなけれは汚物か停滯してそれから黴菌か斯う云ふ風に蒸發して各人の口に入る、それか腸や胃に於て養成せられて流行病の原因になると云ふやうなことか、繪や其他いろ〳〵の物に付いて面白く現はしてある。それから又吾々の納めて居る稅は斯う云ふ風に使はれて居ると云ふことか書いてある、病院に幾ら掛つて居る、水道に幾ら掛つてあると云ふか如く、統計表が陳列してあつて、それにいろ〳〵赤とか白と種々の色て示してある、私共も其處へ行つて見て面白く感した、さう云ふやうな風に市民か知識を養成されますから、能く市の狀態を知るのである。それから又博物館や動物園なとに行きますれは各國のいろ〳〵な物かある、例へは獅子は何處に產するものてあるとか其他各種の標本や實物かある、是は子供の見るやうなことてありますけれとも、それか亦大人の知識の開發にもなる、圖書館の如きも入館者かなか〳〵多い、日本ては圖書館を利用する者か甚た少ない、此頃簡易圖書館か地方々々て起りますけれとも、行つて見ると閲覽者か殆んとない、閲覽者かないのみならす偶に閲覽者かあると詰らぬ小說かなんかを見て居る、所か外國の圖書館なとは非常に人か行く、車夫馬丁の如き勞働者も行く、讀書の慣習を進めれは國民の思想も健全になる、國民の知識も進む、外國の圖書館の入口にはいろ〳〵な新聞たの畫たの雜誌なとかある。それから其次きにいろ〳〵な表たの何たのか掛けてある、更に其次さに行くといろ〳〵な書物かある、勞働者其他極く薄給な官吏吏員なとは一々新聞雜誌なとを自分の家てさう取ることも出來す、又見ることも出來ない、然るに一寸圖書館に入つて見ると直くに新聞か讀まれる、それを見ると今日は何う云ふ出來事かあつたといふことか分る、例へはタイタニックか何處に沈んた、タイタニックとはとんな船てあると云ふことか書いてある、それを見るとなか〳〵面白い、又此方へ來ると繪の雜誌の面白いものかある、斯う云ふやうな新聞なり雜誌を見て居ると面白いと云ふ觀念か出て來る、是は事實面白いに違ひない、これは詰り釣るのてす、釣つて讀書の習慣を進める、是は國民の讀書の氣風を引起す方法てあると云ふことを圖書館の管理者か言つたことかあるか、さう云ふやうな風て國民に讀書の觀念を進め、隨つて國民の智識を廣くするのてある、是等か所謂社會敎育てあります。さう云ふやうな方法を以て國民か智識を養成されて居りますから、先程申しました如く國民か常識に富むやうになるのてあります、隨つて思想も健全になると云ふやうな譯てあります。斯う云ふやうなことて國民の智識德義の程度か高くなつて來る、國民の智識德義か高くなつて來れは警察の方面に及ほす影響か餘程違つて來る、私は常に云ふのてすか日本の警察官ほと難境に立つて居るものはない、と云ふものは、國民の智識德義の程度か高けれは高い程警察官は樂てある、例へは諸君か往來に立つて公衆を制止すると云ふ場合は隨分ありませうか、是は田舍の郡部の方には餘りないかも知れませぬか、東京市の如き大阪市の如き交通の頻繁なる所に於ては最も多いのてあります、例へは祭禮てあるとか行幸啓のある時てあるとか、さう云ふやうなときに公衆を制せねはならぬ、然るに東京の人の如きはナカナカ警察官の制止を聽かぬやうてある、是より先へは出ては往かぬと制しても一寸警察官か見えなけれは直く出て行くとか、此道路は左側通行てあるから右側は通つてはならぬと言ふても、警察官か居らぬときには右を廻つて見るとか、と云ふやうなことてナカ〳〵警察官の命令に從はないことか隨分多いやうに見受けるてす。所か英吉利とか獨逸とかと云ふ所に行きまするど、國民は極めて柔順てある、國權に服從すると云ふ觀念か極めて強い、國法を守らなけれはならぬと云ふ觀念か强いのてありますから此所より一歩も出るへからすと云ふことを警察官か命令すれは少しも外へ出ない、此所て喫煙すへからすと命すれは警察官か居らすとも喫煙しない。英吉利倫敦なとの交通狀態はナカ〳〵日本の東京や大阪なとの比てはない、所謂車馬絡繹織るか如しと云ふやうな形容詞は誠に彼地に於て初めて知ることか出來るのてある、電車も通れは自動車も盛に通る、其間に馬車も通ると云ふやうな譯てある、右の人道から左の人道を横切ることか實に困難なる狀態てす、私共慣れぬ間は殆と恐しかつた位てあります、さう云ふやうな所てありますから、交通警察の局に當つて居る警察官の骨折と云ふものは餘程ひどいのてあるけれとも、警察官か一言の命令をすると公衆はピタリと止つてしまふ、是は私は度々話をしたことかあり又雜誌にも書いたことかあると思ひますか、斯う云ふ所ては車の通るのと、人か通るのと時を定めてやらぬと殆と絕間なく自動車や電車なとか通つて居りますから、横斷ることか出來ない、五分とか三分とか車か通るとそれを留めて今度の五分、三分は人を通すのてある、其時の警察官か車留まれと手を擧けると、恰も電氣に打たれたか如くパッと留つてしまふ、其狀態は如何にも嚴肅てあります。是は獨り警察官の命令か宜いはかりてはない、國民か國の法律を執行するところの警察官の命令に從ふと云ふ所謂公共心かあるからてある、さう云ふ風に國民の公德心公共心の强い所に於ては警察官は餘程樂てあると思ひます。日本の國民の道義心、公德心は今日の程度に於きましては、未た彼の通りに行きませぬから、我國の警察官は勞苦か多いことてあらうと思ひます。之に就いては學校教育と相俟つて社會教育を奬めると云ふことか必要であると思ふ、日本の警察犯處罰令なとを見まするると、各自の公德心に待つやうな規定か隨分多いのである、已むを得ない時には警察犯處罰令の下に之を强行せねはならぬことてありますけれとも、是は甚た遺憾なことて、寧ろ國民の公德心に待つことにしなければならぬと思ふのてあります、警察の局に當る人は固より警察の力に依つて規則を勵行し其規則に依つて取締を爲す事か必要てありますか、他方に於きましては能く其趣旨を徹底せしむるやうにして、警察の力のみに待つのみてないと云ふことの頭を以て、教育方面にあるもの其他の助長行政に當つて居る者と協力してやることに心懸けて貰ひたいと思ふ。地方の實況を見まするると地方の中心點はとうしても第一は矢張警察官たらうと思ふ、警察官は駐在所の巡査に致しましても兎に角尊敬を受ける中心になつて居る。尊敬を受くると同時に又所謂怖いと云ふ觀念もある、是は左樣なければならぬ、諸君の地位は或は自ら微職なりとか賤職なりとか考へて居るものかあるか知らぬけれとも、諸君は縱令其地位は低く其受くる俸給は僅かなりと雖も、諸君の被つて居る帽子、諸君の帶して居る劍は是は國家の權力を施行するところの官職を帶ひて居る標證てある、夫故に諸君か制服を著けて街頭に立つて一度命令を下せは、如何なる高位大官の人と雖も諸君の命令には從はねはならぬ、諸君の官職は微なりと雖も其權力は極めて强い、此力や何人も之に抗することは出來ぬ。併し又之を濫用すれは極めて恐しい結果を生するのてありますから、諸君か制服を著けて命令する力は强大であると云ふことを考へると同時に、之を濫用しないと云ふことに心懸けなければなりませぬ、さうして國民の指導者の地位に立つの覺悟がなけらねはならぬ。

要するに警察官は地方に於ける敎化の一中心である、又地方の敎職にある小學校の教員の如きも詰らぬとか云ふけれとも、是誠に有力なる者てある、又それと同時に其他の助長行政の局にある者或は町村長の如きも亦地方の一中心てある、是等の三方の人か力を揃へて鼎立して能く折合て行つたならは、其地方を風化するところの十分なる力になるだらうと思ひます。此三方鼎立か旨く行かねばならぬ、一方か低くて片方か高いと倒れてしまふ、此所謂鼎立の狀況か强けれは決して倒れない、三角臺か强けれは此基礎は非常に强い、此强い力を以て旨く當れは行政なり其他の事か能く行れて行く、若し是か旨く往かないて弱けれは其三方鼎立の何方かか崩れてしまふ、崩れてしまへは建物は直くに倒れる、それてあるから諸君は三方鼎立の一足――而も最も强い一足てあると云ふことに鑑みて、地方風化の中心となられたいと思ふ、而して其中心となつて一面は以て國民を敎育したい、國民の智識德義か共に高くなれは則ち其國は品位か高く、且强くなるのてある、是は決して個人として言ふのてはない、諸君か制服を著けて國家の官職を帶ひて居られるのてありますから、特に諸君に期待する所か多いのてあります。斯の如き次第てありますから唯治安警察が唯一の任務てある、唯危險を防止することたけか自分の任務てあると云ふことに考へないて、尙其以外に助長行政と云ふことも御考へになつて、其職務を御執りにならんことを望むのてあります。是に於きましてか單に警察の事のみならす他の方面の智識をも入れることの必要かあると考へまして、助長行政の事に付きまして、御話を致したと云ふ次第てあります。

尚其以外の事に付いて申述へたい事もありますか、丁度十時から用かありまするので、是たけの事を述へて置きます。

（大大元、一二警官練習所）

所謂高等警察に就て

警察の分類に就て高等と普通警察との區別を爲す者かある、然れとも警察の本質に高等若くは普通の區別かあるへき筈てない、元來警察なるものは、國家の安寧秩序を保持し、個人の幸福を增進して危害を未發に豫防するを以て其本務となすへきものてあつて、それ以外に警察なるものゝあるへき理由はないのてある、然るに學者か之を分類して、高等警察なる名稱を用ふるは、唯便宜上設けたる分類に過きすして、警察の本質其ものゝ區別てはない、尤も或國に於ては警察法規の中に高等警察なる語を用ふるものかないてもない、例へは千八百八十二年のヴュルテンベルグ國の警察法の如き卽ち是てある、然れとも之れ決して警察に高等及普通の種類あることを意味したるに非すして、唯或種類の警察に高等警察なる名稱を附したるに過きない、而して此等の分類を爲す學者の說明する所に依れは、高等警察とは社會の公の秩序又は國權保護の爲めに行ふ警察であつて普通警察とは一個人の安全を保つ爲めに行ふ警察なりと云ふのである、佛國の公法學者の多くは此說を唱道してゐる、併し一個人の安全を保つ爲めに行ふものも社會の公の秩序又は國權保護の爲めに行ふものも、等しく警察であつて其間に性質上の差異はないのである、或は又獨逸の行政法を論する學者の中には、警察の强制手段の方面よりして之を區別し、多數人の運動に因りて多數の人に對し危害を加ふるを防禦する場合を高等警察なりとし、單獨の人の危害を防禦する場合を個人警察又は普通警察なりと說く者もある、然れとも是れ亦警察の本質そのものに依りて區別したるに非す、說明の便宜上爲したる分類に外ならないのである。

我國に於ては從來高等警察なる名稱を通常使用して來たか、警察法規の上には之を見るへきものなく、唯內務省官制及警視廳官制等に於て、僅に高等警察なる文字を使用したるのを見るに過きない、而かも其如何なるものか果して高等警察なるやに就ては法制中その性質を確むへき規定かない、唯從來通俗の意義に於て解し來つた高等警察は、政治的警察の謂にして、集會政社に關する事項新聞紙雜誌の取締に關する事項、政黨政派の視察に關する事項等を意味したものゝやうてある、現に內務省警保局又は警視廳に於て主掌する處の高等警察なる事項中には、以上述へた事柄かその主要なる部分を占めてゐる、けれとも何故に政治上に關する警察か高等警察にして、其他の事項か普通警察なりやと云ふ質問に對しては、余は警察の性質上之か説明を下すに苦まさるを得ない、此の如く我國に於て前述の如き意義を以て、高等警察を觀來りたるか爲めにその結果として、警察に關する觀念の上に誤つた思想を混入したのではあるまいか。元來警察なるものは、公の秩序を保持し個人の幸福利益を增進し、危險を豫防するを以て其目的と爲すものであることは、上來述へたるか如きに拘らす、或場合に於ては其目的範圍を超越し、警察か政治上の視察を爲すの機關となり、或は黨派の內幕を探索するを以て其職事となし、警察の本務爰にありと思ふ樣な誤解を生したことか少くない、是れ全く高等警察の意義を誤解し、警察の本務を了知しないに因るのではあるまいか、故に警察の分類に、高等警察、普通警察と云ふか如き區別を爲すのは、獨り言語文字の上に缺點あるのみならす、又實際に於てもその弊なきを保し難い、而して又斯る分類を爲すは警察の實際に於て何等の實益もないのである。

如此余は警察の分類に於て高等警察及普通警察の區別を爲すを非なりとするのみならす、殊に少くも我國に於て毫もその必要なきを認むるか唯從來の沿革上高等警察なる觀念は深く警察界の頭腦に浸潤し、警察の主要なる目的は却つて高等警察にあるかの如く誤解し、或は政黨政派の事情のみに精通し、或は政治の機密を探知するを以て警察の本分なるかの如く思惟する者も少くあるまい、如斯觀念を警察界に保有せしむることは、警察の獨立卽ち政黨政派に關係す可らさる警察の獨立を傷くるものてあると思ふ、固より國家の安寧秩序を妨害し若くは社會の風紀を紊亂するか如き場合に於ては、警察は之を未然に防禦するの手段を執らねはならぬか故に、場合に依つては政治上の結社集會等に注意し、或は出版物の發賣頒布等に注意を要することあるも、此等は決して政治的意味を以てすへきてない、要するに其事項か社會の秩序を紊し國家の安寧を害するや否やと云ふことに存するのてある、若しその範圍を超越し、政治的意味を以て警察權を利用し高等警察を以て直に政治的警察なりと解するか如きことあれは、竟には測る可らさる弊害を生するに至るてあらう。

以上述ふるか如く、高等警察の意義を解するときは、高等警察は決して別種の警察てはない、從つて警察の事務に從ふものは一般行政官と少しも異る所はない、唯近年我國の現象に於て、警察の樞要官職か、政治上の變動に伴ひ、屢々變動するか故に、警察と政治と或る關係を有するか如き感を抱く者もあるか、之は決して警察の性質から來たものてなくして、特別の關係より生したる一時の現象に過きない、又此現象は必しも永久に存續すへきものてはない。

歐羅巴諸國に於ては、警保局長、警視總監に該當すへき官職は、所謂永久的事務官て、決して內閣の變動に伴ひ、更迭するものてはない、現に獨逸伯林の警視總監及高等警察局長の如きは、十數年間同一の職にあり、余か先年獨逸に赴いて警察の硏究を爲せし際大に便宜を與へられ指導の勞を採られたる所の高等警察局長ムール氏の如きは、殆と二十餘年間も同一の職にあるか故に伯林の警察に精通することと驚くへきものあり、伯林警察の沿革制度に關する各種の質問に對し、應答流るゝか如き有様て、實に感嘆に堪へなかつた、斯る現象は將來我國の警察社會に於て最も希望すへきことてある。

余か以上高等警察に就て諸種の方面より論究したのは、高等警察なるものも一の通普警察てあつて決して政治的警察に非さることを一言し警察を分類するに高等警察と區別するのは、獨り理に於て非なるのみならす、實際に於ても寧ろ弊害ありて利益なきを示したに過きないのてある。(大正六、九)

地方青年と講演

私は青年團に就ては多少研究を遂けて居るし、又地方の講演會にも時間の許す限りは出席するか、其の際種々の評を聽くのてある。其の中には成程と首肯されることもあるので、私等も不肖なから指導者の一人となつて、諸君と共に大に研究しなけれはならぬと思ふ。

例へは、此の頃頻りと講演か開かれ、中央の諸名士から色々の説を聽くので、地方の青年等は大に迷つて居る。『敎育の事なとも、餘り盛んにしやうと言つて貰ひたくない、市町村の敎育費は嵩むて居るし、又事實中學校の卒業生なとは、地方に居る青年の中てよい方てない、青年會に對しては、却つて有益な分子といへないことかある。高等小學校の卒業生の如きは殊にさうてあつて、隨分持餘し者かある。』といふ樣な評をする人かある。私は必すしも之を是認する者てはない、併し乍ら、斯く批難して、今少しく適切な敎育、適切な指導を要する、と叫ふ人のあることを看過してはならぬと思ふ。

私は青年團に關する書籍雜誌の類は、成るへく廣く讀むやうに努め、さうして諸君と共に少しく研究して見たいと考へて居る。例へは『都會及農村』の一節に、

『現今の父兄の中には、所謂青年團の指導者に對してのみならす、青年團にすら慊焉の情を抱いて居る者かあると予に告けた人かある。明日の米に窮してゐる父兄を尻目に見、子弟を公會堂に召集して國防演說を試み、歐米の美觀を紹介するのは、甚た不同情たと憤慨した老人もある。成る程青年は謹聽してゐる。感服してゐる。然しなから、其の結果農業に對して慊忌の情を懷き、簡撲の田園生活に呪咀の念を抱く青年輩出するとせは奈何。』

『某青年大會に於て、最も辯士に接近せる一椅子に著席せる青年か、演了後まて腕を拱て感に打たれてゐた。我名論に頗く感動せりやと、辯士つかくと件の青年に近き、講演の感想を糺した所、私も貴下の樣に演說をして全國を步きたい、百姓か嫌になりましたといふ。此の嘆聲恐らく青年一部共通の叫ひてある、希望てある、理想てある。』

と斯ういふことを揭けてある。

又之は責任ある人の言てあるか、青年團と指導者とに就て、次の如く說かれて居る。

『農村維持を主張する人は、青年は勤勞を厭ひ、都會に憧憬するものなりと慨歎すれとも、自分の說く所敎ふる所か、青年の爲めには空吹く風の如くなるを自覺すること深からす、自ら自己の脚跟下に推及

するに鈍にして、青年を責むるにのみ敏なり。斯の如くして青年と青年指導者とは相隔る千里の差を生ずるを如何せん。青年の體育、知識、自覺を要求する人は彼等の普通教育に於て授けられた所、及ひ現在の生活狀態を理解せす、漫然自己本位の青年指導を試みんとす、豈危ふからすや。(中略)指導者は先つ青年となりて、現時の都市及農村は何事を苦慮しつつありや、何事を焦眉の大事件となしつつありやを詳細に知らさるへからす、然らすんは青年を毒するもの、之か指導者なりとの誹を受けん。』云々

是は、田子內務書記官か言はれたのてあるか、實に名言たと思ふ。是等は或る意味に於て眞理てあるから指導者たるものは深く考へなければはならぬ。

然らは如何にすへきてあるか、唯批評するに止めす斯くしなければはならぬといふ、具體的の方法に就て、意見を交換したいと思ふか、その時間を有しないことは實に遺憾てある。兎に角、立派な責任のある人か斯かる批評をされて居る。それ故に私は、講演會に行くと、何ういふ話をすれは良いかと、其の土地の人に質ねて、一は吾々指導の參考に供するのてある。すると、多くは『何ても一番面白いと思はれる事を――』と答へられる、か、青年に對して話す場合には、餘程考へなければはならぬ。成る程歐洲の大戰、世界の變局を論するもよい。併しそれのみては不十分てある、吾々の知見を擴め、人格を高め、修養になる事を互に實行しやうといふ考かなくてはならぬ。而し實を言ふと、吾々都會

の者は、農村の事情に甚だ疎い、青年に何ういふ仕事を與へたら宜いか分らぬ。是等の事は諸君と共に語つて、唯席上の談論のみでなく、一つ實行して見なければならぬ、斯ういふ風に私は考へて居る。

夫れと同時に一面に於て、知識の向上を圖り、體育を盛にしなければならぬことは言を俟たぬ。歐羅巴の大勢は斯うであると說いた所で、直接農村の役には立たない。成る程前に引用した如く、農村の疲弊を奈何せんといふ問題と、歐洲の戰亂とは何等の關係もない。隨つてかゝる事を述へても、直接の效果はないと思ふ。併し乍ら國民の品位を高め、地位を進むるには、知識の向上を要する。今日我邦の世界に於ける地位は何うである、又それにより吾々は如何なる修養を積まねはならぬ、といふ事の資科としては、世界の形勢をも說かねはならぬ。そして深く感得せしむることか肝要である。それによつて英國や佛國には斯の如き長所かある、獨逸は尙敵と雖も大に學はねはならぬ、といふ頭か出來て、初めて其の事か實際に現はれるのである。

同じく田を耕して居ても、頭に或る感動を有つてするのと、さうでない場合とは、餘程仕事か違ふ。獨逸人の祖國の爲に盡さねはならぬといふ精神は、啻に軍人の間に磅礴して居るのみならす、農業者も、商工業者も、總へて此觀念を有するから、何事も一致して行ける。露西亞の兵士は何國と戰つて居るのか能く知らぬ、佛蘭西と戰つて居るのた、といふ者のあるのは事實である。彼國から歸朝した人か、『成る程露西亞人は或る意味に於ては悠長である、又大きな所もある』と評して居たか、自己の地位を知つて働くのと、自己の地位を知らすに働くのとは、非常に異るのである。

斯の如き關係もあるから、一面に於ては文化上の知識を注入することか必要である。文化上其の他あらゆる方面から注入した知識によつて、修養上一の結論を見出すことか出來る。英國人は非常に人格の高い國民である、獨逸の祖國に對する觀念は强烈であるといふ事を感すれは、必らす吾々も大に努めなければならぬといふ考を導き出すものである。是れ等の點に就てはお互に研究を遂けたいと思ふ。それて私共も招かるれは、成るへく農村に出て行くつもりであるか、其の時には遠慮なく、斯ういふ話をして貰へは最も適切であると、註文して戴きたいのてある。

又講演か終ると慰勞なとゝ稱して、講演者を宴會場に伴ふて行く、すると村の青年達は、講演者といふものは實によい者てある、夜になると何處かて御馳走になると、羨望の眼を以つて之を見る。また其の席て土地の有力者と、講演者即ち東京の名士と相會するといふことか、青年會に於ける一の缺陷の起りてあるといふ人かある。青年を指導せんとする者は、第一人格を重んせねはならぬから、私は斯やうな宴會には御免を蒙ることにして居る。若しその必要かあるならは、青年と一緒に、野原てもよいから、薩摩汁ても食へて、愉快に談笑するといふ風にして貰ひたい。それて初めて青年かよくなるのてはないか。吾々は今日青年に國民の意氣を說きに來たのてある、勤儉の氣風を說きに來たのてあるから、我自ら斯くの如くすることは、避けねはならぬ、といつて斷つて了ふ。諸君も願はくはさうして貰ひたい、といふ感を種々の點から抱いて居るのてある。

所て幸ひ中央報德會に於ては、是等の點に就て硏究することになつて居る。私は其の會の一員として、時々諸君と圖つて、色々地方の話を聽き、又吾々か地方に出て話すへきことを硏究して行きたいのてある。諸君は忌憚なく、斯ういふ情況てあるから、斯ういふ方法を取らねはならぬ、是れ〳〵の事柄は適しないといふことを、中央報德會に報告して貰ひたい。中央報德會かその機關となつて、諸君の意志を通して行くならは、餘程宜いことてあらうと信する。是は官廳の手を經て、形式的の書類の報告ては出來ないか、お互同志の間ならは、何を言つても宜いのてあるから、今日の靑年團を、眞摯に健實に指導して行くには、如何にすれはよいか、如何なる缺點かあるか、中央の名士の講演には斯ういふことかあつて困るといふ樣な點に就て、氣付かれた事かあるならは、遠慮なく吾々の耳に達するやうにして貰ひたい。唯た卑見の一端を述へた次第てあるかどうか、此の趣意を以て、益々奮勵せられむことを希望する。（大正五、七）

獨逸官公吏の訓練

現今の歐洲大戰に於て、將來のことは豫測し難いか今日までの所、獨逸は優越の地位を占めて居る。

是は第一に軍隊か優秀な結果てもあらうか、それと同時に國家の官吏、自治體の吏員の活動と後援とに負ふ所か少くない、一昨々年獨逸か戰を宣するや否や、神速機敏に大兵を白耳義に殺到せしめたといふも、軍事當局者のみてなく、地方行政に從事する吏員の、平時の訓練監督か宜しきを得た結果てあらうと思ふ。然らは如何にして今日の如く訓練されたかといふに、決して一朝一夕に然るのてはない。

御承知の如く、獨逸か自治制を發布したのは百十年位以前のことて、是は時の賢相スタインの主張の下に出來たのてあるか、其目的は國民の統一を圖り、民族の鞏固を期するには、地方自治を重んせなければならぬ、當時普魯西はナポレオンの爲に破られ、殆んと國亡ひ、社稷亡ひんとした際て、之れを恢復するには、地方民族の統一を圖り、地方の民心を團結せしめねはならぬ。而して之を爲すには中央行政を以てしては行はれないから、地方自治を許して、地方に自治の民を養はねはならぬと云ふのて、先つ市政を布き、尋て町村制を施行したのてある。其の結果は教育に現はれ産業に現はれ、國民の思想の上に現はれ、總ての點に現れ來つて、遂に今日の勢力を養成したのてあるか、私か此頃注意して居た中に、『獨逸の潜勢力』と題する英人の論文に於て、此の間の消息を說いたものかあつたのてある。

其『獨逸の潜勢力』に依ると、獨逸は一八七五年(明治八年)迄は微々たる小國て、海軍なく良港なく、叉植民地も有たなかつたのか、僅か四十餘年後の今日に於ては世界て第二位には落ちぬ位な、强大な勢力を有するに至つた。

當時今の普魯西に、フレデリック・ウィリャム第一世といふ英邁な國王か出られた。何うかして獨逸の國力を充實し、國運の隆盛を圖らなければならぬと云ふので非常に努力せられたか、殊に官吏は治者の地位に立つ者てあるから、その思想、能力を健全にするに非すんは、到底國家は進まないと云ふ事に著眼し、官吏を訓練する事に意を用ひたのてある。獨逸の官僚政治は之か根本となつて、今日の隆盛を見たといふ說かある位てある。

フレデリック・ウィリャムは、聰明、嚴格て叉注意深き人てあつた。後年其嗣たるフレデリック大王か、七年戰爭に勝つてシレシャを獲得し、殆んと全歐洲を敵として怖れなかつたのは、一に父王の遺功てある。フレデリック・ウヰリアムは行政の組織、文官の服務規則等を嚴格に制定した人て、大臣に對しても次の如き訓令を發して居る。

夫れには隨分細かい規定もあるか、之あるか爲に獨逸の官吏は世界て最も有爲て、且つ勤勉忠實なものとなつたのてある。第一に『各大臣は、夏期に於ては午前七時、冬期に於ては午前八時に必す登廳せよ』とあり、それから『討議決定を要する案件の、悉く處理せらるゝに非されは退廳すへからす。一文書たりとも、之か處理を他日に讓ることを得す』とある。是等は大に參考とせねはならぬ。現に内務省などて私の知つて居るのても、地方から提出する色々の書類か、容易に急に運はぬ。甚たしきは一事件の爲に三百何十日を費したものもあつた。官吏か案件を處理せすに、抽斗の中に仕舞込みなとする爲に、民間からは役人風の仕事と云はれ、國家全體の不利益を招くのてある。されは『お互に其日の仕事は其日に處理せされは退廳せぬと心得よ』と云ふのてある。私は總ての事か此通りに行くとは考へないか、少くとも此精神を有つて遣らねはならぬと思ふ。外國人は役所風と云ふ事に對して、ビジネスライキと云ふか、役所の仕事も所謂事務的に遣れと云ふのてある。

『若し一時間にして、當面の事務を終了せる場合には大臣は直ちに退廳することを得るも、若し午前中に事務の終結を見さる時は、休息することなく、午後六時に至るまて、若くは其悉く完結するまて執務せさるへからす』と云ふ、此の氣風も矢張り養つて行きたいと思ふ。役人ても誰ても、執務時間さへ居れは宜いといふ譯てはない、其代り、仕事か終れは直く歸つても宜い。仕事は濟んたか、また四時には間もあると云ふのて、煖爐に温つて居るなとはつまらぬことてある。用か無けれは早く歸つても宜いか、用事かあれは何時迄ても遣る。少くとも高等官位はさう云ふ考て居て欲しい。

是は直接關係はないか、フレデリック・ウヰリアムの注意深い點を示すと『朕は玆に國務大臣に左の事を命す。若し大臣等か午後二時を過くるも、尚事務に鞅掌する場合には、大膳職より四皿の料理と、適當の葡萄酒、若くは麥酒とを持ち來らしむ』そして食事の時にても、『半數の大臣は、他の半數か執務せる間に食事を爲すへし。而して執務中の者は、他の半數の者か喫し了りて、再び執務するに至り、始めて食卓に著くへし』といふことかある。

其次には『大臣又は參事官にして、規定の時間を過くる事一時間の後、尙登省せさる場合には、其遲刻に對する朕の許可書あるに非されは、其俸給高より百ダカート(約我か四百六十圓)を控除し、又病氣の爲め、若くは朕の許可を經すして、閣議に列せさる時は、六箇月分の俸給を差引かるへきものとす』又『朕の許可を得たるにあらす、又病氣の故にもあらすして、引續き二回以上閣議に列席せさるものは、譴責の後其官を免すへし。是れ大臣又は參事官に對し朕之に俸給を與ふるか故に、彼等は執務すへき義務を有すれはなり』と云つてある。斯くて官紀を振粛された。其先代たるフレデリック第一世の時には、官紀か紊れて役所の氣風に見るへきものかなかつたのを改めて、かゝる嚴格なる考へを有つた有司百僚と、其治世二十七年間に訓練せられた精銳無比の軍隊とを、フレデリック大王へ授けたのてある。此の訓令は此通り行ふへきものとは思はぬか、私は大變面白いことと思つて居る。

又特に責任の觀念に注意し『普魯西に於ける官界の一大特色は、各官吏か全責任を負へるの點に存す。何人と雖も、他人の背後に隱れ、又は紙片の裏面に隱るることを得す』あの書類かなかつたから解らなかつたあの紙に斯ういふ事か書いてあると、いふ樣な事に託して、責任を免れてはならぬ、『命令の誤解に出て、若くは他人に責任の歸すへき故を以て、辯解するを許さす苟も一の過誤にして生せんか、責任者は必す糺明處罰せさるへからす。』之を評した者か斯う云つて居る。『官吏か自己の責任を、斯くまて痛切に感したることは、未た曾て有らさる所なり。官吏の對人的責任か、斯く嚴格に强要せられたることも、未た曾て見さる所なり。人的責任の主義は、國王か其大臣に與へたる訓令の一大特色なり。上級官吏により大臣に提出したる總ての文書には、必す參事官の署名あるを要す。而して署名したる者は、其内容に關して、責任を負はさるへからす』と。斯くまてに官吏の氣風を革め、官吏か國家の重要なる職務に在るとの觀念を養つて、其れかフレデリツク大王の時に、偉大なる効果を收め、引續き今日に至つて、獨逸の行政か組織的に、統一的に、秩序的に遣るやうになつたのてある。斯かる狀況てあるか故に、大王の時に於て、四面敵を受けて居つたにも拘らす、遂に今日の大を成したのてある。

尚この論文の筆者は『フレデリツク大王は國防、行政、及ひ財政に關すると同しく、經濟上の事項に關して、又同一の愼重と周密とを以て是に臨み、其子孫も亦此の政策を踏襲せり。最近三十五年の間に於て、英國の農業は、全然萎靡衰退したりと雖も、獨逸農業上の生產は、重量に於て二倍强を增加し、價格に於て亦二倍を增加せり。隨つて獨逸は、農業上殆んと自立することを得るに至れり。其面積を以てすれは、英國に比して大なること、僅に七五パーセントに過きす』と。評して居る。

今英獨兩國の面積を比較するに、英國か十二萬千六百三十二平方哩て、獨逸か二十萬八千七百八十平方哩である、英國は少し小さいか、僅か七五パーセントに過ぎないから、略々匹敵すると言つて宜い。又人口に於ては、英國か四千五百三十七萬て、獨逸か六千四百九十二萬餘てある。『然るに獨逸産出の穀類は、僅に四千五百萬人を養ふに足るに反し、英本國は僅々五百萬人を養ふに足るの穀物を生産するに過きす』又。『獨逸の面積は英吉利の面積に比して、大なること僅に七五パーセントに過きす、然るに其生産する所は、單に穀物に於て斯の如く豐富なるのみならす、獸肉に於ても英國に三倍し、馬鈴薯亦約九倍にして、木材は二十倍の多きに達せり』さうして『多量の砂糖を産し、煙草を産すること亦頗る多きも、英吉利に於ては、是等の生産物は固より其土地に適するにも拘らす、毫も其生産を増すことをなし、今や封鎖せられたる獨逸に於ては英本國に於けるよりも、食物の價格却つて廉なるは、全く之か爲なり。』云々と痛論して居る。

次には工業も亦非常な發達を爲して居ることを逃へ獨逸か斯く進歩したのは、國民の勤勉にも因るけれとも、之を率ゐる官公吏の勤勉、責任心、奮勵心、其等か結合した爲てある。たから英國人も大に之に學はねはならぬと說いて居るのてあるか、下に臨む役人の心掛は斯くあらねはならぬ。國家行政の衝に當るにしても、自治體の監督指導の任に當るにしても、此の觀念を失つてはならぬ事てあると思ふ。（大正六、四）

選擧と青年

近く行はれんとする衆議院議員の總選擧に就ては既に總理大臣並に內務、司法兩大臣より地方官及ひ司法官に對して夫々訓示もあつたことてあるから、余の口より改めて言ふ程のこともない。唯此際、選擧と青年との關係に就て、一言を費やすのは、强ち無益なことてなからうと思ふ。

偖て選擧と青年との關係は、一見疎なるか如くにして、其實、可なり密なるものてある。單に青年は政治に干與すへからすといふ立場から云へは、兩者の關係は、千里も啻ならすてあるか、若し今日の青年は卽ち他日の選擧人てあり、又被選擧人てあるといふ立場から申せは、兩者の關係は寧ろ靈犀相通すると云つても良い。左れは此疎密兩樣の關係に對して、今日より豫め明瞭的確なる考を定めて置くことは、國民として大切なることてあると信する。

言ふ迄もなく今日の青年は、次代の有要なる國民として、社會各方面に活動すへき人物てある。從つて其準備も亦相應の深さと廣さとを要するや言ふ迄もない。或は聖賢の書を讀むとか、或は山川を跋涉して其身神を練るとか、さういふ事も、慥に準備の一てあるに相違はないか、余の茲に謂ふ所の準備なるものは、夫等の事よりも今少し社會的な、今少し實際的なことを云ふのてある。例へは教育といふ問題に對して、現代の青年か餘り無關心てあると假定するならは、其青年か社會に立つ時分の教育は、自然不振ならさるを得ない。之れては國家の爲め頗る憂ふへきことてあるから、よし教育家にならさる迄もせめては教育とは、何んな物てあるか、教育の趨勢は、何うなつて居るのてあるかといふ位の知識を養つて置いて貰ひたい。斯ういふのか余の所謂準備なるものてある。而して夫れは獨り教育のことのみてない。彼の殖産興業の事は云ふ迄もなく、進んては宗教や文藝抔に對しても、行うて餘りあらは其餘りある時間を以て、研究して置くことか、他日に處する準備なのてある。

斯ういふ意味合ひから、余は青年諸君か政治や教育や産業抔に對して相當の知識を養はんことを要求する。取り分け政治は國民の生活と、國家の進運とに大關係を持つて居るのてあるから、特に此一事を要求したいのてある。しかし敢て專門的知識を望むのてはない。又實際の政治に沒頭して、政爭の渦中に投するか如きは、最も不可とするのてある。唯た相當の知識を養成すれは、夫れて事足るのてある。つまり社會的常識を養ふ意味に於て、政治の知識をも涵養せんことを望むに過きないのてある。彼の偉大なる國民と言ひ、若くは健全なる國民と言ふのも、必すしも大智者や大學者の集團を指すのてはない。然らは何にを指して而か言ふのてあるかと稽ふるに、そは唯た社會的常識を多量に持つて居る國民を賞讚する言葉に外ならないのてある。して見れは社會的常識の一たる政治の知識を養ふことに就て今更何の心配も遠慮も要らないのてある。寧ろ進んて其寶庫の扉を開き、其處に國家國民の繁榮の源を究むへきてはなからうか。

斯く云へはとて、余は固より青年か政爭の渦中に投せんことを奬勵するものてない。青年の時期か修養の時期てあることは、今更言ふ迄もないことてある。けれとも更に一歩を進めて考へて見ては何うてあらう。青年か政治に對して盲目てあることは、其修養に如何程の效果かあるてあらうかと。青年の政治運動は、絕對に避くへきことてあるか、しかし青年と政治とは絕對に沒交涉てあるやうに思ふのは、正當の見方てあらうか。青年に對し、政治的盲目漢たるへく强ひんとするのは、元來誤解てあつて、政治の知識を養ふことも、實は青年修養の重大科目の一てあることに思ひ到らないからてある。

人動もすれは政治は政治家や政黨員の專有物て、內閣や議會に於て行はるるものゝやうに思ふ傾向かある。けれとも政治は何そ必すしも內閣や議會に於て行はるるもののみならんやて、今日八釜敷く唱道さるる所の地方自治も、要するに國家の政治の一部たることを知らねはならぬ。卽ち『自治は、國の法律に從ひ、地方公共團體か、自己の選擧したる機關に依つて、其團體の事務を處理することをいふ』との意義より解するも、地方自治か明かに國家の政治の一部てあることを知ることか出來る。然るに此の國家の政治に對する知識を盲目に附しなから、他方に於て立憲國民たるの要素を涵養せよと說くのは、井を穿ちて、天に攀ちんとする矛盾と多く撰ふ所かない。されは青年は、斯ういふ矛盾の思想を我れと自ら蹶破つて、法律の命する範圍に於て、政治の智識を自由に求め、且つ又之れを咀嚼せなければならぬ即ち立憲政治とは、何てあるかを知ることも、其一てあか。外國の憲法と、我國の憲法とは、如何なる點に於て相違して居るか、議會の性質は如何なるものてあるか、大權と立法行政との關係は如何なるものてあるか。斯ることを學ふのも、亦慥に其一てある。議會の性質を知らは、更に議員の選出と國民の義務とに對しても、玆に初めて明白なる智識を領得することか出來る。旣に此の智識を領得することか出來たならは、自ら選擧といふ問題に逢著しても其選擧か如何に重大なる結果を國民の生活上に生し、又如何に深甚なる意義を、國民の精神上に與ふるかに就き、大に悟ることか出來得る筈てある。從來我國に於ける選擧界の弊は、而して其弊害の根本は、政治的智識の稀薄なりしに依る。是れ余か特に青年諸君に向ひ、政治的智識の涵養を要求する所以てある。且つ夫れ、世には往々無學にして而も善良なる人物かある。けれとも國家の公民としては、無學の善人たらんよりも、有識の善人たることを期さねはならぬ。之れと殆んと同し意味に於て、政治的智識を有せさる民よりも、之れを有する國民の方が遙かに健全なる國民てある。切言せは善良健全なる國民は、政治的良心と、政治的智識とを有する國民に於て、初めて見ることか出來るのてある。果して然らは今日の青年か、政治の智識を涵養し、併せて之れに伴ふ德義を養成することは、即ち他日自治體の基礎を鞏うし、又其面目を一新する所以てある。

余は繰返して世人の誤解を避けて置かねはならぬ。青年か政爭の渦中に投することは、余の絕對に承認せさる所てある。乍併之と同時に青年を政治的知識より遠さからしめて、能事了れりとするは、餘りに短見にあらさるなきやを危む。昔は民をして依らしむへし知らしむへからすといふ方針て治まつたかも知らぬか、今日に於ては最早馬上の殘夢に過きない。寧ろ如かんや、依らしむへく、又知らしめんには。火柄を握れは、火氣其手に及ふ。火氣其手に及ふを知らは、誰か柄を擲つて直ちに火を握るの愚を敢てせん。青年と政治の關係も亦正に斯の如きのみてある。慾りに臨みは余は天下の青年諸君か、其明透なる意思を以て、直ちに政治の眞髓を握り、紛々たる政爭に其心を奪はれす、靜かに他日の備へを爲さんことを切望して止まないものてある。

（大正六、四）

大戰後に於ける國民の覺悟

一

現時世界の大亂となつて居る處の歐洲戰亂に對して各國々民か如何に覺醒しつゝあるか、如何に戰時及戰後に處する計畫をなしつゝあるかと云ふ事は、吾人の大に研究すへき問題てある。大戰の初めに當り我輩は此の戰爭は必すや總ての方面、即ち或は國際上の關係に於て、或は敎育上の方面に於て、或は思想上の方面に於て、或は經濟上の方面に於て、至大の影響を來すに相異なしと思つたから、獨り聯合軍側と云はす、獨墺側と云はす總ての事の方面から出來得る丈けの材料を集め、以て自己の研究に資して居たのてあるか余は今此處に此等の材料を根據として聊戰後に於ける各國の情勢を說き併せて我か國民否我か日本帝國の吾等の覺悟を說きたいと思ふ。

云ふまてもなく此度の戰亂は、所謂有史以來の大戰てある。古今未曾有てある。啻に古今未曾有てあるのみならす、將來も再ひ斯かる大戰はあるまいとの論旨より歐羅巴の多くの歷史家は此の戰爭を名つけて、ゼ、ラストウオー、オブ、ゼヴ、オールド、卽ち『世界に於ける最後の戰爭』たとて其の名稱を評議して居る。古來戰爭には、宗教戰爭、三十年戰爭、七年戰爭、西南戰爭、日淸戰爭、日露戰爭と云ふか如く種々の名稱か附してあるか、其の通り今回の戰爭を目して『世界最後の戰爭』と名付くるのか妥當たと云ふのてある。

二

從來の戰爭は多く、一國と一國との爭てあつて、恰も佛蘭西と普魯西、西班牙と亞米利加、土耳其と露西亞、日本と支那と云ふか如き關係のものてあつたか、此度の戰爭は數ヶ國聯合のそれてある。而して其の聯合なるものは、世界に於て富國と稱し大國と稱せらるゝ國々の間のものてある。一面には我か日本を筆頭に英國あり、佛國あり、伊國あり、米國あり、白耳義あり、塞國あり、支那かある。他の方面は世界に雄を稱しつゝある獨逸と、之れに加ふるに墺國、土耳其等かある。卽ち獨立國にして僅かに丁抹、諾威、瑞典、其他數ヶ國を除いた凡ての國は此の戰亂の渦中に投して居るのてある。

故に現時戰線に立ちつゝある兵數は千四百萬乃至千五百萬の多數を算し、戰線の延長亦三百里强に亘り、之に隨つて各國の軍備の巨額は實に豫想外のものかある。今其の一端を示せは、一日に英か五千萬圓、佛の三千萬圓、伊の二千萬圓、獨墺側の八千五百萬圓にして、之に加ふるに其他の國々の一日の軍費を平均五百萬圓として通算すると實に二億圓以上てある。二億圓とは抑も如何樣の金額か、我日本か一年に要する國費を豫算に計上せる所に依りて見れは、五億五六千萬圓乃至六億圓位、卽ち大戰三日の費用を以て我國一年間の經費を支ふるに足るのてある。尙各國の國債は如何にと云ふに大正五年七月の調査は旣に八百九十何億圓の增額を算せしに見ても今日は慥かに一千億圓を越えて居るに違ひない。死傷者も亦、一千萬人を下らぬと云ふ。斯く多大の人命、多大の財力を消費して戰ひつゝある大戰爭てあるから、歷史家か稱して『世界最後の戰爭』と稱するも亦故ありと云はねはならぬ。

三

次に來るへき問題は、抑も此大戰の終熄期は何日か、何れか最後の勝利を制すへきかと云ふにありて、是は何人も聽かんと欲する所のもの、問はんと欲する所のものて、然かも此事たるや獨り吾人か今日の問題として居るのみならす歐洲に於ては戰爭の勃發するや否や、此の問題に就て硏究若しくは推測をなし、英佛二國の有する大なる資力と、露國の抱擁せる無數の人民と、世界最大の工業國民(英國)と農業國民(露國)と加ふるに世界最大の海軍國(英國)最大の陸軍國(佛、露二國)、此の數者の聯合を以てすれは必すや獨墺國に對して致命傷を與へ、久しからすして聯合軍は獨逸全土を席捲し首都伯林に殺倒すへしとの說か盛んてあつたのてある。獨逸如何に强しと雖も、英佛露の三大國力を合せて攻擊せは直ちに粉碎されてその伯林城下の盟をなすは遠からすと考へて居た、大戰の終局は卽ち千九百十四年十二月廿五日のクリスマスまてゞあると豫言した者も決して少くはなかつた。然し其の間にありて此の豫言を絕對に否定したのは故英將軍キッチナーてある。氏は母國に陸軍大臣として任命せらるゝや、今度の戰爭は決して短時日の中に終熄を告くへきにあらす。吾人は少くとも三年間繼續の覺悟あらされは、噬臍の悔を見んと議會に於て明言した。而かも當時世人は其の愚を嗤つて居たのてある。

四

當時此戰か三年も續くと云ふことは、あまり長く見た說てあると云ふことは一般の唱ふる所てあつた。吾人も其新聞を見た時に、英人は非常に忍耐力に富める國民なるか故に斯く云ふものゝ眞逆に三年は繼續するとは思はなかつた。然るに今日の狀況を以てせはキッチナー氏の言は當り却て多數の人の言は誤れりと云はねはならぬ。旣に今日まて四年に亘り猶戰爭は繼續せられつゝある。加之獨逸は直に粉碎さるへし、聯合軍は獨逸全土を席捲して首都伯林に殺倒すへしとの言は全く豫想に反し、今後は暫く置き今日迄の狀態にては獨逸は敗者の位置に立てりとは云ひ得ない。各戰線に亘り敵國領內に侵入して自己の領土内には未た敵の足跡を印せしめすと云ふ狀態てある。尤も東洋に於ける植民地は占領されたか歐洲に於ては一歩も敵を領土内に入れて居らぬ。故に半年にして伯林城下の盟をなすへしと云ひたる豫言の全然的中せさりしは事實の證明する所てある。

偖然らは何故に斯かる狀態になりしかと云へは獨逸に準備かあつた爲たと云ふことてある。由來獨逸は今日に於ては一流の强大國てあるか昔からの强國てはなかつた。今より數百年前に於ては、今日の所謂獨逸帝國なるものは、微々たる一農業國にして、海軍と云ふ海軍も有せす、港と云ふへき港を有せす、植民地の一もなく國民の富又不振の狀態にあつて、迚も英佛の足許にも及はなかつたのてある。故に今より約五十年前即ち普墺戰爭後英吉利の政治家バルメル、ストールの獨逸視察の言に『獨逸は結局微々たる一農業國に終らんのみ、我英吉利の敵とするに足らぬ、恐るゝに足らぬと云ふよりは寧ろ憐れむへきものた』と云ふ意味の報告をしたのてある。

五

實際に於て其當時の狀況を見るに、國民の富は極めて貧弱にて、其の極く見易い一例を擧くれは當時獨逸國民一人の貯金額は僅かに二十圓に過きなかつた。今日の日本ては既に六十圓以上になつて居るか、獨逸は今より五十年前に僅かに二十圓に過きなかつたと云ふのてあるから、當時獨逸か如何なる狀態に居つたと云ふことを此の一事を以てしても證明することか出來る。然るに今日の狀態は如何であるか、今日では其の平均額は六十倍して千二百圓になつて居る。英吉利か四百七十二圓、佛蘭西か四百八十七圓、露西亞か七十八圓、日本は前記の如く漸く六十圓を算するのみである。兎に角獨逸は僅々五十年間に二十圓か六十倍して千二百圓になつた。之には英、佛、米、共に及はぬのである。是單に貯金額の一端を述へたるに止まるか、其の商船の數、鐵の生產額を見、農業狀態より見ると著々として進步して來た。而かもこは長年月を要したのではなく、僅かに百年未滿、最近に發達したのは此の四五十年の間である。

今日では外國貿易額に見るも工業狀態を見るも恐らく世界の第二位とは降るまい。所か此の如き狀勢を呈するに至るのは其所に何か原因かなければならぬ。こは何人も聽かんと欲する所てあらう。

六

近頃能く奇蹟と云ふ言葉を用ゐるか、『獨逸の此の長足の發展は實に世界の奇蹟てある』と云ふやうに云はれて居る。亞米利加人なとは懸賞をかけて競爭て此の獨逸發展の原因を調査したことさへある。斯かる情勢を現出するに至つた原因は、種々の方面から硏究せねはならぬか、今其の要點を云ふと一は獨逸國民の意氣精神の然らしむる所てあり、一は敎育の發達に歸すると云ふか至當の見解てあり、觀察てあると思ふ。

吾輩は前後二回歐米を巡遊したか、獨逸人の意氣には敬服せさるを得なかつた。それは獨り政治家と云はす、教育家と云はす、學者、實業家の凡ての人か一致して獨逸帝國をして世界に覇たらしめねはならぬ、獨逸の首都伯林をして世界最大都市たらしめねは止まぬと云ふ意氣込みを持て居るのてある。吾輩か約十七八年前に巡遊した時に於ては、伯林は殆んと倫敦、巴里なとには及ふへくもない一小市てあつた。然るに十年後に再遊した時は、市街鐵道は盛んに出來る、今までの郊外地には立派な工場や家か建ち、凡ての形狀か全然一變して最早當時の伯林てはなかつた。之れには流石に一驚を喫せすには居られなかつたのてある。而かも段々國內の情勢を統計に依つて調査してみると、僅か十年間に於て偉大なる發展をしたのを發見して、能く斯程の發展か出來たものたと感し驚いたのてある。而して彼等獨人は如何なることを放言して居るかと云ふと、獨逸と云ふ國は天の惠みを享けて居る國てはない。氣候は寒冷てある。土地は磽确てある。港とても今ては稍出來たか左程の良港も有しない、此の點より觀察するも獨國は之より更に發展しなければならぬ使命を持つて居る、運命を持つて居ると豪語して居る。

今現に其一例を示すと漢堡《ハンブルグ》の植民學校の敎授ロー、バッハ氏の著書『獨逸魂』の中に『我々は恰も岩の上に生へて居る松の木の樣なものてある。若し營養を與へなければ枯死して了まふのてある。吾々は營養を得すして枯死すへきてあるか、將之に非常な營養を與へて岩を劈く所の喬々たる大樹とならんことを欲するのてあるか』と云ふ樣な刺戟的な言葉かある。又同書中に『吾々は大に努力しなけれはならならぬ。吾か國民性には幾多の缺點かある』と云ふて、自國民の短所を擧けて、是等の事は之を改良し又は進歩せしめなければはならぬと云ふことを勸告して居る。是れ固より一例に過ぎぬか肯綮に當つて居る。

吾々日本國民も斯れ程の意氣を持たねはならぬと、此の本を見て自ら感奮したのてある。獨逸人の意氣精神は獨り此人の書物に現はれて居るのみならす、總へての國民の頭腦に行き亘つて居る。例へは市町村の自治の狀況を見ても其發奮努力の跡は歷々として見えるのてある。吾輩は殊に此の市町村自治行政に就て研究して居るから此點に付て特に意を致したのてあるか、所謂民族の團結を强くし、國民思想の統一を計るには先つ自治と云ふことに重きを置かねはならぬ。自治と云ふことは、國民か自己の市、自己の町村を愛し、其の鄕土の行政を完全にして初めて國家の基礎を强固ならしむるものてあることを能く解して市町村の仕事を進めるにある。

八

市町村の仕事か進み、市町村か富むに於ては國家は則ち隆盛になるのてある。彼等は此點に留意して非常に努力して居ると云ふ情勢か事實に現はれて居る。產業の點に於ても、其他總ての點に於てもそれか現はれて居る。こは獨り吾等のみならす、米人の如きも獨逸を觀察して大に驚き、獨逸か日に發展するは、自己の住める市町村の改善を計り、それを立派なるものにすると云ふ事か大なる一の原因をなして居ると云ふ意味の報告をして居る。

九

次に又彼の教育に就て見るに、初等教育と云はす高等教育と云はす、總てか秩序的統一に進んで居るのを發見する。こは普佛戰爭後に於けるモルトケ將軍の言に付て見ると判る。同將軍は『今日普國か戰に勝つたは吾々軍人の力てあると思ふ者かあらうか決してさうてはない、こは實に彼の小學校教員の力てある。小學校教員か國を愛し君を敬ひ、忠實なる國民を養成し其國民か一致して軍人の後援となれる爲めに戰勝を得たのてある』と云つて非常に感謝したとのことてある。是は或はモルトケ將軍の小學教員を激勵する一の言葉てあつたかも知れないか、教育と云ふ事か富國强兵の最大原因なる事は、爭ふへからさる事實なることを信するものてある。

十

此結果普國に於ては普佛戰爭に勝利を得るや、直ちに其の占領地に大學校を建て、各種の實業學校を興し、又小學校のみにては不足となして、補習教育を强制制度とし、然かも其の教ゆる所は必すしも形式に拘泥せす實地に適する教育を著々と進行せしめた。其效果か今日に於て大に現はれて居ると思ふ。故に鐵道の事に就ても兵士の動員に就ても、工業及食料問題等に就ても總へて學術を基礎とした所の組織か整つて居る。

今次の戰爭に於ても、獨逸か白耳義に兵を進入せしめたるは一九一一年八月一日或は二日の事と記憶するか、一度宣戰の布告をするや其翌朝には既に國境に兵を行つて居たと云ふとてある。獨逸の兵か餘りに迅速に調つて居たので『是は獨逸か 宣戰の布告前既に豫め 國境に出兵して居つたのてはないか』と云ふ評かあつた。現に佛國に居た日本の留學生も獨逸の出兵か非常に早かつたと云つて居るかそれは平素訓練か能く行き屆き、鐵道の方に於ても常に連絡系統を考へ一朝有事の時は市役所又は町村役場の手續なとか組織的統一的に順序能く敏捷に行はれて行つたからてある、此の平素の執務か組織的に出來て居るか故に、いさと云ふ時に迅速に行くので、兵士の動員、軍需品の輸送に於ても一の鈴を押せは、それか直く各方面に鳴り渡つて往くと云ふやり方てある。て此の如き電光石火的の行動を爲し得るに至つたのてある。是は單に一例てあるか總ての方面か此の風て、戰爭か始まるや否や食料品問題に注意を拂て研究し始めた。卽ち戰爭か起ると海上か封鎖されるから、獨逸の輸出入は其道か止まるから此點に注意をして、食料問題の調査會を設け、醫學者、化學者、藥學者、植物學者、經濟學者、等凡ての專門家を網羅して調査をなし、何れ丈けの耕地と材料かあれは、六千五百萬人の獨逸民に給供する食料品か穫れるかと云ふか如く、各種の方面に亘りて調査をし、戰時中食料に窮せさる方法を考へたのてある。

十一

其他今まて自國内に輸入し來つた物品か輸入せられなくなる故に、これ等は國内て製造せねれはならぬと云ふ處から、例へは南米智利からの輸入品たる硝石の如きは海上封鎖の爲め輸入か絕え爲めに火藥の製造に差支へる、又染料肥料其他のものに差支へると云ふので、化學者に硏究せしめて、空中より窒素を取り硝石の代用品を拵へる。次には尙肥料か不足すと云ふので今まて捨てゝ居た野菜の切片を集めて化學的方法を以て或は食料品を製出すると云ふ樣な事をやつて居る。又今迄は少しも利用しなかつた空地か澤山ある。例は學校の運動場或は鐵道の用地、其他人民の所有する不用の空地か澤山あるので、それ等の土地を利用して田地畑地を作つて食料品を作ると云ふ策を採つたのてある。勿論是等も凡て學術を基礎として硏究的又は組織的に行つて居る。開戰當時に於ては獨逸は早晩食料品の缺乏によりて苦しむてあらうと云はれて居たか、今日尙左樣までに苦しんては居らぬ。尤もパンの如き切符て買はねはならす、其他食料の分量を限定するなと隨分窮しても居るのは事實てある。此頃獨逸からの電報を見ると「戰時野草」と題した一文かあつた、此れに依ると凡そ二三十種の草の名をあけてあるか此の草の何と何と合すれは此の樣な營養分かある、それに鹽と砂糖を混する時は此の如き食料になると云ふか如く、草を食料品にする方法か示されてあつた蓋し「戰時野草」なる名は卽ち此の意味に於て附せられたものてある。斯く窮して居るものゝ學問上の基礎に依つて兎に角人間の爲し得る所、人力の盡す限りのことを色々の方面に硏究して其の窮乏を凌いて居るのてある。

十二

次に勞働の點に至つても、今までは壯年の男子か之に富つて居たか、今は皆兵役に從事して居るから、此の方面に當られない、子供や婦人か代て青年男子の仕事を執つて居る。之は獨り獨逸のみてはないか、今まて働かなつた者か働くと云ふ樣な狀況てある。日本なとては殊に田舍てはさうたか、旗を押し立てゝ大騷きをするけれとも、獨逸の如きは彼等の出征は恰も近隣に旅行する樣な狀態てある。小さい鞄を提けて平氣て往く『貴方は何處へ往かれるのてす』と問へは『今度出征の爲め巴里の方へ行く』とか、若しくは『羅馬の方へ行く』と云つた調子てある。それから歸休兵と云ふものかあつて、六ヶ月乃至八ヶ月目に戰地から歸る、歸つた者は丁度隣村からても歸たと云ふ風て、出立の時は妻子に仕事を命し、歸ると自ら平常通りに仕事をしてゐる。平素と少しも變つた樣子を見ないとは、歸朝者の談てある。

吾々は少し長途の旅行をしてさへ、今日は草臥れた故一日休まうと云つて休む、甚たしきは翌日も休むと云ふ有樣てある。然し彼等は此の如く平氣て其の盡すへき業務に從事するところは、實に其の平素の心懸と努力の勝れてゐることか明かに判る。斯く云へは獨逸か非常に強く結局獨逸か勝利を得るか如く見ゆるか、此は今日までの過去の狀況てあつて近頃は餘程情勢を異にした觀かある。

佛國は吾等も旅行したか非常に優美な國てある。文明の發達した國てある。なかなか戰爭なとの出來る國てはない。兵士なても頭を分けコスメチックなと付けて立派にしてゐる。而かして珈琲店や酒場なとに行つて女に戯れてゐると云ふ狀態てある。女優なとに對しても文學上に功績かあると云ふのて、戰爭に行つた軍人なとゝ同樣に勳章を與へるから軍人なとは吾々の樣に死生を賭してゐる者と役者なとゝ同し待遇をするのは不都合たと云うてゐる者もあるか、實際佛國は文明國てはあるか、今はあまりに優美懦弱にすきて最早下坂の運命の下に在るのてはあるまいか、人口も減て行きはしないか非常な增し方もしない。さう云ふ點より見るに、此國は將來大に爲すある國てはなかうと云ふ感しを唯の旅客たる吾等の頭に浮はしむるのてある。然るに此度の戰爭か開始されるや態度全く一變し、先つ從來佛國內閣の壽命か平均七ヶ月乃至八ヶ月と稱されてゐた。始終內閣か更迭し甚たしきは三日て變ると云ふ樣な事も珍らしくはない。故に政治の方針も長く一定の方針によることも出來す其間隨分損失を受けた事も少くない。か今度の開戰と同時に各政黨の領首か握手して內閣を組織し、三年繼續し、あまり振はなかつた陸軍も有名なジョンブル將軍か全權を握りて幾多の情弊を打破し、老朽を淘汰し、有爲の士を採用して事に當らしめた。

十四

其改革の效果か現はれて、獨逸か一擧にして陷るへしと豪語した「ベルダン」も之を拔くことは出來なかつたのてある。而して今日に於ては却々獨軍に對して攻勢を執てゐるのてある。是は陸軍に於ける改革の然らしめたものであらうか、又國民の意氣精神が如何しても此處に行かねばならぬと云ふことを自覺した結果に外ならぬ。今では佛國の最も好い土地は皆獨逸に取られてゐる。佛國の化學工業の中心地であり、佛國生產力の約八割を占めてゐる土地は、獨逸に占領されてゐると云ふので、佛國としては非常な打擊であるから、之を取戾さうと云ふ意氣込みは非常なものである。單に軍事上に於てのみ取返すと云ふのでなく生產上に於ても取返さねばならぬと云ふので、國民は一致して大變な意氣込みの下に活動してゐるのである。例ば北部の方は今日迄は山や沼であつて耕やされなかつたが、今では之を開墾し又は工業上の種々の施設をして後の事まで考へて行つてゐる。

兵士の如き歸休で歸ると其兵服のまゝで、耕作に從事してゐると云ふ風である。負傷兵でも決して遊んではゐない。彼等の中には手や足を切られた者があるが、此等には夫れ相應に職が與へられる。卽ち右手のみ使へる者は、片手で出來る無線電信をやるとか夫々働いて少しも遊ばない。負傷兵既に然り、老若婦人の活動してゐるのは當然である。斯かる有樣にて國民全體が非常に働いてゐる。

十五

某氏が一日ジョッフル將軍に面會し『戰爭は何日まで繼續すべきか、佛國は如何なる事をやるべきか』と尋問したるに、將軍は自若として『何日まで續くか吾々は知らぬ、最後までゝある』と答へた。佛國にては近頃最後までと云ふ言葉が流行して、總ての人の口に唱へられてゐると云ふ。芝居でも『ッーゼ、ラストーー』最後までの言葉か出ると大變に拍手して皆喜と云ふことてある。つまり國を賭して彼等は戰つてゐるのてあるから吾等は最後までの働きをしなけれはならぬ、所謂國亡ひて山河ありてはなく、山河なきまてにも奮鬪して斯の戰に勝たなけれはならぬと云ふ決心を示してゐる。獨逸から取られたアルサス、ローレンを取返すと否とは、大きく言ふと世界の運命を支配するのてあると、彼等は言つてゐる。如何にも其の言の通りて、此の戰の結果如何に依つて世界の運命は決せられるのてある彼等の意氣込み此の如きものあるは蓋し當然たと云はねはならぬ。（大正六、一〇）

獨逸思想の世界的傾向

（一）

歐洲戰亂も既に開戰後二年に垂んとする今日に於て、未た其終結を告けさるは勿論、今日の狀勢を以てしては何れの時に終熄すへきか、將た又交戰國何れの方面か最後の勝利者たるへきか、殆んと豫測し得られさる狀況にあるのてある。戰爭開始に於ては獨逸は東西に敵を受け、英佛露白米の諸國を對手として戰ふのてあるから、獨逸か如何に强盛なりと雖も、結局敗者の位地に立ち、遠からすして伯林城下の盟ひをなさゝるへからさるに至らんとは、世界の人々の一般の豫測して居る處てあつたか、豈圖らんや獨逸は著々勝を制し一擧にして白耳義を占領し、其餘勢は引いて佛國の領土に及ひ、又露西亞方面に於ては露領ポーランド地方を攻略し而も其の自國内は未た敵の足跡を印せしめさる狀態てある。是れは當初に於て豫測したるものゝ意外とする所てある而して今や獨逸軍は白佛露及塞爾維の廣大なる領土を占領し、殆と三千萬に近き占領地の人民の支配者になつて居るのてある、而已彼は墺太利及土耳古其他を助けて、是等の國をして優勢の地に立たしめ、今や墺太利皇帝と土耳古のサルタンとは獨逸皇帝の幕下てあるか如き狀況を呈して居るエリスパアカーの言に依れは、墺太利皇帝及土耳古サルタンは獨逸の一總督に過きすと言つて居る位てある、されは今日獨逸皇帝の支配する領域は實際に於て、ハンブルグよりトリエストに至り、オステンドよりバグダツトに及ひ、引いて波斯灣に及ふと云ふ狀勢てある斯くて獨逸皇帝は現實に於て一億七千萬以上の國民を支配して居るのてあるか、此の狀勢を以てすれは所謂汎獨逸主義の使命か或は實現せらるゝに至るやも知れないのてある、而して最近の歐洲の戰報に依れは、海上に於ても獨逸艦隊は優勢なる英國艦隊を擊破したとの事實かある、又ヴエルタン要塞戰に於て見るも、獨逸軍は非常なる勢ひを以て攻擊を續行し、其成否は今日豫期し得られないのてあるか兎に角獨逸軍の意氣の壯烈なることは驚ろく可きものてある。

獨逸の斯の如き狀態を呈し、東西に敵を受け世界の强國を對手として尙ほ且つ優勢の地位に立ち、綽々として餘裕あるは世界の人々の見て以て奇蹟とする所てあるか、併し深く其原因を考ふる時は、必らすしも怪しむへきてない、殊に獨逸か今日の强盛を成したるものは決して一朝一夕の努力てはないのである、彼はフレデリック大王以來、非常なる大決心大覺悟を以て世界に雄たらんを期し、學術に產業に軍事に思想界に非常なる努力を以て其進步發展を期したのである、而して斯の精神は上下に瀰漫し朝野一致して此の趨勢に馴致したのである、所謂ゲルマニズムを以て世界を支配するの使命となさんとしたのである。彼等の所謂實力政治(マハット、ポリチック)及び世界政策(ウェルト・ポリチック)は彼等國民の標榜したる旗幟であるのである。所謂力は權利をなすものである、實力を養成することは世界を支配する原則であるとの信念を確持し、此實力によつて獨逸は全世界を支配せんとする所の意氣を示したのである、而して是等は學者、政治家、實業家、文藝家等に均しく一致したる旗幟てあるのてある、今其事例を擧くれは、伯林大學の歷史教授て又政論家として著名なるトライチケの如きは其の第一人てある、彼は個人としても國民としても最も强きものは實力のあるものてある、實力は實に凡ての社會を支配するものてある、凡て政治上の罪惡の中に於て弱者ほと卑しむへきものはない、弱者たる觀念は國家をして腐敗に陷らしめ、威力なからしむるものてある、是れ實に神聖なる神に對する罪惡てあると極端なる事を言明して居るのてある、而して戰爭は忌むへきものてあるから、國家として戰爭を防止することに努めなけれはならぬことは勿論なるも、國家の名譽と利益とか許す場合に於てしかすへきものてあつて、若し國家の名譽と利益とか許ささる時に於ては、戰爭は避くへきものてない、永久の平和と言ふ事は單に理想てある、而も其理想たるや一場の夢幻てあると云ふ事は獨逸の前の大宰相ビューロー公の明言して憚からさる所てある、又力は最上の權利てある、何か權利なるかに就ての爭ひは、戰爭によつて決定せらるるの外はない、戰爭は最終の權利の勝敗を解決する所のものてあるとは、ベルンハルディーの言明する所てはないか。

獨逸國民は詩人及思想家てあつて、是は獨逸國民の誇とする所てあるか、是れと同時に獨逸國民は又優勝なる戰鬪國民たることを考へなけれはならぬと言ふ事は、ハウルゼン教授の明言する所てある、又獨逸は今や必要の狀態にある必要の前には法律はない、我軍はルクセンブルグを占領したり、又白耳義の領土をも占領したりしたか、中立國の侵害は國際法に反するものたるや謂ふまてもない、併し乍ら我は今是れを顧慮するに遑かないのてある我れ一日是を顧慮して、一日遲くれをなしたらは、遂に佛蘭西の爲めに我か領土は進擊せらるるの運命に陷いるてあらう、故にルクセンブルグ及ひ白耳義政府の正當なる抗議に對して、是れを無視し、我軍は是等の領土に進むの巳むを得さることを知るに至らん、之れは或意味に於て不正行爲てあらう、而して我は其不正行爲たるを明言するに憚からない、併し乍ら此の不正行爲は、軍事上の目的を達したる後に於て、他日相當の辯明をなし得るならんとは、開戰の當時に於て獨逸の大宰相か帝國議會に明言した所てある。

英國は獨逸の强盛を嫉視するや久し、故に獨逸か益々强盛をなすに先たち是れを膺懲せんとすることは、常に英國の心懸けて居る所てある、獨逸か勝つか、英國か勝つか、是れ實に世界の競爭舞臺にに於ける興味ある大問題てある。獨逸か此儘に日を空しうする時には、英國は獨逸の勢力を打破するに盡すことは必要てある、故に獨逸國民は其の國民の自衛と權利及ひ正義の爲めに戰はなければならぬ、人類の生存を完全に維持することは、他の國民よりは獨逸國民に課せられたる所の使命てある、獨逸國民は智識ある國民として今日まて活動し來つたのてある。而して科學の研究に於ては、宗教の信念に於て、獨立したる人格の養成に於て、努力したのてある、此努力は實に獨逸國民の世界を支配する使命を果すものてあるとは、イエナ大學教授にして著名なる哲學者オイケンの明言する所てある。

世界主義の思想は我國民の根柢に於て深く印せられたる所てある、是れは單に政治上に於てのみならす、文藝に於ても又哲學思想に於ても、現實せられたる所てある、我々の嫉視せる敵は、吾人の胸に鐵の輪をはめんとしたのてある、吾人の胸廓は益々擴大せねはならぬ、されは是れか爲に吾人は鐵の輪を寸斷しなければならぬ、然らされは吾人の呼吸は止めらるる狀態にあるのてある、而して吾人は呼吸を止めらるるのを欲するものてない故に鐵の輪を寸斷することは吾人の自衛上の權利てあるとは、有名な戲曲家ハウプトマンの明言する所てはないか。

斯の如く獨逸の所謂實力政策は獨り皇帝の主張したる政策たるのみならす學者、哲學者、教育者、軍人、實業家凡ての方面に行き亙りたる政策てある、換言すれは所謂ゲルマニズムの世界に於ける使命を理想とし、而して是れは何れの時か實現せんとする理想てある、此の理想か發して今日に於ける獨逸の强盛を致したのである、又此の理想は單に野心ある一政治家、一政府の懷抱する所であると言ふのでなく、獨逸の全國民の腦裡を支配する理想である、故に此の理想は一朝一夕にして消滅するものにあらす、從つて此大戰亂の結果假りに獨逸か英露佛の勢力の爲めに蹂躪せられ、一敗地に塗ると言ふ場合に立ち至るとするも、有形的の戰敗必すしも無形的なる國民思想の消滅を來すものにあらさるか故獨逸國民は敗るれは敗るゝ程其意氣と精神とを激昂せしめて、所謂臥薪嘗膽以て捲土重來を策する事は疑ひを容れないと思ふ、是れに反し若し獨逸か戰勝者の位地に立ち、列强の使命を制するに至る時は、其餘波の及ふ處何れにまて到るや豫め圖ることか出來ぬ。

二

獨逸の權力政策、世界政策、軍國主義は獨り獨逸國民の頭腦を支配するのみならす今や全世界を支配せんとしつゝあるのである、彼の自由主義個人主義を尊重したる英國の如き、又民主政治、國民全能主義を以て世界に立ちたる佛國の如きも、此の獨逸の政策に學はんとしつゝある狀態である、多年任意募兵主義を採用したる英國も、今や一轉して强制徵兵主義を實行したてはないか、自由貿易主義を其の國の運命と考へたる英國も、今や保護政策の必要なる事を感しつゝあるてはないか、二大政黨主義は英國政治の特徵にして是を以て議院政治の模範國なりと誇り居たるに不拘、今や二大政黨か相握手提携して擧國一致內閣を組織したてはないか、獨逸の軍國主義を以て其國の國是に反するものとし民主政治の特徴を鼓吹し來たる佛國も、軍備擴張の必要を感し、軍人萬能主義を發揮せんとする事實かあるてはないか、是を以て之を見れは獨逸の軍國主義實力政治は著々として世界の大勢を支配し其思想は自由主義民主主義を標榜した國に彌漫して居るのてある、此趨勢は獨り今時の戰爭中に於ける例外現象たるのみならす、戰後も繼續して益々其主義の發揮を見るに至る事か推測せらるゝのてある。

更に海を越えて米國の狀況を見れは、一層其痛切なるを感するものてある、世界平和主義を標榜し、モンロー主義を國是とした米國か、著々として軍國主義を實行しつゝある狀勢を呈しつゝあるてはないか、近く米國に於て數億萬圓の豫算を以て大海軍擴張を議決したことは、人の皆知る所てある、又軍國主義を輕蔑し、世界平和に有害なりと考へたる米國か、陸軍案を提出國民皆兵主義を採り、小學兒童に兵式教育を行ひ、青年に對しては軍事上の教育を施さんとする傾向かあるてはないか、國家萬一の時に應ずる準備なる言葉か、盛んに米國各州に於て行はれつゝあるに想到すれは、蓋し思ひ半はに過くるものかあらうと思ふ。

大勢既に斯の如しとすれは、戰後に於ける狀勢は一層思ひ遣らるゝのてある、世人は今回の戰爭の悲慘殘虐なるに顧みて交戰國の何れか勝つも軍國主義は其後を絕ち平和の時代か來ると推測するものあり、或は終局獨逸は敗者の地位に立つてあらう、其の原因は軍國主義の致す所て、畢竟軍人の跋扈か此の狀勢を招來するものあると云ふ者あるも、是れは一場の夢て、獨逸の學者の所謂永久平和は一の夢幻に過ぎすと云ふとは慥かに眞理てあると思ふ、而して戰後は國防問題か益々研究せられ、軍國主義、實力政治の國家生存に必要なるとか、世界各國民の頭腦を支配するとは、豫測するに難くないと思ふ。

三

翻つて我國の狀勢を見るに從來獨逸贔屓か盛んに我國朝野人士間の頭腦を支配したものと思はれる、政治軍事學術教育產業凡ての方面に於て獨逸を模倣し、是れか國家の强盛を出すに必要なるものとして識者によりて唱道せられ獨逸に學ひし處は實に少なくないのてある、殊に獨逸の政治主義は我國體のある點に最も克く適應し、英國の議院政治を非とするのも獨逸のある部分は之を歡迎したのである、されば今次の戰爭に鑑みて獨逸思想は我國民の間に益々歡迎せらるゝに至るてあらうと思ふ、殊にトライチケの學說、ビスマルクの政策の如きは、最も克く我國民の思想を支配するに適したものてある、故に戰後の思想界に於ては此主義政策か益々盛んになるに至らんかと思はるゝのてある、又獨逸の經濟學者として著名なるゾンバルトの言の如きは我國の所謂武士氣質軍人氣質に適應したものてあつて、英獨の爭ひは武士と商人との爭ひてある、英國は唯た利益の前には何事をも顧みぬ、富あるを知つて國威あるを知らす、富者は最後の勝利者てあつて、國の政治は究竟富者によりて支配せらるゝと信して居る、此思想は英國民一般に抱いて居る信條て、戰爭に於ても商業上の利をのみ圖るに銳意し、商業上不利なる時には戰ふへき時にも戰はない、而して手を空しうして敵の來襲を俟つと云ふやうな譯て英國民は積極的に敵を攻擊することをなさぬ、現に英國は優勢なる海軍を有しなから北海に遊弋し、其の任務は商船の保護に過きす、敵と一戰して雌雄を一擧に決する勇氣なく、全く武士の戰場に臨むと云ふ思想は絕えてないてはないか、是れに反し獨逸國民は國家の大事に處しては毫も身命を惜します、商業上の利益は時に犧牲とするも國威の發揚を期するのてある、又一朝國家の體面に關する問題に遭遇せんか、殆と無謀の擧と稱せらるゝか如き戰鬪に對し、幾多の身命を失ふことを辭せない、斯く國民か武士氣質を實現するのてある、されは今回の戰爭は商人と武士との戰爭てあると云ふやうな極端なる言論を弄して居るのてあるか、此の思想は我國民の思想と一致して居るのてある、戰後獨逸國民の意氣精神は益々我國民の思想を刺戟するものと思はれる、從つて權利主義、實力主義、軍國主義之を善き意味に於て言へは武士氣質は盛んになると思ふ、是れは一面に於て喜ふへき現象と謂はねはならぬ。

四

更に他の方面を見ると、獨逸の軍國主義、權利政治は永久に世界を支配するものに非すと云ふことも、世界各國民間に主張せられて居る今次の戰爭に於て終局の敗者は獨逸てある、獨逸の軍國主義は世界を攪亂し、又獨逸を破壞するものてあるとは獨逸人中に於ても唱ふるものかある、英米人には此說を唱へて居るものか少なくない、獨逸の軍國主義、實力主義を排することは、世界文明國の國民として努力しなければならぬと云ふものもある　現に力は權利であると云ふも力を以て支配することは一時的現象に過ぎぬ、終局まで持續するものでない、殊に力は權利でなく正義か權利である、是を誤解して力を以て權利なりとし其結果社會國家の上に於て敗滅を來したることは、歴史の證明するところである、力によりて國民を勞働せしめんとする企圖即ちセルフドム及ひ奴隷主義は米國露西亞に於て消滅したる事實かあるてはないか、力によりて國民に忠義心を强ひ雄强ならしめんとの企て即ち封建制度は英國に於て破れたてはないか、又力によりて自由と知能とを强ひんとしたる企ては佛國に於て覆へされたてはないか、要言すれは、實力主義即ち獨逸に於ける力によりて人類に文明を課せんとする企ては、全然是れを敗滅に期せしめなければならぬと云ふことは、米國の立派なる文明主義を主張するものゝ言てある。

斯く思想界に二潮流か嚴存するか其の中て、實力主義か勝を制するか、又眞實の文明主義、平和主義、自由主義人道尊重主義か勝を制するか、今次の戰爭の終局後に於て大に研究しなければならぬ問題であるか、是れは又國家の政治に於て、國際關係に於て最も留意すへき問題である、此の思想界に於ける現象か如何に變轉すへきかは、極めて趣味あり興味あり又有益なる問題である、而して是れ獨り政治家の研究すへき問題たるのみならす學者も教育家も思想家も深く意を致して今次の世界變局に對する一大研究問題として眼を注くへき好個の問題であると思ふ。（大正六、五）

地方開發論

地方開發の問題は經濟上より見るも又地方行政上より考ふるも極めて重大なる問題てあるか故に識者並に經世家は大に此の問題を研究せねはならぬことゝ思ふ。近來都市集中と云ふことか何れの國に於ても著大なる趨勢となりかけて參りました抑も都市には一國の全ての智識、凡ての資力か集中して人口は非常なる速度を以て增加して參りますのに反して地方は著しく疲弊衰頽を來し爲めに都市と地方との權衡を失するに至つたのてある卽ち國家の狀勢か一方に偏倚するの傾向を生し恰も頭腦のみ發達した人間か腦充血を惹き起し手肢の衰弱を來して人間として健全なる發育をなし得さるか如き狀態に立ち至るのてある。之か爲に歐米諸國に於ては既に之か救濟の爲多數の學者政治家等か相集り日夜腦醬を絞つて之か對應策に腐心して居る。現に佛蘭西の如きは首都巴里の人口は非常なる增加をなし其の住民に給與す可き家屋すら缺乏せるの有樣てある。然るに地方の人口は年を追ふて減少し某縣の如きは既に獨立の地方團體としては成立し得さる程の狀態に陷り之か爲に特に縣知事を置き縣令を設くるか如きにとすら困難となり來つたのてある。故に縣の併合を行ふ可き必要を認むるの止むを得さるに至つた又同國に於ては小町村か增加して五十戸以下の町村は漸次其の數を增加するの傾向を生したのてある從つて地方の農業、牧蓄業等は漸次に衰頽して此の趨勢を以てするならは向後百年の後には佛蘭西の郡村地方は無人の境となり西比利亞の荒原の如き有樣を呈するに至るならんと憂慮を抱く者すら出て來つたのてある。而して斯の如き現像を來した事は畢竟總ての智識凡ての財力か中央にのみ集中して地方を顧みないか爲めてある故に佛國の學者、政治家等は此の衰勢を挽回せんとして諸種の計畫を企てゝ居る、或は大學其の他の學校を各地方に建設せんとするか如き、或は永く地方に住居し產業に精勵した者の賦課を免除し若くは特殊の奬勵金を給與するか加き或は鐵道其の他の交通機關の便益を地方にも與へて以て地方の開發を講しつゝあるか如きは實に此の地方衰頽の大勢を挽回せんとする方策に外ならないのてある。

獨逸は近年著しく發展をなし來れるか幸に佛國に於けるか如き狀態を呈せす、都市の發達と同時に地方も亦同一の速度を以て進步しつゝあるのてある。之は獨逸に於ては彼のフレデリック大王以來地方の開拓に意を用ひた結果て東普露西の如きは特に移民を奬勵して其の移民に對しては各種の便宜を與へ或は土地を貸與し或は家屋を無賃貸與し或は一定の期間國稅地方稅を免除し、或は不毛の地を開拓する者に對しては補助を與ふる等種々なる方法を以て移民の奬勵をなし以つて地方の開拓を計畫しつゝあつたのてある、又一方に於ては地方人士も深かく此の點に意を用ひ徒らに都會生活の娛樂に憧憬れす地方に在つて其の地方の發造を圖らんとすることに意を用ひた爲めてある。依つて我國に於て見るか如く相當の資產あるものか其の子弟を都會に送り高等の敎育を受けしめて都市に於ける各種の事業を經營せしめんとするか如き風習は獨逸に於ては決して見る事か出來ないのである。余は先年歐羅巴を旅行して親しく其の實狀を視察したか、獨逸の田舍に於ける資產家は其の子弟を都市に送り專門教育殊に法政經濟等の專門學科を專攻せしむることを欲せない、唯醫科と神學科には其の子弟の各一人を遊學させる樣てある、此の理由は醫學は地方に在つては最も必要な業てあり又神學科は地方人の精神教育指導の上に肝要な學科であるか故てある、而して之等の學科を專攻したる者は必す地方に歸て醫師となり牧師となつて地方民の指導に努力するのを常として居る、若し其の子弟か是等の學科を選はすして他の學科を專攻するか如き事かあつた場合には其の父兄は其の學資金を送附せすと云ふか如き場合もあるやに見受けたのてある。又中央都會に遊學して居る學生も暑中休暇等には必す田園に歸宿して直ちに農業に從事し或は牧畜の手助けをなし純然たる田舍生活をなし、又小學校の教員と協同して其の仕事の手傳ひをなし、地方住民をして一面には實地の教育を施し一面には田園生活の趣味を覺へしむる樣にして居る。斯の如き有樣てあるから獨逸の地方は夫々專門の智識を持つた人々を集め資源を造り從つて都市の繁榮と並行して充分なる地方開發の實を擧けつゝあるのてある。故に獨逸に於ては未た多く地方衰微、地方疲弊の聲を聞く事か甚た少いのてある。

米國に於ては商工業の發展も共に各都市も非常なる發達をなしたることは皆人の知る所てある『唯單に都市の發達のみを以てしては國家の强盛を促かす所以にあらす』と云ふ考を以て前大統領ルーズ

ベルト氏は富源涵養の政策を皷吹し、米國の廣大なる地方の土地山林を開拓し、國富を増す事に、意を用ひた、之れか爲同氏は先年各洲の長官を召集して其の趣旨を訓令したのてある、同氏の意見は『國に耕さゝるの土地無く、敎へさるの民なし』と云ふ事か國家富强の基てあると云ふ主義てある。此の方策を建てたのてあるから、此の方策に對しては政黨政派の如何を問はす、又實業家も敎育家も總て此の方針に一致贊成して其の實行に努めたのてある、其の後大統領か代つて地方長官も多く交迭したか此の政策國是のみは依然として毫も微動だになく著々として實行して居る。

斯くの如くにして歐米の諸國に於ては皆都市の集中を防くと同時に地方開發の爲鋭意努力を怠らさる有樣てある。

翻つて我國の狀態を見るに、都市集中の趨勢は未た歐米の夫れに比して甚たしからす都市と地方とは互に並行して發達しつゝある有樣なるか、社會の進歩と文化の發展とに伴ひて何れの時か佛國の如き狀態を呈せすとも計られない、故に今日より大に意を玆に致して警戒する所なかる可からさることは勿論の事てある。

然らは如何にして地方の開發を計る可きかと云ふに、之れには種々の方策かある。今之を要すれは所謂中央集權の傾向を打破すると云ふ事に歸著する。之か爲には。

第一　地方に智識を普及すると云ふことてある、卽ち先覺者、識者か各自己の鄕里に歸つて產業、敎育等に從事することである、或は專門の學問を修めた者は地方に歸つて其の土地の自治體の事務産業の開發に努力することか必要てある、然るに今日の狀勢を見るに之等の人々は多く中央都市の生活を好み地方に住居することを好まさるの傾きかある、之れ甚た嘆はしきことにして余は常に舊藩主諸公は成る可く其の鄕里に歸住して其の鄕里の指導者たらんことを主張するものてある。尤も之等の人々にして現に地方の開發に努める人々もある、例へは千葉縣一の宮の藩主加納子爵の如き其の鄕里の町長にして地方の自治行政の開發に盡されて居る、或は福井の藩主松平侯爵の如き地方農園の經營に當られて居る其の他三四の藩主の中にも地方事業に關係盡瘁せられて田園生活に興味を有せらるゝ方々もあるか多くは都市住居の人々てある、之を要するに地方に在つて德望あり、資產を有する者か地方開發を圖るは最も必要なることてあつて余は常に之を切望して居るものてある。又上下兩院議員の如きも中央に在つて專門政治家たらんよりは其の鄕土地方の指導者となり地方の事業に努力せらるゝことも之れ又余の最も希望する所なり。英國の貴族或は代議士の如きは多くは地方に在りて地方事業に從事し唯開會中のみ倫敦に居ると云ふ人々か多い樣てある。英國の代議士は實際地方生活者か多く又之等は何れも單純なる專門政治家にあらさる人々なりと云ふ之れ英國議會に於ける論議か常に空理空論に趨ちすして國民の實際生活に關したる問題を硏究するに至る所以なり、反之佛國の議員には都會生活者多くして或は文學者、醫師、所聞記者等の如き政治を專門とする空論家多し、之か爲佛國の議會に於ける會議は往々にして粗慢に流れ机上の空論に傾くの風あるなり之れ全く地方の實際を顧みさるの風より生するものなり此の事は佛國のデユモラン氏の痛論せる所なり、斯の如き狀勢は英佛兩國の特性を發揮して遺憾なし、遇々英國風の地方研究家多き事は一國の政治上經濟上實に必要な事にして吾人は我國に斯の如き人士の輩出せんことを望むものてある。

第二　經濟力の分布之れなり、我國の狀勢に於ては獨り智識か都會に集中せんとする傾向あるのみならす富力も亦都市に集中せんとするの狀勢なり卽ち地方の資源を驅つて中央に集中するの風あり中央に於ては金融機關も相當に完備し居りて金利も低廉てあるか地方に在りては其の機關充分ならす金利も極めて高いのてある、故に或は低利資金の供給の爲我國に於て見るか如き自治體の貯蓄銀行制度の如き設備をなし地方の資金は之を地方に於て利用するか如き方策を講することと極めて必要なり、地方に於て起す可き各種の事業も資金の缺乏若しくは低利の資金なきか爲に起し得さるか如き場合往々にして之れあり實に遺憾の事にして之等の點に關しても地方開發の手段として攻究せさる可からさるものてある。

第三　交通機關の分布なり。交通機關の完備か如何に地方の發展を助成するものなるかは今更之を俟たす之れに依つて地方の資源か開發され地方の活働か開始せらるゝことは勿論なり故に中央地方共に此の點に留意して道路の如き鐵道の如き港灣の如き成る可く之れか完成に努むへき方策を採ることを要するのである。

第四　自治思想の普及なり。我國の自治制は明治二十二年に發布せられたるものにして地方自治の精神及其の本義か未た充分に國民に貫徹せられさる樣てある。抑地方自治は國家の基礎にして自治の本義を了得し各自治體の基礎を鞏固にして以て地方行政の根底を造らなければならぬ、獨逸今日の隆昌は實に自治體の發達に基礎を置くものてある。地方民に自治の觀念强く、民族思想固く、鄕土を愛し、鄕土を隆昌ならしめんとする心はやかて地方の開發を促かし引いては獨逸國家今日の强大を致したることは同國人の常に誇りとする所てある、又實際然るものにして國內の各郡市町村までの自治體か各自富且强くして始めて國家の富强を致すは理の當然にして而して此の點は殊に地方識者先覺者の深き注意を要す可き點てある。

之を要するに地方開發に就いて具體的方策としては種々の方法あるも大體にして前述の如き事柄か最も緊要なるものてあると思ふ。今や我國も世界的に發展し列强の一に位したのてある殊に、現時の戰局の狀勢に顧みるも必す世界の大勢上に一大變化を來す可きものてあることを信するものてある。故に我國民は徒らに空理空論に趨らす蝸牛角上の爭を止め擧國一致して以て地方の開發と國家富强を策することに全力を盡し、世界競爭の舞台に優者たるの地位を獲得せねはならぬ覺悟かなければならぬ。（大正六、二）

都市警察に就て

其れては是から都市警察と云ふ題の下に都市警察の各國の大勢と狀況とに就て御話をしやうと思ひます。御承知の如く又諸君か實地に就て御經驗になつて居る如く都市と郡村とは實際に於て大に其趣を異にして居る。從つて都市警察と郡村警察とは其の主義方針を異にせねはならぬことは素より當然の事てあります、現に各國の大勢を見ましても又日本の狀況を見ましても都市殊に大都市は非常に膨脹し擴大して往くと云ふ有樣てありまして都市と郡村との調和と云ふことは前世紀から今世紀に亙つて社會政策上一の問題となつて居ります、學者も政治家も都市と郡村とを如何に調和して行くかと云ふことに就ては一の研究問題として居るのてあります。例へは日本に於きましても東京の如き、大阪の如き、又外國に於きましても英吉利の倫敦、獨逸の伯林、佛蘭西の巴里と云ふやうな大都市は非常に膨脹し擴大して往くと云ふ有樣てあります。それは何う云ふ原因てあるかと云ふと總ての知識も總ての財産も大都市に集注すると云ふ有樣てありまして、工業家も、商業家も、又學者も、資産家も、勞働者も皆都市集中と云つて都市に集つて來る、其の結果都市か非常に盛になつて來ると同時に郡村か追々と衰頽して行くと云ふ有樣てある、都市の發展は一面に於ては祝す可き事てあるか一面に於ては又悲むへきことてあります、故に都市の膨脹を防くと同時に郡村の發展を圖らなけれはならぬ、斯う云ふことか社會政策上の問題てある。都市の人口は何れの國の有様を見ても日に月に増しつゝある、今其の割合の統計は持つて參りませぬてしたか、大體記憶して居る所に依れは例へは英吉利の如きは始と全國人口の過半以上か都市の住民てある、獨逸に於ても其の通りてある、唯歐羅巴の北の方に偏して居る丁抹とか、瑞典とか云ふ國は都市の人口かそれ程增加されて居ないて却つて郡部の方か多いのてありますか、大勢を通觀してみますと大體に於て都市の人口か增して行くと云ふ傾向てある。日本の狀勢を見ても其の通り、東京ても、大阪ても、名古屋ても、神戸ても、さう云ふ大都市は追々盛になつて往く、其の結果は都市に於ける社會上の現象か非常に複雜になつて來る、例へは衞生狀態も都市か非常に惡くなつて來る、傳染病の如きも都市に一度這入ると非常な勢を以て蔓延する、又强窃盜の如き、殺人事件の如き、掏摸の如きも都市の方に非常に多い、故に司法警察の上なり、行政警察の上なりに於て、都市警察と云ふことは非常に複雜になつて來る。また日本の都市は、歐羅巴の都市の如く甚しき狀態てはありませぬけれとも、歐羅巴の都市は實にひとい。人口增加の結果、家屋は益々殖えて來る。日本の都市は横に擴張して往くのてあるか例へは東京にしましても今日ては市の總ての方面か家屋を以て充滿して、其の結果は追々郡部に及んて、郡部と都市との境界か分らなくなると云ふやうなことてある。然るに外國に於きましては横に發展する譯に往かないのて、縱に膨脹して往くと云ふ有樣てある、卽ち家の構造か段々上へ上へと高く進んて往く、今まて四階五階てあつたのか、七階八階になる、九階十階になる殊に甚しきは亞米利加の如きは今日ては四十三階四十四階の家かあつて、之を形容して言へは高い家は天を摩すると云ふやうな有様て、段々上へ上へと登つて往く、淺草の十二階の如きは低い方てあつて、四十何階と云ふやうな建物か陸續出來ると云ふやうな有樣てある。そこて亞米利加に於きましては高い家を建てると云ふことは、一面に於ては危險てあると同時に一面に於きまは市街の塵芥を惹起す――高い家か建つと空氣の動き方か強くなるのて、高い家の下に行くと風の無い時ても非常に風か立つと云ふやうな有樣て、從つて塵か起る――それ故に今日ては四十三階以上の家屋を建築することを制限することになつて居る。斯う云ふ風に外國ては縱へ縱へと段々家か殖える、さう云ふやうな有樣てすからして市内の空氣か惡くなる、從つて市民の生活狀態か甚た惡い方に赴いて往くと云ふことてありますから、成るへく都市の膨脹を防いて、郡村の方に人口を散布しなければならない。而して郡部の方に人口を散布するのにはどう云ふ方法を以てしたら宜いかと云ふことか、彼の國に於ける經世家の研究問題となつて居るのてあります。四十何階とか、三十何階とかの其一番上に住んで居る人は如何に生活す可きかと云ふことは、一寸我々の想像にも及はない所てありまして、四十何階も每日昇り降りすることは隨分苦しからうと考へるのてありますけれとも、其れには近世科學の應用てエレベーターと云ふものか出來て居る、それて高い所ても僅か三十秒か四十秒て上り下りか出來るやうになつて居る。其のエレベーターて一々一階二階三階乃至十階四十階と云ふ風に段々人を輸送して行く、それであるから、多くの勞力を費さすして生活することが出來るのである。而して又此のエレベーターにも急行と普通との二種がある、急行と云ふのは四十何階から下まて行く途中一度も止らぬとか或は一二箇所に止ると云ふたけて、あとは下まて直行て行くのである、それから各階段に一々止まつて下まて下りて行くのか普通てある、丁度汽車に急行列車と普通列車とかあると同しことてす。

扨て何故都市に人口か集注するかと、言ふと、都市には總ての事業かある、工業もあれは、商業もある、それから一攫千金の利を收めるのには、郡村に居つてはいけない、何うしても都市へ出なければならない、又學問を修め知識を求むるのも田舍に居てはいけない、何うしても都へ出なければならぬ、それから勞働者とか、職工とか云ふ者も農村に居つて百姓をして居るよりは、都市へ來て商工業に從事すれは、金も餘計に取れるし、快樂も多くなる、從つて農民か鋤鍬を棄て、都市へ來ると云ふことになる。それから又生活上の愉快から云ふても、都市の方に愉快か多い、農村に於ては每日見る所のものは同じやうなものである、一面から云へは靑い山、淸らかな水は最も衞生に適して生活上極めて宜いのてあるけれとも人生の快樂は必すしも斯う云ふ所にはない、都市に出て來れは、芝居もあれは、寄席もある。其他性慾上の快樂を貪るのに有ゆる設備か備つて居る、斯う云ふ快樂は都市へ來なければ得られない。それから又何れの國に於ても兵役制度、徵兵制度と云ふものかあるか、兵營は田舍にもありまするけれとも、多くは都市若くは都市に近い所に在る、從つて農村の靑年か兵士となつて都市に集つて來る、そこて兵士とか學生とかか、一度都會の風に染込んて都會の生活に慣れると、有ゆる方面に於て、有ゆる點に於て、知識も求められ、快樂も得らるゝのて田舍に歸ることを忘れて仕まふ樣になり、又之を嫌ふと云ふことになり、一度都會に出た者は再ひ農村に歸つて農業に從事すると云ふことをしない、從つて都會の人口はとし〳〵殖える。而して都會の人口は所謂寄合世帶てあつて、歐羅巴の都會の如き各種の人か集つて居る、人種から言うても、又社會上の階級から言つても、各種各樣の人か居るのてありまするから、大犯罪事件なとは農村よりは都市に多い、それは何れの國に於きましても同一てありまして、日本に於ても亦其通りてある、例へは此頃東京市なとて頻々起る所の大犯罪事件なとは多く都市に起る、而して是は單り東京はかりてはない、各國の都市に於ても斯の如き事件か、東京程頻繁に起りませぬけれとも、隨分ある、而してさう云ふやうな事件の起つたときに犯人を搜索し之を捕へると云ふことか極めて困難てある、郡村に於きますれは、何の何某はとう云ふ性質を有つて居るとか、何處にとう云ふやうな者か住んて居るとか云ふやうなことは能く分るてありまするか、東京の如き大都市に於きましては、さう云ふやうなことは迚も出來ない、それてすからして大犯罪事件かありましても之れを搜索することか極めて困難てある。それて能く東京の警察を非難して、斯の如き大犯罪事件か生すると云ふことは全く警察の不行屆てある、且つ犯人を久しい間捕へることか出來ないのは、警察の無能てあると云ふやうな攻撃を聞くのてありますか、成程大犯罪事件の度々起るのは誠に歎かはしいことてある。けれとも亦一面に於ては已むを得ないことてある。

此の如く都市の警察と、農村の警察とは、全く狀態を異にして居るのてありますから、警察の實務に當つて居る人は、其心懸を異にしなければならぬのてあります、從つて都市の警察は、各國とも郡村とは其組織を異にして居る、例へは歐羅巴諸國ては多くは自治團體の首長に警察權を與へて居る、市長村長か警察權を持つて居る所か多い、市町村長は一面に於て所謂助長事務をやると同時に、一面に於ては警察事務もやると云ふ風になつて居りますか、大都市に於ては斯う云ふやうなことか事實行はれないのてあります。てあるからして、獨逸の伯林に於きましても數十年前までは市長か警察權を持つて居つたのてありましたけれとも、近年自治體の警察を取つて、別に國の機關をして警察を行はしむると云ふことになつたのてあります。此の如く都市の警察は郡村に於ける警察の組織と全く違ふのてある、其一例を申しますれは警視廳と云ふやうな組織は郡村にはない、日本に於きましても警視廳と云ふ警察官廳は東京丈にあるのてある。普通の府縣ては府縣知事か警察權を持つて居つて、其下に警察部長以下の警察職員かあつて、府縣知事の統轄の下に警察權を行うて居るのてありまするけれとも、東京の如きは警視廳と云ふ特別の組織かある　此日本の警視廳の組織は是は佛國巴里の組織に倣つたのてありますか、巴里ても警察知事と云ふのか、普通の知事の外にある。又獨逸に於ても、他の縣ては矢張り縣知事か警察權を持つて助長事務をやると同時に警察事務をやつて居るのてありますけれとも、伯林に於きましては警視廳と云ふものか別にある、知事や市長の外に警視總監かあつて伯林市の警察事務を執つて居る。それから英國倫敦に於きましても、都市警視廳即ち「メトロポリタン、ポリス」と云ふものかあつて、別の組織を持つて居る、其他の都市に於きましてもこれまて市長か警察權を行つて居たのてありますけれとも、それを取つて特別警察官廳を置くやうになつた、例へは佛蘭西の里昂や馬耳塞の如き大きな都市は別の警察官廳を置くと云ふやうなことになつて來ました、と云ふ風に組織の上に於きましても都市の警察は追々自治體から離れて別に國の行政として、國の特別の官衙に行はしむると云ふ狀況てある、さう云ふやうなのか今日歐羅巴諸國に於ける都市警察の實際の大勢てあります。日本ても大阪の如きは、東京の警視廳の如く特別の警察官衙を置くと云ふ議も一時あつたことはありましたか、其議は行はれなかつたのてありますか、消防の如きは本年度から大阪に於きましても特別の組織を設けた次第てあります。さう云ふ次第てあまりすからして都市警察は益々擴張しに、又都市警察の事務に從事して居る警察吏員の數は段々增して來る、從つて其執務の上に於きましても、執行の上に於きましても郡村警察とは其手心を異にせねはならぬと云ふ形勢てあります、日本に於ける都市警察は、今日は未た歐羅巴諸國の如くそれ程繁劇てはありませぬけれとも、追々繁劇になると云ふことは自然の大勢てある。玆に參考としまして私か一昨年歐羅巴諸國に參りました節に見ました所の都市警察の實況の御話をしやうと思ひます、時間かありますれは各都市に就て御話しやうと思ひまするけれとも、今日は主として獨逸の伯林に於て見ました所の狀況を、御話しやうと思ひます。

伯林は歐羅巴の都としては、今日は先つ第三位と言つて宜からうと思ひます、第一はとうしても倫敦てす、之に次いて佛蘭西の巴里、次か伯林と言ふ順序てある、併なから獨逸の發展と云ふものは實に著しいものてありまして、私か嘗て警察協會てしたか他の會てありましたか御話したこともあつたと思ひますか、私か十年前に歐羅巴を廻はりましたときには伯林は固より立派な都會には違ひなかつたのてありますけれとも、之を倫敦とか巴里とかに比しますれは實に寂寞たる都てあつた、此伯林か今日の如く斯くまて發達しやうとは實は私共は考へなかつた、所か今度二度目に行つて見ました時には非常な違ひてあつて、市街も非常に宜くなり、人口も非常に增し、商工業も盛になり、地下鐵道とか高架鐵道とか云ふものは、倫敦か紐育てなけれは見ることの出來なかつたのか、今日ては伯林の片田舍に到るまて、通して居ると云ふ有樣て、僅か十年の間に殆んと其形を變へたと云ふやうな譯て、非常に驚いたのてあります、是は單り私はかりてはなく二度目に獨逸に往つた人は皆其變化の著しいのに驚いたと云ふことてあります、獨逸は實に非常なる勢ひを以て進みつつあるのてあります。「伯林は單り獨逸の大都市たらしむるのみならす世界の大都市たらしめん」と云ふのか獨逸皇帝の理想てあるさうてありますか、此理想は必す實現し得られることと考へます、今ては歐羅巴に於ける第三の都に過きませぬけれとも、更に十年を經、二十年を經た先きに於きましては、或は倫敦、巴里を凌駕して世界に於ける所謂第一の都たることは是は必すしも理想のみてはないと思ひます。さう云ふ風に伯林の發達は極めて著しいものてある、從つて伯林市に於ける警察の變遷も亦著しむ發達をなして居る、伯林市の警察は今より百年前には、伯林市長が警察權を持つて居つた、市長は市民の長官として市の警察を行ふ者てあると云ふ法律かあつて、市長か察警權を持つて居つたありますけれとも、都市の發達と共に市長をして警察事務を行はせることは、完全に警察權を執行する所以てないと云ふので、其後更に法律か出て市行政より分離して、別に國の機關をして警察を行はしいるやうになつた、それか卽ち伯林警視廳の置かれた始めてあります、丁度昨年か伯林警視廳か置かれてより百年になるので、昨年の三月てあつたと思ひますか、伯林警視廳創立百年記念祭を行ふた、其百年間に於ける伯林市の發達、從つて伯林警察の發達と云ふものは、極めて著しいものてありまして、今日てこそ伯林は二百萬以上の人口を有し、市街の有樣と言ひ、道路の設備と言ひ、各國から人の集まる狀態と言ひ、非常な勢ひて進んて來ますけれとも、今より百年前の伯林市と云ふものは全く一の片田舍たるに過きなかつたのてあつて、人口も極めて少なく甚た寂寞たるものてあつた。其當時のことを說明して居る地圖等もありまするか、東京て例を取つて云へは、丁度日本橋から京橋邊、大幹脈の主なる所たけか所謂伯林市てあつて、其外は皆郊外てあつたのてあります、其時代には伯林の警察は所謂都市警察てはなくして地方警察てあつたのてある、郡村警察の少し發達した位のものに過きなかつたのてある、其後獨逸か聯邦組織になつて歐羅巴の中心となるに從つて伯林に各國から人か集まるやうになつて來たので、警察の組織も變へて伯林警視廳と云ふものを設くることになつたのてあります。此伯林警視廳の始めて立つた時即ち百年前の人口は僅に十六萬位てあつた、十六萬と云ふのてすから日本にあつても必すしも大都會てはない、然るに其後八十年經過した後即ち千八百八十年には最早百萬を超えるやうになつた、それから更に今日ては二百十何萬と云ふ數に達したので、僅か百年間に於て十六萬から二百十何萬になつたと云ふやうな發達は、是は何處の都會に於ても見ることの出來ない發達てある、世界中此位進歩の早い都はない、亞米利加か大層早いとは言ひますけれとも、亞米利加に於きましても此伯林に比すれは、是程早く發達した所はない。三十年間に於ける人口增加の割合か、十四割三分何厘と云ふ速度てある、三十年間に十四割何分の增加を示す都會は何處にもない、是は單り伯林たけてあります、以て伯林市か如何に急激なる進歩をなしたかと云ふことか分る、從つて獨逸帝國か如何に雄飛する國てあるか、如何に獨逸帝國の隆運の盛てあるかと云ふことも此一事を以て知らるる、之を以て將來を推せは伯林を世界第一の大都市になさんと云ふ、獨逸皇帝の其理想か必す實現し得らるるてあらうと云ふ。推論は必すしも不當てはなからうと思ふ。さう云ふやうな有樣てすから、伯林市の警察の事務も非常な進歩を見たのてあります、今日ては是程繁劇な警察は世界にあるまいと思ひます、日本の警察も隨分繁劇てある、殊に東京市、大阪市の如きは極めて繁劇てありますけれとも獨逸の伯林の警察に比すれは決して繁劇と言ふことは出來まいと思ふのてあります。伯林の警視廳に行きまして、書類の整理、書類の受付、書類の數と云ふやうなものを調へて見、又沿革を段々聞いて見ました所か、初め人口か十六萬位の時代には仕事も極めて閑散てあつたのてす、てありますから其時分のことは言ふ必要はありませぬけれとも、今より三十年前人口か百萬以上になつた時代、其時代の統計を見ますと伯林警視廳には我警視廳と同しく矢張り部と云ふものかある、一都より七部まてある、其外に官房かある、各部と云ふのは例へは營業警察部とか、地方警察部とか、建築部とか云ふ風に分れて居りますか、各部に直接來る書類は別として官房に來る書類、日本て言へは往復と言ひますか受付と言ふか各部に直接に來るのは又各部に受付かありますから、それを除いて官房たけに來るものか既に今より三十年前に於ても平均日に三千位あつた、諸君か各府縣警察部に於て御取扱になる書類はとの位ありますか、縣に依つて違ひませうけれとも恐らくは斯くは多くはあるまいと思ひます、內務省なとて取扱ふ件數てもさうはない、所か伯林警視廳に於ては日に三千もある、それを其日其日に處理して往かなければならぬのてありますから、之を以ても隨分其事務の繁劇なることか分るのてあります。これか三四十年前の有様、其後今より十年前になりまするると、即ち千九百〇一年になりまするると、受付書類の數か日に五千五百位になつた、僅か二十年はかりの間に殆んと倍になつた、それから今より六年前千九百四年には更に其數か上つて六千八百何件と云ふ數になつた、それから千九百六年には其數か七千八百五十二件に至つた、更に昨年警視廳創立百年記念日には一萬三千二百件に增した、日に一萬三千二百と云ふ件數は我國に比して見ますれは隨分多いことと考へられるのてあります。かうと云やうに僅か三四十年の間に殆んと四倍近くになつたとと云有様てすから是たけを以て見ても伯林警視廳の事務か非常に繁劇になつたとか云ことか分る、それて實際の執務の有様を見るに、かやうに事件か多いにも拘らす受付掛は僅か二人てやつて居る、僅か二人て此多數の書類を受付けて、建築の檢分願なとは、其日其日に處理することを原則として居る、事件によりては固より調へなけれはならぬこともありますか、大體に於て其日其日に處理して往くことを、彼の國の役人は理想として居る、銀行なとに於ても其日に收支する預金とか支拂とかを其日に處理するか如く、行政事務に於ても其日に受付る事件は其日其日に處分しやうとと云ふ考へを持つて居る、斯の如き多數の事件を如何に處理するかと云ふことはチヨツト考へに浮はないことてありますけれとも、是は實際やつて居る實況てあります。是は我々もお互に事務の執方に於ては大に研究すへきことてあると思ひます、殊に警察の如きは最も機敏を要する、其一擧一動は人民の利害に影響を及ほすものてあるからして、執行事務に於ても亦內部の事務に於ても敏活に機敏にやると云ふことを心掛けることは必要てあります。而して此數は警視廳の官房たけに來る書類の數てありまして、各部々々に來るのは又別てあります、それて一年間の執務日數を三百日とすれに、伯林警視廳て取扱ふ一年間の書類は四百萬になるのてす、大體に於て日に一萬有餘、一年には四百何萬件の事件を取扱ふと云ふやうな次第てあります。それから日曜日、祭日にも取扱ふやうになつて居ります、是は總てゝはありませぬけれとも、特別に日曜日、祭日に出て處理する事件もある、それは今の數には除いてあるのてす、斯の如き次第てありますから、以て其事務の繁劇なることを推察するに足るのてある。併なから事件か多いからとて必すしもえらい忙しいと云ふ譯てはない、又同時に役人の數の割合をも見なけれはなりませぬ、日本ては行政整理とか何とか言ふて段々役人も減されるのてあります、殊に警察の如き、執行事務に從事して居らるゝ警部巡査方は極めて少數の人て極めて繁劇なる職務に富つて御居てになることは私の常に同情に堪へない所てありますか、伯林警視廳の事務は極めて繁劇てあるのてありますか、同時に役人の數も極めて多い、私は我國の各府縣の警察官の數を調へて見たのてすか、獨逸の警察官に比すれは極めて少ない、伯林の警察官の數はとの位あるかと云ふに、是も段々變遷かあるか創立當時の事務の閑散なる時代から今日に至る間には、段々變つて來た、先程申しました通り事務も增して來ましたか役人の數も段々增して來た。其增して來た有樣を御話致しますれは、千八百三十年、即ち今から八十年はかり前、伯林警視廳の第一期に屬する時代には、警視廳の役人は僅に五十一名てあつた、此中には巡査は含んて居らない、警視廳に在つて事務を執る者は五十一人てあつた、所か此種の吏員も今日ては九百六十五人になつたと云ふやうなことて、僅か五十一人てあつたのか七八十年後に於きましては九百六十五人に增したと云ふのてすから、事務の增加に伴つて役人の數の增したと云ふことも亦分る。それて高等文官試驗を經たる高等行政官、警視廳て言ひますれは、警視總監、部長、警視――警視と云ふても警察署長たる警視は含んて居らない、――本廳に在つて事務を執る高等行政官か今日ては百四十四人ある、警視廳所屬の總ての吏員を合せまするると、今日ては九千四百人はかりに達して居る、九千四百十四人てあります、まあチヨツト一萬近くてあります、是は甚た多い樣に見えますけれとも、先程も申しました通り一年に四百萬件の事件を處理することと、又執行官吏の晝夜を別たす勤務して居る所の伯林市の實際の狀況を見れは必すしも多いとは言へないと思ふ、要するに初め僅に五十一人位に過きなかつたのか、今日九千何百人に至つたと云ふことを見ますれは、以て如何に伯林の警察か日に月に繁劇に赴きつつあるかと云ふことを察することか出來るてあらうと思ひます。

日本の警視廳の數を見まするると、今日私は表を持つて來ませぬけれとも、記憶する所に依ると、巡査か――巡査部長も無論含んて――四千人内外てあると思ひます、大阪は巡査か千六百人餘てあります、而して東京市と伯林市と比較して見まするると、人口は稍匹敵して居る、伯林市は二百十何萬と云ふ、東京市は百五六十萬或は二百萬に近いと云ふ、まあ大體に於て、人口はエライ差かないと言つて宜からうと思ひます、地域から言ふと東京市の方か餘程廣い、東京市程廣い都會は世界にないと思ふ、倫敦は非常に廣いと云ふけれとも。東京には及はない、況んや伯林の如きは、東京市より遙かに狹い、さう云ふやうに人口は稍々匹敵し、而して其地域は殆んと倍もある、然るに東京の警視廳の吏員か殆んと伯林警視廳の半分にも達しないのてあるから、警察力か餘程薄弱てあるのは已むを得ないのてある。併し其事件の數は私は警視廳の事件を調へませぬけれとも――恐らくは伯林のやうにそんなに餘計はないと思ひます、要するに警察力から言へは東京市の如き大きな市に比例しては先つ薄いと言はなけれはならぬと思ふ、從つて警察吏員の勤務か極めて繁劇てあり、勞力の多いことは察するに餘りあるのてある、それてあるから大犯罪事件か起つた時に上下擧つて苦心して居るにも拘はらす、好成績を收むることか出來ないのも已むを得ない、これは或は警察力の足らないのにも歸すると云ふことか出來るかも知れない。伯林にも一大殺人事件か起つたことかある、其時に世論は、伯林警視廳の無能を攻擊した、斯る世界を聳動するか如き大犯罪事件か生し、而かも獨逸帝國の首都の眞中に起つたのに、速かに之か檢擧を爲すことか出來ぬ、又斯る大犯罪事件を未發に防くことか出來ないと云ふのは、帝國都市の不面目てある、是は全く警察の無能に歸せねはならぬと云ふ攻擊か起つたことかある。然るに此攻擊か伯林市の警察力を增す原因になつた、其時の警視總監は非常に慨歎して斯の如き事件か起り而かも之を檢擧し得ないのは全く自分の責任にあるか、今日の警察力ては甚た遺憾なから已むを得ないと言ふて警察官の增員を要求し、同時に巡査の勤務方法も變へ、刑事警察にも革新を加へた、爲めに其後の伯林の警察は非常に良成績を收めて以て今日に至つたのてある、故に其當時の失態事件は却て今日伯林警察の完備を致した所以てあると言ふて居る人もあります。要するに都市に於ける警察力は人口や地域と比例して往かなければならぬと思ふのてあります。是は近い例てありますか、此頃巴里ても警察官の增員を行ふた、巴里の邊鄙な所に行くと貧民窟と云ひ又、犯罪人窟と云ふて極めて不良の人民の集つて居る所かある、其所に一度犯罪人か這入ると何うしても之を押へることか出來ない、然るに今より二箇月はかり前に巴里警視總監は之を廓淸せんと決心して、警察官の增加を市會に要求した、市會も其尤もなることを認めて二百人近い巡査を增したと云ふことてありました。要するに警察の成績は警察力に關係することは言ふまでもないのてあります、日本の警察は歐羅巴諸國の警察から見ると警察官の數は少く、或は事件も少ないのてありませうか、兎に角人數の上から見ると餘程少ない、是は一面には國の經濟にも關係する、例へは巡査一人を增すにしても地方費を增さなければならぬと云ふやうな譯て、國の經濟、地方の經濟にも關係しますからして、一概に其多少を論する譯に往きませぬけれとも、外國の警察力と比較して見れは日本のは決して多いと云ふ方てはないのてあります。

以上は伯林市の發達に伴ひ、伯林市警察の事務の非常に繁劇になつて來たといふ、實例の一斑を御話したのてありますか、此趨勢は單り伯林のみならす、都市行政事務の繁劇に赴くことは、今日世界の趨勢てあると言ふても宜からうと思ひます。

それから次に伯林市に於ける交通警察の實況に付いて御話を致さうと思ふのてこさいますか、交通警察と云ふのは交通を安全にし市街の混雜を取締る警察てありますか、所謂交通警察なるものは是は都市警察に於てのみ見るへきものてあつて、郡村警察に於ては其必要を見ない、例へは都市に於きまして人の通行を指定するのに右を通れとか左を通れとか言ふのは是は都市――都市も而も交通の極めて繁劇なる市街に於て必要かあるので、交通警察の實用なるものは繁劇なる都市に於てのみ見るのてあらうと思ひます。そこて歐羅巴諸國に於ける都市の狀況と云ふものは、先程も申しました通り年々人口か增すのてすからして、都市に於ては交通警察か益々必要になつて來る、從つて交通警察の研究と云ふことは何れの都市に於ても其必要を認めて、何うしたならは最も能く交通警察を完全にすることか出來るとか云ふことに付いて、非常に研究をして居る、それてすから例へは伯林の警察官なとは特に倫敦に行つて調へるとか、又倫敦の者は巴里警察へ行つて調へると云ふ風に、交通警察は都市警察の主要なる研究事項になつて居ります。尤も是も繁華な都市に於ててありまして、日本の如き今は日ては、歐羅巴諸國に比すれはまたそれ程必要かないと云ふ位てありますけれとも、御祭かあるとか、行幸啓かあるとか、何か事件かあると東京、大阪其他の都市に於ては隨分雜閙するのてあります、故に是等の都市に於ては交通警察は之を研究する必要かあると思ひます、そこて歐洲の都市に於ける交通警察の實況を御話致さうと思ひます。

伯林の繁華の中央と云へは先つ「ポツダーメル、プラッツ」といふ處てあります、東京て言へは先つ日本橋と云ふ處てす、其處に於ける交通警察のやり方は是は極めて新式てあります、私は警察の實務に當つた者てありませぬから、實際の興味はそれ程感しないてしたけれとも、若しあなた方か御出になつたならは非常に其良く往つて居ることを御感しになるたらうと思ふのてす、私か見ても甚た良く往つて居ると思つた。此「ポツダーメル、プラッツ」と云ふ所は丁度私の泊つて居つたホテルの前てありましたから殊によく目に著いた、普通日本て四つ角と言ひますか、其處は四つ角てはなくて五角《いつかど》てある、即ち五箇の街路か此處に集注するのてある、其處の支通頻繁の有樣と云ふものは實に名狀すへからさる程てあつて、午後の四時五時頃には殆んと通ることの出來ない位の有樣てある、自動車か通る、馬車か通る、電車か通る、人かドシドシ通ると云ふやうな譯で非常な雜閙てある、との位の人通りかあるかと云ふことを伯林警視廳て調へたのてありますか一昨年三月三十日に調べたのてあるか、同日午前九時から午後九時までの十二時間に一時間平均の通行數は――歩いて居る人は殆んと調へか付かぬと云ふので、車馬たけを調へたのてある、市街鐵道の列車か三百十八、普通の車――馬車もあれは自動車もあり荷車もある、――は千七百四十五を數へた、即ち總てて二千餘りてある、人の通ることは殆んと勘定か出來ない、私共か其處を横切る場合には實に危險千萬てある、前後左右を顧みながら驅出して通るといふ有樣てある、是か每日なのてある、例へは九段の祭の時丈けさうたと云ふのてはない、始終さう云ふ風てあります、日本ならは隨分怪我人も生しませうし、色々なる事件も生するのてありませう。斯る頻繁なる車輛交通を取締り、且つ徒步者の交通を保護せんか爲めに、伯林警視廳の人は種々の苦心をして、一種の取締法を設けたのてある、先つ徒步者の爲めに廣場の眞ん中に Verkehainsel と稱する島のやうな溜り場所を設けた、夫れから倫敦式に倣ひ、二人の巡査部長と二十二人の巡査より成る交通司令部なるものを設置した、此司令部に屬する巡査は廣場及街路の交叉點に立て半數ヅツ一定の時間交替勤務するのである、即ち五ッ角の眞中に一人の巡査部長と十一人の巡査か立つて居つて車や人の往來を取締つて居る、是は全く交通取締たけの專務巡査てありまして、外のことは何もしない、而してそれには大に熟練を要する、此位車か續いて來るから此處て車を止めて人を通さうとか、此位人か通つたから今度は此處て人を止めて車を通さうとか、右の町を斯う遣つたから今度は其處を止めて左の通行道路を開かうとか、其狀況を見て手心をすると云ふことか必要てある此手心はチヨット初めての巡査ては中々分らない、餘程熟練した者てなけれは出來ない、それてあるから其處に置く巡査は長い間勤務し經驗ある者を置くのてある、てすから其巡査は實に熟練した者て。人も車も殆んと總て巡査の命令に依つて動く、巡査か車通れと言ふと車か通る、右の通りを通れと言ふと右を通る、殆んと機械か何かてやつて居るやうてある、さう云ふやうな譯てあるか是は中々話たけては分りませぬ、實際を見ぬと御分りにならぬと思ひますか、丁度機械か何かて一つ止まると外の者か動くと云ふやうに中々旨く行つて居る、是は今倫敦て其式を用ゐてやつて居ります。獨逸ては伯林の「ポツダーメル、プラ。ツ」たけてやつて居ります、他の所てもやらうと云ふ話はありますけれとも、經費の點や人の點て未た實行か出來ないのてある、さう云ふやうな次第てありまして所謂交通警察と云ふものは、斯う云ふやうな所に於て始めて必要を見るのてあります、日本ても全く必要のないと云ふのてはない、大都市に於きましては追々人口か增加するし、殊に行幸啓とか其他の事件のあるときには極めて靜肅に取締をしなければならぬ、それには矢張り交通警察の練習と云ふことは必要になつて來る、今伯林て行つて居ることは、單に其實況の一部を御話したはかりてありますけれとも、斯の如き方法て交通警察をやつて居るといふことは御分りになりましたらうと思ひます。

それから伯林の警視廳に於て特に注意を要することは、先程も申しました通りに各種の改革かあつたのてありますか、其中に特に注意を要することは所謂刑事警察の改革てあります、司法警察殊に犯罪事件に關して、最も樞要なる地位を占むる者は刑事警察てある、刑事警察か完全に行かなければ犯罪の檢擧か行はれることはないのてあります、日本ても追々刑事警察の練習をやり、人を養成することてありまするけれとも、今日に於ては未た完全とは言はれない。伯林の警視廳に於て如何に之をやつたかと申しまするると、從前の刑事警察と云ふ特殊の專門的警察はなかつたのてある、普通の警察官か同時に刑事事務を取扱つて居つた、乍併是ては刑事警察の完全を期することか出來ないと云ふことてありまして、普通警察官の外に特に刑事警察に當る人を養成して、其人を以て刑事警察を取扱はしむることにした、又刑事警察は土地の狀況、人情、風俗に精通することを要することを要するといふことから、刑事警察の職務範圍を場所て限定したのてある、例へは銀座一丁目は誰、本所の何とか云ふ町は誰の受持と云ふやうに、場所の區域を定めて其人に特別なる刑事警察をやらせる、さうすれは何々何丁目には何と云ふ人か住んて居る、其家族は何う云ふ者てあつて又其人の性質は何う云ふものてあると云ふことを平素から注意して居る、從つて事件の起つた時に偵察か容易に出來る、併なから又それはかりては困ると云ふのは、例へは一の被捜索人か他の管轄區域に這入ると管轄區域か違ふから、從て他管の刑事警察官に引渡さなければならぬと云ふことになる、さうすると今度は人か代つて來るから十分なる視察か出來ない、そこて又一面に於ては犯罪の種類に從て刑事警察を分つことにした、斯の如く種々の方面より色々の改革を行ひ、刑事警察上に非常なる好成績を收むることになつたのてあります。

それから是は日本ても追々實行し來りつつあることと思ひますか、伯林警視廳に於て最も能く刑事警察の好果を收めたものは、所謂技術的方面から來たのてあります、それは何う云ふのてあるかと言ふと、今より十四五年前に技術的補助機關を置いたことてあります、それは諸君も御承知てあらうと思ひますか、人身測定法、指印法、犯罪者寫眞帖てあります。人身測定法は此頃大分刑事學者の研究問題ともなり何處てもやつて居りますか、初めは佛蘭西巴里て採用した「ベルチォン」式と申すのてあります、人身測定法は犯罪人の検擧を容易ならしむるの效かある、又指印法と云ふものも非常に好い成績を收めて居ると云ふことてあります、現に伯林ては人身測定票臺帖は九萬票、指印票臺帖は六萬八千票を有し、昨年の調へによると指印票と人身測定票によりて五千四百人以上の犯罪人を發見することか出來たと云ふことてありまして、此方法は犯罪人の検擧上に大なる效果かあると言つて居ります。

それから次には皆さんと共に研究して見たいと思ひまして、私も大分考へて居るのてありますか、刑事警察の教習用として刑事博物館てあります、これは外國には盛にある、私の友達て今支那の北京に往つて居りますか、岡田朝太郎と云ふ刑法專門の博士は刑事學の材料を自分て集めて居りましたか、斯の如きものは外國ては何處にもあります。刑事博物館に於ては、犯罪の用に供した材料とか、犯罪者の寫眞とか、模型とか云ふやうな物を秩序的に分類配列して、一面には之を心理學的、社會學的に犯罪を研究するの用に供し、一面には警察上の目的に使用する、例へば首無し事件か起つたと言ふと、是は如何なる犯罪狀態であるか、前に同樣の事件の起つた時は斯う云ふ機械を持つて斯う云ふことをやつた、犯人は幾歳位のものであつて、何う云ふ人相のものであつたとか云ふことか、刑事博物館に往くとスッカリ研究することか出來る、又鉈なら鉈て犯罪した事件と云ふと、其犯罪材料は一ッ處に配列してある、或は幼者殺人に關しては、其幼者を殺した者の性質、經歷、又其使用した物か極めて秩序的に陳列してあるのてす、私共か見ても極めて面白いと思ふ、學問上から犯罪人の心理的狀態を研究するのにも餘程果かある、況や刑事の實際に當つて居る人かそれを見て、さうして始終注意して居つたならは犯罪者を檢擧する上に餘程參考になるたらうと思ひます。それて彼國の警察官は常に言ふて居ることてすか、刑事研究とか云ふことは色々方法はあるけれとも、唯理窟たけてはいかぬ、何うしても實物敎育か必要てある、博物館を應用することなとは最も必要であると言ふて居ります、是は伯林はかりてはない何處にもあるのてす、是は單り警察官に對してのみ言ふことてはありませぬか、一體博物館と云ふやうなものを利用することは日本ては少ないと思ひます、外國ては例へは歷史博物館と云ふものかある、其歷史博物館に往つて見れは、例へは伯林市の發達の歷史に關する色々な物かある、今より百年前はこんな小さな市てあつたのか段々斯う云ふ風に大きくなつて來たとか、又或は獨逸に非常に功績のあつた人は何と言ふ人てあるとか、又其人の用ひた着物とか机とか云ふ物かあつて、其處へ往くと斯う云ふ人か斯う云ふことをして、國家に貢獻したと云ふことか能く分る。

或は又兒童博物館に行けは斯う云ふ子供には斯う云ふ玩具を與へれは斯う云ふ風に發達して往く、斯う云ふ本を讀ませれは斯う云ふ風に頭か改良して往く、其他兒童の年齡により て使用せしむへき機械、器具或は玩具なとを陳列してあつて父兄や敎員の研究の參考になる。其他自治體に關する博物館には英國の何とか云ふ町は斯う云ふ風に能く整理して居る、佛國巴里には斯う云ふ下水の設備かある、獨逸の某市には篤志の市長かあつて斯う云ふことをしたとか云ふやうな陳列かある、さう云ふやうなことに依つて社會一般の人を敎育する、是は所謂社會敎育と申すものてありますか、此社會敎育と云ふものは極めて有用なるものてあります。所か此點か日本ては甚た缺乏して居ると考へる。學校敎育の上から言ふと、日本は必すしも歐羅巴、亞米利加なとに劣つて居らない、小學校の數から言ふても、又就學兒童の割合から言ふても、又或事項に付ては專門敎育も決して彼れに後れを取らないか、社會敎育に至つては大に劣つて居ると思ひます、偉い專門の學者は別てありますけれとも、歐米の一般の國民は普通の知識は我國民より廣く且多いやうてす、例へは何處には何う云ふ川か流れて居つて、其處の地理は何う云ふものてあるとか、何とか云ふ國は何の位人口かあつて、何の位廣い國てあるとか、さう云ふやうなことは子供ても女ても一般に能く知つて居る、然るに日本ては例へは利根川の水源は何處にあるかと尋ねても知らぬ人か多い、伊太利と云ふ國は歐米のとの邊にあつて、日本のとの邊に相當して居る緯度にあるかと問ふても知らぬ人かある、これは何故かと云ふと私は是は社會敎育か足りない爲めてあらうと思ひます、さう云ふやうな譯てありますから、社會教育の機關を設ける必要かあると思ふ、博物館の如きは最も必要なる機關てある、さうして又博物館を利用することを心懸けなければならぬか、日本人は之を十分に利用しない、刑事博物館の如きは何卒十分に設備をして、警察官は勿論一般の人も、之を利用して研究の用に供したいと思ふ。

これに付いてもう一つお話致します、諸君の職務としては衞生のこともおやりになつて居りませうか、歐米に於ては衞生のことに付きまして、社會教育か餘程能く行はれて居る、例へは傳染病の起つた時に非常に諸君か骨を折られる、是は極めて難儀な役てあらうと思ひます、か是も一般知識かもう少し進んて來れはそれ程のことはなからうと思ひます、而して一般知識を進めるのには公衆衞生に對する觀念を十分に國民の腦裡に注入することか必要てある、現に此間警察部長の集つた時に內務大臣の訓示の中にも成るへく衞生に關する一般思想を普及せしむるやうにしたいものてある、と云ふ言葉かあつたのてありまするか、是れは實に必要てある、私の見た外國の例を御話致しまするると、例へは紐育ては肺結核豫防博覽會と云ふものか開かれた、其博覽會に往つて見ると、肺病と云ふものは如何に恐るへきものてあるかと云ふことを示す方法か實に備はつて居る、例へは空氣の流通しない家に住んて居る人と空氣の流通の宜い家に住んて居る人とを比較して、空氣の流通の宜い家に住んて居る人は營養か斯う云ふやうに宜い、從て肺の發達か斯ふ云ふ風てある、空氣の惡い家に住んて居ると斯ふ云ふやふに肺に缺點を生ずる、或は非常に酒を飮むと身體か斯ふ云ふ風に惡くなつて來るとか、或は肺病患者か吐いた痰から斯ふ云ふ黴菌か飛んて來て、其黴菌か他の人の肺に這入ると斯ふ云ふ風に其黴菌か多くなつて來て、其人の肺を攻撃すると云ふやふなこと、又運動を能くすれは斯ふ云ふ風に身體か健全になること、それに反すれは斯ふ云ふ風てあると云ふやうなことを、素人にも能く分るやうに極めて簡易に極めて面白く畫や圖て書いてある、或は蓄音器て肺病は恐しいものてある、それは啻に自分丈けか害を受けるのみならす社會一般の人か害を受ける、其結果は産業上にも、兵力上にも斯う云も影響を及ほすものてあると云ふことを話して居る、又統計の如き單に數字を以て示すのてなく、色々の圖や形を以て說明してある、てありますから見ても聞いても非常に面白い、私共は殆んと半日近く知らす識らす此處て費したと云ふ譯てある、かう云ふやうな社會的設備か彼の國ては能く行はれて居りますか、是は日本ても何とか工夫したら宜からうと思ひます、警察に從事して居らるゝ方々は、自らも一般知識を養成し又人民に對しても知識を與ふることか必要てあります、殊に都市に於ては最も必要なることと考へましたら、話の序に玆に說き及んた次第てあります。

都市警察に付ては猶ほ述ふへきことは多々あるのてあります、消防のこと、營業取締のこと、風俗警察のこと等、研究すへきことか極めて多いのてありますけれとも、是れは若し他日時かありますれは御話を致しますか、今日は是れて止めます、要するに都市の發達は、年を追ふて益々盛になる、日本の如きも此趨勢に漏れぬと思ひます、従つて都市警察は将來益研究を要することと考へます、諸君は各方面の警察事務を御やりになる、農村の警察も御やりになるし、都市警察も御やりにならうと思ひますか、何卒深く御研究あらんことを希望いたします。（明治三八、警察講習所）

水野博士論集（終）

大正十年十二月五日印刷
大正十年十二月十日發行
大正十一年一月十日再版
大正十一年二月一日三版

不許複製

水野博士論集奥付

定價金參圓八拾錢

著作者　水野錬太郎

發行者　葉多野太兵衛
東京市神田區今川小路二丁目四番地

印刷者　久松鐵次郎
東京市本鄉區眞砂町三十六番地

印刷所　日東印刷株式會社
東京市本鄉區眞砂町三十六番地

發行所　清水書店
東京市神田區今川小路二丁目四番地
電話九段五七七番　五七八番
振替貯金口座東京七四四七番

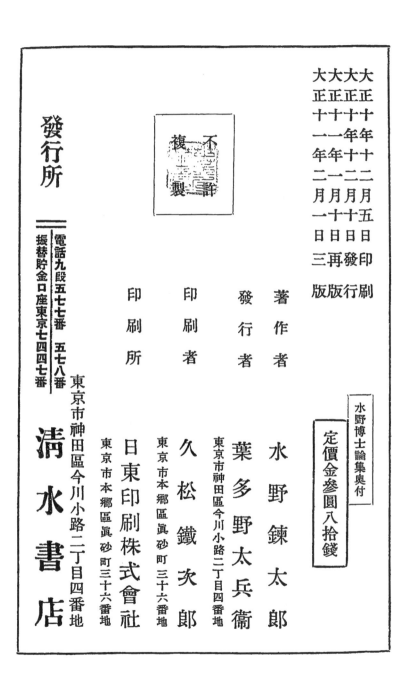

水野博士論集　　別巻 1244

2019(令和元)年11月20日　復刻版第1刷発行

著者　水野鍊太郎

発行者　今井貴
渡辺左近

発行所　信山社出版

〒113-0033　東京都文京区本郷6-2-9-102
モンテベルデ第2東大正門前
電話　03 (3818) 1019
FAX　03 (3818) 0344
郵便振替　00140-2-367777(信山社販売)

Printed in Japan.

制作／(株)信山社，印刷・製本／松澤印刷・日進堂

ISBN 978-4-7972-7363-2 C3332

別巻　巻数順一覧【950～981巻】

巻数	書　名	編・著者	ISBN	本体価格
950	実地応用町村制質疑録	野田藤吉郎、國吉拓郎	ISBN978-4-7972-6656-6	22,000円
951	市町村議員必携	川瀬周次、田中迪三	ISBN978-4-7972-6657-3	40,000円
952	増補 町村制執務備考 全	増澤鐵、飯島篤雄	ISBN978-4-7972-6658-0	46,000円
953	郡区町村編制法 府県会規則 地方税規則 三法綱論	小笠原美治	ISBN978-4-7972-6659-7	28,000円
954	郡区町村編制 府県会規則 地方税規則 新法例纂 追加地方諸要則	柳澤武運三	ISBN978-4-7972-6660-3	21,000円
955	地方革新講話	西内天行	ISBN978-4-7972-6921-5	40,000円
956	市町村名辞典	杉野耕三郎	ISBN978-4-7972-6922-2	38,000円
957	市町村吏員提要〔第三版〕	田邊好一	ISBN978-4-7972-6923-9	60,000円
958	帝国市町村便覧	大西林五郎	ISBN978-4-7972-6924-6	57,000円
959	最近検定 市町村名鑑 附 官国幣社 及 諸学校所在地一覧	藤澤衛彦、伊東順彦、増田穆、関惣右衛門	ISBN978-4-7972-6925-3	64,000円
960	鼇頭対照 市町村制解釈 附 理由書 及 参考諸布達	伊藤寿	ISBN978-4-7972-6926-0	40,000円
961	市町村制釈義 完　附 市町村制理由	水越成章	ISBN978-4-7972-6927-7	36,000円
962	府県郡市町村 模範治績　附 耕地整理法 産業組合法 附属法令	荻野千之助	ISBN978-4-7972-6928-4	74,000円
963	市町村大字読方名彙〔大正十四年度版〕	小川琢治	ISBN978-4-7972-6929-1	60,000円
964	町村会議員選挙要覧	津田東璋	ISBN978-4-7972-6930-7	34,000円
965	市制町村制 及 府県制　附 普通選挙法	法律研究会	ISBN978-4-7972-6931-4	30,000円
966	市制町村制註釈 完　附 市制町村制理由〔明治21年初版〕	角田真平、山田正賢	ISBN978-4-7972-6932-1	46,000円
967	市町村制詳解 全　附 市町村制理由	元田肇、加藤政之助、日鼻豊作	ISBN978-4-7972-6933-8	47,000円
968	区町村会議要覧 全	阪田辨之助	ISBN978-4-7972-6934-5	28,000円
969	実用 町村制市制事務提要	河邨貞山、島村文耕	ISBN978-4-7972-6935-2	46,000円
970	新旧対照 市制町村制正文〔第三版〕	自治館編輯局	ISBN978-4-7972-6936-9	28,000円
971	細密調査 市町村便覧（三府 四十三県 北海道 樺太 台湾 朝鮮 関東州） 附 分類官公衙公私学校銀行所在地一覧表	白山榮一郎、森田公美	ISBN978-4-7972-6937-6	88,000円
972	正文 市制町村制 並 附属法規	法曹閣	ISBN978-4-7972-6938-3	21,000円
973	台湾朝鮮関東州 全国市町村便覧 各学校所在地〔第一分冊〕	長谷川好太郎	ISBN978-4-7972-6939-0	58,000円
974	台湾朝鮮関東州 全国市町村便覧 各学校所在地〔第二分冊〕	長谷川好太郎	ISBN978-4-7972-6940-6	58,000円
975	合巻 佛蘭西邑法・和蘭邑法・皇国郡区町村編成法	箕作麟祥、大井憲太郎、神田孝平	ISBN978-4-7972-6941-3	28,000円
976	自治之模範	江木翼	ISBN978-4-7972-6942-0	60,000円
977	地方制度実例総覧〔明治36年初版〕	金田謙	ISBN978-4-7972-6943-7	48,000円
978	市町村民 自治読本	武藤榮治郎	ISBN978-4-7972-6944-4	22,000円
979	町村制詳解　附 市制及町村制理由	相澤富蔵	ISBN978-4-7972-6945-1	28,000円
980	改正 市町村制 並 附属法規	楠綾雄	ISBN978-4-7972-6946-8	28,000円
981	改正 市制 及 町村制〔訂正10版〕	山野金蔵	ISBN978-4-7972-6947-5	28,000円

巻数	書　名	編・著者	ISBN	本体価格
915	改正 新旧対照市町村一覧	鍾美堂	ISBN978-4-7972-6621-4	78,000 円
916	東京市会先例彙輯	後藤新平、桐島像一、八田五三	ISBN978-4-7972-6622-1	65,000 円
917	改正 地方制度解説〔第六版〕	狭間茂	ISBN978-4-7972-6623-8	67,000 円
918	改正 地方制度通義	荒川五郎	ISBN978-4-7972-6624-5	75,000 円
919	町村制市制全書 完	中嶋廣蔵	ISBN978-4-7972-6625-2	80,000 円
920	自治新制 市町村会法要談 全	田中重策	ISBN978-4-7972-6626-9	22,000 円
921	郡市町村吏員 収税実務要書	荻野千之助	ISBN978-4-7972-6627-6	21,000 円
922	町村至宝	桂虎次郎	ISBN978-4-7972-6628-3	36,000 円
923	地方制度通 全	上山満之進	ISBN978-4-7972-6629-0	60,000 円
924	帝国議会府県会郡会市町村会議員必携 附関係法規 第1分冊	太田峯三郎、林田亀太郎、小原新三	ISBN978-4-7972-6630-6	46,000 円
925	帝国議会府県会郡会市町村会議員必携 附関係法規 第2分冊	太田峯三郎、林田亀太郎、小原新三	ISBN978-4-7972-6631-3	62,000 円
926	市町村是	野田千太郎	ISBN978-4-7972-6632-0	21,000 円
927	市町村執務要覧 全 第1分冊	大成館編輯局	ISBN978-4-7972-6633-7	60,000 円
928	市町村執務要覧 全 第2分冊	大成館編輯局	ISBN978-4-7972-6634-4	58,000 円
929	府県会規則大全　附 裁定録	朝倉達三、若林友之	ISBN978-4-7972-6635-1	28,000 円
930	地方自治の手引	前田宇治郎	ISBN978-4-7972-6636-8	28,000 円
931	改正 市制町村制と衆議院議員選挙法	服部喜太郎	ISBN978-4-7972-6637-5	28,000 円
932	市町村国税事務取扱手続	広島財務研究会	ISBN978-4-7972-6638-2	34,000 円
933	地方自治制要義 全	末松偕一郎	ISBN978-4-7972-6639-9	57,000 円
934	市町村特別税之栞	三邊長治、水谷平吉	ISBN978-4-7972-6640-5	24,000 円
935	英国地方制度 及 税法	良保両氏、水野遵	ISBN978-4-7972-6641-2	34,000 円
936	英国地方制度 及 税法	髙橋達	ISBN978-4-7972-6642-9	20,000 円
937	日本法典全書 第一編 府県制郡制註釈	上條慎蔵、坪谷善四郎	ISBN978-4-7972-6643-6	58,000 円
938	判例挿入 自治法規全集 全	池田繁太郎	ISBN978-4-7972-6644-3	82,000 円
939	比較研究 自治之精髄	水野錬太郎	ISBN978-4-7972-6645-0	22,000 円
940	傍訓註釈 市制町村制 並ニ 理由書〔第三版〕	筒井時治	ISBN978-4-7972-6646-7	46,000 円
941	以呂波引町村便覧	田山宗堯	ISBN978-4-7972-6647-4	37,000 円
942	町村制執務要録 全	鷹巣清二郎	ISBN978-4-7972-6648-1	46,000 円
943	地方自治 及 振興策	床次竹二郎	ISBN978-4-7972-6649-8	30,000 円
944	地方自治講話	田中四郎左衛門	ISBN978-4-7972-6650-4	36,000 円
945	地方施設改良 訓諭演説集〔第六版〕	鹽川玉江	ISBN978-4-7972-6651-1	40,000 円
946	帝国地方自治団体発達史〔第三版〕	佐藤亀齢	ISBN978-4-7972-6652-8	48,000 円
947	農村自治	小橋一太	ISBN978-4-7972-6653-5	34,000 円
948	国税 地方税 市町村税 滞納処分法問答	竹尾高堅	ISBN978-4-7972-6654-2	28,000 円
949	市町村役場実用 完	福井淳	ISBN978-4-7972-6655-9	40,000 円

別巻　巻数順一覧【878 ～ 914 巻】

巻数	書　名	編・著者	ISBN	本体価格
878	明治史第六編 政黨史	博文館編輯局	ISBN978-4-7972-7180-5	42,000 円
879	日本政黨發達史 全〔第一分冊〕	上野熊藏	ISBN978-4-7972-7181-2	50,000 円
880	日本政黨發達史 全〔第二分冊〕	上野熊藏	ISBN978-4-7972-7182-9	50,000 円
881	政党論	梶原保人	ISBN978-4-7972-7184-3	30,000 円
882	獨逸新民法商法正文	古川五郎、山口弘一	ISBN978-4-7972-7185-0	90,000 円
883	日本民法鼇頭對比獨逸民法	荒波正隆	ISBN978-4-7972-7186-7	40,000 円
884	泰西立憲國政治攬要	荒井泰治	ISBN978-4-7972-7187-4	30,000 円
885	改正衆議院議員選擧法釋義 全	福岡伯、横田左仲	ISBN978-4-7972-7188-1	42,000 円
886	改正衆議院議員選擧法釋義 附 改正貴族院令,治安維持法	犀川長作、犀川久平	ISBN978-4-7972-7189-8	33,000 円
887	公民必携 選擧法規ト判決例	大浦兼武、平沼騏一郎、木下友三郎、清水澄、三浦數平	ISBN978-4-7972-7190-4	96,000 円
888	衆議院議員選擧法輯覽	司法省刑事局	ISBN978-4-7972-7191-1	53,000 円
889	行政司法選擧判例總覽―行政救濟と其手續―	澤田竹治郎・川崎秀男	ISBN978-4-7972-7192-8	72,000 円
890	日本親族相續法義解 全	髙橋捨六・堀田馬三	ISBN978-4-7972-7193-5	45,000 円
891	普通選擧文書集成	山中秀男・岩本溫良	ISBN978-4-7972-7194-2	85,000 円
892	普選の勝者 代議士月旦	大石末吉	ISBN978-4-7972-7195-9	60,000 円
893	刑法註釋 巻一～巻四(上巻)	村田保	ISBN978-4-7972-7196-6	58,000 円
894	刑法註釋 巻五～巻八(下巻)	村田保	ISBN978-4-7972-7197-3	50,000 円
895	治罪法註釋 巻一～巻四(上巻)	村田保	ISBN978-4-7972-7198-0	50,000 円
896	治罪法註釋 巻五～巻八(下巻)	村田保	ISBN978-4-7972-7198-0	50,000 円
897	議會選擧法	カール・ブラウニアス、國政研究科會	ISBN978-4-7972-7201-7	42,000 円
901	鼇頭註釈 町村制　附 理由 全	八乙女盛次、片野続	ISBN978-4-7972-6607-8	28,000 円
902	改正 市制町村制　附 改正要義	田山宗堯	ISBN978-4-7972-6608-5	28,000 円
903	増補訂正 町村制詳解〔第十五版〕	長峰安三郎、三浦通太、野田千太郎	ISBN978-4-7972-6609-2	52,000 円
904	市制町村制 並 理由書　附 直接間接税類別及実施手続	高崎修助	ISBN978-4-7972-6610-8	20,000 円
905	町村制要義	河野正義	ISBN978-4-7972-6611-5	28,000 円
906	改正 市制町村制義解〔帝國地方行政学会〕	川村芳次	ISBN978-4-7972-6612-2	60,000 円
907	市制町村制 及 関係法令〔第三版〕	野田千太郎	ISBN978-4-7972-6613-9	35,000 円
908	市町村新旧対照一覧	中村芳松	ISBN978-4-7972-6614-6	38,000 円
909	改正 府県郡制問答講義	木内英雄	ISBN978-4-7972-6615-3	28,000 円
910	地方自治提要 全　附 諸届願書式 日用規則抄録	木村時義、吉武則久	ISBN978-4-7972-6616-0	56,000 円
911	訂正増補 市町村制問答詳解　附 理由及追輯	福井淳	ISBN978-4-7972-6617-7	70,000 円
912	改正 府県制郡制註釈〔第三版〕	福井淳	ISBN978-4-7972-6618-4	34,000 円
913	地方制度実例総覧〔第七版〕	自治館編輯局	ISBN978-4-7972-6619-1	78,000 円
914	英国地方政治論	ジョージ・チャールズ・ブロドリック、久米金彌	ISBN978-4-7972-6620-7	30,000 円

別巻　巻数順一覧【843 ～ 877 巻】

巻数	書　名	編・著者	ISBN	本体価格
843	法律汎論	熊谷直太	ISBN978-4-7972-7141-6	40,000 円
844	英國國會選擧訴願判決例 全	オマリー、ハードカッスル、サンタース	ISBN978-4-7972-7142-3	80,000 円
845	衆議院議員選擧法改正理由書 完	内務省	ISBN978-4-7972-7143-0	40,000 円
846	驄齋法律論文集	森作太郎	ISBN978-4-7972-7144-7	45,000 円
847	雨山遺稾	渡邉輝之助	ISBN978-4-7972-7145-4	70,000 円
848	法曹紙屑籠	鷺城逸史	ISBN978-4-7972-7146-1	54,000 円
849	法例彙纂 民法之部 第一篇	史官	ISBN978-4-7972-7147-8	66,000 円
850	法例彙纂 民法之部 第二篇〔第一分冊〕	史官	ISBN978-4-7972-7148-5	55,000 円
851	法例彙纂 民法之部 第二篇〔第二分冊〕	史官	ISBN978-4-7972-7149-2	75,000 円
852	法例彙纂 商法之部〔第一分冊〕	史官	ISBN978-4-7972-7150-8	70,000 円
853	法例彙纂 商法之部〔第二分冊〕	史官	ISBN978-4-7972-7151-5	75,000 円
854	法例彙纂 訴訟法之部〔第一分冊〕	史官	ISBN978-4-7972-7152-2	60,000 円
855	法例彙纂 訴訟法之部〔第二分冊〕	史官	ISBN978-4-7972-7153-9	48,000 円
856	法例彙纂 懲罰則之部	史官	ISBN978-4-7972-7154-6	58,000 円
857	法例彙纂 第二版 民法之部〔第一分冊〕	史官	ISBN978-4-7972-7155-3	70,000 円
858	法例彙纂 第二版 民法之部〔第二分冊〕	史官	ISBN978-4-7972-7156-0	70,000 円
859	法例彙纂 第二版 商法之部・訴訟法之部〔第一分冊〕	太政官記録掛	ISBN978-4-7972-7157-7	72,000 円
860	法例彙纂 第二版 商法之部・訴訟法之部〔第二分冊〕	太政官記録掛	ISBN978-4-7972-7158-4	40,000 円
861	法令彙纂 第三版 民法之部〔第一分冊〕	太政官記録掛	ISBN978-4-7972-7159-1	54,000 円
862	法令彙纂 第三版 民法之部〔第二分冊〕	太政官記録掛	ISBN978-4-7972-7160-7	54,000 円
863	現行法律規則全書（上）	小笠原美治、井田鐘次郎	ISBN978-4-7972-7162-1	50,000 円
864	現行法律規則全書（下）	小笠原美治、井田鐘次郎	ISBN978-4-7972-7163-8	53,000 円
865	國民法制通論 上卷・下卷	仁保龜松	ISBN978-4-7972-7165-2	56,000 円
866	刑法註釋	磯部四郎、小笠原美治	ISBN978-4-7972-7166-9	85,000 円
867	治罪法註釋	磯部四郎、小笠原美治	ISBN978-4-7972-7167-6	70,000 円
868	政法哲學 前編	ハーバート・スペンサー、濱野定四郎、渡邊治	ISBN978-4-7972-7168-3	45,000 円
869	政法哲學 後編	ハーバート・スペンサー、濱野定四郎、渡邊治	ISBN978-4-7972-7169-0	45,000 円
870	佛國商法復説 第壹篇自第壹卷至第七卷	リウヒエール、商法編纂局	ISBN978-4-7972-7171-3	75,000 円
871	佛國商法復説 第壹篇第八卷	リウヒエール、商法編纂局	ISBN978-4-7972-7172-0	45,000 円
872	佛國商法復説 自第二篇至第四篇	リウヒエール、商法編纂局	ISBN978-4-7972-7173-7	70,000 円
873	佛國商法復説 書式之部	リウヒエール、商法編纂局	ISBN978-4-7972-7174-4	40,000 円
874	代言試驗問題擬判録 全 附録明治法律學校民刑問題及答案	熊野敏三、宮城浩蔵 河野和三郎、岡義男	ISBN978-4-7972-7176-8	35,000 円
875	各國官吏試驗法類集 上・下	内閣	ISBN978-4-7972-7177-5	54,000 円
876	商業規篇	矢野亨	ISBN978-4-7972-7178-2	53,000 円
877	民法実用法典 全	福田一覺	ISBN978-4-7972-7179-9	45,000 円

別巻　巻数順一覧【810～842巻】

巻数	書　名	編・著者	ISBN	本体価格
810	訓點法國律例 民律 上巻	鄭永寧	ISBN978-4-7972-7105-8	50,000 円
811	訓點法國律例 民律 中巻	鄭永寧	ISBN978-4-7972-7106-5	50,000 円
812	訓點法國律例 民律 下巻	鄭永寧	ISBN978-4-7972-7107-2	60,000 円
813	訓點法國律例 民律指掌	鄭永寧	ISBN978-4-7972-7108-9	58,000 円
814	訓點法國律例 貿易定律・園林則律	鄭永寧	ISBN978-4-7972-7109-6	60,000 円
815	民事訴訟法 完	本多康直	ISBN978-4-7972-7111-9	65,000 円
816	物権法(第一部)完	西川一男	ISBN978-4-7972-7112-6	45,000 円
817	物権法(第二部)完	馬場愿治	ISBN978-4-7972-7113-3	35,000 円
818	商法五十課 全	アーサー・B・クラーク、本多孫四郎	ISBN978-4-7972-7115-7	38,000 円
819	英米商法律原論 契約之部及流通券之部	岡山兼吉、淺井勝	ISBN978-4-7972-7116-4	38,000 円
820	英國組合法 完	サー・フレデリック・ポロック、榊原幾久若	ISBN978-4-7972-7117-1	30,000 円
821	自治論 一名人民ノ自由 巻之上・巻之下	リーバー、林董	ISBN978-4-7972-7118-8	55,000 円
822	自治論纂 全一册	獨逸學協會	ISBN978-4-7972-7119-5	50,000 円
823	憲法彙纂	古屋宗作、鹿島秀麿	ISBN978-4-7972-7120-1	35,000 円
824	國會汎論	ブルンチュリー、石津可輔、讃井逸三	ISBN978-4-7972-7121-8	30,000 円
825	威氏法學通論	エスクバック、渡邊輝之助、神山亨太郎	ISBN978-4-7972-7122-5	35,000 円
826	萬國憲法 全	高田早苗、坪谷善四郎	ISBN978-4-7972-7123-2	50,000 円
827	綱目代議政體	J・S・ミル、上田充	ISBN978-4-7972-7124-9	40,000 円
828	法學通論	山田喜之助	ISBN978-4-7972-7125-6	30,000 円
829	法學通論 完	島田俊雄、溝上與三郎	ISBN978-4-7972-7126-3	35,000 円
830	自由之權利 一名自由之理 全	J・S・ミル、高橋正次郎	ISBN978-4-7972-7127-0	38,000 円
831	歐洲代議政體起原史 第一册・第二册／代議政體原論 完	ギゾー、漆間眞學、藤田四郎、アンドリー、山口松五郎	ISBN978-4-7972-7128-7	100,000 円
832	代議政體 全	J・S・ミル、前橋孝義	ISBN978-4-7972-7129-4	55,000 円
833	民約論	J・J・ルソー、田中弘義、服部德	ISBN978-4-7972-7130-0	40,000 円
834	歐米政黨沿革史總論	藤田四郎	ISBN978-4-7972-7131-7	30,000 円
835	内外政黨事情・日本政黨事情 完	中村義三、大久保常吉	ISBN978-4-7972-7132-4	35,000 円
836	議會及政黨論	菊池學而	ISBN978-4-7972-7133-1	35,000 円
837	各國之政黨 全〔第1分冊〕	外務省政務局	ISBN978-4-7972-7134-8	70,000 円
838	各國之政黨 全〔第2分冊〕	外務省政務局	ISBN978-4-7972-7135-5	60,000 円
839	大日本政黨史 全	若林淸、尾崎行雄、箕浦勝人、加藤恒忠	ISBN978-4-7972-7137-9	63,000 円
840	民約論	ルソー、藤田浪人	ISBN978-4-7972-7138-6	30,000 円
841	人權宣告辯妄・政治眞論一名主權辯妄	ベンサム、草野宣隆、藤田四郎	ISBN978-4-7972-7139-3	40,000 円
842	法制講義 全	赤司鷹一郎	ISBN978-4-7972-7140-9	30,000 円

別巻　巻数順一覧【776 ～ 809 巻】

巻数	書　名	編・著者	ISBN	本体価格
776	改正 府県制郡制釈義〔第三版〕	坪谷善四郎	ISBN978-4-7972-6602-3	35,000 円
777	新旧対照 市制町村制 及 理由〔第九版〕	荒川五郎	ISBN978-4-7972-6603-0	28,000 円
778	改正 市町村制講義	法典研究会	ISBN978-4-7972-6604-7	38,000 円
779	改正 市制町村制講義　附 施行諸規則 及 市町村事務摘要	樋山廣業	ISBN978-4-7972-6605-4	58,000 円
780	改正 市制町村制義解	行政法研究会、藤田謙堂	ISBN978-4-7972-6606-1	60,000 円
781	今時獨逸帝國要典 前篇	C・モレイン、今村有隣	ISBN978-4-7972-6425-8	45,000 円
782	各國上院紀要	元老院	ISBN978-4-7972-6426-5	35,000 円
783	泰西國法論	シモン・ビッセリング、津田真一郎	ISBN978-4-7972-6427-2	40,000 円
784	律例權衡便覽 自第一冊至第五冊	村田保	ISBN978-4-7972-6428-9	100,000 円
785	檢察事務要件彙纂	平松照忠	ISBN978-4-7972-6429-6	45,000 円
786	治罪法比鑑 完	福鎌芳隆	ISBN978-4-7972-6430-2	65,000 円
787	治罪法註解	立野胤政	ISBN978-4-7972-6431-9	56,000 円
788	佛國民法契約篇講義 全	玉乃世履、磯部四郎	ISBN978-4-7972-6432-6	40,000 円
789	民法疏義 物權之部	鶴丈一郎、手塚太郎	ISBN978-4-7972-6433-3	90,000 円
790	民法疏義 人權之部	鶴丈一郎	ISBN978-4-7972-6434-0	100,000 円
791	民法疏義 取得篇	鶴丈一郎	ISBN978-4-7972-6435-7	80,000 円
792	民法疏義 擔保篇	鶴丈一郎	ISBN978-4-7972-6436-4	90,000 円
793	民法疏義 證據篇	鶴丈一郎	ISBN978-4-7972-6437-1	50,000 円
794	法學通論	奥田義人	ISBN978-4-7972-6439-5	100,000 円
795	法律ト宗教トノ關係	名尾玄乘	ISBN978-4-7972-6440-1	55,000 円
796	英國國會政治	アルフユース・トッド、スペンサー・ヲルポール、林田龜太郎、岸清一	ISBN978-4-7972-6441-8	65,000 円
797	比較國會論	齊藤隆夫	ISBN978-4-7972-6442-5	30,000 円
798	改正衆議院議員選擧法論	島田俊雄	ISBN978-4-7972-6443-2	30,000 円
799	改正衆議院議員選擧法釋義	林田龜太郎	ISBN978-4-7972-6444-9	50,000 円
800	改正衆議院議員選擧法正解	武田貞之助、井上密	ISBN978-4-7972-6445-6	30,000 円
801	佛國法律提要 全	箕作麟祥、大井憲太郎	ISBN978-4-7972-6446-3	100,000 円
802	佛國政典	ドラクルチー、大井憲太郎、箕作麟祥	ISBN978-4-7972-6447-0	120,000 円
803	社會行政法論 全	H・リョースレル、江木衷	ISBN978-4-7972-6448-7	100,000 円
804	英國財産法講義	三宅恒徳	ISBN978-4-7972-6449-4	60,000 円
805	國家論 全	ブルンチュリー、平田東助、平塚定二郎	ISBN978-4-7972-7100-3	50,000 円
806	日本議會現法 完	増尾種時	ISBN978-4-7972-7101-0	45,000 円
807	法學通論 一名法學初歩 全	P・ナミュール、河地金代、河村善益、薩埵正邦	ISBN978-4-7972-7102-7	53,000 円
808	訓點法國律例 刑名定範 卷一卷二 完	鄭永寧	ISBN978-4-7972-7103-4	40,000 円
809	訓點法國律例 刑律從卷 一至卷四 完	鄭永寧	ISBN978-4-7972-7104-1	30,000 円

別巻　巻数順一覧【741 ～ 775 巻】

巻数	書　名	編・著者	ISBN	本体価格
741	改正 市町村制詳解	相馬昌三、菊池武夫	ISBN978-4-7972-6491-3	38,000 円
742	註釈の市制と町村制　附 普通選挙法	法律研究会	ISBN978-4-7972-6492-0	60,000 円
743	新旧対照 市制町村制 並 附属法規〔改訂二十七版〕	良書普及会	ISBN978-4-7972-6493-7	36,000 円
744	改訂増補 市制町村制実例総覧 第１分冊	田中廣太郎、良書普及会	ISBN978-4-7972-6494-4	60,000 円
745	改訂増補 市制町村制実例総覧 第２分冊	田中廣太郎、良書普及会	ISBN978-4-7972-6495-1	68,000 円
746	実例判例 市制町村制釈義〔昭和十年改正版〕	梶康郎	ISBN978-4-7972-6496-8	57,000 円
747	市制町村制義解　附 理由〔第五版〕	櫻井一久	ISBN978-4-7972-6497-5	47,000 円
748	実地応用町村制問答〔第二版〕	市町村雑誌社	ISBN978-4-7972-6498-2	46,000 円
749	傍訓註釈 日本市制町村制 及 理由書	柳澤武運三	ISBN978-4-7972-6575-0	28,000 円
750	鼇頭註釈 市町村制俗解　附 理由書〔増補第五版〕	清水亮三	ISBN978-4-7972-6576-7	28,000 円
751	市町村制質問録	片貝正晉	ISBN978-4-7972-6577-4	28,000 円
752	実用詳解町村制 全	夏目洗藏	ISBN978-4-7972-6578-1	28,000 円
753	新旧対照 改正 市制町村制新釈　附 施行細則及執務條規	佐藤貞雄	ISBN978-4-7972-6579-8	42,000 円
754	市制町村制講義	樋山廣業	ISBN978-4-7972-6580-4	46,000 円
755	改正 市制町村制講義〔第十版〕	秋野沆	ISBN978-4-7972-6581-1	42,000 円
756	註釈の市制と町村制 市制町村制施行令他関連法収録〔昭和4年4月版〕	法律研究会	ISBN978-4-7972-6582-8	58,000 円
757	実例判例 市制町村制釈義〔第四版〕	梶康郎	ISBN978-4-7972-6583-5	48,000 円
758	改正 市制町村制解説	狭間茂、土谷覺太郎	ISBN978-4-7972-6584-2	59,000 円
759	市町村制註解 完	若林市太郎	ISBN978-4-7972-6585-9	22,000 円
760	町村制実用 完	新田貞橘、鶴田嘉内	ISBN978-4-7972-6586-6	56,000 円
761	町村制精解 完　附 理由 及 問答録	中目孝太郎、磯谷郡爾、高田早苗、両角彦六、高木守三郎	ISBN978-4-7972-6587-3	35,000 円
762	改正 町村制詳解〔第十三版〕	長峰安三郎、三浦通太、野田千太郎	ISBN978-4-7972-6588-0	54,000 円
763	加除自在 参照条文　附 市制町村制　附 関係法規	矢島和三郎	ISBN978-4-7972-6589-7	60,000 円
764	改正版 市制町村制並ニ府県制及ビ重要関係法令	法制堂出版	ISBN978-4-7972-6590-3	39,000 円
765	改正版 註釈の市制と町村制 最近の改正を含む	法制堂出版	ISBN978-4-7972-6591-0	58,000 円
766	鼇頭註釈 市町村制俗解　附 理由書〔第二版〕	清水亮三	ISBN978-4-7972-6592-7	25,000 円
767	理由挿入 市町村制俗解〔第三版増補訂正〕	上村秀昇	ISBN978-4-7972-6593-4	28,000 円
768	府県制郡制註釈	田島彦四郎	ISBN978-4-7972-6594-1	40,000 円
769	市制町村制傍訓 完　附 市制町村制理由〔第四版〕	内山正如	ISBN978-4-7972-6595-8	18,000 円
770	市制町村制釈義	壁谷可六、上野太一郎	ISBN978-4-7972-6596-5	38,000 円
771	市制町村制詳解 全　附 理由書	杉谷庸	ISBN978-4-7972-6597-2	21,000 円
772	鼇頭傍訓 市制町村制註釈 及 理由書	山内正利	ISBN978-4-7972-6598-9	28,000 円
773	町村制要覧 全	浅井元、古谷省三郎	ISBN978-4-7972-6599-6	38,000 円
774	府県制郡制釈義 全〔第三版〕	栗本勇之助、森惣之祐	ISBN978-4-7972-6600-9	35,000 円
775	市制町村制釈義	坪谷善四郎	ISBN978-4-7972-6601-6	39,000 円